ADHD 뇌는 처음이라서

마틸다 보슬리 지음
고수현 옮김

이 책이 쓰인 땅의 전통적인 소유주이자 결코 양도되지 않은
쿨린 부족연합Kulin Nation의 부누룽Bunurong족에게 경의를 표합니다.
또한 호주 전역의 모든 전통 소유주와 선주민 및
토레스해협 제도 선주민이 호주 사회에 기여해왔고 지금도 기여하는
중요한 공헌에 감사드립니다.
그들은 이 땅의 최초의 이야기꾼이며,
저는 과거와 현재의 원로들에게 경의를 표합니다.

마틸다 보을리 지음
고우현 옮김

The Year I Met My Brain
Copyright © Matilda Boseley, 2023.
First published by Penguin Life in 2023.
This edition published by arrangement with
Penguin Random House Australia Pty Ltd via Alex Lee Agency.

이 책의 한국어판 저작권은 알렉스리 에이전시 ALA를 통해서
Penguin Random House Australia Pty Ltd사와 독점 계약한
신사책방에 있습니다.
저작권법에 의하여 한국 내에서 보호를 받는 저작물이므로
무단 전재와 복제를 금합니다.

나를 사랑해주고, 지지해주고,
언제나 쓰레기통 비우는 날을 기억해주는
나의 놀라운 파트너, 앤서니에게

차례

내가 '신경다양성'이라는 용어를 쓰는 이유 _____ 10
들어가는 말 _____ 14

1부 ADHD란 무엇일까?
혼돈의 도가니 _____ 30

1장 왜 다들 갑자기 ADHD 이야기를 할까? _____ 35
§ ADHD가 있는 사람은 얼마나 많을까?   § 미국의 ADHD 진단 실태
§ ADHD 진단이 그저 유행일까?   § ADHD는 나이가 들면 사라질까?
백조 똥 사건 _____ 48

2장 도대체 난 뭐가 문제일까? _____ 54
§ 누구 탓일까?   § ADHD는 단 하나의 형태가 아니다
§ ADHD 유형 / 수업 시간의 장난꾸러기: 과잉행동 충동성 우세형ADHD-H /
  꿈꾸는 몽상가: 주의력결핍 우세형ADHD-I / 허리케인: 혼합형ADHD-C
일생일대의 즉흥적 모험 66

3장　내 뇌 안에서 무슨 일이 벌어지고 있는 걸까? ___ 71

§도파민은 어디로 간 걸까?　§쾌락이 아닌 동기부여 화학물질
§실행기능 장애: 에델을 만나보자　§거대한 옷더미: 전형적 실행기능 장애
§'전문가' 난이도로 일상생활 정리하기
ADHD 경고 신호 _____ 86

4장　ADHD가 성인에게는 어떻게 나타날까? _____ 90

§더 이상 이리저리 뛰어다니지 않는다　§충동성이 커진 만큼, 대가도 크다
§삶을 붙잡아주는 '접착제'의 부재　§DSM-5 기준을 넘어서 / 감정조절 장애 /
'시간맹Time Blindness' / '시간맹' 2편: 지연 할인 / 수면 문제 / '상어 주간' / 과집중
/ 중독 문제　§ADHD의 단짝 친구들: 동반 질환 / AuDHD / 몸속 구석구석
나타나는 증상들
또다시 새벽 3시 30분! _____ 117

5장　나 정말 괜찮은 걸까? _____ 120

§20,000번의 꾸지람!　§신경전형성식 가르침, 신경다양성식 배움
§속으로는 진짜 바보　§사회적 관계 문제　§ADHD가 자존감에 미치는 영향
나쁜 주부 _____ 138

6장　여자아이들은 다 어디로 갔을까? _____ 144

§지금 우리는 어디쯤 와 있을까?　§'과잉행동' 남자아이들 중심의 역사
§주의력결핍인 방 안의 코끼리　§증상을 내면화하는 여자아이들
§산만하지 않고 우울하다　§또다시, 상어 주간　§지극히 단순한 편견
§가장 먼저 눈치채는 사람　§아직 가야 할 길이 멀다
소처럼 생긴 잔디밭 자국 _____ 170

7장　인종은 여기에 어떻게 작용할까? _____ 172

§'선진국의 문제'라는 시선　§진짜 문제아일까?　§이해할 수 있는 불신
취미 활동 중 다치는 일인! _____ 184

8장 　인터넷은 어떻게 알았을까? _____ 190
§ 진실은 재미있는 틱톡에 방해된다 / 대상 영속성 / 거절 민감성 불쾌감 /
ADHD 마비　§ '냉정하고 딱딱한' 과학의 세계　§ 변화하는 의료 관계
§ 잘못된 ADHD 자가 진단　§ 듣기 괴로운 '스몰 토크들'

2부 　ADHD와 함께 사는 법

ADHD라고 할 정도는 아닌 것 같은데 _____ 214

9장 　지금은 어떤 상태일까? _____ 219
§ 나를 사로잡는 두려움　§ 무엇이 나고, 무엇이 ADHD일까?
§ ADHD 없는 나는 존재하지 않는다　§ 진짜 내가 꾸며내고 있는 건 아닐까?
'번아웃'일 때 밀려오는 죄책감 _____ 229

10장 　ADHD와 함께 어떻게 살아가야 할까? _____ 234
§ ADHD를 안고 잘 살아가려면?　§ 전력 질주하기는 이젠 그만
§ 에델을 좀 더 편하게 해주자 / 에델을 위해 심리치료를 받자 / 에델을 위해
운동하자 / 에델을 위해 건강한 아침 식사를 하자 / 에델을 위해 잠을 잘 자자

11장 　세상을 어떻게 ADHD 뇌에 맞출까? _____ 260
§ 무시할 수 없게 만들기 / 집안일 팔찌 방식 / 냉장고 규칙 깨기
§ 계속해나가기 / 뇌를 계속 바쁘게 움직이기 / 보디 더블링
§ 모든 물건을 사용할 자리에 두기 / 약 먹기 요령 / 집 청소 요령 /
　외출 필수품 챙기기
§ 큰 과제 해내기 / 뇌를 정신없게 만들기 / 뇌를 살짝 속이기 /
　떠오른 생각 적어두기 / 포모도로 기법
§ 습관의 벽 넘어서기 / 습관 쌓기 / 흐름을 끊지 말자
§ 뇌를 행복하게 해주기 / 피짓 토이 / 바다에서 작업하기
§ 압도감이라는 괴물과 싸우기 / 깨끗한 옷 바구니 만들기 /
　ADHD 친화형 '투 두 리스트' 만들기 / 두려움 돌파 시간

12장   어떤 싸움이 싸울 가치가 있을까? _____ 292
§ 무엇을 목표로 해야 할까?   § 아직도 진행 중
집안일 해결해주는 요정 _____ 302

13장   다른 사람들과 어떻게 살아야 할까? _____ 305
§ 가족 관계   § 친구 관계   § 연애, 그 외의 관계들   § 오래 지속되는 연인 관계
§ 과기능과 저기능의 역학   § 단순한 일, 어려운 대화   § 그동안 발견한 팁들
§ 두 사람 모두 ADHD인 관계   § 당신과 나, 그리고 ADHD
내 스위치는 어디 있지? _____ 339

14장   ADHD 약들을 정말 먹어야 할까? _____ 345
§ 이건 '완치하는' 약이 아니다
§ ADHD 약물의 종류 / 자극제 약물 / 비자극제 약물 / 오프라벨 약물
§ 중독되거나 금단 증상이 생기지 않을까?   § 부작용은 어떤 게 있을까?
§ 나의 이상한 하루   § 나만의 빛을 잃게 되지는 않을까?
§ 메스암페타민을 조금씩 먹는 거 아닐까?
§ ADHD 약을 먹으면 약물 중독자가 될까?   § 장기적 효과와 장기적 위험
'스텝 머신' 위에서 울었던 일 _____ 377

15장   최악의 상황은 어떻게 될까? _____ 385
§ ADHD가 성인에게 불러오는 위험   § 경제적 계층 사다리 오르기
§ 교도소 ADHD 문제   § ADHD를 치료하지 않아서 발생하는 사회적 비용
신발 접착제 사건 _____ 404

16장   그럼, 내 뇌를 사랑해야 할까, 말아야 할까? _ 407
§ 좋은 점과 '회색'을 띠는 특성들   § 설계된 '장애'   § 의학적 정의를 넘어
§ 새로운 '정상'의 기준   § '바다형 뇌' 같은 문화적 언어

맺음말   내 ADHD 뇌를 만나서 정말 반갑다 _____ 425

부록 431   용어집 437   감사의 말 444   미주 450

내가 '신경다양성'이라는 용어를 쓰는 이유

이 책을 쓰면서 '신경다양성'과 '신경전형성'이라는 용어를 써야 할지 꽤 오래 고민했다. 이 용어들은 자폐와 ADHD 커뮤니티를 비롯해 다양한 사람들 사이에서 뜨거운 논쟁거리이기 때문이다.

혹시 이 용어를 처음 본 사람을 위해 설명하자면, '신경다양성'은 사회 안에서 뇌가 대다수 사람과 다른 방식으로 발달하거나 기능하는 사람들 집단을 가리킬 때 쓰는 용어다. 이런 사람들을 '신경다양인'으로 부르며, 반대로 '공장 표준'과도 같은 뇌를 가진 사람들을 '신경전형인'이라고 칭한다.

어떤 사람이 신경다양인지 명확하게 합의된 건 없지만, 일반적으로 자폐스펙트럼장애(ASD), 주의력결핍 과잉행동장애(ADHD), 난독증(읽기 문제), 좀 덜 알려진 관련 질환인 난산증(수학 문제), 난서증(글쓰기 문제), 통합운동장애(운동 협응 문제)가 여기에 속한다. 범위를 더 넓히면 다양한 신경학적 장애, 정신건강 문제, 외상성 뇌손상을 겪는 사람들까지 포함하기도 한다.

이 용어는 1990년대에 호주 사회학자 주디 싱어가 처음 만들었다. 여기서 사회학자라고 언급한 걸 주목하길 바란다. 심리학자가 아니다. '신경다양성'은 의학적 용어가 아니며, 애초에 그 목적으로 만들어지지도 않았다. 그보다는, '자폐 자기 옹호 운동' 속에서 태어난 문화적·정치적 용어라고 할 수 있다.

이 용어는 우리 뇌를 '건강한' 또는 '정상적인' 뇌와 '질병에 걸린' 뇌로 나누는 이분법적 관점에서 벗어나려는 운동의 한 방식이다. 따라서 신경학적 차이가 있는 사람들이 갖고 있는 중립적이고 긍정적인 측면을 인정할 수 있는 여지를 준다. 무엇보다 가장 중요한 건, 이 개념이 대화를 더욱 확장할 수 있게 해준다는 점이다. 즉, 사회가 단지 우리를 치료하거나 고치는 데만 초점을 맞추는 게 아니라, 우리 뇌의 작동 방식을 어떻게 수용할 수 있는지를 이야기할 수 있게 해준다.

하지만, 모든 사람이 이 용어를 받아들이는 건 아니다. 이 장애가 있는 사람 가운데 일부는 신경다양성이라는 개념 자체를 궁극적으로 장애 커뮤니티에 위험하게 될 '해로운 긍정주의'의 한 형태로 간주하기도 한다. 그런 생각이 어디서 비롯됐는지 이제는 나도 이해한다. '이 질환은 단지 장애가 아니라 초능력이다'라는 말이 겉보기에는 해롭지 않은 듯해도 어떤 사람들 귀에 들어가면 순식간에 이렇게 변질되기 쉽기 때문이다. '그럼, 진단과 치료는 필요 없고, 심지어 독이 될 수 있다.' '이 약들은 아이들을 로봇으로 만들기 위한 수단일 뿐이다.' '불평하지 말고 배려를 요구하지 말라, 당신들은 선물을 받은 거다.' 실제로 몇몇 대규모 ADHD 인터넷 커뮤니티에서는 이런 이유로 '신경다양성'과 관련 용어를 공개적으로 비판하거나 아예 사용을 금지하기도 했다.

하지만, 솔직히 이런 비판은 지나치게 일반화되고 시대에 뒤떨어진 관점이라고 생각한다. '장애라는 건 존재하지 않는다'라는 식의 극단적 사고방식은 내가 이런 용어를 처음 접하게 된 개념과도 맞지 않고, 요즘 젊은 세대 사이에서도 그런 식으로 사용되는 걸 본 적이 없다. 언어는 끊임없이 진화한다. 따라서, 과거에는 '신경다양성'이 이러한 (전혀 잘못된) 주장에 훨씬 가까웠을지 모르지만, 이제는 대다수 사람에게 그런 의미로 받아들여지지 않는다. 나에게 늘 이 용어는 신경발달장애가 '장애'인 건 맞지만, 그게 **전부**는 아니라는 걸 인정하는 개념이다. 많은 사람에게 ADHD나 자폐 같은 질환은 자신의 정체성을 이루는 부분이고, 세상을 살아가는 하나의 방식이며, 진단 기준에 나열된 '증상 목록'을 넘어 훨씬 많은 의미를 지닌다. 나는 항상 '신경다양인'을 중립적이거나, 오히려 힘을 실어주는 개념으로 생각해왔다. 그래서 결국 이 책에서 이 용어를 쓰기로 했다.

하지만, '신경다양성 운동'에 대해 좀 더 정교한 논의가 필요하다는 점은 인정한다. 자칫 주의하지 않으면, 신경학적 장애를 의학적 관점으로만 보는 데서 벗어나려는 이 움직임이 오히려 도움과 지원이 더욱 절실한 사람들을 위험에 빠트릴 가능성이 있기 때문이다. 그러니 이 문제를 무시하려는 건 아니라는 점을 알아주길 바란다. 이 책 후반부에서 이 문제를 좀 더 깊이 다룰 것이다.

들어가는 말

내가 스물두 살이었을 때 ADHD가 무엇인지 내게 물었다면, 아마 초등학교 시절 우리 반에 있던 시끄러운 아이들 이야기를 해주었을 거다. 그 애들은 독서 시간에 뛰어다니고, 선생님 말씀을 계속 끊고, 방금 설명한 내용에 대해 엉뚱한 질문을 하고, 운동장에서 싸움이 나면 끼어 있기 일쑤였다. 사실 그 애들이 진짜 ADHD였는지는 모른다. 다만 우리 부모님들이 그렇게 말했고 그런 이미지가 머릿속에 박혔을 뿐이다. 내가 ADHD라고 생각했던 아이들은 보통 어리고, 시끄럽고, 산만하고, 과잉행동하고, 무엇보다 남자아이들이었다.

    ADHD를 떠올리면서, 설마 젊은 여성이 일주일에 두 번이나 병원 예약을 잊어버리고, 일상을 질서 있게 유지하려 애쓰는 일만으로도 완전히 지쳐버려 욕조에 앉아 울고 있는 모습일 거라고는 생각해본 적이 없었다.

그 여성은 대학을 막 졸업하고 집에서 독립해, 첫 정규직 직장 생활을 시작했다. 물론, 똑똑하고 성적도 늘 좋은 편이었지만, 이제 학교 교육이라는 틀과 부모님의 일상적 지원이라는 받침대가 사라지자, 세상 모든 일이 훨씬 더 버거워졌다.

주간 플래너를 비싸게 샀지만, 한 번도 써본 적이 없다. 냉장고 속 채소는 쓸려고 보면 이미 썩어 있을 때가 많다. 식기세척기에서 그릇을 꺼낼 힘조차 없고, 상사가 보낸 긴급 이메일에 아직 답장도 못 썼다. 주변을 보면 또래들은 다들 '인생'을 자신보다 훨씬 수월하게 헤쳐나가는 것처럼 느껴졌다.

나에게 ADHD는 이런 모습이었다. 하지만, 이걸 인정하기까지 아무것도 모른 채로 24년을 보내고, 자기 의심과 슬픔, 안도, 흥분, 혼돈이 뒤섞인 채로 폭풍과도 같은 1년을 더 보내야 했다.

문제는, ADHD는 우리가 생각하는 거보다 훨씬 더 복잡하고 다양하다는 사실이다. 그럼, ADHD는 정확히 뭘까? 간단히 정의하면, **주의력결핍**과(또는) **과잉행동**과(또는) **충동성** 증상 중에서 한 가지 이상이 지속해서 나타나 기능을 저해하고 일상생활에 부정적인 영향을 주는 상태를 뜻한다. 더 길게 정의하면 이 책 전체가 된다.

나는 스물네 번째 생일을 며칠 앞두고 ADHD 진단을 받았다. 이미 몇 달 동안 병원을 여러 번 다니면서 진료 의뢰서를 받고 정신과 진료를 기다려왔지만, 정작 예약을 해놓고도 그날 오후엔 깜빡하고 회사에 연차도 내지 못했다. 《가디언》에서 기자로 일하고 있었고 재택근무 중이었다. 결국 예약 시간이 되어 노트북을 들고 방으로 들어갔다. 내가 자리를 비운 사이 부디 아무 속보도 터지지 않기를 바라면서, 혹시라도 룸메이트들이 플레이스테이션으로 게임을 하다가 환호를 지를까 봐 방문을 꼭 닫고 상담에 접속했다.

코로나19 글로벌 팬데믹 때문에 진료는 화상으로 진행됐고, 화면 속 정신과 의사는 꽤 무심한 표정으로 바빠 보였다. 대충 인사를 나눈 후 의사는 곧장 내 인생 이야기를 해달라고 했다. 아마 내가 얼마나 ADHD답게 살아왔는지 파악하려는 듯했다. 그래서 나는 내 이야기를 쭉 늘어놨고, 요약하자면 이렇다.

"멜버른에서 태어났고요. 우리 가족은 전형적인 중산층 가정이었어요. 모든 면에서 나는 잘 적응하며 무난하게 자라야 마땅했죠. 하지만 어렸을 때 왕따를 심하게 당했고, 여자애들이랑 잘 사귀지 못했어요.

성적은 반에서 상위권을 유지했지만, 선생님께 자주
혼났어요. 말을 끊거나, 산만하거나, 숙제를 깜빡하거나, 선을
따라 깔끔하게 색칠하지 못한다는 이유였죠(그런데 이건 교육
방식이 '차이'를 받아들이려 하지 않는다는 걸 의미심장하게 빗대서
한 말은 아니다. 그냥 어린 나는 가만히 앉아 똑바로 색칠하는 데
필요한 인내심이 없었을 뿐이다).

그리고, 아! 철자도 진짜 엉망이었어요. 그게 중요한
얘긴지는 모르지만요.

고등학교에 들어가서는 다이어리에 뭘 적어두는 걸 자주
까먹고, 과제를 한 데 챙겨두지 못했어요. 가끔 노트나
프린트물에 교과서까지 통째로 서랍에 쑤셔 넣고 까맣게
잊어버리곤 했죠. 사실, 이런 일은 지금도 자주 일어나요. 아마
지금 옷장 맨 밑에는 언제 샀는지도 모르는 셔츠가 열두 벌은
있을 거예요. '눈에서 멀어지면, 마음에서도 멀어진다'라는
말이 나한테는 진짜 딱 맞거든요.

고등학교 때도 성적은 괜찮았지만, 숙제를 시작하는 게 엄청
힘들었어요. 그리고 이건 별로 이상하지 않다는 건 알지만,
일단 시작하고 나면 가끔은 완전히 무아지경에 빠져서 몇
시간이고 계속할 때도 있었어요. 진짜 시간 가는 줄도 몰랐죠.

불안도 삶에 상당히 큰 영향을 미쳤어요." 나는 의사의
무표정한 얼굴이 그래도 아직 듣고 있다는 뜻이길 바라며
계속했다. "끊임없이 자잘한 '멘붕' 상태가 찾아왔죠.
작은 일들이 점점 쌓이다가 너무 버거워지면 가족들한테
퉁명스럽게 굴고 짜증 내다가, 그다음엔 또 몇 시간씩 울고

그랬어요, 특히 고3 때는 더 심했죠.

어떤 일은 확실히 쉽게 느껴지기도 했지만, 또 어떤 순간에는 다른 사람들을 따라가려면 훨씬 더 많이 노력을 쏟아부어야 하는 기분이 들었어요. 지금 돌아보면, 그땐 내 몸 하나 건사하는 일도 부모님께 상당히 의존했던 거 같아요. 말하긴 좀 부끄럽지만, 열일곱 살이나 됐는데도 가끔 엄마가 샤워하라고 말해줘야 했고, 밖에 나갈 때는 데오도란트(탈취제)를 발랐는지 물어봐야만 챙길 수 있었어요. 그런 말을 듣는 게 기분 좋을 리는 없죠.

그리고 그냥 왜 여자애들한테 자연스럽게 익숙한 일들 있잖아요, 그런 걸 다른 애들보다 잘 못 했어요. 스마트폰 화면은 늘 깨져 있고, 손톱을 물어뜯거나 손거스러미를 뜯는 버릇이 있었죠. 얼굴에 뭐가 나면 짜내지 않고는 못 배겼고, 맙소사, 밤에 스킨케어를 하는 루틴은 아예 꿈도 못 꿨어요.

아, 그리고… 그러니까 섹스할 때도… 가끔은 머릿속이 너무 복잡해져서, 해야 할 일들, 내가 실망을 준 사람들, 심지어 벽에 페인트 금 간 거까지 생각하다 보면, 진짜 내가 지금 섹스하고 있는 건지도 깜빡하게 돼요.

물론 내 파트너는 정말 잘해요. 그러니 그게 문제는 아니죠."

지금 돌아보니 마지막 부분은 굳이 설명하지 않아도 됐을 거 같다.

"어쨌든, 난 지금 기자로 일하고 있고, 제법 잘하고 있다고 생각해요. 하지만, 항상 마감 한두 시간 전에야 기사를 쓰기 시작할 때가 많고, 상사가 한 번은 전화해서 원고를 제출하기 전에 교정 좀 하라고 하더군요. 사실, 교정을 하긴 해요. 다만, 가끔은 그 일을 끝내야 한다는 압박감이 너무 크다 보니, 대충 읽고 후다닥 보내고 나서 후회하곤 하죠.

그렇게 지내다가 언젠가부터 틱톡에 성인 ADHD 영상이 계속 뜨는 거예요. 그런데 거의 모두가 내 얘기를 하는 거 같더라고요. 그래서 전문가와 상담해야겠다고 마음먹었죠. 아무튼, 내 인생은 대충 이랬어요."

내가 말을 마치자, 정신과 의사는 "흠…" 하고 소리를 내더니 30개쯤 되는 진단 문항 체크리스트를 펼쳤다. 정확한 내용은 잘 기억나지 않지만, 의사는 문항마다 '전혀 그렇지 않다'와 '매우 자주 그렇다' 사이에서 골라 답하라고 했다. 그런데 웬걸, 순식간에 '매우 자주 그렇다'로 빼곡히 채워졌다.

'가만히 있지 못하거나 안절부절못하는 기분을 자주 느낀다.'
'매우 자주 그렇다'

'해야 할 일이나 자신이 한 약속을 기억하는 데 자주 어려움을 겪는다.'
'매우 자주 그렇다'

'대화 중 상대방 말이 끝나기 전에 먼저 대답하는 일이 자주 있다.'
'매우 자주 그렇다'

…

진단이 끝나자, 의사는 내 점수를 합산했고, 우리는 조금 더 이야기를 나누었다. 그리고 45분쯤 뒤 의사는 노트북 카메라를 똑바로 바라보며 말했다. "음, 내가 보기에는 분명히 ADHD가 맞네요. 어릴 적부터 그랬던 걸로 보이고요."

순간, 주체할 수 없이 눈물이 쏟아지기 시작했다. "죄송해요! 이런 꼴을 보여 죄송해요." 나는 훌쩍거리며 연신 사과했다.

"알아요. 정말 충격적이고, 받아들이기 힘든 얘기일 거예요." 의사가 대답했다.

"그게 아니라요…" 나는 딸꾹질처럼 훌쩍대는 사이사이 말을 이었다. "그냥… 평생 나는 왜 남들처럼 '사람' 구실을 제대로 못 하는지, [훌쩍] 왜 나는 맨날 실패만 하는 건지, [훌쩍] 그렇게 고민하며 살아왔는데… 그게 다 이유가 있었구나, 이제 알고 나니까 진짜 너무 안심돼서 그래요. 그러니까… 난 그저 나쁜 사람이 아니구나, 이런 거죠." 나는 숨을 헐떡이며 눈물 콧물 범벅이 되어 말을 마쳤다.

의사는 잠시 멈춰서 카메라 너머로 눈 한번 깜빡이지 않고 나를 바라보더니 말했다.

"그래요… 아무튼요…"

그날 나는 두 가지 중요한 사실을 배웠다.

1. 내 뇌는 뚜렷하게 다른 방식으로 작동하고 있고, 이건 내 삶의 거의 모든 부분에 걸쳐 광범위하게 깊이 영향을 미쳐왔다.
2. 평생 정신 건강을 연구한 정신과 의사조차도 대부분 지나치게 감정적인 이런 얘기들을 썩 좋아하지 않는 듯 보인다.

상담이 끝날 무렵, 의사는 5밀리그램 단기 작용형 덱삼페타민 처방전을 써주며, 내 뇌에 '**도파민**'이 충분하지 않다'라는 식으로 알쏭달쏭하게 설명한 뒤, 관련 자료를 좀 더 읽어보라고 하면서 'ADHD 코치' 연락처 하나를 알려주었다. 그게 화상 진료의 전부였다.

나는 평소 내 인생을 영화나 드라마처럼 생각하는 좋지 않은 버릇이 있다. 사건들을 장면별로 정리하면서, 사람들을 캐릭터 유형별로 분류하고, 트라우마 순간을 극적인 '클라이맥스'로 보는 식이다(아마도 이건 인지적으로 감정에 거리를 두려는 방어기제일 테고, 감수성 예민하던 시절 〈가십 걸〉을 너무 많이 본 영향도 있을 거다). 그 순간, 나는 노트북 화면에 뜬 '통화 종료' 메시지를 바라보며, 마치 드라마 한 시즌의 마지막 장면을 보는 기분이었다. 반전은 드러났고, 인생의 새로운 장이 시작되는 지점에 나는 서 있었다. 그리고 지난 몇 달 동안 틱톡에서 ADHD 교육용 영상들을 봐왔고, 이렇게 공식적으로 **진단**까지 받았으니, 이제 새로운 시즌을 맞이할 준비가 다 됐다고 착각했다.

그때까지 나는 ADHD에 세 가지 **유형**이 있다는 것도 몰랐고, **실행기능 장애**가 뭔지도 몰랐다. ADHD가 사회적 의사소통 기술이나 감정 조절에 영향을 줄 수 있다는 것도, 마찬가지로 몰랐다. **시간맹**이라는 말은 그저 소셜 미디어에서나 얼핏 들어봤고, **대상 영속성**과 **거절 민감성 불쾌감** 같은 용어들은 당연히 정식 진단 용어인 줄 알았다. 나 같은 뇌 구조가 중독과 자살, 교통사고 위험을 높인다는 사실'도 전혀 몰랐고, **미진단**

상태로 살아온 20여 년 동안 무너진 내 **자존감**을 회복하기 위해서는 앞으로 또 얼마나 힘들고 고통스러운 감정적 노력을 기울여야 하는지 전혀 상상하지 못했다.

약 처방전은 받았지만, 약을 먹는 거 외에도 **증상**을 줄이기 위해 해야 할 일과 할 수 있는 일들이 이토록 많은 줄 몰랐다. 내 뇌의 작동 방식을 보완하고 삶을 더욱 살 만하게 만들어줄 수 있는 다양한 요령과 팁, 행동 전략이 있다는 것도 몰랐다. 마치 오랜 세월 바다에서 길을 잃고 헤매다가 드디어 지도 한 장을 건네받은 기분이었지만, 그 지도는 너무 희미하고 세부 정보도 빠져 있어서 도무지 육지에 도달하는 방향조차 잡을 수 없었다.

그 후 일 년 동안, 나는 새로운 정체성을 찾아 헤맸다. 진단받고 나서 어떤 사람들은 정신과 의사와 함께 집중 치료에 들어가기도 한다고 들었지만, 설령 내가 그런 치료비를 감당할 수 있었다고 해도 나한테는 그런 선택지가 주어지지 않았다. 일 년 동안 의사에게 진료받은 건 몇 번뿐이었고, 그마저도 10분 정도로 짧았다. 의사는 약이 잘 듣냐고 물었고, 나는 "그냥 그런 거 같긴 한데 별로 썩 그렇진 않아요."라고 답했다. 의사는 약 복용량을 조금 늘렸고, 우리는 인사하고 그걸로 끝이었다.

나는 정말 의사의 조언대로 관련 자료를 읽어보려고 애썼지만, 솔직히 개인이 인터넷에만 의지해, 아무 의학 지식도 없이 어떤 정보를 믿어야 하는지 판단하는 건 정말 어려운 일이다. '성인 ADHD'를 검색하면 기본적인 정보나 방

정리하는 유용한 팁 몇 가지는 얻을 수 있다. 하지만, 동시에 'ADHD는 거대 제약 회사들이 청소년을 약물에 중독시키려는 거대한 음모'라는 음모론에 쉽게 빠질 수도 있다.

   자료를 찾으려고 하면, 온통 ADHD 자녀를 둔 부모에게 도움되는 글들만 쏟아져 나왔다. 가령, 구조화된 일정표, 실용적인 팁, 생활 루틴 등. 하지만, 하나같이 일곱 살 아이를 교실에 얌전히 앉혀두는 방법에만 초점을 맞추고 있었고, 이 사실을 제쳐두더라도 이런 전략들은 애초에 ADHD가 아닌 성인이 모든 걸 계속 관리해야 한다는 걸 전제로 하고 있었다. 사실 ADHD인 사람들은 건강한 습관을 들이는 일 자체가 정말로 힘들다. 건강한 습관을 기르면 ADHD 치료에 도움이 된다고 하지만, 아이러니하게도 이 질환 자체가 새로운 습관을 들이는 걸 매우 어렵게 만들기 때문이다. 게다가 부모를 대상으로 하지 않는 정보를 찾고 싶어도, 그런 건 아마 가장 난해한 학술 논문 속에나 묻혀 있기가 쉽다. 다시 말하지만, ADHD가 있는 사람은 그런 긴 자료를 읽을 가능성이 제로에 가깝다. 나도 이 책을 쓰기 위해 자료를 조사하다가 그런 논문들을 읽으며 몇 번이나 눈물을 쏟았는지 모른다.

   정말이지 진단받고 나면 새로운 각성과 자아 발견, 자기 이해로 가득 찬 한 해가 펼쳐질 줄 알았다. 그런데 1년이 지나도 ADHD에 대해 아는 거라고는 그저 내가 '임상적으로 건망증이 있다' 정도가 전부였다. 물론 새로 처방받은 약물이 업무에 집중하는 데는 도움이 됐지만, 일상은 여전히 엉망이었다.

하지만, 당연히 ADHD는 '임상적으로 건망증이 있다'라거나, 이메일 몇 통 처리하려고 약 한 알 먹는 것보다 훨씬 복잡한 이야기다. 결국, 진단 후 1년이 됐을 때 나는 이런 결론에 도달했다. '저 바깥세상에서 내 삶을 바로잡고 살아가려면, 먼저 내 머릿속에서 무슨 일이 일어나고 있는지 제대로 이해해야겠구나.'

그동안 내 뇌에 '안녕'이라고 말해본 적은 몇 번 있지만, 이제는 정말 실제로 만나야 할 시간이다. 아마도 그러면 '나와 내 뇌'가 서로 협력해 마침내 인생을 제대로 살아가는 법을 알게 될 수도 있으니까.

하지만, 막상 이 여정을 시작하자마자 그게 얼마나 어려운 일인지 실감했다. 기자로서 나는 자료를 조사하는 법도 알고, 학술 용어도 읽을 줄 알고, 관련 전문가에게 연락을 취하는 방법도 배운 사람이다. 이런 건 대다수 사람이 갖추기 힘든 장점이자 유용한 자원이다. 그런데도 여전히 어려웠다. ADHD가 있는 성인으로서 제대로 살아가는 데 필요한 정보를 얻는 일이 이토록 어려워서는 안 된다. 하지만 그 순간 문득 이런 생각이 들었다. '나는 기자잖아. 자료를 조사하고, 학술 용어를 읽고, 관련 전문가에게 연락하는 일은 내 전문이지.' 결국, 이건 내가 실제로 풀 수 있는 문제였다.

나는 정신과 의사도 아니고 의사나 박사 학위도 없다. 가끔 혼자서 드라마 속 인물들에게 ADHD(로렐라이 길모어)나 **자폐**(로리 길모어) 진단을 내리곤 하지만, 당연히 이런 진단은 법정에서 인정될 턱이 없다. 그럼에도 내가 확실히 자신하는 부분이 있다. 만약 그 정보들이 쉽게 접근할 수 있고, 신뢰할 수 있는 출처에서 나왔으며, 쉬운 말로 설명되어 진단 직후 내 손에 건네졌다면, 내 삶이 훨씬 수월했을 거라는 사실을 날카롭게 인식한다는 점이다. 그래서 나는 직접 그런 책을 쓰기로 했다. 정신과 의사와 화상 진료가 끝난 후 곧바로 누군가 건넸더라면 좋았을 바로 그 책 말이다. 여기에는 각종 인터뷰, 그림, 도표, 재밌는 사실, 일화와 내 작은 ADHD 뇌가 쏙쏙 이해할 만한 것들로 꽉 채웠다.

책의 전반부(상반기)에는 우리 뇌가 왜 이런 식으로 작동하는지, ADHD가 지금까지 우리 삶과 자존감에 어떤 영향을 미쳤는지, 그리고 왜 이렇게 많은 사람이 어린 시절에 진단받지 못하고 성인이 된 지금에야 갑자기 ADHD라는 걸 알게 되는지 살펴보려고 한다. 또한 ADHD를 둘러싼 잘못된 믿음, 반쪽짜리 진실, 오해 들도 짚어볼 예정이다. 후반부(하반기)에는, 이런 우리 뇌와 함께 실제로 어떻게 살아가야 하는지를 집중적으로 다룰 생각이다. ADHD를 안고 사람들과 어떻게 관계를 유지해야 하는지, ADHD 약물이 저녁 뉴스에서 말하는 것만큼 무섭지 않은 이유는 무엇인지 알아보려고 한다. 또한 ADHD가 우리 삶에 가져다주는 위험과 즐거움, 이것이 '장애'인지 '정체성'인지에 대한 고민, 그리고 세상을 좀 더 ADHD 친화적인 공간으로 만들기 위해서는 어떤 변화가 필요한지 생각해볼 것이다.

과학적인 내용은 구체적인 데이터를 통해 제시하고, 신뢰할 만한 대규모 학술 연구나 세계 최고 ADHD 전문가들의

견해를 바탕으로 내 주장을 펴보려고 한다. 하지만, 이 책은 단순히 차갑고 어려운 생물학적 사실만 늘어놓지 않는다. 그 대신, 어느 날 갑자기 우리 삶 전체를 무의식적으로 괴롭혀온 핵심적인 수수께끼(ADHD)에 대한 해답을 알게 된 뒤부터, 실제로 어떤 일이 벌어지는지를 탐구한다. 반전은 드러났고, 시즌 마지막 장면의 클라이맥스는 끝났다… 자, 이제 그다음엔 무엇이 기다릴까?

이 이야기가 당신의 상황과 완전히 일치하지는 않더라도, 분명 도움 될 부분이 많이 있을 것이다. 어쩌면 당신은 초등학교 2학년 교실에서 늘 시끄럽고 과잉행동을 하던 아이였을지 모른다. 그때 ADHD 진단을 받았지만, 세월이 흘러 학교 책상에서 업무용 책상으로 상황이 바뀌면서 사람들은 더 이상 ADHD 이야기를 하지 않는다. 모두가 '이제는 다 컸으니 잘해나가겠지'라고 생각한다. 물론 지금은 벽을 타고 뛰어다니지는 않지만, 당신은 여전히 모든 게 너무나도 힘들다. 사실 성인이 되어 달라진 건 당신의 상태가 아니라, 사람들이 당신의 상태를 더는 너그러이 봐주지 않는다는 점이다. 그러니 엄밀히 말하면 당신은 어렸을 적 당신의 뇌를 만났지만, 어쩌면 다시 제대로 만나야 할 때가 됐다고 느낄 수 있다.

또는, 자신이 ADHD일지 모른다고 의심만 하면서, 값비싼 진단 상담을 받기 전에 이 장애에 대해 더 알아보려고 이 책을 펼쳤을지 모른다. 아니면, **신경전형성**인 사람으로서 주변에 ADHD인 파트너나 친구, 자녀의 분주한 뇌에서 어떤 일이 일어나고 있는지 더 잘 이해하고 싶어 이 책을 읽을 수도 있다.

    어떤 이유로 이 책을 들었든, 지금 우리는 함께 ADHD 뇌라는 폭풍우 치는 바다에서 무슨 일이 일어나고 있는지 밝혀나갈 여정을 시작하려고 한다.

    그럼, 첫 번째 순서다. ADHD란 도대체 무엇일까?

1부
ADHD란 무엇일까?

혼돈의 도가니

보통날과 똑같은 수요일 오후, 오랜만에 시간 딱 맞춰 일을 끝내고 남은 건 하나였다. 바로 오후 6시 출판계 거물과의 줌 미팅! 기필코 좋은 인상을 줘야 하는 자리였다. 으레 이렇게 압박이 심할 때는 불안감이 내 ADHD를 이기기 마련이라 시간 깜빡할 걱정은 없다. 하지만 혹시 몰라 스마트폰에 알람을 설정했다. 메모도 안 해놓은 알람, 내 첫 번째 실수였다.

미팅까지 남은 시간은 40분, 나는 뜬금없이 작업실 창틀에 있는 먼지가 눈에 거슬렸다. '어디 청소나 좀 할까?' 그러고는 집안일 할 때 재미있는 걸 틀어놓는 습관대로 에어팟을 끼고 스마트폰으로 〈솔트레이크시티의 진짜 주부들〉 한 편을 재생했다.

그런데 스펀지를 집어 창틀을 닦으려는 찰나, 바닥에 던져둔

코트에 발이 걸려 몸이 휘청했다. 그 순간 팔을 앞으로 뻗는 바람에 남자 친구 앤서니의 예쁜 얼룩말 모양 화분을 공중으로 날려버렸다. 다행히 안에 식물은 없었지만, 화분이 카펫 위로 직진해 폭삭하고 말았다. 아니, 완전히 부서지지는 않고 고칠 수는 있지만 '까다로울' 만큼 깨졌다. 이건 우주가 나한테 던지는 도전 과제였다.

'아, 세탁실에 초강력 순간접착제가 있었지.' 나는 속으로 생각하며 바닥에 흩어진 얼룩말 조각들을 주워 거실 탁자에 조심조심 올려놓았다. 그러고는 거기 앉아 무려 20분 동안 복구 작업에 들어갔다. 한 손엔 순간접착제를, 다른 손엔 얼룩말 잔해를 들고 그야말로 사투를 벌였다. 그러는 사이 눈앞 스마트폰 화면에서는 주부들이 전화기를 붙들고 서로 날카로운 독설을 퍼붓고 있었다.

바로 그 순간, 손가락이 찰싹 들러붙고 말았다. 본능적으로 나는 집에 있던 값싼 보드카를 떠올렸다. 소독용 알코올로 쓸 만한 게 그거밖에 없었기 때문이다. 보드카를 그릇에 조금 따른 다음 붙어버린 엄지와 약지를 담가봤다. 하지만 아무 효과가 없었다. 결국 눈을 질끈 감고 손가락을 억지로 떼어내야 했다. 통증에 움찔하면서 제발 피부 겉면만 벗겨지기를 기도했다.

다시 복구 작업을 시작했지만, 이번에는 새로운 문제가 나를 기다렸다. 얼룩말의 나무 다리 하나를 감싸고 있던 도자기 부분이 완전히 부서져 도저히 방법이 없었다. '이 빈틈을 무엇으로 메워야 하나?' 그때 스마트폰에서 작게 알람이 띠링

울렸다. 하지만 이제 막 기발한 아이디어가 뿜뿜 솟는 참이라 얼른 알람을 꺼버렸다.

작년 한때 폴리머 클레이 귀걸이 만들기에 푹 빠졌던 적이 있었다. 그러다가 일반 클레이 장신구로 넘어갔고, 그 후 미니어처 조각에 관심이 생겨 오븐으로 건조할 수 있는 테라코타 점토 500그램을 사놓기에 이르렀다. 분명 재료 상자 어딘가에 아직 있을 터였다.

〈진짜 주부들〉의 엔드 크레디트가 흐르는 가운데 나는 방으로 돌진했다. 야호! 진짜로 있었다. 나는 기쁨에 환호를 지르며 밀봉 탭을 뜯어 점토를 꺼냈다. 그런데 웬걸, 완전히 돌덩이처럼 굳어 있었다.

'괜찮아, 쓸 수 있을 거야.' 속으로 마음을 다독였다. '그냥 물에 좀 담그면 되겠지, 뭐.'

하지만 점토를 담글 만한 큰 그릇이 없었다. 할 수 없이 비장의 무기를 꺼냈다. 바로 지난주 마트에서 충동 구매한 거대한 옥토버페스트 맥주잔이었다. 거기다 물을 채운 다음 점토를 잘게 떼어내 던져 넣기 시작했다. 몇 분 동안 주물럭주물럭하는 사이 테라코타 진흙은 사방에 튀고 주방 싱크대와 내 옷은 난리가 났다. 드디어 반죽 성공!

나는 얼룩말 다리를 찰진 점토로 감싸 단단히 고정했다. 그런 다음 나중에 쓸까 싶어 점토가 담긴 물을 플라스틱 통에 다시 붓기 시작했다. 그때였다. 갑자기 "다음 주 〈솔트레이크시티의 진짜 주부들〉에서는…"이 들리며 심장이 철렁했다. '가만, 이거 두 번째 듣는 건데… 45분짜리

에피소드가 두 번 끝났다고?' 머릿속이 빠르게 돌아갔다. '맙소사, 아까 그 알람! 으악, 줌 미팅!'

나는 미친 듯이 컴퓨터로 달려가 이메일을 확인했다. 오후 6시 9분에 메일이 와 있었다.

"안녕하세요, 마틸다, 나 지금 줌에 들어왔는데, 아직 참석할 수 있어요?" 38분 전이었다. 나는 절망이 목구멍까지 차올라 답장을 썼다. "정말 죄송해요! 아, 그게요, 최근 서머타임이 바뀌는 바람에… 여기 제 전화번호를 남길게요, 언제든 연락해주세요!"

전송 버튼을 누른 순간, 왈칵 눈물이 쏟아졌다. 지금 뭘 하는지도 모른 채 손가락은 엄마 전화번호를 누르고 있었다. 제발 엄마가 '괜찮아, 다 잘될 거야'라고 말해주기만을 간절히 바랐다.

나는 ADHD 때문에 가끔 내가 아닌 다른 사람이 된 기분이다. 나는 이기적으로 보이고 싶지 않고, 다른 사람의 시간을 함부로 뺏고 싶지 않다. 끝내지 못한 집안일, 답장 못 한 이메일, 실망한 가족과 친구, 동료들 속에서 허우적거리고 싶지 않다. 하지만 때로는 아무리 애써도 그 소용돌이에서 절대 빠져나올 수 없을 것만 같다. 그리고 빠져나올 수 없을 때면 무너져버린다.

내가 흐느끼는 사이, 엄마가 부드럽게 말했다.

"가서 목욕 좀 하렴, 타이머는 꼭 맞춰놓고. 지난주처럼 아파트 홍수 나면 안 되니까."

나는 욕조에 웅크린 채 무릎을 가슴에 끌어안고, 손가락

사이에 붙은 진흙을 씻어냈다. 어느 때보다 더 펑펑 눈물이 쏟아졌다. '난 망했어, 이렇게 중요한 기회를 영원히 날려버리다니.' 파도처럼 밀려드는 자책을 감당할 수 없었다.

바로 그때, 전화벨이 울렸다.

앗, 그들이었다! 나는 뛸 듯이 기쁜 나머지 전화를 덥석 받았다. 그리고 곧바로 깨달았다. '헉! 나 지금 홀딱 벗었잖아.' 하느님이 보우하사 다행히 음성 통화였다.

"정말 죄송해요. 시간 내주셔서 너무 감사드려요." 나는 다시 한번 정중히 사과했다. 동시에 아주 천천히 물 밖으로 몸을 빼내며 필사적으로 안간힘을 썼다. '절대 물방울 튀기면 안 돼!'

어찌나 가슴이 뛰던지 욕실로 수건 가져오는 것도 깜빡했지만 별로 상관없었다. 이제 룸메이트들까지 집에 와 있는 상황, 나는 꼼짝없이 알몸으로 욕실 매트에 쪼그리고 앉아 장장 90분 동안 업무 통화를 해야 했다.

돌이켜 생각하면 좀 웃기다. 하지만 더 웃긴 건, 바로 지금도 내 방 귀걸이 스탠드 옆에는 물이 반쯤 담긴 플라스틱 통이 놓여 있다는 사실! 이제는 물기가 너무 많은 테라코타 점토와 함께. 하지만 뭐, 버릴 수는 없다. 언젠간 또 필요할지도 모르니까.

1장 왜 다들 갑자기 ADHD 이야기를 할까?

처음에 나는 내가 ADHD라는 걸 알게 된 경로가 무척 창피했다. 내 뇌가 남들과 뭔가 다를 수도 있다는 사실을 처음 일깨워준 건 부모님도, 선생님도, 심리학자도 아니었기 때문이다. 그건 바로 '춤추는 앱' 틱톡이었다.

솔직히 2019년까지는 틱톡을 어쩌다 그냥 보는 정도였다. 그런데 코로나 팬데믹이 터지고 세상이 봉쇄되자 나는 미친 듯이 빠져들었다. 날이면 날마다 사람들이 거품 커피를 만들고 정교한 공예품을 만드는 모습을 몇 시간씩 지켜보곤 했다.

그러다 정확히 언제인지 기억나지는 않지만, 어느 날 처음 ADHD 영상을 봤는데, 제목이 이랬다. '잘 모르는 여성 ADHD 증상 다섯 가지!' 내용이 좀 재미있었다. 그래서 영상이 끝난 다음 처음부터 다시 보며 내가 몇 가지나 해당하나 손가락으로 세어봤다. 그러고는 화면 옆쪽 작은 하트 '좋아요'를 눌러 다음에 또 보고 싶을 때를 대비해 저장해뒀다.

그런데 이 단순한 행동이 AI 신들에게 신호를 보낸 게 틀림없었다. '음, 이 인간이 ADHD에 관심이 좀 있군!' 똑똑한 AI는 내 피드에 ADHD 영상을 몇 개 더 던졌다. 그리고 예상대로 나는 그 영상들을 보고, '좋아요'를 누르고, 심지어 그 영상을 올린 계정의 채널까지 찾아가 몇 개 더 보기도 했다. 이쯤 되면 틱톡 앱을 소유한 바이트댄스 같은 회사로서는 그야말로 '꿀'이다. 나를 앱에 붙들어두고 광고를 계속 소비하도록 만드는 주제를 낚은 것이기 때문이다. 그래서 마치 디스토피아적 초지능처럼 틱톡 알고리즘은 계속해서 더 많은 ADHD 영상을 내 피드에 던지며, 내 눈에서 뽑아낼 수 있는 데까지 광고비를 짜내려고 필사적으로 움직였다.

그런데 생각지도 않은 **부작용**이 생겼다. 내 피드가 느닷없이 단순한 ADHD 영상뿐 아니라, ADHD를 직접 겪고 있는 여성이 다른 ADHD 여성을 위해 만든 영상들로 도배되기 시작한 것이다. 그때 생전 처음 '여성도 ADHD가 있을 수 있다'라는 생각을 실제로 하게 됐다. 그런데 와우! 이 사람들이 말하는 증상이 대부분 내 불안장애랑 너무나 비슷했다.

몇 주가 지나면서 차츰 나는 깨닫기 시작했다. 이 영상들이 재미있는 이유는 단순히 새로운 인터넷 주제에 빠져드는 게 좋아서가 아니었다. 나는 눈을 뗄 수가 없었다. 화면 속 여성들이 정확히 내 이야기를 하고 있었기 때문이다. 꼭 내 머릿속을 훤히 들여다보는 것처럼, 그동안 내가 좀 이상하고

남들과 다르다고 느끼면서도 말로 설명할 수 없었던 특성들을 몽땅 끄집어내 단 60초 안에 깔끔히 정리해주고 있었다.

진부하게 들릴지 모르지만, 이 영상들을 보면서 나는 내 안의 작은 한 부분이 오랫동안 혼자 얼마나 외로웠는지 깨닫게 됐다. 나는 그것도 알아채지 못한 채 은밀히 느껴지는 부끄러움을 꼭꼭 숨겨왔고, 뭔가 숨기고 있다는 사실을 인정하기가 너무 두려웠다. 그런데 여기서 이 사람들은 그런 감정들을 모두 드러내, 똑같이 느끼고 있을 (수백만 명까지는 아니어도) 수십만 명과 나누고 있었다.

그래서 나는 주치의를 찾아갔고, 주치의는 내게

임상심리사와 상담해보라고 권했다. 임상심리사는 내 이야기에 놀라는 눈치였지만 뭔가 일리는 있다고 인정했다. 나는 다시 주치의를 찾아갔고, 주치의는 정신과 의사에게 가보라고 소견서를 써주었다. 그리고 5개월 후, 60만 원이 넘는 돈을 내고 마침내 나는 답을 얻었다. 틱톡이 맞았다!

후기 자본주의의 끝없는 발전 속에서 우연히 나타난 결과로, 바이트댄스는 나보다 더 내 뇌를 잘 아는 알고리즘을 만든 셈이다. 그리고 나만 이런 경험을 한 게 아니었다. 내가 인터뷰했던 세계 각국의 정신과 의사들은 병원을 찾는 사람들이 많아졌다고 한목소리로 말했다. 특히, 성인 여성이 틱톡에서 ADHD 영상을 보고 '어, 이거 나잖아?' 하며 찾아오는 사례가 부쩍 늘었다고 했다.

틱톡은 단지 짧고 재미있는 영상을 보여주며, 즉각적인 만족감을 끝없이 채워주는 앱이다. 거기다 아직 ADHD로 **미진단 상태**인 사람들에게 ADHD에 관한 교육 콘텐츠를 능숙하게 추천해주는 알고리즘까지 갖춘다면 그 자체만으로도 이미 '게임 체인저'급 기술이라 할 만하다. 그런데 여기에 수십억 명이 갖고 있던 '정상적인 삶'이라는 개념을 완전히 무너뜨린 글로벌 팬데믹까지 더해지고, 수많은 사람이 공들여 쌓은 일상의 루틴, 대처법, 우회 전략이 한순간에 무너진다? 이런 상황이라면, 어린 시절에 미처 ADHD 진단을 받지 못한 사람들이 도움이 필요함을 깨닫고 **진단**받으러 찾아갈 여건이 충분히 조성됐다고 본다.

좀 거창하게 들릴지 모르지만, 나는 2020년대 초반이 ADHD

역사에서 가장 중대한 전환점으로 기억되리라 믿는다. 그리고 더 나아가, 우리 사회가 일반적으로 **신경다양성**을 바라보는 방식 자체를 근본적으로 재편한 시기로 평가되리라고 생각한다.

하지만 모든 문화적 전환점이 그렇듯, 이 새롭고 더욱 성인에 집중된 ADHD 담론은 거센 비판과 도덕적 공포를 불러왔다. 수많은 기사나 칼럼에서는 이렇게 지적했다. '요즘은 너도나도 ADHD라고 한다.', '전보다 과잉 진단이 훨씬 심해졌다.', '사람들이 스스로 삶을 바로잡으려고 노력하지 않고 약물에만 의존하려고 든다.'

> 혹시 짐작했는지 모르지만, 지금까지 나는 ADHD라는 용어만 사용하고 ADD는 언급하지 않았다. 사실 그 이유가 있다. 많은 사람이 심지어 의사나 전문가들조차 이 두 용어를 마치 비슷하지만 약간 다른 상태를 가리키는 것처럼 사용한다. **과잉행동**이 있는 경우(ADHD)와 없는 경우(ADD)로 나뉘는 것처럼 말이다. 하지만 이건 흔한 오해다. ADD는 사실 1987년 바뀌기 전까지 쓰던 ADHD의 옛 이름이다. 하지만 그때까지 사람들이 그 용어에 익숙해서 이후에도 여전히 쓰이는 것뿐이다. 오늘날 ADD는 ADHD 중 '주의력결핍 **유형**ADHD-I'을 설명할 때 비공식적으로 종종 사용된다.
>
> 솔직히 '주의력결핍 과잉행동장애ADHD'라는 명칭 자체도 그다지 정확하거나 유용한 용어라고 생각하지는 않는다. 하지만, 선택지가 모두 별로라면 최신 지침서 용어를 쓰는 게 나을 수 있다.

이런 주장들은 모두 완전히 잘못됐다. 하지만 이런 생각들이 공론을 지배하게 되면, 우리같이 새롭게 정체성을 발견하고 탐구하려는 사람들은 불안감에 휩싸일 수 있다. 그러니 우리 여정의 첫걸음을 이렇게 시작하자. 실제로 ADHD가 얼마나 흔한지, 그리고 왜 과잉 진단이 아니라 오히려 진단 부족이 훨씬 심각한 문제인지 확실히 짚고 넘어가자.[2]

ADHD가 있는 사람은 얼마나 많을까?

ADHD가 얼마나 흔한지 정확히 말하기는 쉽지 않다. 왜냐하면 진단받은 사람 수가 실제 ADHD가 있는 사람 수와 일치하지 않기 때문이다. 전 세계 **유병률**을 추정하는 최고의 방법은 무작위로 사람들을 선택한 후 임상 인터뷰를 진행해 ADHD 여부를 검사하는 것이다. 현재까지 가장 신뢰할 만한 유병률은 수백 건의 연구와 수십만 개의 데이터를 종합해 비교한 이른바 **메타 분석**에 따른 결과로, 아동과 청소년 5.9%[3]~7.2%[4]가 ADHD가 있으며, 성인은 2.8%로 나타났다[5,6](단, 성인 수치는 약간 낮게 잡혔을 가능성이 있다. 연구에 사용된 ADHD **진단 기준**이 오래된 모델로, 성인에게는 그다지 적합하지 않았기 때문이다).

하지만 이들 중 자신이 ADHD라는 사실을 실제로 인지하는 사람은 얼마나 될까? 안타깝게도 대다수 국가에서는 ADHD로 진단받은 건수가 아니라 ADHD 약물을 처방받은 사람 수만 추적하는 까닭에 실제 진단율을 정확히 파악하기는 어렵다. 하지만 우리가 갖고 있는 데이터만 봐도, ADHD로 진단받는 경우가 턱없이 부족하다는 사실을 알 수 있다.

예를 들어, 앞서 언급한(아마 보수적으로 잡은) 전 세계 유병률을 최근 호주 인구수[7]에 적용하면, 호주 내 ADHD가 있는 사람이 약 89만 2천 명에서 96만 7천 명 정도라고 예상할 수 있다(한국 인구수에 적용하면 약 174만 명에서 184만 명 정도임-편집자주). 하지만 2020년 기준, 호주 정부의 '의약품 지원 제도PBS'를 통해 ADHD 치료제를 처방받은 사람은 33만 4천 명에 불과했다.[8] 겨우 3분의 1 수준이다. 물론, 이후 몇 년 동안 숫자는 더 늘어났을 것이고, 애초에 약물 치료를 선택하지 않은 사람도 많다. 그래서 넉넉잡아 ADHD로 진단받은 사람 수가 그 두 배라고 가정해도 약 66만 8천 명밖에 안 된다. 이 말은 곧 호주에서 ADHD가 있는 사람 중 25~40%는 여전히 진단받지 못한 채 방치됐다는 뜻이다.

게다가 2018년 한 연구에 따르면, 전 세계적으로 19세 이상 성인 중 ADHD 약물을 복용하는 비율은 겨우 0.39%에 불과했다.[9] 즉, ADHD가 있다고 추정되는 사람 중 7분의 1만 치료받고 있다는 뜻이다. 이 수치는 국가별로 더 낮아질 수도 있다. 예를 들어, 한국에서는 전체 인구의 0.04%에 불과했다.[10] 실제로 ADHD를 치료받는 비율이 전 세계 유병률을 웃돌 가능성이 있는 몇 안 되는 나라가 바로 미국인데, 그마저도 전국이 아니라 일부 주만의 이야기다. 그렇다면 ADHD와 관련해 과잉 진단이 정말 문제일까? 뭐, 어느 정도는 그럴 수 있다. 하지만 전 세계에서 조직적으로 발생하는 문제는 아니며, 극히 예외일 뿐 전반적인 현상과는 거리가 멀다.

미국의 ADHD 진단 실태

나는 여기서 ADHD로 오진하는 사례가 전혀 없다고 말하려는 건 아니다. 사실 ADHD는 다른 여러 정신장애와 증상이 상당히 비슷해서 진단이 꽤 까다롭다. 불안장애, 우울증, PTSD(외상 후 스트레스 장애), 자폐, 기타 다양한 기분장애나 성격장애도 주의력 문제나 충동성을 유발할 수 있다. 심지어 기저에 수면장애만 있어도 놀라울 정도로 ADHD와 비슷한 증상이 나타날 수 있다. 더욱 혼란스러운 점은 방금 나열한 질환들이 모두 ADHD와 함께 나타나는 동반 질환일 수 있다는 사실이다. 바로 그런 이유로 ADHD 진단은 반드시 전문가에게 제대로 받아야 한다. ADHD는 복잡하게 얽힌 실타래와 같아서 전문가의 손길이 꼭 필요하다. 일반적으로 ADHD 진단은 여런 과정을 거친다. 여러 차례의 심층 임상 인터뷰, 증상 평가 설문지, 그리고 과거 학교생활기록부나 가족 진술과 같은 객관적인 추가 증거를 바탕으로 어린 시절부터 증상이 있었는지, 삶의 여러 영역에서 나타나는지 확인하는 방법이다. 이러한 과정을 충분히 거치지 못할 때 ADHD 진단율이 부풀려질 위험이 있다.

스티븐 힌쇼와 리처드 셰플러의 책 『ADHD의 폭발』은 현재 미국 내 ADHD 실태를 다루고 있는데, 이 책에서 저자들은 일부 지역에서 의사들이 단 15분 진료만으로 진단하는 사례도 있다고 지적한다. 이렇게 짧은 시간으로는 ADHD와 비슷한 증상을 보이는 다른 질환을 가려내기가 사실상 불가능할 수 있다. 또한, 이 책은 1990년대부터 수십 년 동안 미국 교육체계가 여러 법안을 도입해온 과정을 논의한다. 그중에는 소위 '낙오 학생 방지법' 같은 정책도 있는데, 이는 학교에서 졸업률을 높이거나 표준화된 시험 성적을 끌어올리도록 장려하는 한편, 성과가 저조한 학교에는 제재를 가하거나 심지어 계속 성적이 저조하면 학교를 폐쇄할 수도 있는 제도였다. 이 제도가 중요한 이유는, 공식적으로 ADHD나 다른 특정 장애 진단을 받은 학생들이 추가 시험 시간과 같은 특별 지원을 받을 수 있었기 때문이다. 한때 일부 학군에서는 특정 학생의 성적을 학교 평균에서 아예 제외하도록 허용하기도 했다.[11]

이러한 교육 정책을 오랫동안 시행한 주에서는 ADHD 진단율이 높게 나타나는 경향이 있다. 이는 미국에서 ADHD 진단율이 지역별로 크게 차이 나는 이유가 될 수 있다. 2019년 미국 질병통제예방센터CDC 조사에 따르면, 캘리포니아주와 네바다주에서는 아동의 ADHD 진단율이 6, 7%로 전 세계 평균을 약간 밑돌았지만, 미시시피주와 루이지애나주에서는 무려 16%까지 치솟았다[12](참고로, 많은 지역에서 높은 ADHD 진단율을 주도하는 건 주로 남학생들이었으며, 여학생 상당수는 여전히 진단받지 못하고 있었다).

미국의 교육 정책은 최근 몇 년 동안 크게 변화해왔다. 그래서 나는 스티븐 힌쇼에게 직접 연락해, 지금도 교육 정책이 미국 ADHD 진단율에 영향을 미치는 주요 요인이라고 보는지 의견을 물었다.

"과거에는 확실히 그랬지요. 하지만 10년 전, ADHD를

포함해 특수교육 대상 학생들의 성적을 학교 평균에서
제외하는 정책이 폐지되면서, 그 영향은 줄었을 겁니다."
힌쇼는 이렇게 지적했다.

"그 대신, 지금 ADHD 진단율이 높은 주요 원인은 미국의
과도한 의학 중심적 관점과 형편없는 진단 관행 때문이라고
보는데요?"

힌쇼는 말을 돌려 하는 사람이 아니었다.

이뿐만 아니라 여러 면에서 미국은 ADHD에 관한 한 전
세계적으로 예외적인 사례다. 하지만 안타깝게도 미국에만
해당하는 통계와 우려들이 ADHD 논의를 지배하는 경향이
있다. 실제로 과잉 진단에 대한 과도한 집중과 (굳이 말하자면)
도덕적 공포심은 심각한 문제일 수 있다. 그 이유는 전 세계
대다수 국가에서 직면하고 있는 ADHD에 대한 인식 결여,
진단 부족, 치료 부족과 같은 훨씬 더 크고, 사실상 생명까지도
위협할 수 있는 문제들을 덮어버리기 때문이다.

ADHD 진단이 그저 유행일까?

나는 주변에서 처음 ADHD 진단을 받은 사람이었지만,
마지막은 아니었다. 나 이후로도 몇 달에 한 번씩 가까운
친구나 친척, 혹은 직장 동료들이 자신들도 방금 ADHD
진단을 받았다고 전해왔다. 이들에게는 물론 굉장히
다행스러운 소식이지만, 나는 마음 한구석에서 살짝 걱정되기
시작했다. 혹시 우리가 마시는 물속에 어떤 성분이 들어 있어
뇌에서 **도파민**이 빠져나가는 걸까? 아니면 비평가들 말대로

ADHD는 그저 유행하는 진단일 뿐이며, 우리가 단순히 이제는 스마트폰 없이는 TV 프로그램 하나도 끝까지 못 보는 현실에 과잉 반응하고 있는 걸까?

하지만 어느 쪽도 사실이 아니다. 전체 인구 대비 ADHD 유병률은 지난 수십 년 동안 놀라울 정도로 변하지 않았다.[13] 그러니까 실제로는 ADHD 있는 사람이 최근에 늘어난 게 아니라, 더 많은 사람이 스스로 ADHD라는 사실을 알게 된 것뿐이다. ADHD는 생각보다 아주 흔한 장애다. 예를 들어, 어린이 약 2%가 빨간 머리라고 하는데, 이는 곧 보수적으로 잡아도 ADHD인 아이가 빨간 머리인 아이보다 세 배는 많다는 뜻이다(한국은 趙조 씨와 尹윤 씨가 인구의 2% 정도임 편집자 주).

지난 10년간 ADHD 진단이 늘어나고, 특히 코로나 시대에 성인 진단 의뢰가 다소 급증한 현상은 세상의 종말을 알리는 신호도, ADHD가 가짜라는 증거도 아니다. 오히려, 수십 년 동안 지속된 진단 부족, 치료 부족과 같은 문제들이 바로잡혀 가는 과정으로, 절실하게 필요하며 너무 늦었다고 볼 수 있다. 한마디로 좋은 소식이다! 물론, 주변에 ADHD인 사람이 열 명이나 된다면 좀 이상하게 느껴질지 모르지만, ADHD는 성인 인구의 약 3%에게 영향을 미치는 질환이다. 주위에 아는 사람이 300명 있다고 해보라. 단순한 계산으로도 얼추 그 정도는 된다.

ADHD는 나이가 들면 사라질까?

ADHD가 성인기까지 지속되는 비율을 정확히 파악하기는

> ADHD를 둘러싼 논란은 과잉 진단 문제만이 아니다. 온갖 오해나 음모론, 말도 안 되는 가짜 정보들이 판친다. 한때는 이런 것들을 하나하나 반박하는 코너를 책에 넣을까 고민하기도 했다. 하지만 나는 이런 주장들이 기후 변화 부정론과 같다고 본다. ADHD는 명백히 존재하고, 유전적 요인이 있으며, 널리 퍼져 있는 질환임을 거듭 입증하는 데이터와 연구 결과가 방대하고도 광범위하게 존재한다. 따라서 이런 회의론자들을 일일이 상대하느라 귀중한 시간을 쏟는 건 오히려 불필요한 관심을 주는 꼴이다. 이런 터무니없는 주장들을 불식할 책과 자료들은 충분하다. 나는 그저 ADHD의 존재를 계속 정당화하기보다는 ADHD와 함께 살아가는 법을 배우는 데 집중하고 싶다.

어렵다. 왜냐하면 대규모 연구 대부분이 오래된 『정신질환 진단 및 통계 편람 4판』 DSM-4 진단 기준을 사용했기 때문이다. 이는 아동 중심으로 설계되어 있어 성인 진단에는 적합하지 않다. 하지만 최근 들어 **DSM-5** 기준을 적용한 소규모 연구들이 늘어나는 추세다. 그 결과, 많은 사람에게 성인기까지 ADHD가 지속될 수 있고, 심지어 나이가 들면 ADHD가 저절로 사라진다는 개념 자체가 애당초 틀렸을 가능성이 제기되고 있다.[14] 한 ADHD 연구 팀은 기존 연구에서 ADHD '완치'로 나온 사례는 대부분 단순히 어린 시절에 ADHD가 있던 사람을 성인기의 특정 시점, 즉 평가하는 날에만 장애가 아직 있는지 측정한 결과라는 걸 깨달았다. 반면, 16년 동안 여덟 차례 다시 평가했을 때는 실제로 대부분

증상이 평생에 걸쳐 진단 기준을 넘나들며 바뀐다는 사실을
발견했다.

이 연구는 비교적 규모도 작았고, **ADHD-C**(혼합형)인
사람만을 대상으로 했기 때문에 이를 무슨 '복음'처럼 떠받들
생각은 없다. 하지만 시간이 지나면서 증상이 없어진 사람
중 단 9%만이 나머지 연구 기간 내내 **관해remission** 상태를
유지했고, 연구 기간을 통틀어 처음부터 끝까지 증상이
지속되는 사람 역시 10%밖에 안 된다는 사실이 밝혀졌다.[15]
연구진은 유전적 요인이 ADHD의 지속성에 영향을 미칠 수도
있지만, 개인의 생활환경도 중요한 역할을 할 수 있다고 봤다.
예를 들어, 삶에서 극적인 변화나 과도한 스트레스, 또는 수면
부족을 겪을 때는 ADHD 증상이 더욱 심해지거나, 뇌 기능의
차이가 조금씩 불편해지다가 어느 순간에 진단 기준을 완벽히
충족하는 상태가 됐다. 반면, 삶이 안정되고 건강 상태가
좋으며, 일상의 루틴이 탄탄하고 주변의 지지가 충분할 때는
ADHD 증상이 약해졌고, 뇌 기능의 차이가 약간 있다고 해도
별로 불편하지 않아 진단 기준에 못 미치기도 했다. 어쨌든,
내 결론은 갈수록 많은 연구에서 ADHD는 일반적으로 평생
지속되는 증상이며, 따라서 성인 ADHD도 예외가 아니라
표준일 가능성이 크다는 사실을 보여준다는 것이다.

이제 ADHD가 얼마나 흔한지 충분히 살펴봤으니, 본론으로
들어가자. 전 세계 수많은 사람을 힘들게 하는 이 ADHD는
실제로 우리 삶에 어떤 영향을 미칠까?

백조 똥 사건

나는 기자라는 직업과 지구상 모든 사람을 웃겨주고 싶다는 이 지치지 않는 열망 덕분에 인터넷에서 내 계정을 구독하는 사람이 꽤 생겼다. 그렇다고 인생 대박 날 정도는 아니지만 이 책을 쓰려고 전문가들에게 연락해보니 적어도 몇 명은 익히 나를 잘 알고 있었다. 하지만 그래서인지 대화 중 몇 번 웃긴 상황이 벌어졌는데, 내게 ADHD가 있다고 밝혔을 때 종종 반응이 이랬다.

"아, 그럴 줄 알았어요. 그럼요, 진작에 알아봤죠."

그중 한 명이 이 책을 쓰는 동안 큰 도움을 준 멜버른 대학의 캐서린 존슨 교수였다. 어딜 봐서 내가 ADHD라고 생각했는지 물어보기도 전에 이런 대답이 돌아왔다.

"실은, 전에 자전거 이야기 쓰셨잖아요. 그걸 읽고부터 의심이 되더군요."

그 순간 모든 게 이해됐다.

2021년 초, ADHD 검사를 하기로 한 날로부터 며칠 전에 있었던 일이다. 사실 나는 새해 결심을 아주 화려하게 망치고 말았다. 그 후 창피함과 수치심을 극복할 가장 정상적이고 건강한 방법이 무얼까 고민하다가 이 이야기를 내가 일하는 국제 뉴스 플랫폼에 공개하기로 했다.

내 생각에 새해 목표를 정할 때 가장 흔한 두 화두는 돈 아끼고 살 빼는 거였다. 당시 나는 집에서 막 독립해 나왔고, 대학 시절 입던 옷에 몸을 다시 맞추겠다는 발칙한 꿈에 사로잡혀 있었다. 그래서 마침내 결심했다. '매일 자전거를 타고 출퇴근하면서 두 가지 목표를 동시에 이루자.'

첫째 날, 헬멧까지 단단히 쓰고 도로로 나섰다. 여유 있게 출발했으니, 사무실까지 정시에 도착하는 건 끄떡없다고 자신만만했다.

그런데 아니었다!

구글 지도는 자동차 이동 시간은 잘 맞추지만, 자전거 타는 내 저질 체력을 과대평가했다. 게다가 난 이 방법이 아주 생산적이라는 생각에 도취해 그날 멜버른 지역에 39도 폭염 예보가 있었다는 것도 깜빡했다. 결국, 보기엔 멋지지만, 엄청 무거운 자전거를 이끌고 사무실 엘리베이터에 올라탔을 때는, 출근 시간이 15분이나 지나 있었고, 옷은 땀에 흠뻑 젖었으며, 얼굴은 사과처럼 빨갛게 익어버렸다.

그래도 종일 최선을 다해 일을 마치고 기사를 제출했다.

불길한 암시였는지 그 기사는 다가오는 주말 연휴 동안 호수 근처에서 안전 수칙을 지키라는 내용이었다. 아무튼 나는 퇴근 시간이 되자 자전거를 끌고 집으로 향했다.

퇴근길은 멜버른의 악명 높은 교통 체증을 피해 앨버트 공원을 질러가기로 했다. 이 공원은 해마다 F1 자동차들이 질주할 만큼 드넓고 한가운데에 호수가 있었다. 그런데 저녁이 되자 날씨가 선선해지면서 조깅하는 사람들이 호숫가로 벌 떼처럼 몰려들어 자전거전용도로까지 점령해버렸다.

'괜찮아.' 나는 또 헛다리를 짚었다. '그냥 호수 바로 옆 인도로 달리지 뭐.'

한창 속도를 내다 보니, 호수 위로 도시의 모습이 흔들흔들 어룽지는 물결을 가르며 미끄러지듯 헤엄치는 우아한 백조 가족이 눈에 들어왔다. 어미 백조 뒤로 회색 솜털이 보송보송한 새끼 다섯 마리가 졸졸 따라갔다. 그걸 보며 감상에 젖어들었다. '와, 이렇게 아름다운 풍경을 매일 바라볼 수 있다니 나는 진짜 행운아구나.'

그때였다. 갑자기 턱! 뭔가 바퀴에 걸리는 소리가 들렸다. 순간 방향을 홱 틀었지만, 너무 세게 튼 나머지 고개를 들었을 땐 이미 50센티미터 아래 물속으로 곤두박질 중이었다.

솔직히 이런 실수가 처음은 아니다. 작년에 직장에 다닌 지 몇 주밖에 안 됐을 때, 나는 업무용 노트북 키보드에 차 한 잔을 통째로 엎었고, 노트북이 글쎄 폭발해버렸다. 방 안은 불에 그을린 플라스틱 냄새로 가득 찼고, 결국 새 노트북을 급히 주문해 택배로 받아야 했다. 정말 인생 최고로 수치스러운 사건이었다. 그래서 물속으로 첨벙 빠지는 순간. 절대로 같은 일을 또 벌일 순 없다고 다짐했다.

어두운 심연에서 솟아오르는 네스호 괴물처럼 물속에서 일어선 나는 백조 똥이 잔뜩 쌓인 진흙 바닥에서 자전거를 일으켜 세웠다. 그런 다음 물에 젖은 가방에서 얼른 노트북을 꺼내 케이스를 벗겨냈다. 이제 올라갈 일이 문제였다. 그런데 미끈거리는 콘크리트 호수 벽은 나의 접근을 허용하지 않았다.

바로 그때 조깅하던 근육질 남자가 달려와 괜찮냐고 물었다. 하지만 나는 정신 멀쩡한 사람처럼 대답하는 대신 비명을 질렀다.

"노트북부터 받아요!"

남자는 충격받은 얼굴로, 내 정신 상태를 걱정스러워하는 눈빛을 보내며 노트북을 받아 들었다. 다음은 내 차례였다. 남자는 내 팔을 붙잡고 끌어올리려고 낑낑댔지만, 소용없었다. 벽은 너무 높았고, 게다가 내 몸무게가 장난이 아닌 듯했다. 할 수 없이 또 다른 힘센 남자가 구하러 올 때까지 물속에 서서 기다려야 했다. 그렇게 꼬박 5분 동안 그를 올려다보며 서먹하게 대화를 나눠야 했다.

드디어 한 명이 나타났고, 두 남자가 내 팔을 마치 십자가에 못 박힌 예수처럼 양쪽에서 붙잡고 물에 흠뻑 젖은 나를 땅 위로 끌어올렸다. 내 꽃무늬 원피스는 물이끼와 백조 똥 범벅이 되어 악취가 진동했다. 두 사람은 나를 꺼내놓고도 몇 번이나 괜찮은지 물었다. 그러고는 내가 연신 고맙다고 꾸벅이자, 마지막으로 한 번 더 걱정스러운 눈빛을 보내고 떠났다. 나는 다시 자전거에 올라타 페달을 밟았다. 내 뒤로는 달팽이가 지나간 듯 물방울 자국이 길게 남았다.

천만다행으로 노트북은 무사했다. 하지만 다음 날 아침, 한껏 풀이 죽은 채 아직도 희미하게 풍기는 악취를 맡으며 출근하려고 나설 때였다. 순간 아차 싶었다. 어제 물속에서 건물 출입증을 건지지 못한 거다. 이제 사무실로 들어갈 수도 없으니, 자전거로 출근해봤자 헛일이었다. 결국, 내 새해 결심은 왕복 한 번도 못 하고 수포로 끝나고 말았다.

"아, 그러게요." 나는 전화기 너머로 존슨 박사에게 킥킥 웃으며 말했다.

"다시 생각해보니 정말 ADHD다운 행동이네요."

"아뇨, 아직 이해를 못 하시네요." 존슨 박사가 웃으며 설명했다.

"독일 동화책 중에 『더벅머리 페터』*Der Struwwelpeter*라고 있어요. 페이지마다 아이들이 말썽을 부리거나 사고 치는 이야기가 짧은 시 형식으로 담겨 있죠. 그런데 그 책은 심리학자인 하인리히 호프만 박사가 썼고, 단순히 그냥 동화가 아니에요. 책 속 아이들은 실제로 각각 다른 정신 상태를 나타내거든요."

"아, 그렇군요." 나는 말하면서 눈이 휘둥그레졌다.

"그리고 ADHD가 있는 아이는 호수로 곧장 빠져버리죠."

"헉." 내 입에서 탄성이 나왔다.

"그럼, 왜 빠졌을까요." 존슨 박사가 관심을 집중시켰다.

"글쎄요?"

"새들을 보느라 정신이 팔려 난간 밖으로 그대로 걸어간 거예요."

가끔 나는 정말 내가 왜 진작 ADHD 진단을 받지 못했는지 궁금하다. 왜냐하면, 설령 내 사례가 교과서적이지는 않을 수 있어도, 딱 그 동화책에 나오는 아이와 같았기 때문이다.

ADHD 다이어리

2장 도대체 난 뭐가 문제일까?

ADHD에는 모순과 역설이 무수히 많다. 그중 가장 안타깝고 뜻밖인 예가 바로, ADHD는 전 세계에서 가장 흔한 **신경발달** 장애임에도 ADHD에 대한 우리 사회의 일반적인 인식 수준은 끔찍할 정도로 형편없다는 사실이다.

   이 책의 목표는 이를 바로잡는 것이다. 그럼, 기초부터 시작해보자. ADHD는 실제로 왜 생기는 걸까?

누구 탓일까?

사실 이 '안절부절못하는 ADHD 뇌'가 정확히 어떤 원인에서 비롯되는지는 아직 밝혀지지 않았다. 하지만 신경과학 전문가들은 유전적 요인과 환경적 요인이 결합 혹은 축적된 결과일 가능성에 무게를 싣고 있다. 쉽게 풀어보면, 특정 유전자가 ADHD를 유발할 가능성이 있으며, 태아기나 유아기에, 특정 환경에 노출되면 ADHD 발병 확률이 높아질 수 있다는 뜻이다.

또한 상당수 많은 연구에서 시사하듯, ADHD 발병 위험 증가와 **상관관계**가 있는 요인으로는 저체중 출생,[16] 조산,[17] 심지어 태아기나 유아기 납 노출[18]과 같은 요소를 들 수 있다.

하지만 어떤 한 가지 환경적 요인이 아기에게 직접 ADHD를 유발한다고 보기는 힘들다. 대신, 각각의 요인이 조금씩

> '상관관계'라는 단어의 개념을 한번 보자. 학문적인 맥락에서 이 단어는 두 가지 요소가 어떤 식으로든 관련이 있거나 자주 함께 나타난다는 증거가 충분하다는 뜻이다. 하지만 그렇다고 한쪽이 꼭 다른 쪽을 유발한다는 건 아니다. 가령, 제일 좋아하는 TV 프로그램이 〈패밀리 가이〉인 것과 '파티에서 대화하기 최악인 사람인 것' 사이에는 상관관계가 있다. 하지만 어느 하나가 다른 하나를 유발했는지, 아니면 둘 다 어떤 제3의 요인에서 비롯된 것인지는 알 수 없다. 마찬가지로, 환경적 요인이 ADHD 발현 가능성에 영향을 미친다는 증거가 일부 있지만, 아직 명확히 입증되지는 않았다. 일례로, 임신 중 흡연이 아이의 ADHD 발병률을 높일 수 있다는 대규모 연구들이 있지만, ADHD는 대체로 **유전적** 질환이며 니코틴 의존증이 나타날 확률을 높인다는 연구도 많다. 그렇다면 원래 ADHD가 있는 산모가 단순히 임신 중 흡연하게 될 가능성이 높은 것일 수 있다.[19] 따라서 이런 연구에서는 '인과관계'가 아니라 '상관관계'로 보는 편이 정확하다.

가능성을 높이는 방식으로 작용할 가능성이 크다. 그리고 물론, 모든 ADHD 사례를 전적으로 외부 요인만으로 설명할 수도 없다. 왜냐하면 잘 알려져 있다시피 이 '불안하고 초조한' 유전자는 가족 내에서 유전되는 경향이 있기 때문이다.

비교적 최근에 와서야 성인도 ADHD가 있을 수 있다는 인식이 자리 잡았기 때문에 가족을 대상으로 한 ADHD 연구 표본은 아직 적은 편이다. 그럼에도 **지금까지 나온 데이터를 보면, ADHD 아동을 둔 가족 중 약 50%가 최소한 부모 한쪽이 ADHD일 가능성이 있다.**[20] 한편, 부모가 ADHD인 아동 중 40~57%가 실제로 ADHD **진단**을 받는다는 연구 결과도 있다.[21] 게다가 손위 형제가 ADHD 진단을 받았다면 동생이 진단받을 확률은 13배나 높은 것으로 나타났다.[22] 다만, ADHD 진단이 여전히 턱없이 부족한 상황이라 통계가 약간 왜곡되었을 가능성도 있다는 건 고려해야 한다.

결론적으로, 만약 자신이 ADHD 진단을 받았다면 가족들을 한번 둘러보고, 누가 미완성된 공예품들을 집 안 곳곳에 가장 많이 쌓아두는지 알아보는 것도 의미 있는 일이다.

ADHD를 조사하는 동안, 나는 가족들과 함께 '누구 탓일까?'라는 재미있는 게임을 해왔다. 방법은 간단하다. 어렸을 때 이야기를 조금씩 은근슬쩍 떠보며, 누가 공식적인 ADHD **진단 기준**을 충족할 가능성이 있는지 알아보는 방법이다. 극히 비과학적인 이 연구의 최종 결과는 아직도 미정이지만, 가족들 저녁 식사 시간에 수상하게 다리를 떠는 사람이 몇 있는 건 확실하다.

ADHD는 단 하나의 형태가 아니다

ADHD를 유발하는 정확한 유전적 특징을 딱 하나로 설명할 수 있다면 얼마나 좋을까? 유전자 하나를 콕 집어 '저 녀석이 범인이다, 잡아라!'라고 외칠 수 있게 말이다. 하지만, 호주는 물론 전 세계에서 최고 ADHD 전문가로 꼽히는 멜버른 대학의 데이비드 코그힐 교수에게 물어보니, 범인이 수백 혹은 수천은 될 수 있다고 했다.

"이건 단순히 특정 유전자 한두 개의 문제가 아닙니다. 수많은 유전자가 저마다 아주 미세하게 영향을 미치는 거죠."

이 모든 유전적 요인이 합쳐져 결국 ADHD를 유발하지만, 정말 놀라운 건 이러한 유전적 변이들이 수백만 가지 다른 방식으로 발생하고 조합될 수 있다는 점이다. 코그힐 교수는

이렇게 설명했다.

"ADHD는 단 하나의 형태가 아닙니다. 다양한 모습과 색깔을 띠거든요. 각 개인에 따라 드러나는 증상이 천차만별일 수 있어요."

개인적으로 나는 ADHD를 하나의 고정된 개념이 아니라 스펙트럼에 가깝게, 혹은 관련된 **증상**이 무작위로 섞인 '뽑기 상자'와 같이 생각하는 방식이 좋다. 솔직히, ADHD 진단을 받은 초기에는 내가 경험하지 못한 증상이 나오는 글을 읽으면, 혹시 내 진단이 잘못되었나 하고 고민했던 기억이 있다. 하지만 사실은 그렇지 않다. **신경다양성**의 세계에서는 ADHD 증상이 사람마다 완전히 다르게 나타난다.

하지만 의료계는 명확히 분류하기를 좋아한다. 진단이란 결국, 의료 전문가들이 환자 상태를 파악하고 소통하기 위해 '약속한 언어'일 뿐이다. 그러므로 단순히 '내 생각엔 이 사람의 ADHD 분위기는 좀 활기찬 편이지만, 회의 중 다리에 낙서하는 걸 좋아하고, 너무 자주 울기도 하는 것 같다.' 이렇게 애매하게 설명하는 건 효율적이지 못하다. 그래서 마침내 의료 전문가들은 절충안을 마련했고, ADHD의 다양한 증상을 설명하기 위해 다음 세 가지 주요 유형으로 구분했다.

ADHD 유형

『정신질환 진단 및 통계 편람 5판』*DSM-5*에 따르면, ADHD는 다음 세 가지 **유형**으로 구분된다.

1. 과잉행동 충동성 우세형ADHD-H
2. 주의력결핍 우세형ADHD-I
3. 혼합형ADHD-C

내 경우는 혼합형인데, 한 가지 확실한 건 증상이 두 배라 엉망진창 웃긴 일도 두 배라는 사실이다.

그럼, 각각의 ADHD 유형은 어떤 특징이 있는지 살펴보자.

> DSM-5는 기본적으로 모든 정신장애의 특성과 진단 기준을 나열한 거대한 백과사전과도 같다. 완벽하지는 않지만, 전 세계 정신의학 분야에서 가장 널리 인정받는 지침서이므로 나도 이를 기준으로 ADHD에 대해 공식적으로 설명해보려고 한다. 세계보건기구에도 DSM과 비슷한 자체 '국제질병분류ICD'가 있지만, 여기서도 최근까지 ADHD를 공식적으로 인정하지 않았다. 대신 '과운동성 장애HKD'라는 진단명을 사용했는데, 이는 기준이 훨씬 보수적이고 제한적이었다. 따라서 DSM 기준으로 ADHD 진단을 받을 수 있는 사람 중 HKD로 진단받을 수 있는 사람은 절반도 되지 않았다. 예를 들어, 한동안 불안과 우울증이 있으면 HKD 진단을 받지 못하던 때도 있었는데, 이 두 증상이 실제로 ADHD가 있는 사람 중 약 절반에서 나타나는 걸 고려할 때 현실과 맞지 않았다. 또한, HKD는 지나치게 **과잉행동**에 초점을 맞추는 탓에 여자아이들과 성인을 진단하는 데는 효과적이지 못했다. 그러다 ICD-11로 바뀌면서 ADHD라는 장애가 포함됐고, DSM-5와 거의 비슷한 정의를 따르게 되었다. 이러한 개정안이

2018년에 처음 공개됐지만, 공식적으로 시행된 건 2022년이었다. 하지만, 워낙 최근에 개정된 탓에 아직 이를 바탕으로 한 연구도 거의 없는 실정이라 여기서는 ICD-11을 될 수 있으면 언급하지 않으려고 한다.

수업 시간의 장난꾸러기: 과잉행동 충동성 우세형 ADHD-H

사람들이 흔히 떠올리는 ADHD의 전형적인 이미지다. 잠시도 가만히 못 있고, 조용히 하라고 해도 입을 다물지 못하며, 에너지가 철철 넘치는 어린 소년이 '과잉행동 충동성 우세형(**ADHD-H**)'일 가능성이 크다. DSM-5의 공식적 증상으로, 이 유형인 사람들은 '쉴 새 없이 움직인다' 또는 '마치 모터가 달린 것처럼 행동한다'라고 나온다. 하지만 ADHD-H 증상은 단순히 책상에서 뛰어내리는 과잉행동만을 의미하지는 않으며, 훨씬 미묘하게 나타날 수도 있다. 이를테면 손발을 계속 꼼지락거리거나, 대화할 때 끝도 없이 떠드는 식이다. ADHD의 충동성은 대화 중 상대방 말을 자꾸 끊거나, 자기 차례를 기다리기 힘들어하는 형태로 나타날 수 있다.

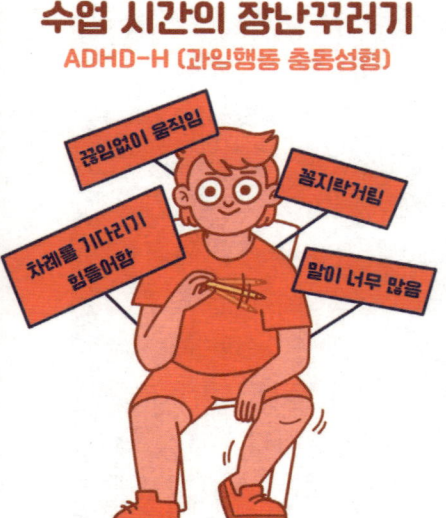

흔히 이런 증상을 자연스럽게 아이들과 연결 짓는 이유는, ADHD의 과잉행동 특성이 나이가 들수록 점점 더 내면화되는 경향이 있기 때문이다. 이는 ADHD의 유전적 또는 생물학적 요인 때문일 수도 있고, 아니면 단순히 사회에서 성인이 회의 중간에 펄쩍펄쩍 뛰어다니거나 상사의 말을 계속 끊는 것과 같은 행동을 참아주지 않기 때문일 수도 있다. 그래서 사회에서 살아남기 위해서는 이런 특성을 숨길 수밖에 없다.

아무튼 성인기에는 ADHD의 과잉행동 증상이 지속적인 내적 **불안**으로 나타나는 경향이 있다.[23] 한편, 충동성 증상은 대부분 비교적 더 오래 지속되는 편이라 성인기에도 계속 문제를 일으키는 주요 요인이 된다.

이론적으로 보면, 주로 과잉행동 충동성을 보이는 사람들은 실제로 **주의력결핍** 문제를 크게 겪지 않는다. 따라서 수업 시간에 여기저기 뛰어다니긴 해도 일단 자리에 앉아 있을 수만 있으면, 실제로 특정 주제에 오래 집중하는 능력은 **신경전형성**인 또래와 크게 다르지 않을 수 있다. 하지만 이렇게 과잉행동 증상만 있고 심각한 주의력 문제는 없는 유형은 극히 드물다.

각각의 ADHD 유형이 얼마나 흔한지 정확히 추정하기는 상당히 어렵다. 이는 ADHD의 전체 **유병률**을 파악하기 어려운 것과 같은 이유다. 다만, 주로 과잉행동 충동성형은 취학 전 아동에게 가장 흔하게 나타나며, 이 연령대의 유형 중 절반 이상을 차지하는 편이다. 하지만 초등학교에 들어가면서 약 4분의 1로 줄어들고, 중고등학교 무렵에는 훨씬 더 감소한다.[24]

보통 이런 변화는 아이들이 꼭 ADHD가 '완치'되었기 때문이 아니라, 단순히 증상이 혼합형이나 주의력결핍형으로 바뀌었기 때문이다. 이러한 변화 패턴 때문에 일부 연구자들은 ADHD-H가 (최소한 현재의 진단 기준에서) 실제로 성인[25] 혹은 심지어 6세 이상의 아동[26]에게도 타당한 유형인지 의문을 제기하기도 한다.

꿈꾸는 몽상가: 주의력결핍 우세형 ADHD-I

아마 가장 많이 오해받고 간과되는 ADHD 유형이 주의력결핍 우세형(**ADHD-I**)이다. 이 유형인 사람들은 집중을 유지하기가 훨씬 더 어려우며, 업무에서 사소한 실수를 쉽게 저지르는 경향이 있다. 어떤 일이 아주 흥미롭지 않으면 계속 주의를 기울이기가 상당히 힘들거나 불가능할 수 있으며, 주변의 방해 요소에 쉽게 산만해진다. 이들은 다른 사람이 이야기할 때 멍하니 딴생각하고, 방금 들은 지시 사항을 잊어버리며, 중요한 물건을 자주 잃어버리거나 아무 데나 두기 일쑤다.

그렇다고 해서 집중을 아예 못 하는 건 아니다. 사실, 그 반대다. 모든 ADHD 유형의

뇌는 어떤 주제나 활동이 흥미롭다고 느껴지면 극도로 오랫동안 집중하는 능력이 있다. 이를 흔히 **과집중**이라고 부른다. 이들은 비디오게임을 몇 시간씩 쉬지 않고 하거나, 좋아하는 책 시리즈를 며칠 동안 몰입해 읽을 수도 있다. 프랭크 허버트의 SF 소설 『듄』 Dune 세계의 역사와 정보를 찾아보느라 새벽 3시까지 구글링 하면서도, 정작 9개월이나 지난 세금 신고는 계속 미루다가 '맙소사, 마틸다, 이건 15분도 안 걸리잖아!'라며 좌절하기도 한다. 이런 특성 때문에 '주의력결핍 과잉행동장애'라는 명칭이 이 질환을 정확히 나타내지 못한다는 지적도 있다.

ADHD가 있는 사람은 결코 주의력이 부족한 게 아니라, 주의력을 조절하는 능력이 부족한 것이다.

다시 교실 이야기로 가보자. 주로 주의력결핍형인 아이들은 의자를 발로 차거나, 선생님 말씀을 끊는 유형은 아닐 수 있다. 오히려 조용히 앉아 멍하니 허공을 바라보거나, 창밖에서 새가 이리저리 나뭇가지를 뛰어다니는 모습에 정신이 팔린 아이일 가능성이 높다. 이런 아이들은 수업을 방해할 위험이 적기 때문에, ADHD가 눈에 잘 띄지 않고, 그 결과 **미진단 상태**로 남을 가능성이 크다. 하지만 증상이 훨씬 내면화되어 있기는 해도 여전히 매우 파괴적이고 삶에 심각하게 영향을 미칠 수 있다.

ADHD-H 유병률은 나이가 들수록 감소하는 반면, ADHD-I는 점점 증가하다가 성인기에는 전체 사례 중 약 47%를 차지한다[27](적어도 DSM-4 기준으로는 그렇다).

허리케인: 혼합형 ADHD-C

이제 ADHD의 대미를 장식하는 유형이자 내가 직접 겪고 있는 혼합형(**ADHD-C**)을 살펴보자. 이는 '과잉행동 충동성형'과 '주의력결핍형'이 혼합된 형태다. ADHD-I인 사람도 대부분 어느 정도는 과잉행동과 **충동성**을 보일 수 있으며, 반대로 ADHD-H인 사람들도 주의력결핍 증상이 있을 수도 있다. 하지만, ADHD-C 유형은 이 두 가지 특성 체크리스트에서 동시에 많은 항목이 해당할 때 받는 진단이다. 즉, 위의 증상을 모두 포함한 '올인원 패키지'라고 할 수 있다. 따라서 집중이 어렵고, 충동성이 강하며, 뇌가 끊임없이 돌아간다. 한마디로 증상이 너무 많다.

일반적으로 주의력결핍형은 대개 학업 **손상**이나 직장 생활의 어려움, 낮은 **자존감**과 같은 문제를 겪을 수 있다. 반면, 과잉행동 충동성형은 또래 관계에서의 거부, 위험한 운전, 실수로 다치는 사고 등과 더욱 직접적인 관련이 있다.[28] 그러니 이 두 가지 증상이 모두 있다고 해보라. 혼돈 그 자체다.

허리케인
ADHD-C (혼합형)

ADHD-I과 ADHD-C 중 어느 쪽이 더 흔한

유형인지는 연구마다 의견이 엇갈린다. 한 메타 분석 연구에 따르면, 주의력결핍형이 실제로 가장 흔한 유형일 수 있지만, 혼합형인 사람들이 병원이나 상담 기관을 찾을 가능성이 더 크기 때문에 혼합형이 더 주목받는 경향이 있다고 한다[29](적어도 아동 사례에서는 이런 경향이 뚜렷하며, 성인의 경우는 신뢰할 수 있는 데이터를 찾기가 어렵다).

이러한 유형들을 ADHD의 '하위 유형'으로 설명하는 이야기를 들어봤을 수도 있다. 하지만, 2013년 DSM-5가 발표되면서 이 용어는 바뀌었다. 개인이 겪는 ADHD가 항상 고정되어 있지 않다는 사실이 명확해진 이후의 일이다. 실제로 사람들은 생애 주기에 따라 ADHD 유형이 달라지는 경우가 허다하다.

이런 ADHD 증상에 대해 제대로 공부하기 시작했을 때 나는 발밑에서 땅이 흔들리고 지각 변동이 일어나는 듯한 충격을 받았다. 갑자기 어린 시절의 수많은 이상한 경험이 이해되기 시작했다. 겉보기에는 아무 이유도 없이 힘들어했던 순간들을 설명할 가능성이 비로소 보였다. 나는 완전히 새로운 시각을 갖게 될 문턱에 서 있음을 직감했다.

하지만 그렇다고 해도 여전히 내 뇌가 만들어낸 결과만을 배웠을 뿐이었다. 지금까지의 내 삶을 다시 이해하는 과정을 제대로 시작하려면, 내 뇌가 왜 그런 방식으로 작동하는지, 아! 그리고 도대체 왜 그렇게 사람들이 계속 **도파민** 이야기를 하는지 알아야 했다.

일생일대의 즉흥적 모험

ADHD를 겪으면서 정말 못마땅한 점은 이 충동성이 나에게는 '재미있고 짜릿한 버전'으로 나타나지 않았다는 거다. 나는 거대한 산을 장비 하나 없이 오르거나, 카약으로 급류를 타는 모험가가 절대 아니다. 세계 일주를 떠나겠다고 비행기표를 충동적으로 지르지도 않고, 빗속에 뛰어들어 즉흥적으로 춤추는 낭만파도 아니다. 내 충동성은 그냥 사람들 말을 자주 끊고, 업무 회의에서 뻘쭘한 농담이나 던지며, 전등이 켜진 소켓 치수를 잰답시고 금속 줄자를 들이대다가 찌릿 감전된다든지, 아, 그리고 가벼운 니코틴 중독에 빠져 벗어나려고 애쓰는 게 고작이다. 사실 과도하게 위험을 무릅쓴 행동 때문에 ADHD 있는 사람들 다수가 심각한 안전 문제에 부딪힌다는 건 잘 안다. 하지만 솔직히, 사회적으로 어색한 행동들을 하면서도 동시에 한편으로는 즉흥적인 모험을 만끽하는 내 '신경다양성' 친구들이 살짝 부러운 건 어쩔 수 없다.

ADHD 충동성이 나타나는 온갖 유형에 관한 글을 읽다가, 내 기억을 더듬어봤다. '그래, 나라고 뭐 대담한 사연 하나쯤 없겠어?' 그런데 내 인생 전체를 통틀어도 진정으로 전형적인 의미의 충동적 행동은 딱 한 번뿐이었다.

5년 전쯤, 네팔에 갔을 때였다. 당시 호주 전역에서 대학생들이 모여 3주 동안 해외 연수 중이었다. 네팔은 정말 숨이 멎을 만큼 경치가 아름다웠지만, 해야 하는 과제가 슬슬 지루해지기 시작했다. 이 지루함을 떨쳐낼 특효약은 바로 다른 주에서 온 남학생과 사귀기!

실제로 그 남학생과 진짜 가까워졌고, 열하루 동안 쭉 붙어 다닐 정도로 친해졌다. 우리는 근처 언덕 꼭대기까지 같이 올라가 풀밭에 머리를 맞대고 누워서, 하늘에서 히말라야산맥 위로 별똥별이 쏟아지는 광경을 바라보며 이야기꽃을 피우기도 했다. 그러다가 이런 말까지 오갔다.

"있잖아… 기회가 되면 우리 조 중에 키스하고 싶은 사람 있어?"

그 친구는 살짝 뜸을 들이며 대답했다. "없어…" 그러더니 다시 잠깐 멈추었다가 "음, 그건 너야."라고 말했다. 하지만 곧이어 "사실은 나 여자 친구 있어."라고 고백했다.

아, 솔직히 이런 말은 언덕 올라오기 전에 했어야 하는 거 아니냐고!

그 후 남은 기간 내내 나는 밀려드는 죄책감과 민망함, 그리움에 허우적거리며, 어느 모로 보나 지나칠 정도로 엘튼 존 노래만 줄곧 들으며 보냈다.

 그러던 어느 날, 걸핏하면 멜로드라마 '여주'처럼 눈물을 흘리곤 하는 나를 애써 모른 척해주던 대학 동기 사이먼이 보다 못해 제안했다.

 "야, 그래도 패러글라이딩은 꼭 해봐야지!"

 하지만 문제가 있었다. 패러글라이딩은 여행자 보험이 안 된다고 여러 번 들은 데다, 부모님께 이미 손가락까지 걸며 안 하겠다고 맹세했기 때문이다. "진짜 안 한다고 약속해. 행여라도 다쳐서 인공호흡기 같은 거 달게 되면, 호주로 이송하는 데만 수억 드니까."

 그래서 나는 사이먼에게 안 한다고 말하고, 혼자 남아 마살라 차나 마시며 엘튼 존의 〈로켓맨〉이나 실컷 듣기로 했다.

 원래 나는 규칙을 어길까 봐 벌벌 떠는 사람이다. 그런데 사실, 여자 친구 있는 남자와 감정적으로 얽히지 말자는 것도 하나의 규칙이라고 할 때, 그 규칙은 이미 물 건너간 셈이다. 거기다 비참하게 자학하며 비틀린 쾌감에 푹 젖어 있어도 더는 아무런 도움이 되지 않았다. 다음 순간 나는 불쑥, 지금 뭘 하는지 깨닫기도 전에, 호텔 진입로를 빠져나가고 있는 미니버스를 향해 미친 듯이 소리치며 달려갔다.

 "나도 갈래!"

 버스에는 '모험가' 친구들이 한가득 타고 있었다. 친구들이 문을 열어주었고, 나는 어리둥절해하는 여행사 직원에게 루피

한 뭉치를 건네며 자리에 앉았다. 그 순간은 이 즉흥적 결정에 100% 자신 있었다.

그런데 막상 산 정상에 도착하자 정신이 번쩍 들었다. '잠깐, 나 지금 뭘 하고 있는 거지? 패러글라이딩 업체 안전 기록도 안 찾아봤잖아, 아 진짜!' 그러는 사이 사이먼은 어느새 근육질 네팔 남자랑 같이 거대한 패러글라이딩 장비를 착용하고 있었다. 이윽고 그 애 눈에서 공포가 스치는 순간, 두 사람은 언덕 끝을 향해 내달리기 시작했고, 공중으로 붕 뜨더니 순식간에 눈앞에서 사라졌!

나한테 배정된 가이드는 '아드레날린 중독자'인 젊은 미국 남자였는데, 이 동네 '바람 타는 맛'이 끝내줘서 아예 여기로 이사 왔다며 농담을 날렸다.

"나 오늘 첫 근무예요."

가이드는 곧 장난이라며 안심시켰지만, 절벽에서 눈을 떼지 못하는 나는 억지로 웃을 뿐이었다. 드디어 장비 착용 완료! 우리는 있는 힘껏 달렸다. 그러다 발밑에서 땅이 사라지는 순간, 심장이 쑥 몸 밖으로 빠져나가는 듯하더니 공중으로 붕 떴다! 우리는 하늘을 배경으로 웅장한 원을 그리며 빙글빙글 돌았다. 안개가 뿌옇게 껴서 저 아래 호수도 잘 보이지 않았지만, 그 순간 장엄한 풍경에 가슴이 벅차올라 눈물이 주르륵 흘렀다. 나는 기쁨과 공포가 뒤섞인 비명을 지르며 그동안 쌓여왔던 분노와 그리움을 몽땅 날려 보냈다. 눈앞에 펼쳐지는 구름 위로 마치 영화의 엔드 크레디트가 올라가는 듯 착시가 일었다.

그 멋진 감동은 착륙하는 순간 사이먼의 말에 산산이 부서졌다.

"자, 이제 남은 하루 동안 뭐 할까?"

하지만 그건 내 인생에서 진짜 '재미있는' 충동적 경험이었다. 내 ADHD 덕분에 늘 바라던 '즉흥적인' 사람이 될 수 있었던 유일한 순간이다.

하지만 이렇게 글로 쓰고 보니, 솔직히 뭐 그렇게 즉흥적이지도 않다. 안 그런가? 인생 영화에 강렬한 피날레 장면 넣으려고 일부러 그런 거 아냐? 더구나 부모님을 파산 위험에 몰고 간 죄책감에 집으로 돌아가는 도중 전화해 죄송하다고 사과하는 모습도 진정한 '모험가' 느낌은 아니지 않나?

그러니까, 맞다! 충동성에 관한 한 나는 가장 지루한 쪽에 당첨된 셈이다. 좀 더 구체적으로는, 과장된 연기로 실패한 '연극 지망생' 스타일이라고나 할까. 그런데 어쩌면 그게 더 나쁠지도 모른다.

3장 내 뇌 안에서 무슨 일이 벌어지고 있는 걸까?

혹시 아직도 ADHD가 실제로 존재하는 신체적 질환인지 의심이 든다면, 증거는 많다. ADHD 뇌와 <u>신경전형성</u> 뇌를 스캔해 실질적인 구조적 차이를 보여주는 연구가 점점 많아지고 있기 때문이다.[30] 물론 분명한 선으로 구분되지는 않고 연속적인 스펙트럼으로 차이가 드러난다. 하지만 장차 MRI 스캔으로 ADHD를 진단할 가능성을 연구하고 있을 정도로 차이가 큰 것만은 분명하다.

> 신경과학자가 아니라면 의미가 없을 수도 있지만, 혹시 관심이 있을지 몰라 소개한다. ADHD 뇌는 한결같이 구조적 차이가 나타난다. 편도체와 측좌핵, 미상핵, 해마, 조가비핵의 크기가 약간 더 작고, 머리뼈안의 부피가 작다. 회백질 부피 차이를 조사하는

> 연구도 많다. 진짜 흥미진진하지 않은가!

도파민은 어디로 간 걸까?

그렇다면 ADHD 뇌에서는 대체 무슨 일이 벌어지길래 이렇게 다를까? 나는 이 신비로운 **신경전달물질**의 세계로 뛰어들기 전에는 솔직히 **도파민**이라는 걸 잘 몰랐다. 그저 대중문화나 고등학교 마약 예방 의무 교육에서 도파민은 '쾌락 물질'이라고 배운 게 다였다. 그래서 사랑에 빠질 때나 케이크를 먹을 때, 대마초를 피울 때, 혹은 섹스할 때 도파민이 확 분출되는 줄만 알았다. 그런데 **진단**받고 나서, 'ADHD 뇌에는 도파민이 부족하다'라는 말을 수없이 들었다.

그런데 만약 내 뇌에 쾌락 물질이 부족하다면 그냥 우울해지는 거 아닌가? 나는 왜 새벽 3시에 십자수 **영상 하나** 봤다고 뜬금없이 자수바늘이랑 십자수 원단에, 대나무 자수 틀까지 사느라 십만 원이 훨씬 넘는 돈을 쓰는 거지? 그리고 대체 이게 주의력이나 **과집중**, 혹은 다른 사람 말 중간에 나도 몰래 계속 끼어드는 거랑 무슨 상관이 있을까?

알고 보니 내가 도무지 내 행동을 이해할 수 없었던 이유는, 도파민과 ADHD 뇌의 화학적 작용에 대해 그동안 알고 있던 정보가 완전히 틀렸기 때문이다. 첫째, ADHD에 영향을 미치는 뇌 속 화학물질은 도파민만이 아니다. 도파민의 친구인 **노르아드레날린**(일명 노르에피네프린으로, 뇌에 아드레날린처럼 작용해 각성을 돕는 물질)도 중요한 역할을 할 수 있다.

둘째, 우리는 사실 ADHD와 도파민의 관계가 정확히 어떤 것인지 100% 확실히 알지는 못한다. 분명 둘 사이에 연관성 있다는 건 안다. 왜냐하면 가장 흔한 유형의 ADHD 치료제인 자극제는 대개 뇌의 특정 영역에 도파민 수치를 증가시켜 **증상**을 완화해주기 때문이다. 하지만 그렇다고 단순히 ADHD 뇌에는 '도파민이 부족하다'라고 말할 수 있는 것도 아니다. 보통 이런 식으로 쉽게 ADHD의 신경학적 특성을 설명하긴 하지만, 그렇게 간단하지는 않다.

예전에는 뭔가 좋은 일을 할 때면 그때마다 우리 몸이 이 달콤하고 좋은 기분을 느끼게 해주는 도파민을 뇌 속에 쫙 뿜어주고, 뇌가 그걸 흡수하면서 잠시 쾌감에 빠지는 줄 알았다. 그리고 선천적으로 도파민이 충분하지 않으면 계속해서 뇌가 주의를 분산시켜 또다시 도파민 '한 방'을 얻으려고 자극적인 걸 찾아 나서는 거로 생각했다.

하지만 ADHD도, 뇌도 그렇게 단순하게 작동하지 않는다.

아마 다들 알겠지만, 뇌는 **뉴런**이라고 불리는 수백억 개의 세포로 이루어져 있다. 뉴런은 서로 거의 맞닿아 있지만 완전히 달라붙지는 않는다. 아주 간단히 설명하면, 이 세포들은 신경전달물질로 알려진 특정 화학물질 분자 몇 개를 이 작은 틈(시냅스) 사이로 쏘아 보내 바로 옆 세포와 소통한다. 신경전달물질 분자가 이웃 뉴런에 있는 특정 모양의 수용체에 도달하면, 이 뉴런은 다시 다음 뉴런에 신경전달물질을 쏘라는 신호를 보내고, 이런 식으로 수백만 번 반복되면서 거대한 연쇄 반응이 일어난다. 그러다가 마침내 메시지가 목적지에 도달하면, 뇌의 해당 영역이 제 기능을 수행한다.

뇌의 다양한 신경 경로와 영역은 이런 신호 전달을 위해 저마다 다른 화학물질을 사용하지만, 우리가 주목해야 할 부분은 주로 도파민을 사용하는 경로다. ADHD를 유발하는 원인을 설명하는 가장 널리 알려진 이론에 따르면, ADHD 뇌는 이러한 수많은 **도파민성**dopaminergic(즉, 도파민에 의해 조절되는) 경로가 예상대로 작동하지 않는다고 한다. 어쩌면, ADHD 뇌의 뉴런 세포들은 애초에 도파민이 부족하거나, 도파민이 도달해야 할 뉴런의 일부(수용체) 모양이 이상할 수도 있고, 첫 번째 세포의 수송체가 그 분자들을 너무 빨리 다시 흡수해버리는 것일 수도 있다. 그밖에 전혀 다른 문제가 있어서 ADHD 약물은 그저 도파민과 노르아드레날린을 추가 공급해줌으로써 이를 보완하는 것일 수도 있다. 도대체 뭐가 문제인지 누가 알겠는가! 학계에서도 이 문제를 두고 수년째 의견이 분분하다. 하지만 결론적으로 말하면, ADHD 뇌는 특정 영역의 신호 전달체계가 약간 엉성하고, 우리가 기대하는 것만큼 일관되거나 안정적으로 작동하지 않는다는 사실이다.

쾌락이 아닌 동기부여 화학물질

도파민에 대한 세 번째 흔한 오해는 도파민이 '쾌락' 화학물질이라는 인식이다. 사실 도파민은 뇌와 신체에서 다양한 역할을 한다(희한하게 모유 수유 조절까지 한다). 하지만 ADHD와 관련해서는 도파민이 **중뇌-변연계 경로**를 조절하는 화학물질로 잘 알려져 있다(걱정 마시길! 이게 내가 알려줄 마지막 과학 용어니까). 이 경로는 뇌의 보상 시스템을 구성하는 여러

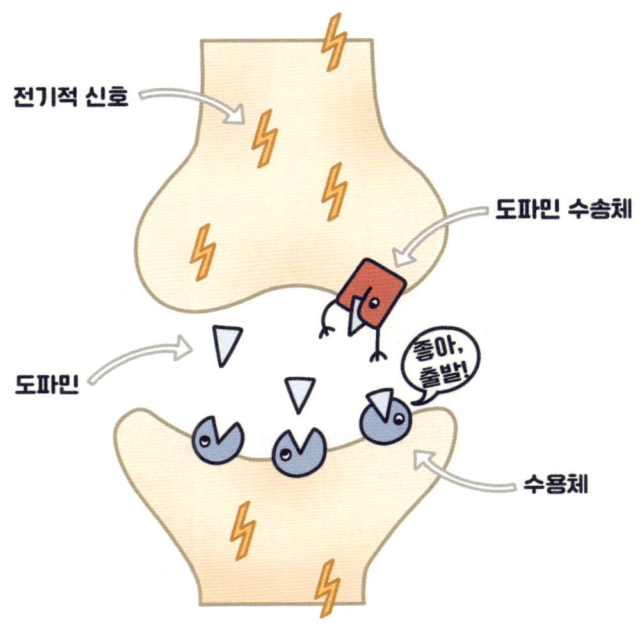

영역을 연결하는 역할을 한다. 이런 방식으로 도파민은 사실 쾌락보다는 '동기부여'와 더 밀접하게 관련 있다.

물론, 이건 지나치게 단순화한 설명이지만, 도파민에 대한 한 가지 이론을 소개하면 이렇다. 우리가 종의 생존에 유리한 어떤 행동(가령, 잘 익은 열매를 따 먹거나 석기시대 공동체에서 힘세고 잘생긴 사냥꾼과 관계 맺는 일)을 했을 때, 중뇌-변연계 뉴런들이 서로 도파민을 쏘아 보내며 보상 시스템을 활성화하고, 기본적으로 작은 메모 형태로 '야, 이거 좋았어, 기분 좋아'라고 뇌에 북마크를 해둔다. 그리고 다음번에 그 열매나 반짝이는 선사시대 복근을 떠올리면, 우리 뇌는 기대감에 도파민 보상 시스템 뉴런을 활성화해서, '지난번에

진짜 좋았잖아'라며 과거를 떠올리게 하고, 다시 그렇게
행동하도록 동기를 부여한다.

이게 중요한 이유는 이렇다. 예를 들어 바깥 날씨가
혹독하게 춥고 비도 오는데, 허리에 두른 천까지 쓸려
따갑다고 해보자. 밖에 나가서 열매를 따는 일은 정말 고역일
수 있다. 따뜻한 불 옆에 있으면 당장은 기분이 좋지만, 생존을
위해 음식을 충분히 구하는 게 장기적으로는 더 만족감이
클 수 있다. 도파민은 이런 틈을 메우는 역할을 한다. 그래서
우리를 다시 밖으로 나가 열매를 따게 만들고, 말하자면
근육질 사냥꾼의 집으로 슬쩍 들어가게 해준다.

오늘날이야 뭐 생존을 위해 야생에서 싸우지는 않지만,
우리는 더 나은 연봉의 일자리라는 즐거움을 위해 길고 지루한
입사 지원서를 채우느라 씨름해야 할 수 있다. 바로 그럴
때, 중뇌-변연계 경로에서 나오는 약간의 도파민이 우리를
집중하게 하고 동기를 부여하며 키보드를 계속 두드리게
해준다. 적어도 신경전형성인 뇌에서는 그렇다.[31]

**정확한 원인이 무엇이든 최종 결론은, ADHD 뇌에서는 이 보상
시스템이 효과적으로 작동하지 않는다는 것이다.** 우리는 지루한
일을 꾸역꾸역하는 동안 그 너머에 있을 보상에 대한 기대와
동기가 일반적인 수준에 미치지 못한다. 따라서, 자극적인
기분 전환을 위해 끊임없이 주변을 찾아 헤매거나, 이력서를
업데이트하면 나중에 즐거움을 느낄 수 있다고 일깨워주는
단서가 전혀 없을 때 새로운 활동에 충동적으로 뛰어드는 것도
이해가 된다.[32]

물론, 이런 동기부여의 어려움만으로 ADHD라는 복잡한 미로를 완벽하게 설명할 수는 없다. 뇌에서 도파민이 관여하는 부분은 보상 시스템만이 아니기 때문이다. 그리고 이제 슬슬, 중뇌-변연계 경로의 이웃인 **전전두엽**을 소개할 때가 됐다. 이곳은 뇌가 수행하는 '실행기능'의 본거지다.

실행기능 장애: 에델을 만나보자

최근에 ADHD 진단을 받았다면 **실행기능 장애**라는 말을 들어봤을 수도 있다. 이는 대부분의 ADHD 뇌에서 일어나는 인지적 과정을 설명하는 가장 널리 받아들여지고 있는 이론이며, 적어도 나로서는 이걸 배우고 나서 비로소 모든 퍼즐 조각이 맞아떨어지기 시작했다. 하지만 코그힐 교수님도 곧바로 지적했듯이, ADHD가 있다고 해서 누구나 이런 문제를 겪지는 않는다. 따라서 지금부터 말하려는 내용이 자신에게 해당하지 않더라도 그게 꼭 ADHD가 아니라는 뜻은 아니다. ADHD는 백만 가지 다양한 형태로 나타난다는 걸 기억하시길!

실행기능은 뇌가 자신을 스스로 조직하고, 우리가 복잡한 일을 해낼 수 있도록 해주는 가장 고차원적인 자기조절 능력이다. 충동 억제하기, 집중력 유지하기, 문제 해결하기, 과제나 사고방식 전환하기, 혹은 머릿속으로 숫자를 이리저리 굴리며 '새로 나온 레고 보태니컬 분재 세트가 지금 35% 할인 중인데 그럼, 얼마지?' 하고 계산하기, 이런 두뇌 활동이 모두 실행기능이다. 전전두엽 역시 제대로 기능하려면 적절한 수준의 도파민이 필요하지만, 이 뇌 영역에서는 도파민이 단순히 '동기부여' 화학물질에 머물지 않는다. 오히려 여기서는 **작업 기억**과 충동 억제, 인지적 유연성을 돕는 물질로 더 많이 작용한다고 알려졌다. '실행기능 장애' 이론은 ADHD 뇌의 이 영역에서도 뭔가 잘못 작동하고 있기에, 궁극적으로 ADHD 증상 대다수는 이러한 실행기능이 제대로 **작동하지 않아서** 나타난 것일 수 있다고 설명한다.

실행기능에 대해서 배울 때, 나는 내 머릿속을 하나의 작은 사무실로 상상하면 훨씬 이해하기가 쉬웠다. 사무실 안에서는 각 부서가 서로 다른 뇌 기능을 담당하며, 내 생각들은 각 부서에서 수행해야 할 업무가 담긴 일종의 서류다. 사무실 맨 앞자리에는 실행기능 부서 직원이 앉아 있다. 그는 모든 서류를 작성하고, 그걸 알맞은 부서로 보내 수행하도록 하는 일을 맡았다. 나는 그 직원의 이름을 '에델'이라고 상상하기를 좋아한다. 에델은 두꺼운 사각 안경을 쓰고, 파란색 아이섀도에 커다란 클립형 귀걸이를 하고 있다. 해야 할 일이 엄청나게 많은 에델은 항상 책상 위에 영양 만점인 도파민 비스킷 통을 두고 수시로 에너지를 충전하며, 쓴맛 나는 노르아드레날린 커피 한 잔을 옆에 놓고 정신을 똑바로 유지하려 애쓴다.

ADHD 사무실이 서류 작업을 엉망으로 한다거나 부서에서 일을 형편없이 수행한다는 뜻은 아니다. 다만, 우리 에델이 처리해야 할 업무량은 많고 보상은 적은 데다, 솔직히 너무 지쳐 있는 것뿐이다. 하지만 업무가 정말 끝없이 쏟아지는 탓에 에델이 좀 상태가 안 좋다고 해서 탓하기도 어렵다.

　예를 들어, 당신이 설거지를 끝내야 한다고 해보자. 앞으로 몇 분 동안 에델이 해야 할 일은 이렇다. 먼저 설거지해야 한다는 사실을 실제로 알아차려야 한다. 이를 인지한 순간, 에델이 할 일은 서류 작성이다. 그런 다음 당신은 주방에 들어가서 주전자를 보고, 차 한 잔 마시고 싶어도 충동을 무시해야 할 수 있다. 그러면 에델은 '차 한 잔 어때?'라는 메모가 업무함에 들어오자마자 파쇄기에 넣어버려야 한다. 또한 싱크대에 산더미같이 쌓인 설거지를 보고 당신이 화가 나 갑자기 울컥하면 '감정' 메모도 처리해야 하고, 주방 창턱에 있는 스파티필룸 화분을 보며 물을 좀 줘야겠다 싶은 '생각' 메모도 없애야 한다.

　그다음, 설거지에 필요한 소소한 작업을 전체적으로 계획할 차례다. 싱크대 마개를 찾아야 하고, 침대 머리맡에 있는 더러운 컵도 가져와야 하며, 싱크대에 적당량의 세제를 넣어야 하고, 고무장갑도 꺼내야 한다. 이 모든 작업이 서류 하나씩인 셈이다. 그러면 에델은 이 모든 서류를 들고 '작업 기억' 부서로

가서 가장 효율적인 순서로 다시 정리해야 한다. 그러고 나서 '장기 기억' 캐비닛으로 달려가 지난번 뜨거운 물에 손을 데었을 때 작성한 보고서를 꺼낸 후, 그런 일을 또 겪지 않도록 이번 서류 뭉치 위에 스테이플러로 딱 붙인 다음 다 함께 폴더에 넣어 해당 부서로 보내야 한다.

거기다 이 모든 일을 수행하는 동안에도 산만한 '충동' 메모 열아홉 장이 에델의 업무함에 밀려든다. 이쯤 되면 에델은 발로 파쇄기를 돌려 메모들을 급히 처리하면서, 당신이 계속 작업에 집중하도록 해준다.

또한, 당신이 세제 통이 비었다는 걸 깨달으면 에델은 문제 해결도 도와야 한다. 이것도 서류 작업이다. 에델은 당신이 이 작업에 걸리는 시간을 계속 인지하고 있는지 확인해야 하며, 이 또한 서류 작업이다. 할머니가 집들이 선물로 주신 코팅 프라이팬은 세척솔로 닦으면 안 된다는 걸 상기시키는 보고서를 꺼내는 일도 서류 작업이다.

마침내 접시 더미를 식기 건조대에 올릴 때쯤이면 에델은 이미 수천 개가 넘는 서류를 작성하고 정리하고 파쇄하고 수정까지 해냈을 가능성이 크다. 그런데 단 일 초의 휴식도 없이 책상 위에 있는 모든 걸 쓸어내고 당신의 사고방식을 완전히 전환한 뒤, 다음 할 일로 넘어가야 한다.

물론 모든 에델은 가끔 메모를 놓치기도 하고 보고서를 엉망으로 만들기도 한다. 하지만 ADHD 뇌에서는 상황이 훨씬 더 심각하다. 여기서는, 에델의 도파민 비스킷 통은 비어 있기 일쑤고 노르아드레날린 커피잔은 늘 바닥이 보이는 상태이기 때문에, 제대로 작성된 서류가 해당 부서로 전달되기를 운에 맡겨야 할 정도다.

거대한 옷더미: 전형적인 실행기능 장애

실행기능 장애에 대해 배운 후, 나는 예전 기억이 수시로 떠오르면서 갑자기 그 상황을 완전히 새로운 시각으로 보게 된다.

열여덟 살 때였다. 침대에 앉아 있는데, 방 안을 보니 침대 뒤쪽 귀퉁이 아래 시트는 잔뜩 삐져나왔고, 책상 위에는 교과서, 다 마신 찻잔, 정체불명의 잡동사니가 한 치의 틈도 없이 쌓여 있으며, 거대한 옷더미는 금방이라도 무너질 듯 위협적으로 나를 내려다보고 있었다.

방이 이 지경이 되기까지는 사실 그리 오래 걸리지도 않았다. 일주일 내내 공부에만 몰두한 후 금요일 저녁에 친구 올리비아의 생일 파티 약속이 있어 옷을 최소 여덟 번은 갈아입어야 했는데, 당연히 다시 걸어놓지 않고 침대에 휙 던져뒀다. 올리비아 엄마가 밤 12시 반에 집에 데려다주었을 때는 옷더미를 그냥 바닥으로 밀어놨고, 다음 날 아침에 일어나서는 다시 침대에 올려놨다. 그렇게 옷더미는 점점 몸집이 커졌다.

그때 스마트폰만 멍하니 바라보면서 나 자신한테 미칠 듯이 화가 치밀던 기억이 난다. '도대체 난 왜 이렇게 게으른 거지? 그냥 일어나서 정리하면 되잖아. 왜 시작하지 않는 거야!' 나는 이런 방 꼴이 너무나 싫었다. 깨끗한 방을 절실히 원했고

현실적으로도 45분만 청소하면 다 치우기에는 충분했을 거다. 그런데도 나는 그대로 앉아 한 시간 반째 인스타그램만 스크롤을 하고 있었다. 이거 게으른 거… 맞지 않나?

   그런데 그 당시도 '게으르다'라는 말이 상황에 딱 들어맞지는 않는다는 느낌을 받았다. 난 청소가 귀찮아서 안 한 게 아니었다. 솔직히 누구보다 깨끗이 치우고 싶었다. 다만, 스마트폰 잠금 버튼을 누르고 일을 시작하도록 나 자신을 강제하지 못한 것뿐이다. 하지만 아는 말이라고는 '게으르다'밖에 없었기 때문에 나는 스스로 게으른 사람이라고 낙인찍어버렸다. 그리고 그런 식의 작은 낙인은 나의 어린 시절과 청소년기를 거치는 동안 수천 번 반복되면서 흔적을 남겼을 가능성이 있다.

지금은 그런 순간들이 급성 '실행기능 장애'에 해당한다는 걸 안다. 그 순간, 내 머릿속 에델은 쉽고 재미있는 '소셜 미디어' 서류들을 싹 치워버리고 '방 청소'라는 엄청난 서류 작업을 시작할 여력이 없었을 뿐이다.

ADHD 뇌에 '도파민 뿜뿜 솟는 힘 덜 드는' 활동을 집어치우고, 고되고 지루한 일에 뛰어들라고 요구하는 게 얼마나 무리인지 과소평가하지 말자. 신경전형성인 사람에게도 만만치 않은 일이다.

내가 불안의 '토끼 굴' 속으로 빠져들기 시작할 때쯤, 엄마가 방문을 빼꼼 열고 얼굴을 들이밀었다.

"자, 어서." 엄마 말에 혼날 줄만 알고 기다리던 나는 속으로 움찔했다. "팟캐스트 틀어놓고 이거 같이 치워볼까?"

그렇게 우린 청소를 시작할 수 있었다. 그리고 청소는 그렇게 어렵지도 않았다. 순식간에 내 에델은 허리를 꼿꼿이 세우고 앉아 서류 작업을 척척 해내기 시작했다. 이번 경우는 단지 시작하는 것만 도와주면 충분한 일이었다.

아이러니하게도, 이렇게 기억을 다시 떠올리며 새로운 정보로 재해석하는 일은 핵심 실행기능 중 하나인 '인지적 유연성'을 필요로 한다. 그렇게 내 에델이 지금 열심히 일하는 중이다.

'전문가' 난이도로 일상생활 정리하기

ADHD에 영향을 받는 건 뇌의 보상 시스템을 연결하는 중뇌-변연계 경로와 에델의 작업대인 전전두엽만이 아니다.

뇌의 수백 가지 다양한 경로와 회백질의 양, 신경전달물질들이 서로 어떻게 결합하고 연결되어 ADHD를 유발하는지 설명하는 이론은 상당히 많다. 사실 이 이야기만으로 책 한 권을 채울 수도 있다(실제로 그런 책이 이미 많이 나와 있다). 따라서 내가 여기서 소개하는 이론들로 모든 걸 설명할 수는 없지만, 신경전형성인 사람에게는 수월한 일들이 왜 우리에게는 훨씬 더 어렵게 느껴지는지 그 이유를 조금이나마 이해하는 데 도움이 되기를 바란다.

내 경우는 ADHD가 가끔 이런 식으로 느껴진다. 모든 사람이 똑같은 비디오게임, 즉 **일상생활 정리하기**를 하고 있는데, 누군가 내 게임기만 몰래 '전문가' 난이도로 설정해놓은 기분이다. 나는 오랫동안 내가 남들보다 게임을 못하는 줄로만 알고 살아왔다. 하지만 도파민과 노르아드레날린에 관련된 어려움을 겪는 우리 같은 사람에게는 애초에 그 게임을 하는 것 자체가 훨씬 더 어려웠던 거다.

그러니까 이 모든 일이 힘든 건 당신 잘못이 아니며, 사실 에델(전전두엽) 잘못도 아니다. 어쩌면 당신이 태아였을 때 어머니가 살았던 동네 근처에 납 광산이 있었다면, 그게 일부 원인일 가능성도 아주 조금은 있다. 하지만, 대부분 ADHD는 그저 자연의 섭리로 나타난다. 그리고 전 세계 수많은 사람이 안고 살아가야 하는 추가 과제로 작용한다. 나는 내 질환에

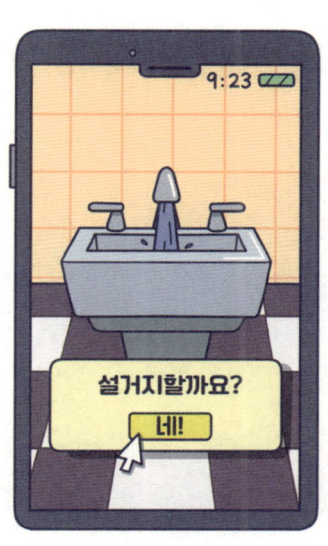

대해 복잡한 감정이 들다가도, 한편으로는 자부심도 느낀다. 정말로 도전이 컸던 만큼 내가 이룬 성취가 더욱더 값지다는 걸 알기 때문이다.

하지만 ADHD에 대해 배우면서 나는 문득 궁금해졌다. '내 삶의 다른 부분에도 ADHD가 영향을 미치고 있었을까?' 그리고 '오랜 세월 신경전형성인 사람들을 위한 세상의 기준에 맞춰 살려고 애쓰는 동안 나에게 어떤 흔적을 남겼을까?'

ADHD 경고 신호

어느 날 아침, 소파에 웅크리고 앉아 남은 파스타를 마저 먹으며, ADHD 관련 글(늘 그렇듯 ADHD 아동을 둔 부모를 위한 글)을 훑어보고 있었다. 그런데 특정 구절이 눈에 들어왔다. '아이를 주의 깊게 살펴봐야 할 경고 신호 하나는, 잠자리에 든 후에도 침대에서 다시 나와 물을 더 달라거나, 한 번만 더 안아달라고 하거나, 엄마 아빠 침대에서 같이 자자고 조르는 경우다.' 그 순간, 가슴이 **쿵!** 내려앉았다. 그때 내 어린 시절에서 빠져 있던 퍼즐 조각 또 하나가 딱 들어맞았다. 도대체 왜 아무도 내게 성인 ADHD 진단을 받은 이후, 지극히 평범한 상황에서도 이토록 지각 변동이 일어나듯 마음을 뒤흔드는, 무섭도록 명료해지는 실존적 순간이 수없이 찾아올 거라고 말해주지 않았을까? 나는 그저 아침을 먹으며 가볍게 읽을거리를 찾고 있었을 뿐이다. 아직 양말도 안 신은 상태였다.

사실 어렸을 때 나는 잠자는 시간이 제일 무서운 적이었다. 오후 내내 밤이 오는 게 두려웠다. 부모님께 조금만 더 늦게 자게 해달라고 조르기 일쑤였다. 잠이 많은 페린 언니를 억지로 못 자게 깨워 말을 시키기도 했다. 잠자리에서도 이리저리 뒤척이며, 거의 육체적 고통에 가까운 순수한 본능적 지루함에 몸부림치곤 했다. 그건 네 살짜리가 설명할 수도, 이해할 수도 없는 감각이었다.

매일 밤 적어도 서너 번은 일어나 우유를 달라거나 배가 아프다고 투덜댔다. 아니면 침대에 겨우 15분밖에 누워 있지 않았는데도 나쁜 꿈을 꾼 척하기도 했다. 거실 바깥벽에 바짝 붙어 서서, 드라마 〈웨스트 윙〉에서 바틀릿 대통령과 C. J. 크레그가 다가오는 선거를 놓고 말싸움하는 소리를 듣고 있었던 날이 기억난다. 벽 모서리 너머로 목을 쭉 빼면 살짝 보이는 TV 화면에서 지금 무슨 일이 벌어지고 있는지 머릿속으로 상황을 짜맞추려고 애썼다. 그러다 결국에는 항상 들켜버렸고 늘 이 말을 들었다. "어서, 매티, 이제 자러 가야지." 체념한 나는 다시 방으로 돌아갔고, 침대에 누워 '다시는 일어나지 말아야지!' 하고 다짐했다. 엄마 아빠의 인내심이 사라지고 있다는 걸 알고 있었기 때문이다. 하지만 나는 그저 내 작은 몸을 억지로 가만히 있게 할 수가 없었다.

"너처럼 잠자기 싫어하는 아이는 본 적이 없구나." 한번은 엄마가 이렇게 말했다. 아마 그날 밤 네 번째로 나를 방에 데려다줄 때였을 거다. 하지만 알고 보니 나랑 똑같이 행동하는 아이들이 상당히 많았다. 다만, 아무도 우리 부모님께 이런 게 ADHD 증상일 수 있다는 것, 혹은 나처럼 어린 여자아이도 ADHD가 있을 수 있다는 것을 말해주지 않았을 뿐이다.

수업 시간에는 낙서나 그림 그리기를 하도록 해주면 오히려 수업에 훨씬 잘 집중했다. 그래서 그걸 허락해주신 선생님을 항상 제일 좋아했다. 수업 시간에 스트레스 공이나 말랑말랑한 장난감을 가지고 놀게 해주면 진짜 너무 신났다. 그렇게 하면 앞에 있는 학습지 귀퉁이를 찢지 않고도 수업을 들을 수 있었기 때문이다. 지금 생각해보면, 그 말랑이 장난감은 분명 ADHD로 진단받은 아이들을 위한 선생님의 배려였을 것이다. 그런데 그게 나에게도 이상하게 잘 먹힌다는 걸 왜 아무도 눈치채지 못했을까?

초등학교 때였다. 우리 조에서 종이 모자이크 상어를 만들고 있었다. 그때 나는 너무 고집을 부리며 상어 색깔을 진짜처럼 맞추겠다고 우겼고, 결국 우리 조 친구들이 몽땅 거북이 조로 옮기는 사태가 벌어졌다. 하지만 나는 조그만 색종이 조각을 하나씩 붙이는 데만 정신이 팔려, 책상에 혼자 남을 때까지 무슨 일이 일어나는지 알아채지도 못했다. 가끔 그때를 떠올리면 웃음도 나지만, 또 어떤 때는 '선생님은 왜 나를 그냥 고집 세고 귀찮은 애라고만 생각했을까?' 하고 궁금하기도 하다. 왜 그때 좀 더 의심하지 않았을까?

몇 년 후, 진짜 심하게 왕따를 당하던 때가 있었다. 어떤 친절한 여성분이 수업 중간에 나를 교실 밖으로 데리고 갔다. 지금 다시 생각하면 분명 상담 선생님이었던 거 같은데, 내 괴롭힘 문제와 관련해 이것저것 물었다. 나는 수업에 집중하기 힘들다고 말했던 기억이 난다. 하지만 선생님도 초등학생이 정신적인 문제를 상담받는 상황이라면 집중하기 힘들다고 말하는 건 충분히 예상했을 듯하다.

초등학교가 끝나갈 무렵, 담임 선생님이 엄마에게 전화를 걸었다. 내가 수업 시간에 약간 산만하고, 아무 때나 농담으로 끼어들고 해서, 혹시 친구 관계에 다시 문제가 생긴 건 아닌지 걱정된다고 말했다. 그리고 그런 행동이 아이가 불안정하거나 불안이 커질 때 자주 나타난다고 덧붙였다. 그런데 웃기게도, 그때는 오랜만에 내가 사회적으로 아무 문제 없이 보내던 시기였다. 사실, 몇 년 만에 가장 편안하고 안정감을 느끼며 보냈다. 물론, 아이가 충동 조절 능력이 떨어지고 사회적 신호를 이해하기 어려워하는 데는 다른 원인도 있을 수도 있다.

하지만 결국 아무도 ADHD는 떠올리지 않았다. 아마도 내가 여전히 학업 성적은 꽤 잘 받았기 때문일 수 있다. 어쩌면 왕따를 당했던 경험이 훨씬 더 확실한 이유로 보였을 수 있다. 아니면 내가 그저 말을 너무 많이 했을 뿐, 날마다 교실을 뛰어다니는 남자아이들처럼 과잉행동을 보이지 않았기 때문일 수도 있다. 하지만, 또 한편으로는, 사람들이 대부분 여자아이를 볼 때는 ADHD라는 생각 자체가 전혀 떠오르지도 않기 때문일 수 있다.

4장 ADHD가 성인에게는 어떻게 나타날까?

진심인데, 난 아이들을 싫어하지 않는다.

나는 아이들을 대체로 좋아하는 편이다. 사실, 대부분 꽤 귀엽고 멋지다고 생각한다. 하지만 최근에 ADHD 진단을 받은 성인으로서 계속 나를 불편하게 만드는 게 딱 하나 있다. 내 질환에 대해 뭔가 알아보려고 검색하다가 믿을 만한 건강 정보 사이트를 찾아내고, 기사 네 번째 단락을 읽을 때쯤이면 여지없이 이런 문장과 마주치게 된다는 거다. '이건 아이를 교실에 가만히 앉아 있도록 도와주는 효과적인 방법이다.' 그럴 땐 정말 노트북을 창밖으로 던지고 싶어진다(단, 일 층 창문이고 바깥에 잔디라도 깔려 있어야 한다. 솔직히 지금 당장은 수리비를 감당할 수 없으니까).

문제는 최근 ADHD 진단을 받는 성인이 증가하는

추세인데도, 지난 몇백 년 동안 ADHD는 그저 아동에게만, 그것도 주로 '과잉행동'하는 (대개 백인) 남자아이에게만 나타나는 질환으로 간주하고 연구해왔다는 사실이다.

이 '몇백 년'이라는 말은 진짜 농담이 아니다. 의학 문헌에서 ADHD와 유사한 장애가 아동에게 나타난다는 최초의 기록은 1775년 독일 의사 멜키오르 아담 바이카르트가 남겼다. 하지만, 이 장애가 성인기까지 지속될 수 있다는 단서는 1956년에야 처음 등장했다.[33] 즉, 인류 최고의 과학 두뇌들이 '산만한 아이가 어른이 돼서도 산만할 수 있다'라는 걸 알아내는 데 무려 180년이 걸린 셈이다. 그리고 이 사실이 널리 인정되고 이해되기까지는 또다시 수십 년이 걸렸다(솔직히 아직도 연구 중이다).

그렇게 된 원인의 일부는 이렇다. 1980년까지는 DSM 기준으로 ADHD 진단을 받으려면 반드시 **과잉행동**이 나타나야 했다.[34] 그런데 이제 우리가 알다시피, 과잉행동은 나이가 들면서 가장 눈에 띄게 줄어드는 ADHD 증상이다. 기본적으로 이렇게 성인이 어려움을 겪는다는 사실을 알아차리기가 훨씬 어려웠다. 그래서 수백 년 동안 그냥 문제가 없다고 간주해왔다. 하지만 이제 조금 정신을 차린 덕분에 ADHD 아동 중 많은, 어쩌면 대다수가 성인이 돼서도 **증상**이 지속된다는 걸 알게 됐다.

문제는 이 질환이 아동기와 성인기에 매우 다르게 나타난다는 점이다. 따라서 아동에 초점을 맞춘 이러한 자료들은 모두 성인에게는 별로 도움이 안 될 가능성이 크다.

그럼, 이제 법적 투표권이 있는 나이의 ADHD 버전에 대해 본격적으로 이야기해보자.

더 이상 이리저리 뛰어다니지 않는다

내가 ADHD일 수 있다는 생각을 받아들이는 데 가장 큰 걸림돌이 됐던 건, '과잉행동'이라는 게 오로지 이리저리 뛰어다니고, 에너지가 철철 넘치는 걸 의미한다는 믿음이었다. 스물세 살인 나는, 사무실에 가만히 앉아 있거나 소파에 누워 TV를 보는 데 전혀 문제가 없었다. 몸 안에서 에너지가 팡팡 터지는 느낌도 없었고, 오히려 사실 극도로 지쳐 있을 때가 많았다.

심지어 성인 친화적으로 개정됐다는 **DSM-5**조차도 '이건 일곱 살짜리 얘기잖아' 싶은 증상들로 가득했다. '가만히 앉아 있어야 하는 상황에서 자주 자리를 뜬다?' 미안하지만 난 월세를 내야 해서 회의 도중에 자리를 박차고 나갈 수가 없다. '조용히 놀이나 여가 활동에 참여하기 어렵다?' 친구와 놀이라니, 난 이미 **번아웃**이다. 내 여가 활동이라고 해봐야 틱톡 보기, 비싼 음식 배달시켜 먹기, 그리고 섹스 정도인데, 그중 하나는 룸메이트가 있어서 조용히 해야 한다. 다시 말하지만, 월세? 진짜 비싸다!

진단받고 나서도, 몇 달 동안이나 내 과잉행동 증상을 제대로 파악하지 못했다. 처음 진료받을 때 정신과 의사가 나한테 **ADHD-C**(혼합형) **유형**이라고 말해주었는지도 기억나지 않았다. 설령 말해주었더라도 머릿속에 남아 있지 않았을 거다. 그래서 ADHD의 다양한 유형에 대해 배우기 시작했을 때 나는 '주의력결핍형'인 줄만 알았다. 그래서 나중에 몇 번 더 진료받고 나서 정신과 의사에게 다시 확인했을 때, 내가 틀렸다는 걸 알고 진짜 놀랐다.

중요한 건, 과잉행동은 성인이 돼서도 지속되는 경우 증상이 대개 내면으로 옮겨간다는 점이다. 겉으로 드러나는 행동이라고 해봐야 다리를 덜덜 떨거나, 손가락을 톡톡 두드리는 정도다.[35] 이건 가족과 친구들이 질색하는 내 버릇인데, 미안하지만 잘 안 고쳐진다.

하지만 세월이 지나도 내 '수다 본능'은 전혀 수그러들지 않았다(와인 한 잔 반을 마신 나한테 폭풍 수다를 들어야 했던 모든 분께 깊이 사과드린다). 그리고 몸은 소파에 널브러져 있어도 머릿속은 여전히 쉴 새 없이 돌아간다.

긴 하루 일을 마치고 돌아와 그냥 앉아서 긴장을 푸는 게 정말 어렵다. '집안일도 안 했고, 장도 보지 않았어. 추가로 업무 인터뷰도 못 했잖아.' 이런 죄책감에 시달린다. 머릿속에서는 항상 다음에 뭘 해야 할지 계획하고 있다. 다만, 성인이 된 지금은 너무 피곤해서 실행에 옮기지 못할 때가 많다는 게 문제다.

올해 내가 깨달은 중요한 점 하나는, 과잉행동을 조절한답시고 한동안 술로 **자가 치료**를 해왔다는 사실이다. 강도 높은 하루 업무를 마치고, 레드 와인이나 위스키 온더록스 한 잔으로 나를 좀 더 이완된 상태로 끌어내리려고 애썼다. 이건 중독은 아니지만 내가 늘 의식해야 할 부분이다.

ADHD가 있는 사람에게 물질 남용은 놀라울 정도로 흔하며,[36] 그 주요 원인이 의식적 또는 무의식적 자가 치료일 수 있다는 이론이 있기 때문이다.[37] 바로 이런 이유로 성인 ADHD 증상을 제대로 이해하는 것이 매우 중요하다. 성인 ADHD 증상은 '성인다운' 결과가 따라온다. 성인 과잉행동에 대해 배운 덕분에 나는 퍼즐 조각을 연결할 수 있었고, 좋지 않은 습관이 시작되는 걸 알아차리고, 적절하게 주의를 기울여 지켜볼 수 있게 됐다.

충동성이 커진 만큼, 대가도 크다

2장에서 봤듯이, DSM-5에는 충동성이 과잉행동과 같은 범주로 묶여 있지만, ADHD의 충동성은 그 '요란한 사촌'보다 훨씬 오래 지속되는 경향이 있다. 우리 중 많은 사람이 평생을 스펙트럼에서 충동적인 쪽으로 기울어 살아간다. 그래서 이 충동성이 우리 의사 결정에 어떤 영향을 미치는지 제대로 인지하지 못하면 큰 문제가 생길 수 있다.

성인 ADHD의 가장 심각한 결과를 불러오는 위험 상당수가 바로 이 충동성과 관련 있다. 가령, 예기치 않은 임신, 높은 수감률, 교통사고, 우연한 부상, 전반적으로 줄어든 수명 등이다. 이 부분은 15장에서 자세히 다루고, 지금은 일상생활에서 충동성이 좀 더 미묘하게 드러나는 방식에 집중하려고 한다. 예를 들면, 참을성이 부족하다든지, 생각하기 전에 행동부터 하거나, 충동구매를 자주 한다든지 하는 식이다(오늘 나한테 도착한 택배가 바로 그 증거다. 미니 프로젝터인데, 달 이미지를 픽셀 하나로 벽에 비추는 것밖에 못 한다).

다른 사람이 말하는 도중에 새로운 아이디어가 떠오르면 끼어들지 않고 버티는 게 나로서는 정말 너무 어렵다. 건강식으로 잘 챙겨 먹지도 못한다. 왜냐하면 감정적으로 살짝 예민해지는 순간, 나를 위로하는 음식에 손이 가는 걸 멈출 수 없기 때문이다. 그리고 얼굴에 뭐가 난 걸 알아차리자마자 거울로 달려가 짜내지 않은 적이 평생 한 번도 없다.

우리 중 많은 사람이 본능적으로 **새로움 추구 성향**이 있다. 이는 엄청난 창의적 모험으로 이어지기도 하지만, 동시에 건강한 삶의 구조와 안정을 거부하고, 그 대신 감정적 대가를 치르더라도 흥분과 모험을 좇게 만들기도 한다. 그래서 어떤 사람은 직장을 수시로 바꾸거나 연애 상대를 계속 갈아치우고, 누군가는 자극적이고 짜릿한 경험을 끊임없이 추구하기도 한다.[38] 예를 들면, 비행기에서 뛰어내린다든지, 할아버지가 꾸중하실 때까지 욕을 몇 번이나 계속할 수 있는지 시험하는 식이다.

삶을 붙잡아주는 '접착제'의 부재

아동기 ADHD의 **주의력결핍** 증상을 떠올릴 때 가장 흔한 예는, 선생님이 수업 시간에 말할 때 계속 딴생각하는 경우다. 그 이유는 아마도 어릴 때는 지루한 일에 집중할 수 있는지 시험대에 오르는 순간이 수업 시간뿐이라서 그럴 것이다. 하지만 성인이 되면 '주의력'은 훨씬 더 폭넓게 영향을 미친다.

ADHD가 있는 성인은 일정표를 제때 업데이트하는 일조차 힘들 수 있고, 회의를 깜빡하거나, 책상에 몇 시간씩 앉아 있어도 일을 끝내지 못할 수 있다. 다른 사람에게는 쉬운 일이 넘을 수 없는 벽처럼 느껴질 수 있다. 예를 들면, 집 안을 깔끔하게 치우기, 아빠에게 다시 전화하기, 잊지 않고 회사 경비로 택시비 청구하기 같은 일들이다.

사무실에서 누가 너무 크게 떠들면 그 소리를 무시하기 힘들고, 형광등이 깜빡거리기만 해도 그날 해야 할 중요한 일을 망칠 수도 있다. 요리할 식재료 사는 걸 까먹는 탓에 매일 저녁 배달 음식을 시켜 먹기도 한다. 그러다가 쓴 돈을 전혀 관리하지 않아 신용 카드가 거절되고, 다음 주 화요일까지 통장에 돈이 바닥나게 될 수도 있다. 그리고 맙소사, 스마트폰은 또 어디 갔지? 오늘만 벌써 세 번째다!

나이가 들면서 특히, 많은 사람이 부모님이나 보호자와 함께 살 때 주변에 늘 존재하던 일상의 지지대가 사라지면, 주의력은 그야말로 삶을 질서 있게 유지하는 데 핵심 요소가 된다. 그래서 내가 집에서 독립한 첫해에 혼돈의 도가니였던 것도 전혀 놀라운 일이 아니다(지금도 꽤 혼란스럽긴 한데, 적어도 이제는 그 원인이 뭔지 안다).

이런 예들이 성인기에 ADHD가 나타나는 가장 직접적인 모습이다. 하지만, 이 외에도 훨씬 더 이상하고 눈에 띄지 않는 형태도 많다.

DSM-5 기준을 넘어서

ADHD 경험을 이야기할 때, 가끔 나는 증상들이 여러 개의 '고리' 안에 존재한다고 생각하면 가장 이해하기가 쉬웠다(내

바싱세 ADHD

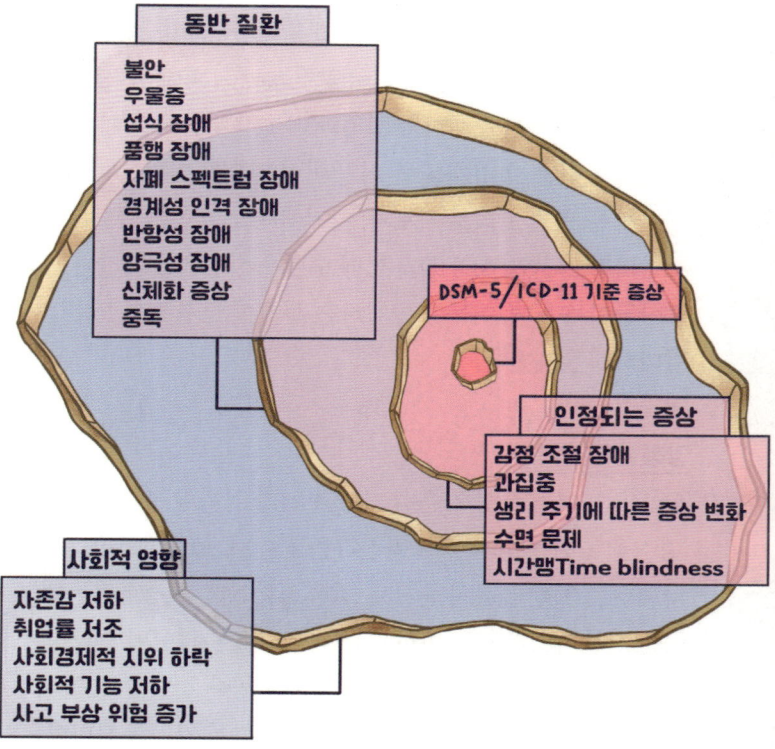

머릿속에서는 증상들이 〈아바타: 아앙의 전설〉에 나오는 지구 왕국 바싱세의 성벽처럼 여러 겹으로 둘러싸여 있는 모습이다. 이를테면 바싱세 ADHD랄까? 하지만 여러분은 선호하는 원형 도식으로 바꿔서 상상해도 된다).

가장 중심에는 DSM-5나 ICD-11에 명시된 확고한 임상 증상이 자리한다. 이는 방대한 데이터와 연구, 보편적 **합의**에 기반하고 있으며, 의사가 진단할 때 가장 중점적으로 살펴보는 증상이다. 하지만 여러분도 아마 감을 잡았겠지만, DSM과 ICD가 의학계에서 진단의 '바이블'로 통하기는 해도, 실제 성경처럼 몇 가지 중대한 문제점과 빠트린 부분이 존재한다. 그래서 우리는 그 경계를 좀 더 넘어설 필요가 있다.

이제 두 번째 고리로 가보자. 여기에는 공식 **진단 기준**에는 포함되지 않지만, ADHD와 함께 수많은 사람에게 나타나는 증상들이 속하며, 이를 뒷받침하는 심리학 연구 결과 또한 방대하게 존재한다.

감정 조절 장애

ADHD의 여러 특성 가운데 가장 놓치기 쉬운 부분이 바로 '감정을 느끼는 방식'이 달라진다는 점이다. ADHD 성인의 약 70%는 훨씬 높은 수준으로 '**감정 조절 장애**'를 경험하는데, 이는 기본적으로 감정 변화가 더 빠르고 극단적이며,[39] 감정 기복이 잦다는 뜻이다.[40] 또한 ADHD 증상이 심할수록, 특히 부정적인 감정을 더욱 강하게 느끼는 경향이 있는 듯하다.[41]

올 한 해 동안 내 뇌를 더욱 잘 이해해보려는 시도로, 부모님과 함께 어렸을 때 내가 어떤 아이였는지 많은 대화를 나누었다. 그때마다 반복되는 이야기 하나는 어린 내가 모든 감정을 너무나 깊이 느꼈다는 점이다.

> 지금까지 ADHD 정보를 대개 소셜 미디어를 통해
> 접해왔다면(비판하는 거 아니다. 나도 그랬으니까), 지금쯤 내가
> '**거절 민감성 불쾌감**RSD' 이야기를 꺼낼 거라고 짐작할 수
> 있다. RSD를 비롯해 '**대상 영속성**'이나, '**ADHD 마비**'와 같이
> 인터넷에서 자주 쓰는 용어들은 ADHD 경험을 전달하는 데 매우
> 유용하고, 충분히 논의할 가치가 있다. 하지만, 엄격하고 명확한
> 과학적 데이터와는 다소 복잡한 관계에 있다. 걱정 마시길! 나중에
> 8장에서 ADHD 인터넷 문화를 이야기할 때 자세히 다룰 예정이다.

"넌 행복할 땐 정말, 정말 행복해 보였어. 그래서 우리도 덩달아 행복해지곤 했지." 엄마가 말했다. "하지만… 그러면서도 한편으론 네가 감정을 중간 정도로만 느꼈으면 했던 거 같아. 뭔가 잘못되면 슬픔도 그만큼 깊이 느끼곤 했으니까." 엄마는 잠시 말을 멈추었다.

"그래도 다시 생각하면, 하루의 망친 기분을 너처럼 잘 뒤집는 사람을 본 적이 없구나. 진짜 산책 한 번 한다고 그렇게 곧바로 기분이 '업' 되는 사람도 처음이고."

사실 맞는 말이다. 지금도 나는 완전히 무너져 있다가도 엄마나 아빠 또는 내 남자 친구인 앤서니와 20분만 산책하고 나면 금세 다시 '중간' 지점으로 돌아올 수 있다. 엄마는 이런 걸 내 성격의 강인함 덕분이라고 추켜세우지만 글쎄다. 어쩌면 엄마 말이 맞을지도 모르지만 난 그냥 내가 산만해서 왜 속상했는지 금방 까먹는 거로 생각하는 편이다. ADHD에 대해 뭐라고 말하든, 짧은 주의 집중 시간이 쓸모 있을 때도 있다.

수많은 대규모 연구에 따르면, 감정 조절 장애는 많은 사람에게 ADHD의 핵심 요소로,[42] 날마다 겪는 **손상**들을 더욱 심각하게 만든다.[43] 일부 전문가들은 ADHD와 관련된 감정 기복 증상을 다음 판 DSM에 포함해야 한다고 주장하기도 했다. 만약 그렇게 된다면 겉으로 드러나기보다는 한층 더 내면화된 (특히 여자아이와 여성) 증상들이 진단의 사각지대에 놓이는 걸 방지하는 '게임 체인저'가 될 수 있다.

'시간맹Time blindness'

지극히 평범한 정도의 시간 관리 능력 부족은 아주 기본적인 ADHD 주의력결핍 증상이다.[44] 바로 이 때문에 ADHD인 사람은 체력도 중요하다. 우리는 걸핏하면 기차를 타기 위해 마지막 200미터를 전력 질주해야 하기 때문이다. 하지만 시간에 관련된 문제는 이보다 훨씬 더 이상하며, 뇌과학적인 요소가 있다.

물론, 누구나 시간의 흐름을 매번 똑같이 느끼는 건 아니다. 안 그런가? 새 직장에서 첫 주는 50번째 주보다 열 배는 길게 느껴진다. 〈젤다의 전설: 브레스 오브 더 와일드〉 게임을 하면서 보내는 한 시간은 차가 꽉 막힌 도로에 갇혀 있는 한 시간보다 훨씬 빨리 지나간다.

인터넷 ADHD 커뮤니티에서는 '**시간맹**'이 ADHD의 흔한 증상이라고 자주 이야기한다. 하지만 이건 어디까지나 별명일 뿐, 공식적인 진단 용어는 아니다. 그러니까 우리가 시간 자체를 완전히 이질적이거나 독특하게 인식하는 게 아니라,

시간의 흐름을 인식하는 방식이 일반 사람보다 조금 더 엉성하게 어긋나 있을 뿐이다.

ADHD인 사람들, 특히 '과잉행동/충동성' 증상이 심한 사람은 철저히 '지금, 이 순간'을 매우 강하게 느끼는 경향이 있다는 이론이 있다. 세계적으로 가장 유명하며 존경받는 ADHD 전문가인 러셀 바클리 박사는 이 현상을 '미래에 대한 근시안적 시각'이라고 설명했다. 심지어 ADHD의 핵심은 '시간맹'과 그 파급 효과들이라고 주장했다.[45] 물론, 이건 어디까지나 하나의 이론일 뿐 의학계에서 공식적으로 합의되지는 않았다. 솔직히 나 자신도 전적으로 동의하지는 않는다. 하지만, 이 이론을 여기에 포함한 이유는, ADHD가 나의 시간 감각, 즉 시간을 판단하고, 예측하고, 심지어 실제로 개념화하는 능력에 얼마나 깊이 영향을 미치는지 인식하는 일 자체가 내 뇌의 작동 방식을 이해하는 과정에서 결정적으로 중요한 계기가 됐기 때문이다.

항상 그렇듯, 이 분야도 아동에게 초점을 맞춘 연구가 훨씬 많다. ADHD 아동과 청소년은 시간의 흐름을 추정하는 능력이 대부분 **신경전형성**인 또래보다 상당히 떨어진다는 증거가 점점 늘어나고 있지만, 아직 충분하지는 않다. 구체적으로 말하면, 이들은 시간의 흐름을 과대평가하는 경향이 있는데, 주요 전문가들은 이를 두고 이들의 '내적 시계'가 일반인보다 약간 빠르게 작동한다고 이론화했다. 이는 곧 실제보다 시간이 더 느리게 간다고 인식할 가능성이 있다는 뜻이다.[46] 결론을 내기엔 아직 이르지만, 일부 소규모 연구에 따르면 이 현상은 ADHD 성인에게도 적용되고,[47] 반면에 나이가 들면 증상이 감소하는 경향이 있다고 한다.

'시간맹' 2편: 지연 할인

ADHD의 충동성은 우리가 경험하는 시간 관련 문제에서 중요한 역할을 한다. 눈앞의 작은 즐거움보다 먼 미래에 받을 더 큰 보상을 선택하는 능력은 성인에게 굉장히 중요한 부분이다. 이 능력이 있어야 '내 집 마련을 위한 저축', '대학에서 좋은 성적 받기', '오늘 밤 킹스컵 술 게임 3라운드는 참기(내일 이모 생일 브런치에서 숙취로 고생하고 싶지 않으니까)'와 같은 일을 할 수 있다.

보상의 가치를 인식하고 이를 위해 노력하려는 동기는 보상이 얼마나 먼 미래에 있느냐에 따라 일부 달라진다. 기본적으로는 보상이 멀리 있을수록 가치가 작게 느껴진다. 이 효과를 '**지연 할인**'이라고 부르며, 이는 누구나 느끼는 보편적 현상이다.

안타깝게도 ADHD는 이러한 '지연 할인'을 증폭시킨다.[48] 즉, ADHD가 있는 사람이 시간의 흐름에 따라 보상을 얼마나 가치 있게 느끼는지 그래프로 그린다면, 감소 곡선이 훨씬 더 가파를 것이다. 예를 들어, 신경전형성인 사람에게 '지금 감자칩 한 봉지'와 '일 년 후 무료로 5종 고급 코스 요리' 중 하나를 고르라고 하면 고급 코스 요리를 선택할 확률이 높다. 하지만 ADHD가 있는 사람은 지금 그 맛있고 달콤한 '스위트 칠리 앤드 사워크림' 감자칩을 먹는 걸 상상하며 덥석 집어들 가능성이 크다(참고로 이건 임상적으로 검증된 예시는 아니다. 그리고 지금 이 말에 '스위트 칠리 앤드 사워크림' 감자칩이 당기게 됐다면 진심 사과드린다).

ADHD의 이런 지연 할인 경향은 행동의 결과가 당장 닥치지 않으면 훨씬 덜 중요하게 느낄 수 있음을 의미하기도 한다. 이는 ADHD가 있는 사람들에게 마감일과 미루기가 왜 그렇게 고문과도 같은지 이해하는 데 큰 도움이 된다. '젠장, 지금 당장 이 에세이를 쓰지 않으면 내 인생을 망칠 거야'라는 위기감이 신경전형성인 사람보다 마감일에 훨씬 더 가까워져야 들 수 있기 때문이다. 우리 중 다수에게 마지막 순간까지 일을 미루는 일은 어쩌다 겪는 어려움 정도가 아니라 삶의 방식 그 자체다.

이 지연 할인은 또한 건강한 식습관 유지나 금연 같은 일도 정말 어렵게 만들 수 있다. 왜냐하면 이런 일은 하루에도 수십 번씩 즉각적인 짧은 즐거움을 포기해야 하며, 유일한 동기부여

요소라고는 '일흔이 돼도 여전히 건강하게 살 수 있다'라는
아주 멀고도 모호한 보상뿐이기 때문이다.

수면 문제

수면 문제는 오랫동안 ADHD와 관련 있다고 여겨져 왔으며,
비록 ADHD의 핵심 증상(가장 가운데 고리)에 들어 있지는
않지만, 여기에 포함해야 한다는 주장도 강력히 제기되고
있다. 실제로 1980년대에 사용되던 DSM-3 진단 기준에는
'수면 중 과도하게 몸을 움직인다'라는 항목도 들어 있었다.[49]

아동의 ADHD 수면 문제에 관해서는 꽤 탄탄하게 연구가
이루어졌지만, 성인에 대해서는 명확한 데이터를 찾기가
상당히 어렵다(여기서도 패턴이 보이는가?). '우리같이 수면
부족에 시달리는 도파민 괴물들'에게 안타깝게도 지금까지
나온 소수의 연구에 따르면, ADHD 성인의 85%에 가까운
사람들이 낮 동안 과도한 졸음에 시달리고, 밤에 잠드는 게
더 힘들거나 더 자주 깨는 등 전반적인 수면의 질이 떨어지는
것으로 나타났다[50](이런 이유로 일부 연구자들은 ADHD를 '24시간
장애'라고 부르기도 한다[51]).

ADHD 수면 문제는 여러 요인이 복합적으로 작용한
결과로 보인다. 그중 일부는 꽤 단순하다. ADHD인 사람들은
머릿속을 휘몰아치는 8억 개쯤 되는 생각을 가라앉히지
못하면 잠들기가 어렵고, **충동 조절**에 어려움을 겪다 보니 밤
10시가 됐다고 해서 재미있는 TV 프로그램을 보다가 *끄거나*
흥미진진한 책을 덮는 게 힘들 수 있다.

여기에 복잡한 요소가 더해진다. 바로 자극제 약물로, 가장 흔한 형태의 ADHD 치료제다. 모순적으로 들릴 수 있지만, 자극제는 실제로 일부 ADHD 환자가 잠들 수 있게 도와준다. 하지만 나를 비롯한 많은 사람에게는 이 약물이 무의식으로 가는 달콤한 탈출구와 나 사이에 또 다른 장벽을 만들고, 깜빡 잊고 너무 늦은 시간에 먹기라도 하면 그날 밤은 몇 시간씩 뒤척이게 될 수도 있다(ADHD 약물 이야기는 14장에서 자세히 다룰 예정이다).

ADHD는 또한 좀 더 공식적인 수면 장애와 증후군이 자주 함께 나타난다. 예를 들어, 불면증, 수면호흡장애,[52] 하지불안증후군,[53] 기면증 등이다. 그런데 아마도 가장 흥미로운 건 최소 한 건 이상의 **메타 분석**에서, ADHD가 지연된 **일주기 리듬**과 관련 있다는 일관된 증거가 존재한다고 결론지었다는 점이다.[54]

'해 뜨면 일어나고, 해 지면 졸리고 잠드는' 타고난 본능을 알고 있지 않은가? 이것이 바로 일주기 리듬이며, 이 리듬을 조절하는 주요 화학물질로 **멜라토닌**이 있다. 이 문제도 마찬가지로 성인보다 아동을 대상으로 한 연구 자료가 많지만,[55] 한 연구에 따르면 ADHD가 있는 경우 야간에 멜라토닌이 생성되는 시간이 거의 한 시간 반 정도 늦은 것으로 나타났다.[56] 즉, 원래 자려던 시간보다 훨씬 늦게 졸리기 시작할 수 있다는 뜻이다. 아침에 늦게 일어나도 되는 사람은 큰 문제가 아니겠지만, 오전 7시나 9시에 출근해야 하는 직장처럼 '오전'에 고정된 일이 있는 사람은, 매일 원하는 양보다 훨씬 부족한 수면을 하게 될 수 있다.

ADHD 증상의 정도와 수면 부족으로 어려움을 겪는 정도[57](즉, 잠드는 데 걸리는 시간 지연[58]과 전반적인 수면 장애[59]) 사이에는 <mark>상관관계</mark>가 있는 것으로 보인다. 하지만 여기에는 이런 질문이 따른다. 과연 ADHD 증상이 수면 문제를 악화시킬까, 아니면 수면 문제가 ADHD 증상을 악화시킬까? 혹은 우리 뇌 안에서 이 둘을 동시에 유발하는 생물학적 요인이 있을까? 정답은 아직 밝혀지지 않았고, 이 세 가지가 복합적으로 모두 얽혀 있을 가능성이 크다.[60] 하지만 분명한 건, ADHD가 있는 사람에게는 '양질의 수면'이 최우선 과제가 되어야 한다는 점이다. 그게 말처럼 쉬우면 얼마나 좋을까(걱정하지 말자. 10장에서 이 문제에 도움 되는 전략을 몇 가지 다룰 예정이다).

> 혹시 알고 있었는가? 수면 부족, 주의력결핍, 충동성은 서로 아주 밀접하게 연관되어 있어서, 신경전형성인 사람도 수면 부족이 되면 ADHD와 비슷한 증상이 나타날 수 있다.[61] 이것이 바로 ADHD 진단이 그토록 복잡한 이유 중 하나고, 의사가 자극제를 처방하기 전에 ADHD 증상이 전적으로 수면에 관계된 문제일 가능성을 배제하고 싶어 하는 이유이기도 하다.

'상어 주간'(생리 주간을 뜻함)

예전엔 '일상이 무너지는 느낌이 들기 시작하면 곧 생리가 오겠구나'라고 농담처럼 말하곤 했다. 그런데 알고 보니 틀린 말이 아니었다. 아직 규모는 작아도 점점 늘어나는 연구 결과를 보면, ADHD 증상과 생리 주기는 꽤 밀접하게 연관 있어 보인다. 그것도 가장 짜증 나는 방식으로.

에스트로겐이라는 호르몬은 주로 난소에서 생성되지만, 뇌에서도 만들어지며, 인지능력과 **도파민** 작용에 영향을 미친다고 알려져 있다.[62] 따라서 생리 주기는 주의력, 충동성, 기억력, 감정 조절, **실행기능** 전반에 영향을 미치는 것으로 나타났다.[63] 이는 처음부터 이러한 문제로 어려움을 겪는 ADHD 뇌를 가진 사람에게는 생리 주기가 특히 더 중요한 요인이 된다는 뜻이다.

에스트로겐 수치가 높고 프로게스테론 수치가 낮을 때, 예를 들어 배란 직전에는 인지능력이 향상되고, 기분이 좋아지며, ADHD 증상도 감소하는 경향이 있다. 하지만 반대로 에스트로겐 수치가 낮고 프로게스테론 수치가 높을 때, 즉 생리를 앞둔 주에는 모든 게 말하자면 그냥 엉망이 된다. 이 시기에는 ADHD 증상이 훨씬 심해질 뿐만 아니라, ADHD와 자주 동반하는 불안과 우울증도 악화할 수 있다.[64]

또한, 에스트로겐과 프로게스테론이 증가할 때, 특히 '여성의' 사춘기와 같은 시기에는 ADHD 치료제 효과가 떨어질 수 있다는 의견도 있다.[65] 그래서 일부 연구자들은 의사가 환자의 생리 주기에 따라 ADHD 치료제 용량을 조정해야 한다고 제안[66]했지만, 아직 널리 시행되지는 않았다. 그리고 무엇보다 의사와 상의 없이 혼자서 약물 복용량을 조절하면 절대로 안 된다. 그럼에도 당신이 생리한다면, 생리 주기를 추적해보는 것, 그리고 '핏빛 파도'가 다가올 때는 자신에게 좀 더 너그러워지는 것, 이건 충분히 가치 있는 일이다.

과집중

심리학계에서는 ADHD가 있는 사람 대다수가 경험하는 강렬한 **과집중**에 대해 아직 많은 연구를 진행하지는 않았지만, 여전히 이 장애의 특성으로 널리 논의하고 있다. 적어도 중간 규모의 한 연구에 따르면, 성인 ADHD와 과집중의 강도와 빈도가 다양한 환경에서 명확하게 상관관계가 있는 것으로 나타났다.[67]

내 경험상 과집중은 때때로 갑작스러운 에너지 폭발처럼 나타나서, 모든 일을 한꺼번에 해치우고, 집을 통째로 구석구석 청소하고, 잠시나마 생산성 최고 레벨의 꿈을 실현해주기도 한다. 하지만 더 자주 나타나는 모습은, 특정 TV 프로그램에 비정상적으로 집착한다든지, '이제부터 나는 패턴 디자인(생각보다 쉽지 않은 걸로 밝혀짐)은 물론 모든 옷을 직접 만들어 입는 사람이 될 거야'라고 자신하는 식이다. 그러고는 약 4만 5천 원짜리 미니 재봉틀을 사서 처음으로 셰르파 플리스 원단을 박음질하려는 순간, 재봉틀은 고장 나고 그 후 일 년 동안 소파 밑에 방치되고 만다. 이런 **과몰입**의 순간은 진짜 재미있는데, 접시 치우는 일 같은 데는 별로 도움 되지 않는다.

중독 문제

앞서 언급했듯이 성인 ADHD의 가장 해롭고 위험한 부분 중 하나가 약물 남용과 중독에 취약하게 된다는 점이다.

일례로, ADHD인 사람은 신경전형성인 사람보다 니코틴에 의존할 확률이 약 세 배나 높다는 사실 알고 있었는가?[68] 나는 진짜 몰랐다. 진작 알았다면 좋았을걸! 아마 그랬다면 '그저 시끄러운 파티에서 잠깐 밖에 나가 사람들과 얘기할 때 손에 들고 있을 게 필요해서'라는 이유로, 전자 담배를 무심코 사지는 않았을 거다. 내 지인들도 서랍 뒤쪽 어딘가에 전자 담배를 넣어놨다가, 가끔 저녁에 외출할 때 꺼내 쓰고, 집에 돌아오면 몇 주 동안 잊고 지내는 경우를 많이 봤다. 나도 그렇게 할 수 있을 줄 알았다. 어쩌다 한 모금 피워도 몸에 좋지는 않겠지만, 머릿속으로 내 건강에 진짜 위험할 것 같다는 생각은 들지 않았다.

하지만 자극에 굶주린 내 여린 뇌는 니코틴 사용을 맘대로 들락날락할 수가 없었다. 집에 있을 때도 전자 담배를 '잊고' 지낼 수가 없었다. 손쉽게 도파민을 얻을 수 있다는 유혹은 너무나 강했고 조금씩, 한 모금씩 피우다 보니 저절로 습관이 됐다. 그걸 끊으려고 1년이 넘도록 수십 번씩 시도하며 엄청난 정신적 에너지를 쏟아부었는데도 솔직히 아직도 가끔 생각난다.

ADHD인 사람들은 소비 습관도 대수롭지 않게 넘길 수가 없다. 우리는 ADHD가 아닌 사람보다 알코올중독에 빠질 확률이 두 배 이상 높고, 다른 약물중독에 빠질 위험도 두세

배쯤 높다.[69]

중독은 뇌의 보상 시스템과 밀접하게 관련돼 있으며, 중독성 약물은 강력한 도파민 분출을 유발한다. 그러니 가뜩이나 충동 조절이 어려운 데다 ADHD 뇌의 **도파민성** 경로가 계속해서 자극을 갈망하는 상태라면, 유혹을 뿌리치기가 특히 더 힘들겠다고 가정해도 전혀 과장이 아니다.

우리는 또한 **자존감**이 약물 남용에 큰 역할을 한다는 사실을 알고 있다. 이 약물 남용 문제는 이미 ADHD인 사람 다수가 어려움을 겪는 부분이기도 하다. 그리고 물론, 앞서 언급한 '자가 치료' 요소도 있다. 가령, 긴장을 풀기 위해 술이나 대마초 같은 '억제제'를 사용하거나, 뇌의 노르아드레날린과 도파민 수치를 높여 집중을 (잠재적으로) 돕는다는 이유로 카페인이나 코카인 같은 '자극제'를 사용하는 경우다.

ADHD의 단짝 친구들: 동반 질환

ADHD는 혼자 다닐 때가 거의 없으며, 따라붙기 좋아하는 친구가 여럿 있다. 이들을 흔히 **동반 질환**이라고 하는데, 어떤 이유로 한 사람에게 동시에 자주 나타나는 다른 질환을 의미한다.

이러한 질환들은 ADHD와 상관관계가 있지만, 그 관계가 정확히 어떤 건지는 아직 명확하지 않다. ADHD가 다른 질환을 유발하는 걸까? 혹은 다른 질환이 ADHD를 불러온 걸까? 아니면 서로 비슷한 유전적 기반이 있는 걸까? 모두 동일한 환경적 요인이 있을까? 누가 알겠는가! 과학자들도 모른다. 이건 확실하다.

불안은 가장 흔한 동반 질환 중 하나로, ADHD가 있는 성인 44.7%가 불안을 경험하는데, 이에 비해 ADHD가 없는 성인의 불안 경험률은 4.9%에 불과하다. 우울증 역시 비슷한 비율로 높게 나타난다. ADHD 성인의 약 42%가 우울증을 앓고 있지만, ADHD가 아닌 사람은 4.7%에 그친다.[70] 그래서 ADHD 약물과 함께 항불안제나 항우울제를 먹는 경우가 상당히 많다.

ADHD인 사람은 ADHD가 아닌 사람에 비해 섭식 장애를 겪을 확률이 3.8배나 높고, 특히 신경성 폭식증을 겪을 확률은 5.7배나 높다.[71] 왜 이런 현상이 생기는지는 아직 충분히 밝혀지지 않았다. 초기에는 ADHD 인구에서 불안장애 비율이 높다 보니 이런 결과가 나왔다고 생각하기도 했지만, 불안이라는 변수를 제거한 이후에도 상관관계는 여전히 존재한다. 일부 주요 연구자들은 충동성과 주의력결핍 수준이 높을수록 폭식 증상을 유발할 가능성이 높다고 제안했다. 또 다른 이론은 ADHD 뇌가 '자기 인식' 영역에서 어려움을 더 많이 겪으면서 '신체 이미지'를 왜곡할 수 있다고 설명한다.[72] 또한, ADHD를 안고 사는 것 자체가 자존감에 얼마나 큰 타격을 주는지를 생각하면, 그 자체만으로도 사람들을 더욱 위험에 빠뜨릴 가능성이 있다.

그밖에 흔한 동반 질환으로는 지속적인 공포와 침투적인 사고가 강박적인 행동으로 이어지는 강박 장애, 감정 조절 능력에 심각한 영향을 미치는 경계성 인격 장애, 우울증 저점과 조증 고점을 반복적으로 오가는 양극성 장애가 있다.

> 물론 ADHD와 양극성 장애가 동시에 나타날 수도 있지만, 두 질환의 감정 변화 양상은 꽤 다르다는 점을 주목할 필요가 있다. 양극성 장애에서 나타나는 조증이나 우울증은 감정 스펙트럼의 양극단으로 치달아, 그 상태로 보통 며칠씩 지속되기도 한다. 반면, ADHD에서 흔히 나타나는 감정 조절 장애는 기분이 하루에도 여러 번 바뀔 수 있고, 그 변화도 소위 '정상 범주' 안에 머물 때가 많다.[73]

ADHD가 있는 사람은 또한 '반항성 장애'나 '품행(행위) 장애'와 같은 행동 장애를 겪을 가능성이 더 크다. 반항성 장애는 아동에게 압도적으로 많이 나타나지만, 품행 장애는 성인기까지도 빈번하게 이어진다. 품행 장애는 기본적으로 규칙을 따르는 걸 상당히 어려워하거나, 사회적으로 용납되지 않는 행동을 지속해서 하는 특징이 있다. 예를 들면, 사람이나 동물에게 공격성 보이기, 물건 파손, 도둑질, 거짓말, 법률 위반 등이다. 이러한 행동들은 ADHD에 대한 주류 미디어 담론에서는 거의 다루지 않지만, DSM-5에 따르면 실제로는 꽤 흔한 증상이며, ADHD-C(혼합형)인 아동과 청소년의 약 4분의 1에서 나타난다고 보고된다.[74]

AuDHD

ADHD가 있는 청소년의 약 12.4%는 **자폐스펙트럼장애ASD**도 진단받고 있으며,[75] ASD 진단을 받은 사람 중 무려 40~70%가 ADHD도 있다고 나타났다.[76] 이 두 가지 질환이 동시에 있는 사람을 부르는 별명도 있는데, 바로 'AuDHD'다. AuDHD라는 이 하위 그룹이 상당한 규모로 인터넷 신경다양성 커뮤니티에서 자신들만의 정체성과 공간을 만들어가고 있다.

이 두 질환이 꽤 많이 겹친다는 점은 무척 흥미롭다. 2013년까지만 해도 ASD와 ADHD는 상호 배타적인 질환으로 여겨졌고, 의사가 진단할 때 둘 중 하나만 선택해야 해서 동시에 두 가지 진단을 받을 수가 없었다. 하지만 이런 제한 규정은 DSM-5에서 삭제됐는데, 아마 이런 변화가 향후 두 질환의 진단이 동시에 증가하는 데 막대한 영향을 미쳤을 수 있다.

> ADHD인 사람이 ASD일 확률이 8분의 1이나 되기 때문에, 15분 정도 짬이 난다면 인터넷에서 쉽게 찾을 수 있는 'RAADS-R 자폐 검사'를 해봐도 나쁘지 않을 것이다. 이 검사는 간단한 자가 진단용 설문지로, 그동안 간과되었거나 뚜렷이 드러나지 않았던 자폐 성향인 사람들을 찾아내는 데 목적이 있다. 물론 이 검사만으로 진단을 내릴 수는 없지만(다른 인터넷 검사도 마찬가지다), 의사에게 ASD를 상담해야 할지 필요성을 판단하는 데 도움이 될 수 있다. 참고로 내 점수는 57점이었는데, 이는 몇 가지 특성을 보일 수 있지만 자폐가 아닐 가능성이 있다는 뜻이다.

예전에 이 두 질환이 상호 배타적이라고 여겼던 이유 중 하나는 '주의력결핍'과 '과잉행동 충동성'이 대부분의 자폐 아동에게도 높게 나타났기 때문이다. 하지만 갈수록 우리가 알게 된 사실은 아동기와 성인기 모두에서 두 질환이 실제로 유사한 특성이 많다는 점이다. 예를 들면, 실행기능 장애, 사회적 소통의 어려움, 충동 조절 문제, 수면 장애, 지속적 몰입, 주의 전환의 어려움 등이며, 심지어 특정 뇌 영역 회백질 차이와 같은 일부 신체적인 유사점도 있다.[77] 게다가 유전적 연관성도 있는 것으로 보이는데, 이는 가까운 가족이 둘 중 하나의 장애가 있을 때 자신도 나머지 장애가 있을 확률이 높기 때문이다.[78]

하지만 일부 특성들은 겉으로는 똑같아 보여도 전혀 다른 원인으로 발생하는 경우가 많다는 걸 우리는 이제 알고 있다. 두 질환의 정확한 특성은 사람마다 매우 다양하지만 한 가지 예를 들면 이런 식이다. ASD가 있는 사람은 '표정이나 사회적 신호를 이해하기가 어렵기' 때문에 사회적 상황에서 어려움을 겪을 수 있는데, 반면에 ADHD가 있는 사람은 모든 신호를 잘 인식하고 받아들일 수 있더라도 '과잉행동 충동성' 때문에 그 신호에 따라 행동하기가 어려울 수 있다.

두 장애 간에는 분명 어떤 연관성이 있지만, 그 정확한 본질은 여전히 연구와 논의 대상이다. 신경다양성 커뮤니티에서는 흔히 "ADHD는 그냥 자폐의 '동생'일 뿐이다"라는 말이 떠돌기도 하지만, 실제로 꼭 그렇지는 않다. 물론 일부 연구자가 'ADHD와 ASD가 하나의 연속선상에 존재하는 게 아닐까?'[79] 혹은 '하나의 공통된 조건이 다른 형태로 나타난 것 아닐까?' 하는 의문을 제기한 건 사실이지만, 일반적 합의가 이루어진 건 아니다. 현재로서는 이 두 질환이 형제보다는 사촌에 가깝다고 보이지만, 이 둘이 공존할 수

있다는 사실을 인식하게 된 지 몇 년밖에 안 됐다는 점을
고려하면, 아직 명확한 답을 내릴 수 없는 것도 당연하다.

몸속 구석구석 나타나는 증상들

이제 뇌에서 한 걸음 더 나아가 신체의 다른 부분에 영향을
미치는 동반 질환(이런 것들을 '신체' 증상 장애라고 함)을
살펴보자. 물론 전체 목록은 아니지만, ADHD는 천식과
비만(생활 습관과 유전적 요인에 따른), 그리고 앞서 언급한
수면 장애와도 강한 연관성이 있는 듯하다. 그 외에도 편두통,
만성 소화 장애(셀리악병), 순환계 질환과도 아주 밀접하지는
않지만, 연관성이 있어 보인다.[80]

아! 그리고 성병에 걸릴 위험 또한 크다[81](충동 조절이 힘든
까닭에 꾸준히 콘돔을 사용하지 않아서일 수 있다).

솔직히 성인 ADHD는 복잡하고 혼란스러우며 때로는
모순적으로 보인다. 하지만, 날마다 새로운 사실이 속속
밝혀지고 있다. 그리고 갈수록 많은 사람이 오랫동안 숨겨져
있던 '신경다양성' 정체성을 발견하게 되면서 서로에게
배우기가 훨씬 쉬워질 것이다.

●

이렇게 경험을 나누고 커뮤니티를 만들어가는 과정은 매우
중요하다. 왜냐하면 과학적 실증에 기반한 엄밀한 학문적
연구로는 대답하기 어려운 중요한 질문이 하나 있기 때문이다.

'자신을 위해 설계되지 않은 세상에서 자라면서, 끊임없이 남들과 다르고 게으르고 형편없다고 느끼면서도 왜 그런지 전혀 알지 못한 채 살아가는 경험이 과연 자존감에는 어떤 영향을 미칠까?'

또다시 새벽 3시 30분!

맙소사, 지금 새벽 3시 30분인데 잠이 안 온다.
 벌써 네 시간째 침대에 누워 있는 중. 이젠 아예 여태껏 자다가 지금 막 깨어 있는 꿈을 꾸는 거라고 애써 날 설득할 판이다. 내가 할 수 있는 거라곤 머릿속으로 숫자를 굴리며, 지금 바로 잠들면 몇 시간이나 잘 수 있나 끊임없이 따져보는 것뿐. 그 아까운 시간을 점점 까먹고 있다.
 제일 짜증 나는 건, 내일 새벽에(세상에, 이젠 오늘이다) 일어나서 하루 종일 책 작업을 하려고 일부러 일찍 잠자리에 들었다는 사실. 하지만 이게 뭐냐고. 머릿속은 또렷또렷, 눈은 말똥말똥. 내일은 또 얼마나 피곤할까, 이렇게 못 자면 아침에 늦잠을 자야 할 텐데, 일은 얼마나 늦게까지 해야 하고, 밤엔 또 얼마나 늦게 잠들까… 생각에 생각이 꼬리를 물고 이어진다.

분명 이대로 못 자다간 이번 달은 통째로 망하는 거다. 이 책은 끝내지도 못할 거고, 공개적으로 망신만 당하고, 회사에서도 잘릴 거다. 결국 나는 처참하고 끔찍한 몰골이 되고, 그러면 앤서니는 날 떠나겠지. 당연히 난 이 집에서 나가야 하고, 평생 모은 돈도 다 까먹고, 마지막엔 하수구 어딘가에서 죽은 채 발견되는 걸로 끝!

아니면, 그냥 내일 하루 종일 엄청나게 피곤할 거다. 근데 솔직히 둘 다 끔찍한 건 마찬가지다.

밤 12시, 으슬으슬 추운 것 같아 후드 티를 꺼내 입었다. 12시 30분, 목이 좀 말라 물을 한 잔 마셨다. 새벽 1시, 좀 심심한 듯해 팟캐스트를 틀었다. 1시 14분, 팟캐스트가 너무 시끄러운가 싶어 이미 다 들은 오디오북으로 갈아탔다. 그런데, 웬걸! 이번엔 또 너무 지루해서 잠이 안 온다.

도무지 머릿속에서 윙윙대는 불안과 소음이 꺼지질 않는다. 약을 너무 늦게 먹어서 그런가? 아니면 약효가 너무 빨리 떨어졌나?

진짜 그냥 '에라 모르겠다.' 하고 아침 8시에 확 일어날까? 억지로 시차 적응하게 몸을 몰아붙여서, 잠드는 시간이 점점 뒤로 밀리는 이 악순환을 딱 끊어버려? 근데 솔직히 그랬다간 하루 종일 일은커녕 불안 발작이 제대로 터질 거고, 그다음엔 지쳐 쓰러져 또다시 잠을 못 잘게 불 보듯 뻔하다.

사실, 난 지금 출근을 안 하는 휴가 중이고, 제시간에 칼같이 잠들지 않아도 하늘 안 무너진다. 그런데 대체 어떻게 '건강한 수면 위생'을 지키라는 거지? 어차피 늦잠 자도 된다는 걸

엄연히 아는데 어떻게 일찍 자러 갈 수 있겠어?

이게 얼마나 벅찬 일이냐고? 나란 인간, 잠자러 가는 데도 마감 시간이 필요할 지경이다.

이 이야기는 기필코 책에 넣어야 한다. 안 그러면 오늘 하루를 통째로 날리는 거다. 생산성 제로.

잠. 좀. 자자!

젠장.

5장 나 정말 괜찮은 걸까?

만약 시간을 되돌려 스물세 살의 나, 정신과 의사와 줌으로 상담을 마친 후 ADHD라는 사실을 알고 펑펑 울던 나에게 딱 한 마디 해줄 수 있다면 이거다.

ADHD가 끼치는 진정한 해악은 병원 예약을 까먹거나, 다른 사람 말을 끊거나, 집 안 치우는 일을 힘들어하는 차원이 아니다. **ADHD가 가장 치명적으로 장애를 일으키고, 삶을 송두리째 바꿔놓는 부분은 뇌가 아니라 바로 자존감에 미치는 영향이다.** 자신에 대한 근본적인 인식이 조금씩 훼손되는 것, 이거야말로 ADHD 증상 지도에서 가장 바깥 고리에 있지만, 내 생각에는 가장 막대한 영향이다. 이건 유전이나 신경전달물질과는 직접적인 관련이 매우 적지만, 우리가 겪는 가장 고통스럽고 지속적인 어려움의 근원이기도 하다.

바로 그런 이유로, 우리가 '나아지기' 위해 개인적으로 할 수 있는 가장 중요한 일은, 우리 같은 사람을 위해 설계되지 않은 세상에서 ADHD를 안고 살아오며 겪은 '트라우마'를 인식하고, 그동안 통제할 수 없었다는 걸 이제야 깨닫게 되는 모든 일에 대해 자신을 용서하는 법을 배우는 것이다.

지금쯤이면 내가 말하려는 핵심이 전해졌기를 바란다. ADHD의 증상은 대부분 그냥 보통 사람들도 겪는 어려움이 몇 배쯤 (어쩌면 꽤 많이) 증폭된 상태일 뿐이다. 하지만 자신의 뇌를 제대로 이해하지 못하면, 자신이 그저 남들보다 '못난' 사람이라고 여기기 쉽다.

우리는 자신을 '실패자'라고 부른다. 머릿속에는 열정과 아이디어, 야망으로 가득하지만, 어떤 이유에서인지 그런 능력을 행동으로 옮기지 못하기 때문이다. 우리는 자신을 '서투르다', '멍청하다', '잘 까먹는다', '게으르다'라고 말한다. 왜냐하면 쓰레기통을 비우지 못한 채 일주일이 또 지나갔기 때문이다. 또한, 스스로 '생각 없다', '형편없다', '믿을 수 없다', '이기적이다'라며 자책하기도 한다. 도대체 왜 할아버지에게 생일 축하 문자 하나 보내는 일조차 기억하지 못하는 걸까?

우리가 이런 식으로 자신을 평가하게 된 건 그렇게 하도록 배웠기 때문이다.

20,000번의 꾸지람!

자주 떠도는 수치가 하나 있는데, ADHD 아동은 열 살이 될 때까지 <u>신경전형성</u>인 아동보다 '20,000번' 더 꾸지람을 듣는다고 한다. 물론 나도 그렇지만 사람들은 이 수치가 대규모 학술 연구에 기반한 줄 안다. 이를테면, 아이들이 카운터 같은 기기를 들고 다니다가 선생님이 집중 안 한다고 혼낼 때마다 버튼을 눌러 숫자를 세는 식 말이다. 하지만, 이 숫자에 대해 내가 찾아본 최초의 출처는 2010년 5월호 《임상 정신의학 뉴스》의 오피니언 칼럼이다. 이 글에서 마이클 S. 젤리넥 박사는 약 20,000번이라는 추정치를 제시했는데, ADHD 아동이 선생님에게 한 시간에 3번 정도 지적받고, 하루에 6시간, 일 년에 180일 학교에 다닌다고 가정하면 꽤 그럴듯한 수치라는 생각이었다.[82]

물론 이 수치가 내가 처음에 생각한 만큼 과학적인 건 아니지만, 그 안에 담긴 핵심 메시지는 충분히 설득력 있다. 우리가 수업 시간에 말썽을 심하게 부리지는 않았더라도, 신경전형성인 또래들보다 훨씬 자주 혼났을 가능성이 크다. 뭔가를 잊어버리고, 말하는데 끼어들고, '그 나이답지 않은' 사소한 실수를 자주 했기 때문일 것이다. 이 중요한 시기 동안, 우리는 자신을 바라보는 방식을 터득하고 세상이 우리를 바라보는 방식을 막 알아가고 있었다. 그런데 이 시기에 우리는 실수를 거듭하며 대부분을 보냈고, 아마도 자신이 뭘 잘못했는지는 알았지만 어떻게 그걸 멈출 수 있는지는 전혀 알지 못했다. 물론 그런 작은 상처는 차츰 아문다. 하지만 수천 번 반복되면 결국 흔적이 남기 마련이다.

그런데 이 흔적은 어른들이 그저 '말 안 듣는' 아이에게 일부러 의식적으로 꾸짖는 수준보다 훨씬 깊이 남는다.

왜냐하면 우리는 성장하면서 ADHD로 인해 자신을 점점 작게 만드는 법을 배우기 때문이다.

신경전형성식 가르침, 신경다양성식 배움
내 경우는 아주 현실적인 부분에서 이 배움이 시작됐다. 예를 들어, 손님이 집에 오면 엄마는 나한테 '자랑하려고 나서지 좀 마'라고 말하곤 했다. 솔직히, 시끄럽고 부산한 다섯 살짜리 아이가 춤추는 걸 네 번씩이나 봐달라고 조른다면, 아이에게 방해받지 않는 저녁 식사 자리를 마련하고 싶은 마음도 충분히 이해한다. 조금 더 평화롭고 조용하게 식사하고 싶다고 해서 탓할 생각은 없다.

하지만 대부분 나는 계속 관심받고 싶어서 '자랑하려고 나서는' 게 아니었다. 그저 신이 나서 내가 소란 피우고 있다는 사실조차 몰랐다. 그 결과 우연히 나는 겸손해야 한다거나 다른 사람 말을 경청하는 법을 배운 게 아니라, 아주 흥분을 잘하고 소란스러운 내 모습이 왠지 잘못됐고 나쁘다는 생각을 내면화하게 되었다.

점차 자라면서 스스로 뒷정리해야 할 나이가 되었을 때도, 소다수 뚜껑을 꼭 닫지 않아 김빠지게 만든다든지, 김 과자를 먹고 나서 캔에 도로 넣지 않아 눅눅해지게 한다든지, 젖은 수건을 방바닥에 계속 쌓아둔다든지 하는 일로 계속 혼났다.

"정신 좀 똑바로 차려야지, 우리 딸." 엄마 아빠는 말하곤 했다. "집은 다 같이 힘을 보태야 돌아가는 거야."

"뭘 시작할 때는 제대로 마무리하면 좋겠어."

"이젠 다른 사람 생각도 좀 할 줄 알아야지."

나는 일부러 그런 게 아니었지만, 당연히 부모님으로선 알 수 없었을 것이다. 솔직히 나도 왜 그렇게 죄다 힘든지 몰랐으니까. 내 행동이 게으르고, 이기적이고, 생각이 부족하다는 건 알았지만, 게으르고, 이기적이고, 생각이 부족한 이 성향이 누군가 일부러 **선택한** 거라고는 전혀 믿기지 않았다. 나는 그런 건 타고난, 고칠 수 없는 특성이라고 생각했고, 이는 곧 불행히도 나 같은 일부 사람은 선천적으로 나쁘게 태어난다는 뜻이라고 받아들였다.

그래도 나는 운이 좋았다. 우리 부모님은 사랑이 많고 친절하며 늘 인내심이 있었지만, 모든 부모가 그렇진 않다. 관련 연구는 아직 부족하지만, 부모는 ADHD인 자녀를 꾸짖을 가능성이 크고 따뜻하게 대해줄 가능성은 작아 보인다.[83] 이는 특히 문제의 소지가 있다. 왜냐하면 적어도 한 연구에 따르면, 부모의 비판 수준이 높으면 시간이 지날수록 ADHD 증상이 더 나빠질 수 있기 때문이다.[84] 그러다 보니 우리 중 많은 사람이 '네가 문제야'라는 말을 반복해서 들으며 살아올 때, 자신에게서 좋은 점을 보기 힘들게 되는 건 어쩌면 당연한 일이다.

나는 입학하고 나서 처음 몇 년 동안, 수업 시간에 정답이나 내 생각을 크게 외친다는 이유로 자주 지적당했고, 급기야 선생님은 나를 따로 불러내 야단쳤다.

"네가 똑똑하다고 해서 다른 친구들이 배울 기회를 빼앗아도 되는 건 아니야."

하지만 내가 그렇게 외친 건, 반 친구들보다 똑똑하다는 걸 증명하고 싶어서도, 친구들을 무시해서도 아니었다. 그냥 내 조그만 머릿속엔 나누고 싶은 생각이 너무 많았기 때문에, 자리에서 손을 번쩍 들고 선생님과 눈이 마주치길 애타게 기다리는 일이 너무 괴로웠고 거의 참을 수가 없었다.

어떤 선생님은 정말 훌륭했다. 항상 나를 좋게 봐주었고, 내가 교실에서 문제를 일으키는 원인이 ADHD라는 사실을 몰랐음에도 나한테 맞는 방식을 찾아주었다. 하지만 모든

선생님이 그렇진 않았다. 그 결과, 나는 차례를 지키고 공동체의 일원이 되는 게 얼마나 중요한지 배우기보다는, 내 생각을 말하고 대화에 끼어드는 건 이기적이고 불공평한 행동이라고 배우게 되었다.

속으로는 진짜 바보

나는 스스로 착한 아이가 되고 싶은 마음이 간절했지만, 그걸 제대로 보여줄 수가 없었다. 그래서 할 수 없이 내가 정말 '잘할 수 있는 것'에 집중하기 시작했다. 바로 학교 공부다. 선생님들이 가끔 나를 귀찮아하더라도 내가 똑똑하다는 걸 증명하면, 여전히 나를 좋아하는 것 같았다. 똑똑해지는 게 내가 인정받는 유일한 방법이었고, 그래서 제일 좋아하는 인형을 끌어안듯 그걸 꽉 붙들었다.

그 덕분에 나는 학업 성적만큼은 아마도 보통 ADHD 아이들과는 다소 다른 길을 걸었다. 물론 성적표에도 '집중을 더 해야 한다', '말이 너무 많다'라는 의견이 여기저기 붙긴 했지만, ADHD가 있는 대다수 아이와 달리 나는 학창 시절 동안 '잠재력은 있는데, 노력을 안 한다'라는 끔찍한 말이 따라다니지는 않았다.

ADHD가 있는 아이 대다수에게 교실은 가장 가혹하게 자존심을 다치는 전쟁터 중 하나다. 최근에 진단받은 친한 친구들과 대화를 나누면서, 나는 어린 시절 학업에서 느꼈던 좌절감이 얼마나 벗어나기 힘든 경험인지 비로소 이해하기 시작했다.

올리비아 사례를 보자(이름은 바꿨다. 아직 모든 직장에서 내 경우처럼 **신경다양성**을 받아들이는 건 아니니까). 우리는 고등학교와 대학을 계속 같이 다녔는데, 올리비아는 내 주변에서 매우 똑똑한 편인데도, 학창 시절 내내 '난 멍청해', '속으로는 진짜 바보야'라는 말을 무심코 내뱉곤 했다. 실제로, 몇 달 전 중요한 과제를 시작하지 못해 끙끙대고 있을 때도 똑같은 말을 했다. 이 말이 왜 문제가 될까? 그 과제가 세계 최상급 법대의 마지막 학년 과제였기 때문이다.

나랑 비교하자면, 내 ADHD는 '소속감이나 사회에서 인정받는다는 느낌'을 갉아먹었는데, 올리비아의 경우는 **집중**하지 못하는 문제를 '**생각** 자체를 못하는 것'으로 착각하도록 만들었다.

"난 그냥 수학을 못 하겠더라고. 내가 노력하는 거 너도 봤잖아. 아무래도 머리가 안 돌아갔어. 이해가 안 됐지. 인문학과 글쓰기는 또 잘했으니까." 올리비아가 전화로 말했다.

"지금 돌아보면 어떤 일들은 나한테 정말 쉽게 느껴졌기 **때문에**, 실제로 자리에 앉아 억지로 이해하는 일 자체가 힘들었던 거 같아. 뭔가 다른 걸 하고 싶은 생각이 너무 간절했고, 스트레스를 너무 심하게 받았어. 그러다 보니 그 벽을 넘는 게 항상 불가능하게 느껴졌지.

항상 다른 수업에서는 진짜 모범적인 아이였거든. 그런데도 이상하게 수학 시간만 되면 배가 아프거나 머리가 아픈 척하며 엄마나 아빠가 데리러 오도록 만들곤 했지. 아니면 계속 화장실에 가고 싶다고 핑계를 대거나. 아무튼 그냥 자리에 앉아 있기가 힘들었고, 그게 다 내가 게을러서 그런 줄 알았어.

나한테 비밀이 있는 것 같았어. 사실은 내가 진짜 멍청한 사람인데, 절대로 그걸 사람들이 알게 할 수 없었던 거지… 그래서 마음먹게 됐어. '좋아, 그럼 다른 과목이라도 정말 잘해서 법대에 가자.' 그러면 최소한 '자 봐, 난 변호사야'라고 말할 수 있겠다고 생각한 거 같아."

"그런데 그게 효과가 없었어? 법대 가서도 계속 그렇게 느껴졌어?" 내가 물었다.

"당연, 백 퍼센트." 올리비아가 웃으며 말했다.

"법대 1학년 때는 진짜 '세상에, 내가 해냈구나, 미쳤다' 싶었어. 근데 2학년이 되니까 **번아웃**이 한꺼번에 몰려오더니 성적이 급격히 곤두박질쳤지. 그러면서 다시 그런 느낌이 스멀스멀 올라오더라. '다들 네가 멍청하다는 거 알고 있어. 이제는 다 들켰다고. 넌 결국 다른 사람들이 틀렸다는 걸 증명하지 못한 거야.'"

하지만, 물론 법학 학위는 결국 올리비아가 기대했던 것만큼 해결책은 되지 못했지만, 그에 비해 ADHD **진단**은 확실히 그런 감정을 한결 무뎌지게 해주었다.

"예전에는 대학 과제든 뭐든 조금만 부정적인 피드백을 받아도 바로 무너져버렸거든." 올리비아가 말했다.

"그런데 지금은, 내 상태를 조금 더 알고 이해하고 나니까, 결과가 나쁘게 나와도 나 자신에게 이렇게 말할 수 있는 단계에 온 거 같아. '그래도 난 잘하고 있어. 날 봐, 사랑하는 사람이랑 살고 있고, 내 고양이도 있고, 일도 잘 돌아가고 있잖아. 괜찮을 거야.'"

사회적 관계 문제

나한테 학교 공부는 딱히 큰 트라우마가 아니었지만, 학교생활 자체는 여전히 괴롭고 힘든 경험이었다. ADHD 아이들이 대부분 그렇듯, 나 역시 놀이터가 일반 아이들처럼 즐겁고 편안한 장소가 아니라는 걸 금방 알아버렸다.

학창 시절 ADHD 아이들은 신경전형성인 또래들 사이에서 비호감이기 쉽고[85] 왕따 당할 가능성이 크다.[86] 실제로 우리 중 많은 사람이 대체로 '사회적 관계'에서 어려움을 겪는다. 앞서 잠깐 언급했지만, ADHD는 대인관계 능력에 심각한 영향을 미친다.[87] 특히 **ADHD-C**(혼합형)인 사람에게는 더욱 그렇다.

우리는 우리 감정이 얼마나 풍부하고 통제하기 어려운지 잘 알고 있다. 한껏 신이 나면 다른 사람 말을 끊거나 끼어들지 않는 게 힘들고, 산만하게 이리저리 떠도는 마음은 다른 사람 말을 집중해 듣는 것도 어렵게 만든다. 어린 시절엔 물건을 함께 쓰거나 차례 지키기 같은 일도 어려운 경우가 많다. 머릿속이 늘 분주하다 보니 사회적 신호를 놓치기 쉽고, 그 결과 사회적 관계에 문제가 생길 때마다 이를 눈치채거나 해결할 방법을 찾기가 훨씬 어렵다.[88] 이런 문제들은 어떤 아이에게든 다 어려운 일인데, 하물며 이미 **전전두엽**이 거의 연료 부족 상태인 아이에겐 더 말할 것도 없다.

> ADHD 아이들은 왕따나 배척당할 때가 많을 뿐만 아니라, 특히 남자아이들은 말썽꾸러기나 골칫덩어리로 낙인찍히기 쉽다. 이런 이유로 ADHD 진단은 '양날의 검'이 될 수 있다. 학창 시절 내내 진단받지 못하고 넘어간 우리 같은 경우는, 선생님들이 상대적으로 좀 더 이해할 수 있도록 도와주는 의학적 설명이라는 보호막이 없었다. 하지만, 반대로 어렸을 때 진단받은 사람 대다수는 'ADHD'라는 꼬리표가 일부 어른들 손에 들어가는 순간, '저 애는 도저히 답이 없는 문제아야'라고 찍히고, 도와줄 가치조차 없는 아이로 취급받았다고 말했다.

나는 어렸을 때 친구 관계가 정말 힘들었다. 이 무리에서 저 무리로 계속 떠돌았고, '넌 너무 으스대', '너무 짜증 나서 놀기 싫어' 같은 말을 자주 들었다. 가끔 잘 맞는 친구들을 만나도 자주 다투었고, 엄청 친한 '절친'이 생겨도 몇 년 못 가서 우정이 깨지곤 했다. 사실 돌이켜보면 내 인생에서 가장 힘들었던 이별과 상처는 연애보다는 우정에서 훨씬 많았다.

나는 왕따도 당했고, 집라인 놀이기구에서 밀려 떨어지기도 했으며, 심지어 계단에서 나를 넘어뜨리는 애들도 있었다. 한 여자애는 내 야후 계정에 몰래 들어가서 다른 애들한테 나인 척 이메일을 보내며, '넌 내가 그렇게 재수 없는 애 같니?' 하고 대놓고 묻기도 했다(지금 생각하면 그 애한테 박수라도 쳐주고 싶다. 열 살짜리가 그런 일을 꾸미다니, 진짜 대단하다).

10대 시절에는 친구들한테 이런 말을 자주 들었다. "넌 너무 시끄럽고, 으스대고, 자기중심적이야." 대부분 그 이유는 내가

대화에 끼어들거나, 항상 다른 사람 이야기를 내 경험에 빗대
이야기하거나, 가끔은 선 넘은 농담을 던져놓고 머릿속에서
'이제 그만해!' 하고 소리쳐도 말을 멈추지 않기 때문이다.
당연히 친구들 관점에선 충분히 할 수 있는 말이지만,
나로서는 초등학교 내내 심한 왕따를 겪고 난 직후였기에 너무
뼈아프고 고통스럽게 다가왔다.

   내가 완벽한 사람이었다고 말할 생각은 없다. 다만, 그때는
10대였고, 특히 주목받고 싶어 안달하던 아이였다. 그래서
아마 다른 사람 감정을 충분히 헤아리지 못했을지 모른다.
지금은 너무 후회되고, 그 일로 여전히 마음 한구석에는
뜨거운 자기혐오의 구슬이 콕 박혀 있다. 하지만, 올해
나 자신을 돌아보는 동안 그 여정의 일부는 '청소년기의
자기중심적 성향에서 비롯된 의도적인 무례함은 어디까지고,
내가 알지도 못한 채 겪고 있던 신경학적 **손상**의 부수적 결과는
어디까지인지' 구별하는 일이었다.

   사실, 내가 다른 사람 말을 끊은 건 상대를 무시해서가
아니었다. 이미 상대가 말하려는 문장 끝부분을 예상할 수
있었고, 곧장 말하지 않고 기다리면 떠오른 생각이 내 머릿속
소음 속으로 다시 사라질 것만 같았기 때문이다. 그래서 많은
경우 즉시 입 밖으로 튀어나왔고, 그렇게 하지 않으면 대화의
흐름을 놓치곤 했다. 그리고 걸핏하면 모든 걸 내 경험에 빗대
이야기했던 이유도 꼭 내 얘기만 하고 싶어서가 아니었다.
그냥 그게 다른 사람이 겪고 있는 일을 나도 이해하고 공감할
수 있다는 걸 보여주는 방식이라고 생각했기 때문이다. 모든

사람이 다 그런 방식으로 말하지 않는다는 건 전혀 눈치채지 못했다.

그래서 결국 어떻게 하면 더 좋은 친구가 될 수 있는지를 배우기보다는, 또다시 이런 교훈을 내면화하게 됐다. '**마스킹**을 하지 않고, 억지로 어울리려고 하지 않을 때의 내 모습은 비호감이며 이기적인 사람이라는 것, 그리고 그런 나를 최대한 작게 만들고 감추는 게 내 임무라는 것.'

지금은, 나 자신이 마음에 드는 순간도 많다. 나는 내가 이뤄낸 일, 내 똑똑함, 그리고 친구로서 다정하고 공감할 줄 아는 내 모습이 자랑스러웠다. 심지어 내가 좀 웃기고 외향적인 사람이라는 점도 좋았다. 하지만 마음속 깊은 곳 어딘가, 거의 무의식의 중간 어디쯤에서는 늘 이런 믿음이 자리 잡고 있었다. '난 원래 나쁜 사람이고, 좋은 사람인 척 안간힘을 쓰고 있는 것뿐이야.'

어떤 사람에게는 사회적 신호를 해석하고 적절히 반응하는 걸 어려워하는 이런 경험이 끊임없이 지속되는 불안으로 나타나기도 한다. 즉, 뭔가 잘못된 건 알겠고, 그게 자기 탓일 수 있다는 것도 아는데, 도대체 어떻게 해야 그걸 반복하지 않을 수 있는지를 모르는 거다. 적어도 내 언니의 남편이자 내 '절친'이며, 최근에 ADHD 진단을 받은 내 형부 로키가 딱 그랬다.

"항상 모든 일에 과하게 긴장하고 있으면, 나도 모르게 저지르는 실수를 막는 데는 어느 정도 도움이 된 거 같아." 우리 할머니 댁 소파에 나란히 앉아 있을 때 형부가 말했다.

"한때는 내가 그냥 너무 자기중심적인 사람인가 싶더라고. 남한테 무례하게 보이는 게 제일 두려웠지. 무례하게 보이고 싶은 사람은 없잖아. 부모님이 날 제대로 못 키웠다는 소리도 듣기 싫고. 주의를 기울이지 못해 생기는 결과들이 하나둘 쌓이다 보니 너무 버거웠어.

초등학교 5학년 때 전학을 가는 바람에 갑자기 완전히 다른 사회적 무리에 들어가게 됐는데, 뭐랄까 경제적으로 계층이 다른 무리였지. 그때부터 시작된 거 같아. 말하자면 좀… 웃기는 애? 반 분위기 흐리는 애? 점점 그런 존재로 흘러갔어. 그냥 그 애들 사이에 끼어들려고 애쓰는 것보다 그러는 게 훨씬 쉬워 보였거든. 지금 돌이켜보면 후회돼. 그 시절 난 친구로서 썩 미덥지 못했던 거 같아."

"어휴, 형부는 그때 겨우 **열한 살**이었잖아. 어떻게 열한 살짜리 애가 미덥지 못한 친구일 수 있어?" 나 역시 다르지 않으면서 나는 일부러 짜증 섞인 투로 말했다.

"뭐, 아마…" 형부가 말을 시작하려는 순간, 내가 끼어들었다(우리 대화는 끼어들기가 기본이다).

"형부는 완전히 과부하 상태였고, 갑자기 부잣집 애들한테 둘러싸인 데다 스트레스도 엄청나게 받았잖아. 그 상황에서 뭐 어떤 역할을 선택해서 행동했겠냐고! 내 말은…"

"그건…" 이번엔 형부가 내 말을 끊더니 잠시 멈추었다. 형부는 양심적이고 책임감이 강한 사람이다. 자신의 과거 행동에 책임감을 느끼는 건 그의 도덕의식이 형성되는 과정에서 아주 중요한 부분이었다. 하지만 성인이 되어 뒤늦게

ADHD 진단을 받은 사람에게 책임감이 늘 정답은 아니다. 어떤 일은 그 자체로 진짜 어려운 거고, 그래서 우린 조금 부족할 때도 있다. 때때로 아이들은 과도하게 행동하기도 한다. 그래서 지금 스물아홉 살의 남자가 자신의 열한 살 시절을 그렇게 나쁘게 말하는 걸 듣자니 내가 다 억울해진다. 그리고 그 순간 나는 문득 깨달았다. '아, 어쩌면 나 역시 너무 가혹한 도덕적 잣대로 어린 마틸다의 잘못들을 끊임없이 평가하며 살아왔구나, 실패와 죄책감으로부터 현재의 나를 보호하려는 시도로.'

하지만 지금 그런 자기 성찰에 빠져 있을 때가 아니었다. 나는 지혜롭고 모든 걸 아는 사람처럼 보이려는 중이니까. 나는 형부를 똑바로 바라봤다.

"음," 형부가 다시 말을 시작했다.

"음… 그냥 몇 년 지난 후에 돌이켜보면서 그때 내가 한 행동이 그랬다고 결론을 내린 거 같아. 고도로 의식해서 내린 결론은 아니었던 거지."

난 형부가 지금 자신이 하는 말을 100% 믿고 있는지 아직 모르겠지만, 그래도 이 정도만 해도 작은 승리라고 생각하고 싶다. 우리 둘 다 언젠가는 자기 자신을 온전히 이해하고 받아들일 수 있게 될 테니까.

ADHD가 자존감에 미치는 영향

물론 자존감에 대한 경험은 사람마다 다를 수 있다. 나 역시 ADHD라는 걸 모른 채 어려움을 겪던 시절에도 상당히 특권을 누린 편이었다는 걸 잘 안다. 비교적 나는 도움을 많이 받아야 할 정도는 아니었다. 주의력 문제가 있었어도 학교 공부는 잘할 수 있을 만큼 지적 능력도 있었다. 나를 자존감 높은 아이로 키우려 적극 애써준 다정하고 세심한 부모님이 계셨고, 부유한 나라의 부유한 도시에서 중산층으로 자랐다. 나는 백인이었고 사회적으로 '예쁘다'라는 기준에 그럭저럭 들었기 때문에 '엉뚱하지만, 사랑스러운 괴짜 소녀' 역할을 하며, 내 증상 대부분을 사회적으로 용인되는 **특이함** 정도로 포장해 넘길 수 있었다(이 점에 대해서는 조이 데이셔넬과 리사 쿠드로에게 고마워해야 할 거 같다). 나는 진짜 운이 좋은 편이었다. 그런데도 성인이 될 즈음에는 역시나 나도 자존감이 완전히 무너졌다.

여러 연구에 따르면, 아동이든 성인이든 ADHD가 있으면 신경전형성인 또래와 비교해 자존감이 현저히 낮으며,[89] 이 문제는 적절히 치료받지 않으면 훨씬 더 악화한다.[90]

또한, 이런 낮은 자존감이 ADHD의 다른 부정적인 소산들에 어떤 식으로 영향을 미치는지는 어렵지 않게 알 수 있다. 예를 들면, **동반 질환**인 불안이나 우울증, **물질 남용** 가능성을 높이고, 섭식 장애와 최악의 경우 자살 충동이나 행동에까지 영향을 미친다.

적어도 한 연구에 따르면, ADHD 성인은 **자기효능감** 역시 낮은 경향이 있다.[91] 이는 삶에 문제가 생겼을 때 스스로 해결할 수 있다는 믿음이 부족하고, 전반적으로 삶을 통제한다는 느낌을 덜 받을 수 있다는 뜻이다. 오랫동안 고생한 우리

전전두엽이 모든 일상을 질서 있게 관리하는 데 어려움을 겪는다는 걸 고려하면, 어떤 면에서는 우리가 삶의 통제력이 조금 떨어지는 것도 사실이다.

ADHD가 있는 사람이라면 아마도 제대로 살아보려고 몇 년 동안 애쓰다가 번번이 실패한 경험이 있을 것이다. 그 과정에서 '의지를 더 굳건히 해야지', '더 체계적으로 해야지', '더 주의를 기울여야지' 같은 말을 수없이 들어왔을 것이다. 여전히 상황은 전혀 달라지지 않은 것 같다. 우리 대부분에게는 순전히 의지력 하나로 버티며 자신을 끌어올리는 일이 애초에 불가능하다. 그건 우리가 나쁜 사람이라서가 아니라 그 조언 자체가 잘못됐기 때문이다.

ADHD인 사람도 얼마든지 생산적이고 만족스러운 삶을 살 수 있다. 단, 이를 위해서는 세상에 맞춰 자신을 바꾸려 하지 말고 세상을 자신에게 맞춰 바꿔야 한다. 이런 이유로 치료 과정에서 상담과 자기 성찰, 그리고 자신에게 친절해지는 법을 배우는 일이 중요하며, 특히 이런 훈련은 청소년기 후반이나 성인기에 진단받은 사람들에게는 더 필수적이다. ADHD가 참 웃긴 점은, 가장 효과적인 두 가지 치료제가 바로, '엄격하게 규제되는 자극제 계열 약물'과 '아주 깊은 자기 용서 능력'이라는 사실이다.

하지만, 우리는 이 트라우마를 분명 치유할 수 있다. 이건 그냥 단순히 뻔한 위로로 하는 말이 아니다. 내가 직접 그 변화를 체감하기 시작했기 때문이다. 나는 내 뇌에 대해, 그리고 내가 왜 그런 어려움을 겪어야 했는지에 대해 이해하려고 열심히 공부해왔다. 물론, 그 과정은 힘들고 고통스럽기도 했지만 정말 그럴 만한 가치가 충분했다. 불안이 눈에 띄게 줄어들었고, 자존감은 확실히 높아졌다. 지금 나는 내 과거를 다시 쓰면서 더욱 친절하고 깊이 이해하는 이야기로 채워가는 중이다.

내가 ADHD라는 사실을 알게 된 건 내 인생에서 가장 바람직하고, 훌륭하고, 희망을 주는 일이었다고 해도 절대 과언이 아니다.

아직도 진행 중이지만, 이러한 변화가 가능했던 건 오로지 우연히 올바른 정보를 접하고, 스스로 ADHD 증상을 인지하고, 마침내 진단받았기 때문이다.

어느 하나의 연구를 절대적인 진리로 받아들여서는 안 되지만, 최소한 한 학술 논문에서 'ADHD 증상을 보이는 성인들을 비교할 때, 공식적으로 진단받은 사람이 그렇지 않은 사람보다 사회나 가정생활에서 제 몫을 더 잘 한다'라고 결론을 내렸다는 점은 주목할 가치가 있다. 이들은 직장에서 더 좋은 성과를 올리고, 건강 관련 삶의 질을 더 높이 평가하며, 놀랍게도 자존감까지 더 높다고 나타났다.[92]

물론 오해는 하지 말자. 기저귀를 뗄 무렵에 ADHD 진단을 받은 사람들 역시 삶을 뒤흔드는 큰 어려움을 겪는다. 하지만 나는 주변 어른들이 ADHD 경고 신호를 알아차릴 수 있을 만큼 충분히 정보를 접하고 교육을 받았더라면, 내 자존감이 이렇게까지 망가지지는 않았을 텐데 하는 생각이 드는 건 어쩔 수 없다.

ADHD 다이어리

나쁜 주부

ADHD가 성인 여성에게 얼마나 고립감을 줄 수 있는지 충분히 이야기했다고 생각하지 않는다. ADHD는 누구에게나 쉽진 않다. 하지만 사회 곳곳에 뿌리박힌 성 역할이 '시스젠더'(타고난 성과 성 정체성이 일치하는 사람) 이성애 남성의 ADHD 증상에 대해서는, 진단 여부를 떠나 훨씬 관대하다는 느낌이 든다.

열아홉 살짜리 남자아이를 한번 상상해보자. ADHD가 있지만 자신은 전혀 모른다. 학교를 졸업하고 집에서 독립하면, 자연스럽게 친구 몇 명과 함께 셰어 하우스에서 살기 시작한다. 집 안은 한마디로 난장판이다. 구석구석 먼지가 수북하고, 냉장고에는 먹다 남은 피자뿐이고, 싱크대에는 설거짓거리가 어깨높이까지 쌓였다.

이 모든 모습은 ADHD 징후가 맞지만, 그냥 그 나이대 남자애들의 전형적인 생활 모습이기도 하다. 여기에 수치심 같은 건 거의 따라붙지 않는다. 그 친구가 줄곧 배달 음식만 먹고, 화장실에 화장지가 떨어져도 그건 그저 '총각 자취 스타일'처럼 사회적으로 용인될 만한 수준의 얼빠진 일면일 뿐이다.

그렇다고 그 친구가 괜찮은 상태고, 잘 대처하고 있다는 뜻은 아니다. 그런데도 사람들은 대체로 '뭐, 아직 젊어서 그래, 곧 철들겠지' 하고 넓은 아량으로 봐준다.

그리고 실제로도 그렇게 된다. 20대 중반쯤 되고 사람들이 슬슬 관대한 시선을 거두기 시작하면, 이미 진지한 여자 친구가 생겼을 가능성이 높다. 그것도 십중팔구는 신경전형성인 여성이다.

그 친구가 청혼하거나 최소한 함께 살기 시작하면, 갑자기 '총각' 상태를 벗어난다. 그다음, 두 사람이 아무리 페미니즘 이론을 많이 읽었다고 해도 꼭 해야 할 집안일을 챙기는 사람은 당연히 여자가 되고, 이를 자연스럽게 받아들인다.

장보기도 여자가 한다. 뭘 사야 할지 시시콜콜 남자에게 설명하느니 직접 하는 게 더 쉽기 때문이다. 요리도 대부분 여자가 한다. 왜냐하면 경험이 더 많으니까. 여자는 집이 깨끗한 상태로 유지되길 바란다. 하지만 집안일을 똑같이 분담하더라도 남자에게 '뭘 언제 청소해야 하는지' 일일이 알려줘야 한다. 저녁 모임을 주선하고, 남자의 엄마 생일 선물을 준비하는 쪽도 여자다. 그리고 마침내 아이가 생기면,

현장체험학습 동의서에 서명해 학교에 제출하는 일도 여자 몫이다.

물론, 남자 역시 직장 일이 녹록지 않으며, 신경전형성인 동료들보다 훨씬 버겁게 느껴진다. 하지만 다행히 지금은 최소한 무너지지 않고 버틸 만큼 시간적, 정신적 여유가 생겼다.

이 모든 게 남자가 일부러 그러는 건 아니며, 그의 잘못도 아니다. 하지만 여성이 여전히 집안일을 책임지는 걸 당연하게 받아들이는 사회에서, 여자가 남자 인생의 온갖 일을 챙기고, 무의식적으로 남자의 실행기능 부담까지 상당 부분 짊어지고 있어도 아무도 이상하게 생각하지 않는다. 심지어 여자 자신도, 남자마저도.

하지만 ADHD가 있는 여자아이들의 경우는 상황이 완전히 다르다.

젊은 ADHD 여성 역시 집에서 독립해 자취를 시작할 경우, 셰어 하우스가 지저분하거나 냉장고가 텅 비어도 어느 정도는 너그럽게 봐줄 수 있다. 하지만 속으로는 대개 이렇게 생각한다. '건강하게 좀 먹어야지, 배달 음식에 돈을 너무 많이 쓰잖아', '맙소사, 저러니 상사가 진지하게 받아주질 않지. 옷을 죄다 바닥에 꾸깃꾸깃 쌓아놨네.'

그 애가 스물두 살쯤 되면 사람들은 '저 애는 도대체 언제쯤 정신을 차릴까?' 하고 생각하기 시작한다. 하지만 똑같은 남자애들과 달리 여자에겐 그런 '끝나는 시기' 같은 것도 보이지 않는다. 왜냐하면 20대 중반쯤 되어, 신경전형성인 멋진 남자를 만나고 함께 살기로 결정하더라도, 그 많은 부담스럽고 힘든 일이 갑자기 사라지는 게 아니기 때문이다. 오히려 두 배로 늘어난다.

여자의 파트너는 좋은 사람이다. 하지만 제대로 요리하는 법도, 일주일 치 장보기를 똑 부러지게 하는 법도 배워본 적이 없다. 친척들한테 '왜 이렇게 집이 엉망이니?' 같은 비난을 들어본 적도 없다. 따라서 누가 말하지 않으면 치워야겠다는 생각 자체가 떠오르지 않는다.

두 사람이 자라던 시절을 돌아보면, 교복을 사거나 서류에 서명하기 같은 학교 관련 일은 늘 엄마가 처리했다. 그러니 의식적으로 생각하지 않아도 아이가 생기면, 당연히 그런 일은 여자가 맡을 거라고 간주한다.

결국, 사회 통념상 집안에서 일상을 책임지는 사람은 여자가 된다. 그리고 지금 여자는 그 역할을 제대로 해내지 못하고 있다.

마트에 가도 꼭 필요한 물건을 빠트리고, 집 안 청소도 끝내지 못한다. 저녁 식사 준비는 눈물이 날 만큼 버겁고, 어린 앤디가 토마토를 싫어한다는 것도 자꾸 까먹는다. 아이 도시락은 간편하다는 이유로 포장 간식으로 채우기 일쑤다. 그런데 맙소사, 이제 학교에서 쓰레기를 줄이자는 공지문까지 날라왔다.

이에 더해 직장에서는 어떻게든 버텨보려고 필사적으로 애쓰지만, 오전 9시쯤이면 벌써 지쳐 있다. 하물며 오후 5시는 말할 것도 없고.

ADHD 다이어리

ADHD가 있는 사람들은 흔히 '나쁜 주부'이기 쉽다. 하지만 이는 성별 이분법의 한쪽만 해당하는 이야기다. 전통적인 여성 역할은 자기 절제, 완벽한 정리 정돈, 끊임없는 타인 돌보기, 그리고 아무도 안 볼 때 자기관리마저 척척 해내는 '슈퍼 우먼'이다. 이는 모든 여성에게도 버거운 일이지만, 만약 여자 친구나 아내, 혹은 엄마에게 ADHD가 있다면? 그건 곧 '여성성'에 어긋나는 수치로 여겨지고 개인적인 트라우마가 된다.

나는 운이 좋았다. 나는 퀴어지만, 남성과의 관계에서 남자 친구 앤서니를 만난 건 정말 '대박'이었다. 앤서니는 내가 만나본 누구보다도 남성성의 부정적인 면모를 벗어던지려고 애쓰는 사람이다. 앤서니는 사려 깊고, 세심하며, 고도의 실행기능이 필요한 일들을 기꺼이 반씩 나눠서 해줄 뿐만 아니라, 내 몫까지 맡아줄 때도 있다. 그는 내가 사회에서 기대하는 완벽한 '살림꾼' 역할을 해내지 못한다고 해서 하찮은 사람으로 느껴지게 한 적이 한 번도 없었다. 그의 그런 너그러움 덕분에 나는 점점 나답게 피어날 수 있었다. 그래서 늘 고마운 마음 가득하다.

하지만 이것도 문제 아닌가? 내가 이렇게까지 고마워하는 것 말이다. 만약 그가 여자였고 내가 남자였다면 어땠을까? 그랬다면 나는 그가 우리 집에서 맡은 역할을 두고 이렇게 고맙다는 생각은 들지 않았을 거다. 그냥 당연한 일이었을 테니까.

ADHD인 남성과 여성 모두 어려움을 겪는다. 하지만

ADHD 남성, 적어도 이성애자인 남성의 경우는 연애 관계에서 분명히 어느 정도 안정을 찾는다. 하지만 ADHD 여성, 적어도 이성애자 여성은 인생의 난이도를 그나마 '혼자 살 때 수준'으로 유지하려고만 해도 연애에서 '대박'을 터뜨려야 한다.

6장 여자아이들은 다 어디로 갔을까?

얼마 전 나는 AI 이미지 생성기를 가지고 놀고 있었다. 모든 인터넷 정보를 이용해 사용자가 어떤 문장을 입력하든 이미지로 뚝딱 만들어주는 도구다. 전에 사람들이 다양한 정신질환 이름을 입력했더니 멋진 예술 작품이 나오는 영상을 몇 개 본 적이 있어서, 나도 그냥 뭐가 나오나 궁금해 'ADHD'를 입력해봤다. 내 딴에는 추상적인 패턴이나, ADHD 뇌에서 모든 게 빠른 속도로 휘몰아치는 모습을 보여주는 소용돌이 같은 이미지가 나올 걸로 기대했다.

   하지만 그 대신 나온 이미지는 일곱 살쯤 되는 백인 남자아이였다. 아이는 책상에 앉아 학습지를 노려보며, 한 팔은 허공을 휘젓고 다른 손으로는 짜증스럽게 자기 머리카락을 쥐어뜯고 있는 모습이었다. 이게 바로 문제

아닌가? 인터넷을 샅샅이 훑어서, ADHD에 대해 축적된 집단적 지식 정보를 바탕으로 만들어낸 이미지가 고작 '과잉행동을 보이는 백인 남자아이'라니.

우리는 앞서 ADHD의 전형적인 이미지 중 이런 '과잉행동' 특성이 왜 많은 (어쩌면 대다수) 사람의 ADHD 모습을 정확히 반영하지 못하는지 이야기를 조금 했다. 하지만 다른 특성은 어떨까? 그럼, 성별 이야기부터 해보자.

ADHD가 있는 여성은 체계적으로 과소 진단과 치료 부족 상태에 놓여 있으며, 충분히 고려되고 있지 못하다는 건 잘 알려진 사실이다. 문제는 그 정도가 얼마나 심각한지, 그리고 왜 그런지 하는 것이다.

> 본론으로 들어가기 전에, 먼저 이 장에서 사용하는 언어와 정보가 인터섹스, 성소수자, 트랜스젠더인 사람들의 ADHD까지 내가 원하는 만큼 충분히 포함하지 못할 수 있다는 점을 짚고 넘어가려 한다. 안타깝게도 방대한 ADHD 연구는 물론, 심지어 특별히 성별 문제를 다룬 연구에서조차 '시스젠더' 여성과 남성이라는 엄격한 범주 외의 사람들에 대해서는 전혀 언급되지 않았기 때문이다.
>
> ADHD는 '여성성'과 다양한 방식으로 겹쳐 작용한다. 문화적으로 여성과 소녀에게는 특정한 역할이 부여된다. 이는 사회에서 여성으로 인식하는 사람뿐만 아니라, 현재의 정체성과 상관없이 과거에 '소녀'로 자란 사람에게도 명백한 영향을 미친다. 또한 그 외에도 생물학적 성 특징에 따라 ADHD가 다르게 나타나기도 하는데, 그런 증상들은 신체적으로 여성에 더 가까운

> 조건으로 태어난 사람에게 더 큰 영향을 미친다.
>
> 처음에는 이 두 가지, 즉 문화적 요인과 생물학적 요인을 따로 구분해 필요에 따라 언어를 조정해서 다양한 집단을 포함할 수 있을 줄 알았다. 하지만 문제는 ADHD의 '여성' 증상에 관한 연구가 아직 완전히 걸음마 수준이라는 점이다. 대다수 사례에서 어떤 부분이 문화적 요인인지, 생물학적 요인이지, 아니면 둘 다인지 확실히 알 수가 없다. 그러니 연구에서 전혀 언급되지 않은 성별 다양성을 지닌 사람들을 포함하거나 제외한다는 것 자체가 결국은 ADHD의 원인을 광범위하게 추정하는 꼴이 된다.
>
> 따라서 이 장에서는 대부분 '여자아이' 또는 '여성'이라는 표현만 사용할 것이다. 안타깝게도, 현재 연구 수준으로는 이보다 더 구체적인 언어를 쓰기가 어렵다. 다만, 이 용어가 여러 면에서 얼마나 부적절한지 충분히 인식하고 있다는 점을 알아주면 좋겠다.

지금 우리는 어디쯤 와 있을까?

ADHD는 남성이 여성보다 흔하다고 일반적으로 생각하지만, 꼭 그렇지만은 않다. 연구자들이 무작위로 사람들을 뽑아 ADHD 검사를 하면, 보통 남녀 비율이 아동은 2:1이 약간 넘고, 성인은 1.6:1 비율로 나온다.[93] 물론 이 비율에는 의문을 제기할 만한 복잡한 요소가 몇 가지 있다. 남자아이가 여자아이보다 ADHD일 확률이 2배 높다는 걸 받아들인다고 해도 여전히 문제는 있다.

왜냐하면 2:1이라는 비율은 얼마나 많은 여자아이가 ADHD 진단을 **받아야 하는지** 알려줄 뿐이지, 얼마나 많은 아이가 실제로 **받았는지**를 뜻하지 않기 때문이다. 예를 들어 '임상 집단', 즉 실제 임상적으로 ADHD 진단을 받은 사람들을 대상으로 한 연구를 보면 남녀 비율이 무려 9:1까지도 벌어진다.[94]

이 역시 **진단** 비율을 실제로 추적하는 국가나 기관이 많지 않아 최근 전체 인구를 기준으로 한 통계를 찾기는 어렵지만, 영국의 보건 기록[95]과 일부 유럽의 소규모 임상 기반 연구들, 그리고 유럽 성인 ADHD 네트워크에 따르면, 2010년 데이터 기준으로 어린 시절에 진단받은 남아 여아 비율은 4:1에서 6:1 사이이며,[96] 동아시아 지역의 한 연구에서는 4:1 수준으로 나타났다.[97]

그리고 기억해야 할 건, ADHD는 대체로 심각하게 '과소 진단'되고 있다는 점이다. 애초에 얼마나 많은 남자아이가 진단을 놓치고 있는지 고려하면, 이런 수치들은 더욱 암울한 현실을 보여준다.

상황이 차츰 나아지는 곳도 있다. 적어도 몇몇 운 좋은 국가들 얘기다. 예를 들어, 덴마크는 1995년부터 2010년 사이 새롭게 진단받은 학령기 남녀 비율이 7.5:1에서 3:1로 격차가 감소했고, 청소년은 8.1:1에서 1.6:1까지 줄어들었다.[98] 하지만 전 세계 모든 국가가 당장 내일 신규 ADHD 진단의 성비 균형을 완전히 맞춘다고 해도, 이미 그 틈 사이로 진단에서 조용히 빠져버린 수백만 명의 성인 여성은 그대로 남게 된다. 이들은 혼자 힘으로 신경다양성 퍼즐을 풀어내야 하고, 도대체 어디가 잘못된 건지 알아내려고 노력할 수밖에 없다.

그렇다면, 애초에 우리는 어쩌다 이 지경까지 오게 됐을까? 음, 그 요인들을 진정한 ADHD 스타일로 번호를 매겨 깔끔한 목록으로 모두 정리했다.

1. 역사적으로 조명되지 못한 현실
2. 여성 ADHD **증상**에 대한 전반적인 무지
3. 성별에 기반해 여성에게 부여된 사회적 기대
4. 아무도 생리 이야기를 꺼내려 하지 않는 세태
5. 뿌리 깊게 만연한 구시대적 성차별

자, 이제 하나씩 살펴보자.

'과잉행동' 남자아이들 중심의 역사

놀랍게도, ADHD와 유사한 질환을 언급한, 가장 오래된 몇몇 역사 기록을 보면 실제로 여자아이들도 이런 '병적인 정신적 변화'를 겪을 수 있다고 인정했다. 심지어 1798년으로 거슬러 올라가면 알렉산더 크라이튼 경이 영국 왕립내과의협회에 기고한 글에서, 자신이 지켜본 주의력 장애를 '남아 또는 여아에게 비정상적인 수준의 정신적 **불안**을 유발한다'라고 설명했다.[99]

1902년, 조지 프레더릭 스틸 경의 굴스턴 강연은 많은 사람이 ADHD의 과학적 역사에서 출발점으로 간주한다. 이 강연에서 그는 ADHD 남녀 비율을 약 3:1로 추정했는데,[100] 지금 우리가 알고 있는 수치와 크게 다르지 않다.

> 재미있는 사실! 1798년 크라이튼 경이 ADHD에 대해 최초로 기술한 글은 지금 봐도 꽤 정확하게 현대의 ADHD를 나타낸다. 그는 ADHD를 '어느 하나의 대상에 대해 필요한 만큼 주의를 기울이지 못하는 상태'로 정의했다. 솔직히 나는 그가 처음부터 제대로 짚었다고 생각한다. 그는 또한 이 장애가 영국 교육 시스템의 획일성 때문일 수 있다고 지적하며, '각 개인의 고유한 성향이나 기질이 충분히 고려되지 못하고 있다'라고 안타까워하기도 했다. 왜 우리는 처음부터 그의 말을 귀담아듣지 않았을까?
>
> 하지만 또 한편으로는, 이 장애를 겪는 사람들을 '거의 망상 상태에 이를 정도'로 주의를 산만하게 만드는 요인을 나열하면서, '개 짖는 소리, 조율이 잘못된 오르간 소리, 그리고 여성의 잔소리'를 꼽았다. 그런 점에서 완벽한 페미니스트 영웅은 되지 못한 것 같다.

안타깝게도 이러한 '성별 포용적' 사고는 뿌리내리지 못했다. 또한 대다수 20세기 의학 문헌에도 ADHD가 있는 여자아이가 살짝 언급되긴 했지만, 거의 논의와 연구, 치료의 대상이 되지 못했고, 특이한 예외 사례 정도로만 다뤄졌다.

그 결과, 무려 200년이 넘는 시간 동안 방대한 ADHD 연구는 철저히 남자아이를 중심으로 이뤄졌다. 나는 이것이 얼마나 심각한 파급 효과를 불러왔는지 임상심리학자 엘런 리트먼 박사와 이야기를 나누기 전까지는 제대로 깨닫지 못했다. 리트먼 박사는 ADHD가 있는 여성들의 고통을 세상에 알리려고 수십 년간 최전선에서 싸워온 연구자 중 한 명이다.

"정말 길고 험난한 여정이었어요. 안타깝게도 여성혐오와 **편견**으로 가득 차 있더군요." 리트먼 박사는 말했다.

"나는 나이 든 백인 남성이 장악하고 있는 여러 연구단체 안으로 어렵게 비집고 들어갔는데, 그중 일부는 노골적으로 여성 대상의 연구를 거부하기도 했어요. 그리고 문제는 그 사람들이 엄청난 권력을 휘두른다는 거예요. 왜냐하면 동료 심사를 거친 학술지에 실리면 그것이 곧 우리 세계의 '기정사실'로 받아들여지기 때문이죠."

가장 핵심적인 문제 중 하나는 정신건강 분야의 거장들이 ADHD를 정의하던 초창기, 이들은 가장 눈에 잘 띄는 사례, 즉 '과잉행동'을 보이는 남자아이를 기반으로 ADHD 모델과 **진단 기준**을 만들었다는 사실이다.

이러한 흐름은 비단 의학계뿐 아니라 사회문화 전반에서 ADHD에 대한 인식에 막대한 영향을 미쳤다. 그래서 당연히 부모와 교사가 가장 먼저 눈치채고 진단받도록 했던 아이들은 산만하고 에너지 넘치는 남자아이들이었다.

그 결과, ADHD를 더욱 깊이 정교하게 연구하려는 차세대 연구자들이 등장했을 때, 이들 앞에 놓인 '잠재적 인구 풀', 즉 공식적으로 진단받은 연구 대상자 대부분이 어떤 모습이었을지 상상해보라.

"지금까지 모든 연구가 너무 한쪽으로 치우친 탓에, 과잉행동을 보이지 않는 여자아이들에 대해서는 여전히 아무것도 알려주지 못하고 있어요." 리트먼 박사가 말했다.

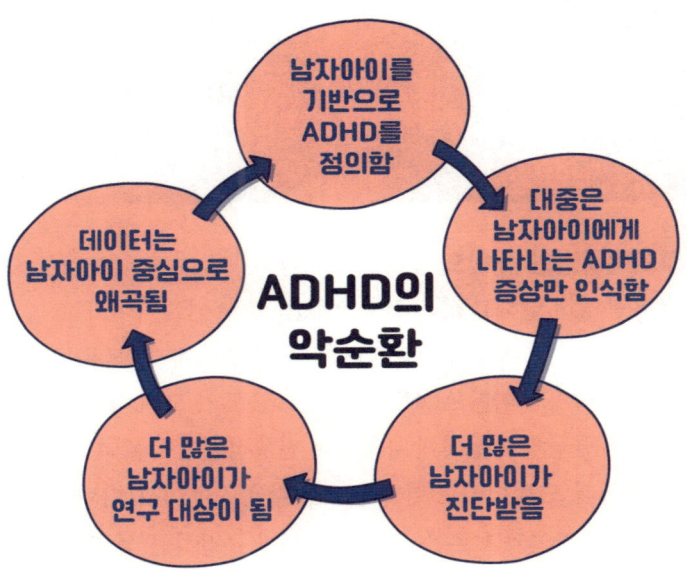

이런 식으로 악순환이 이어졌고, 남성 중심의 ADHD 모델은 계속 되풀이되면서 굳건히 자리 잡았다. **때로는 이 흐름이 마치 ADHD 연구의 '의도치 않은 원죄'처럼 느껴진다. 그리고 우리는 그 과정에서 생겨난 복잡한 매듭을 하나하나 풀어내는 더디고 지루한 과정을 이제야 겨우 시작하는 중이다.**

하지만 최소한 그 실수를 깨닫기 시작했으니, 지난 10여 년간 여성 ADHD 연구에서 밝혀진 사실은 무엇이 있는지 살펴보자.

> 참고로, ADHD 진단과 치료에 성별과 인종이 미치는 영향을 조사한 연구는 거의 없다시피 한다. 하지만, 굳이 연구를 보지

6장 여자아이들은 다 어디로 갔을까?

> 않더라도 ADHD가 있는 유색인종 여자아이들이 진단과 치료에서 성별에 기반한 편견에 더해 인종적 편견까지 경험할 가능성이 있다는 건 충분히 짐작할 수 있다. 이 부분은 다음 장에서 자세히 다룰 예정이다.

주의력결핍인 방 안의 코끼리

먼저 분명히 말하고 싶은 건, ADHD는 결코 남자아이와 여자아이에게 각각 따로 나타나는 두 가지 장애가 아니라는 점이다. 하지만 아동 ADHD와 성인 ADHD가 크게 다를 수 있듯이, 남성과 여성에게 나타나는 전형적인 증상은 꽤 차이가 날 수 있다. 그렇더라도 결국은 모두 같은 장애이고, 다만 생물학적 차이와 호르몬, 그리고 사회가 규정하는 성 역할이 다양한 형태로 증상을 빚어내는 것뿐이다.

그 차이를 좀 과하게 단순화하고 일반화해 쉽게 설명하자면, 남자아이는 ADHD 증상을 외부로 표출하는 편이고, 여자아이는 내면화하는 경향이 크다고 할 수 있다.

이런 차이가 생기는 이유는 수없이 많겠지만, 아마도 이 성별 퍼즐에서 가장 잘 알려진 조각은 여자아이들이 '과잉행동과 충동성'보다는 '주의력결핍' 증상을 겪는 경향이 크다는 점이다. 실제로 ADHD 여자아이의 57%가 **ADHD-I** (주의력결핍)인 반면, 남자아이는 47%다.[101] 그리고 앞서 살펴봤듯이 주의력결핍 아이들은 증상이 눈에 잘 띄지 않아 진단 레이더망에서 빠질 가능성이 더 크다.

> 남자아이 47%도 마찬가지로 꽤 높은 비율의 '주의력결핍'이라는 점을 눈치챘을 것이다. 따라서 나는 여기서 여자아이와 여성만이 진단 관행의 피해를 보는 유일한 집단이라고 말하려는 게 아니다. 이는 여성이 직면한 사회적 문제를 해결하는 일이 결국에는 남성에게도 큰 도움이 될 수 있는 또 다른 사례다.

"부모와 교사, 심지어 1차 진료 소아과 의사들조차 이런 고정관념을 맹목적으로 믿는다는 걸 보여주는 연구도 많아요. 아무런 비판 없이 받아들이죠." 리트먼 박사는 비유를 들어가며 설명했다.

"이를테면 '아, 이 남자애들은 너무 산만하니까 꼭 검사를 받도록 보내야겠군.' 이런 식으로 생각하는 반면에, 그냥 멍하니 딴생각하고 조용한 여자애들에 대해서는 다들, '음… 좀 이상하긴 하네'라고 인정은 하지만, 검사나 진단을 받도록 보내는 일은 없다는 거예요."

그리고 기억할 건, 1980년에 와서야 비로소 **과잉행동** 없이도 ADHD가 존재할 가능성을 공식적으로 인정했다는 점이다.[102] 즉, 그전까지 수백 년에 걸친 중요한 시기 동안 전체 ADHD 여자아이 중 절반은, 설령 검사 기회가 주어졌더라도 (연구 대상은 고사하고) 진단 기준에는 못 들었을 거라는 점이다.

안타깝게도, 여성 ADHD의 과소 진단 문제를 논의할 때 대부분 이러한 '주의력결핍'에 관한 설명으로 시작해 거기서 끝나고 만다. 그런데 나는 **ADHD-C**(혼합형)인 여성이고, 솔직히 어린 시절 수업 시간에 딱히 조용하거나 눈에 띄지 않는 아이는 전혀 아니었다. 그런데 나 역시 진단받지 못했다. 그래서 **여전히** 이 설명만으로는 부족하다고 느꼈다. 그리고 사실 그게 전부가 아니다.

증상을 내면화하는 여자아이들

ADHD-I(주의력결핍형)이든 ADHD-C(혼합형)이든 상관없이 여자아이들은 남자아이들보다 증상을 내면화하는 경향이 더 강하다. 심지어 과잉행동과 충동성 같은 증상도 완전히 다르게 나타난다.[103]

과잉행동 특성이 있는 남자아이는 몸을 과도하게 움직이고, 이리저리 뛰어다니고, 가만히 앉아 있지 못하는 행동으로 표출될 수 있는 반면에, 과잉행동 특성이 있는 여자아이는 감정적으로 과잉된 반응이 나타날 수 있다. 예를 들면, 기쁨에 들뜬 감정이 폭발하듯 터져 나오거나, 주체할 수 없이 눈물을 쏟아내는 식이다. 또는 과하게 수다스러워지기도 하는데, 이를테면 자기가 좋아하는 이야기를 쉴 새 없이 떠들고, 다른 사람 말을 끊고 싶은 충동을 억제하지 못하거나, 선생님이 불러줄 때까지 손 들고 조용히 기다리는 걸 힘들어하는 식이다.[104]

하지만 우리 사회는 지나치게 말이 많고 감정 표현이 과도한 여자아이를 그다지 곱게 보지 않는다. 리트먼 박사는 무려 2000년에 쓴 한 칼럼에서, 이런 여자아이는 흔히 '바보 같다', '으스댄다', 또는 '남자애만 좋아한다' 같은 말로 비난받는다고 지적했다. 그리고 세상에, 그 '으스댄다'라는 말은 정말 뼈아프게 꽂힌다.

우리는 아이들이 우리 사회의 제한적이고 규범적인 성 역할을 아주 잘 인식하고 여기에 적극 반응한다는 걸 안다. 요즘엔 이런 고정관념에 맞서 싸우려는 움직임이 크긴 하지만, 어린 여자아이들은, 사회가 여성에게 무엇을 기대하는지 잘 알고 있다. 바로, 다정하고 부드럽고 순응적이며, 너무 눈에 띄지 않을 것. 내가 지금까지 세상을 지켜본 바로는, 여자아이들은 남자아이들과 달리 시끄럽고 산만하고 '으스댄다'라는 이유로 지적당한다. 반대로 멍하니 꿈을 꾸는 여자아이, 머릿속이 온통 구름 속에 떠 있는 여자아이는 훨씬 호의적으로 받아들여진다. 이를 단정적으로 말할 수 있는 연구나 데이터는 턱없이 부족한 실정이지만, 나는 우리 사회가 무의식적으로 여자아이들에게 당근과 채찍을 모두 동원해서 ADHD 증상을 내면화하고 **마스킹**하도록 유도한다고 해도 과언이 아니라고 본다. 아이들은 학교에 들어가기 전부터 이미 '착한 여자아이'가 되려면, 무슨 임상 **유형**이 있든 간에 그들 자아의 어떤 부분을 숨겨야 하는지 배운다고 생각한다.

심지어 ADHD가 있는 선주민이나 유색인종, 특히 여자아이에게 사회적 편견이 어떤 영향을 미치는지는 더욱 알려진 바가 없다. 하지만 인종에 대한 고정관념이 만연해 있다는 점을 고려하면, 이런 사람들일수록 사회에 맞추고 자신의 어려움을 감추려는 압박이 훨씬 심하리라고 충분히 짐작할 수 있다.

안타깝게도, 이렇게 대놓고 숨기는 행위는 흔히

자존감이라는 엄청난 대가를 치르게 된다. 리트먼 박사는 이렇게 설명했다.

"일반적으로 남자아이들과 남성은 이러한 문제를 외부로 표출하기 때문에 남 탓을 하는 경우가 많아요. 그래서 이런 식으로 말하죠, '내가 이번 시험을 망친 건 시험이 엉터리였고 선생님이 뭘 몰라서야.' 반면, 여자아이들은 '이번 시험 망쳤어, 난 너무 멍청해. 공부도 충분히 하지 않았고, 모두 내 잘못이야. 난 절대 대학 못 갈 거야'라고 하죠."

이런 자존감의 손상은 수업이 끝나고 점심시간 놀이가 시작되면 더욱 심화하곤 한다. 왜냐하면 '사회적 기술 부족'이라는 문제가 성별에 따라 다른 형태로 드러나기 때문이다.[105] 리트먼 박사는 이렇게 말했다.

"남자아이들은 다 함께 야구나 축구 같은 걸 하면 모든 게 괜찮아져요. 하지만 여자아이들과 여성의 경우는 상호 작용이 훨씬 더 언어 중심적이고 친밀하며, 미묘한 사회적 신호를 읽어야만 하죠. 그러다 보니 ADHD인 여자아이들은 엄청난 어려움을 겪게 되고, 보통 따돌림이나 왕따를 당하기도 해요. 결국 이 아이들은 아주 어린 나이부터 자기 존재를 끔찍하게 느끼게 되죠."

이렇게 또 다른 악순환이 시작된다. 낮은 자존감은 흔히 여자아이들이 ADHD 증상을 더욱 내면화하도록 만든다.

"여자아이들은 자신의 증상을 어떻게든 감추려고 애쓰고, 어렵게 노력해서 (이 말에 따옴표를 한다고 상상하자) '정상처럼 보이면' 성공한 걸로 받아들여요."

리트먼 박사는 웃으며 말했지만, 처음부터 이 '정상'이라는 개념 자체를 믿지 않는 눈치였다.

ADHD **미진단 상태**인 여자아이들과 여성은 자신의 어려움을 완벽주의로 보상하려는 경우가 많다. 그 아이가 똑똑하다면 성적표가 형편없는 점수로 가득 차지는 않을 것이다. 그러면 교사나 부모가 걱정할 일도 없고, 아이가 어려움을 겪고 있다는 사실을 눈여겨볼 기회도 사라질 것이다. 설령 집중하지 못하고 수업 시간 절반을 산만하게 보낸다고 해도 과제 하는 데 두 배로 시간을 쏟아서 결국에는 해낸다. 수업을 귀 기울여 듣지 못해도 전혀 문제 되지 않는다. 오후에 몇 시간 더 공부해서 스스로 내용을 학습할 수 있기 때문이다.

여기서 '그 아이'라고 했지만, 사실은 내 이야기이다. 물론 모든 사람에게 ADHD가 이런 형태로 나타나지 않는다는 걸 안다. 하지만 특히 고등학교 졸업 무렵, 나는 기말고사를 꼭 잘 봐서 학교 수석(북미식으로는 졸업생 대표valedictorian)이 되겠다는 생각에 완전히 집착하고 있었다. 사람들에게 말로는 법대에 꼭 가고 싶어서라고 했지만, 속으로는 실제로 그걸 원하지 않는다는 걸 알고 있었다. 진짜로 원한 건, 내 친구들이나 세상을 향해 뭔가 보여줄 수 있는, 손에 잡히는 증거였다. 그리고 그걸 들고 말하고 싶었다. '자 봐, 내가 좀 이상하고 친구들이 모두 속으로 날 싫어하는 거 알아. 하지만 나도 뭔가 가치 있는 사람이라고.'

"그 아이들이 겪는 어려움은 계속 고통스러울 거예요. 그런데 아무도 도움이 필요하다는 걸 알아차리지 못하죠."

리트먼 박사는 말했다.

이렇게 증상을 감추는 습관은 여성의 과잉행동 특성 자체가 교사 눈에 띄기 어렵다는 사실과 맞물릴 수 있다. 따라서 **DSM-5**의 주요 진단 기준 중 하나인, '과거나 현재의 학교 기록을 살펴보며 12세 이전에 ADHD 증상이 있었는지 확인'하는 진단 방식이 여자아이들에게는 그리 신뢰할 만한 방법이 아닐 수 있다.[106] 이게 문제가 되는 이유는 이 방식이 현재 가장 널리 사용되는 진단 기법에 속하기 때문이다.

상황을 더욱 복잡하게 만드는 건, 현재 가장 널리 사용되는 임상용 ADHD 설문지 대부분이 내면화된 정서적 증상이나 **손상**은 거의 다루지 않는다는 점이다. 결국 여자아이들은 검사를 받더라도 공식 진단 기준을 충족하지 못할 가능성이 크다는 걸 충분히 예상할 수 있다.

하지만 많은 경우 이 단계까지 가지도 못한다. 누군가 어떤 여자아이가 힘들어하는 걸 발견한다고 해도, 그 원인을 가장 먼저 ADHD로 의심하는 경우는 거의 없기 때문이다.

산만하지 않고 우울하다

ADHD 증상을 내면화하는 과정에서 중요한 특징 하나는, 겪고 있는 어려움이 종종 범불안장애나 우울증 같은 **동반 질환** 형태로 나타나는 경향이다. 특히 이 두 질환은 모두 ADHD 남성보다 ADHD 여성에게 더 흔하다.[107]

> 물론 ADHD가 있는 남자아이들과 남성도 일반 사람보다 동반 질환인 불안이나 우울증을 겪을 가능성이 크긴 하지만, **물질 남용**이나 반사회적 인격장애와 같이 외부로 표출되는 행동 장애 쪽으로 더 많이 나타나는 경향이 있다.[108]

실제로 이런 상황이 자주 벌어진다. 부모나 교사가 뭔가 이상하다는 걸 알아차리면 그 여자아이(혹은 청소년)는 전문가에게 상담을 위해 보내진다. 전문가는 아이를 한 번 쓱 본 후 아이가 받는 스트레스, 낮은 자존감, 사회적 관계나 학업에서 겪는 어려움을 확인하고는 불안장애나 우울증 진단을 내린다. 만약 아이가 음식 섭취를 제한하거나 폭식하는 걸 알게 되면 섭식 장애 진단도 내릴 수 있다.

물론, 이런 증상들은 모두 ADHD와 자주 나타나는 동반 질환이지만, 동시에 일반적으로도 매우 흔한 증상이다. 따라서 만약 그 아이가 '수업 중 산만하다'라거나 '가만히 앉아 있지 못한다'라는 전형적인 ADHD 증상에 대한 설명이 없고, 이에 더해 담당 의사가 'ADHD는 남자아이들만의 질환'이라는 편견까지 무의식적으로 갖고 있다면, 이 모든 증상을 하나로 연결하는 또 다른 장애가 있을 거라는 생각을 아예 하지 못할 가능성이 크다.

이런 주장을 뒷받침할 현실적인 수치를 원한다면 실제 통계가 있다. 미국의 한 설문조사에 따르면 ADHD 진단을 받기 전에 항우울제 치료를 받은 남자아이는 고작 5%였던 반면, 여자아이는 무려 14%나 됐다.[109]

이는 또한 내 경험이기도 하다. 사람들이 내가 ADHD일지 모른다고 생각하기 훨씬 전에 나는 불안장애 진단을 받았다. 불안이라는 조용한 배경음은 사춘기 이후로 내 삶의 일부가 되었다. 그러다가 고등학교 말쯤 그게 '장애'일지 모른다는 말을 처음 들었다. 그때 나는 전교 1등이 되겠다는 생각에 사로잡혀 그 목표를 이루려다가 완전히 <u>번아웃</u> 된 상태였다. 하지만 의사가 처방전을 써주었는데도 너무 두려워 약을 타지 못했다(주된 이유는 그 약이 오르가슴을 어렵게 만든다는 소리를 들었기 때문이다. 이제 막 그게 뭔지 발견한 10대였던 나는 그걸 절대 포기하고 싶지 않았다).

하지만 그 후 5년에 걸쳐 세 번의 직장 이직과 몇 달간 전 세계적인 팬데믹 봉쇄가 이어지자, 이전에는 소소하던 불안 발작이 본격적인 공황 발작으로 커졌고, 익숙해 있던 회색빛 우울은 깊고 거대한 시커먼 웅덩이로 변해버렸다.

그래서 나는 다시 의사 도움이 필요하다는 생각에 상담을 받기로 결심했다.

확실히 매일 항불안제를 먹었더니 최악의 나락으로 떨어지거나 극심한 공황으로 치닫는 순간들을 부드럽게 넘길 수가 있었다(다행히 오르가슴에는 영향이 없었다).

한편, 끝없이 쌓이는 업무와 집안일 속에, 조용한 순간마다 머릿속에서 '넌 아직 부족해'라고 외쳐대는 목소리는 약을 먹어도 누그러지지 않았다. 나는 여전히 계속해서 압도당하고 있었고, 상황이 너무 벅찰 때면 무너져버리곤 했다. 삶은 여전히 필요 이상으로 버겁게 느껴졌고, 기본적 수준의 불안감은 좀처럼 가라앉지 않았다.

나는 그냥 앞으로도 평생 이렇게 느끼며 살아가겠구나 하고 체념했다. 그런데 9개월 후, ADHD 진단을 받았다. 이런 일이 일어나리라고는 진짜 상상도 하지 못했다. 하지만 자극제 계열 약을 먹으니 확실히 내 머릿속에서 끊임없이 들리는 소음이 줄어들기 시작했다. 나는 엉망진창인 나를 조금씩 용서하고, 필요할 땐 쉬어도 된다고 스스로에게 너그러워질 수 있었다. 그렇게 진단을 받고 나서 1년쯤 지난 어느 날, 아침에 눈을 떴는데 뭔가 달라진 느낌이 들었다. 불안이 완전히 사라진 건 아니지만, 끊임없이 들리던 그 끔찍한 불안의 소음을 최근 몇 달째 느끼지 않고 있었다.

어떤 사람들은 ADHD 치료를 시작한 후, 의사의 세심한 지도하에 불안이나 우울증 치료제를 끊을 수 있었다고 말하기도 한다. 바로 그 근본 원인을 치료했기 때문이다.

나는 아직 그럴 정도는 아니다. 하지만, 비록 완전히 나은 건 아니고 아침마다 여전히 100밀리그램의 설트랄린(항우울제)을 먹기는 해도, ADHD 진단을 받은 이후 내 불안이라는 천둥번개 폭풍은 봄비 수준으로 바뀌었다. 얼마 전 금요일에 내 상사가 '월요일에 잠깐 얘기할 수 있을까?'라고 메시지를 보냈는데, 놀랍게도 나는 그 주말 내내 편안하고 좋은 시간을 보낼 수 있었다. 전에는 정말 꿈도 못 꿀 일이었다(그 대화는 결국 파일 정리 방식을 살짝 바꾸자는 얘기라서, 다행히 나는 몇 시간을 울며 보내지 않아도 됐다. 2020년의 마틸다라면 충분히 그러고도 남았지만).

또다시, 상어 주간

의사들이 사춘기를 지난 여성을 치료할 때 흔히 간과하는 또 하나의 큰 요소는 호르몬과 여성의 '상어 주간'이 ADHD에 미치는 엄청난 영향이다.

우리 몸속 에스트로겐 수치는 기분이나 사고방식, 심지어 ADHD 증상의 강도에도 영향을 미칠 수 있기 때문에, ADHD 검사를 받는 동안 의사에게 보이는 모습이 전혀 다르게 왜곡되기도 하고, 너무 '멀쩡하게'(이게 다들 아는 '배란기 효과'다) 보일 경우 진단을 놓칠 수도 있다. 리트먼 박사는 우리가 계속 마주하는 문제 중 하나로, 대다수 정신건강 전문가가 아주 간단한 질문조차 하지 않는다는 점을 꼽는다. 바로 '마지막 생리는 언제였나요?'라는 질문이다.

지극히 단순한 편견

여성 ADHD의 전통적인 증상이 심각하고 독특하게 다른 형태로 나타난다는 사실이 학교 교육과 의료계가 체계적으로 여자아이들의 진단을 놓치는 이유를 어느 정도 설명할 수는 있다. 하지만 그렇다고 우리 사회 전체의 책임을 그토록 쉽게 벗어버릴 수는 없다. 실제로 노골적인 구시대적 성차별이 아직도 상당히 많이 존재하기 때문이다. 돌봄 역할을 맡고 있는 사람들, 즉 교사나 상담사, 의료진 들은 보통 여자아이는 ADHD 같은 증상을 덜 겪는다고 간주하며, 설령 남자아이와 똑같은 증상을 보이더라도 치료해 봤자 별 효과가 없을 거라고 믿는 경향이 있다. 이걸 어떻게 알 수 있을까? 이미 실험으로 입증됐다.

교사들을 상대로 설문을 진행한 연구 사례가 여러 건 있는데, 먼저 ADHD-I(주의력결핍형), **ADHD-H**(과잉행동 충동성형), ADHD-C(혼합형) 중 하나에 해당하는 가상의 아동을 각각 설정한 다음, 그 아동의 행동을 묘사하는 '비넷'(짧은 설명문)을 교사들에게 나눠주고 질문을 던졌다. '이 아이의 부모에게 연락해 추가 검사를 받도록 권유할 의사가 있는가?' 각 교사에게는 똑같은 비넷을 나눠주되 단, 아이들 이름만 바꿔서 남자와 여자를 무작위로 섞어 제시했다.

그 결과, 예상했던 대로 교사들은 ADHD-H 또는 ADHD-C보다는 ADHD-I 증상을 인지하는 비율이 남녀 모두에서 낮게 나왔고, ADHD-I 증상을 보이는 아이를 덜 심각하게 받아들이는 경향이 있었다. 한편, 추가 검사 권유에 대해서는 세 가지 유형 모두에서 여자아이보다 남자아이를 더 많이 추천했으며, 여자아이에게는 약물 치료가 별로 적절하지 않다고 여기는 것으로 나타났다.[110]

기억할 건, 아이들 행동을 묘사하는 설명은 완전히 똑같았다는 사실이다. 결국, 여자아이들이 ADHD 진단 레이더망에서 빠져버린 이유는 과잉행동을 드러내는 방식이 달라서가 아니었다. 단지 '여자'아이였기 때문이다.

> 다만, 위에서 언급한 성별 편향 연구 결과들이 완전히 일관되지는 않는다는 점을 주목할 필요는 있다. 두 건의 유사한 비넷 연구를 보면, 교사들이 성별보다는 증상의 심각성과 ADHD 유형에 더

> 많은 영향을 받는다고 결론짓기도 했다.¹¹¹ 하지만 두 연구 모두에서 교사들은 여전히 ADHD-I(주의력결핍형)에 대한 인식이 가장 낮게 나타났다. 따라서 이 유형이 더 흔한 여자아이들이라면 치료를 위해 추천될 가능성은 여전히 낮을 수밖에 없다.

흥미롭게도, 진단 추천에서 ADHD-C(혼합형) 여아 대 남아의 성별 편향을 구체적으로 보여주는 연구 중 하나는, 내가 초등학교 6학년이던 2009년, 내가 살던 호주 멜버른의 초등학교 교사들을 상대로 진행되었다. 아마도 우리 선생님이 엄마에게 전화해 내가 수업 시간에 자주 끼어드는 것 같다며 무슨 문제가 있냐고 물었던 때로부터 몇 달이 지나지 않은 시점이었다.

이런 통계를 예로 드는 건 교사들에게 책임을 돌리기 위해서가 아니다(사실 부모조차도 여자아이의 과잉행동과 충동성 증상의 심각성을 과소평가하는 반면, 남자아이는 과대평가하는 경향이 있기 때문이다¹¹²). 하지만 우리가 꼭 인식해야 할 중요한 점은, 현행 체계에서는 아이들의 ADHD 증상을 발견하고 인지하는 막중한 책임이 교사에게 있다는 사실이다. 현실적으로 교사는 흔히 아이들의 첫 번째이자 마지막 방어선이지만, 정작 그 역할을 제대로 수행할 준비는 되어 있지 않다. 전 세계 대부분 지역에서 예비 교사들은 이런 교육을 따로 받지 않는다. 예를 들면, 여자아이들의 미묘한 주의력결핍 ADHD 증상을 발견하는 법, 인종과 성별 편견을 극복하는 법, 겉으로는 멀쩡하지만 실제로는 감추고 있는 증상

같은 것 말이다. 우리는 그냥 교사들을 깊은 물 속에 던져놓은 채 스스로 잘 떠오르기만을 바랄 뿐이다.

ADHD는 가장 흔한 아동기 **신경발달** 장애다. 아마 어느 교실이건 적어도 한 명은 ADHD인 아이가 있을 것이다. 그렇다면 예비 교사들이 이를 올바르게 이해한 상태로 졸업하도록 전 세계의 교육대학 과정에 필수 강의나 과제 한두 개쯤은 포함할 수 있지 않을까?

> 지금까지 내가 찾아본 바로는, 성별과 인종 편견을 모두 다룬 대규모 ADHD 연구는 아직 없지만, 미국에서 아프리카계 여학생이 백인 여학생보다 퇴학이나 정학을 당할 확률이 5배 높다는 사실은 이미 알려져 있다.[113] 이런 점에서 볼 때, 아프리카계 여학생이 수업 중에 과잉행동이나 문제 행동을 하더라도 교사들은 아이가 도움이 필요하다는 신호라기보다는 훈육이 필요한 방해 행동으로 간주할 가능성이 크다는 건 어렵지 않게 알 수 있다.

가장 먼저 눈치채는 사람

이 장을 시작할 때 ADHD의 남녀 **유병률** 추정치가 2:1이라고 언급하면서 여전히 의문이 남는다고 했던 말 기억할 것이다. 중요한 건, 아동기 진단 단계를 벗어나 스스로 증상을 인지하고 적극적으로 치료받으려는 성인 세계로 접어들면, 새롭게 진단받는 남녀 비율 격차가 급격히 줄어든다는 사실이다.[114]

여기에는 몇 가지 가능한 설명이 있다.

1. 아마도 이건 단순한 균형 조정 과정일 수 있다. 남자아이는 어릴 때 진단받을 가능성이 높다 보니, 성인기에 접어들면 진단받지 않은 사람 수가 상대적으로 여성이 더 많을 수 있다.
2. 아마도 여성과 여성의 성적 특성을 가진 사람에게는 성인기까지 ADHD가 지속될 가능성을 높이는 생물학적 요인이 있을 수 있다. 유병률 성비가 (꼭 진단받은 사람뿐 아니라 ADHD로 추정되는 전체 인구에서) 아동기에는 2:1이 조금 넘지만, 성인기에는 1.6:1로 폭이 줄어든다는 사실[115]로 봐서 그럴 가능성도 충분히 있다.
3. 또는 사회가 여성에게 실행기능 부담을 더 많이 지우기 때문일 수 있다(예를 들면, 남편과 자녀에게 필요한 것들을 챙겨주고 가정을 돌보는 책임 등). 그 때문에 ADHD가 여성의 삶에 더 오랫동안 부정적인 영향을 미치고, 결국 DSM-5의 진단 요건 중 하나인 '삶의 질을 현저하게 떨어뜨린다'라는 기준을 더 오랫동안 충족하는 것일 수 있다.
4. 혹은, 우리가 지금까지 아동 ADHD를 정의해온 방식 자체가 여자아이들이 겪는 이 장애를 현실적으로 설명하기에는 여전히 적합하지 않아서, 성인이 된 ADHD 여성이 퍼즐 조각을 맞추듯 스스로 증상을 인식하는 것일 수 있다. 말하자면, 어쩌면 ADHD는 실제로 우리 생각 이상으로 훨씬 균등하게 성별이 분포됐을 수 있다.

솔직히 이 네 가지가 모두 어느 정도 맞물려 있을 수도 있다. 하지만 근본적인 원인이 무엇이든 간에 한 가지는 분명하다. ADHD 증상, 특히 여성이나 성인에게 전형적으로 나타나는 증상에 대한 정보를 사회 전반에 더 많이 알리고, 누구나 쉽게 접근하도록 해야 한다는 사실이다. 이러한 수치를 통해 알 수 있는 건, 진단받지 못한 ADHD 여성들도 충분히 스스로 자신의 ADHD 증상을 인식할 능력이 있고, 필요한 도움을 찾아 나설 의지도 있다는 점이다. 이들은 그저 처음에 '혹시 도움이 필요할 수도 있어요'라고 알려줄 누군가가 필요한 것뿐이다.

아직 가야 할 길이 멀다

만약 성인기에 ADHD 성비가 균형을 이루기 시작한다면, 더 일찍 여자아이들이 진단받지 못했다고 해서 그게 왜 문제가 될까? 그 이유는, 진단받지 못한 채 살아가는 경험 자체가 상당히 해롭기 때문이다. 이런 문제는 열여덟 살이 됐다고 해서 저절로 없어지지 않는다. 시간만 지나면 진단받지 못한 채 힘들어하던 여자아이들이 하루아침에 온전하고 건강한 여성이 되는 게 아니다.

ADHD 아동들은 진단을 받든 안 받든 사회적, 학업적으로 어려움을 겪는다. 하지만 진단받지 못할 경우, 자신이 왜 그렇게 힘든지 설명도 듣지 못하고, 장애 정도를 현저히 낮춰준다고 반복적으로 입증된 치료도 받지 못한 채 방치된다.

"우리의 목표는 조기 발견과 개입이에요. 왜냐하면 그대로 내버려두면…" 리트먼 박사는 적절한 단어를 찾느라 잠시 멈칫하더니 말했다.

"음, 지금까지 내가 상담하면서 만난 ADHD 여성들 가운데 다양한 상황에서 '나는 너무 멍청해'라고 말하지 않은 사람을 본 적이 없는 거 같아요. 이 여성들은 결코 어떤 면에서도 멍청한 사람이 아니거든요.

이 문제는 자신의 정체성과 관련돼 있어요. 스스로에게 부정적인 꼬리표를 붙이는 거죠. 그리고 그 꼬리표는 일단 붙으면 떼어내기가 정말 힘들어요."

연구에 따르면, ADHD 여자아이들이 어린 시절에 갖게 된 낮은 자존감과 부정적인 자기 이미지는 청소년기와 성인기까지 지속되며, ADHD 남성과 ADHD가 아닌 사람보다 훨씬 심각하게 남아 있는 것으로 나타났다.[116] 이들은 **신경전형성**인 여성보다 불안장애와 우울증에 걸릴 확률이 더 높고,[117] 양극성 장애나 품행 장애가 지속될 가능성이 더 크며,[118] 10대에 임신해 엄마가 될 확률도 높다.[119]

여자아이들이 성장하고 나서 집에서 독립하고, 직장에 들어가고, 가정을 꾸리게 되면 **실행기능** 부담은 계속 늘어난다. 그 결과 ADHD 여성은 자신의 삶을 통제할 수 없다는 느낌을 자주 받게 되고, 늘 무질서하고 산만하면서도 지금 겪고 있는 문제들을 해결할 능력이나 주도권이 자신에게 없다는 무력감에 시달린다.[120]

우리는 ADHD 진단과 치료가 자존감을 지켜주는 데 도움 된다는 걸 안다.[121] 또한 학교와 직장, 가정, 친구 관계에서 제 몫을 하도록 돕는다는 것도 안다. 치료가 빠를수록 ADHD가 삶에 미치는 부정적인 영향은 줄어든다. 또한 학업적 성공과 경제적 안정, 행복하고 건강하게 사회에 잘 적응하는 삶, 이 모든 걸 누릴 가능성은 커진다. 하지만 그런 기회를 남자아이들에게는 주면서 여자아이들에게는 동등하게 주지 못하고 있다. 그리고 그 대가를 여성들뿐 아니라 사회 전체가 함께 치르는 중이다.

   물론, 차별과 불평등을 이야기할 때 성별만이 유일한 요인으로 작용하지는 않는다. 그래서 이제는 아마도 방 안의 거대한 또 하나의 코끼리, 바로 ADHD의 인종차별 문제를 이야기할 때가 된 것 같다.

소처럼 생긴 잔디밭 자국

나는 동네 축구 동호회에 소속돼 있는데, 훈련 날 저녁이면 내 ADHD 약효가 정확히 언제 떨어지는지 느낌이 딱 온다.

코치가 뭔가 무지 복잡한 '라운드 로빈' 훈련을 설명하고 있으면, 그 순간 별안간 그 말이 영어가 아니라 〈심즈〉 게임에 나오는 이상한 웅얼거림으로 들리기 시작한다. 그러다 언뜻 잔디밭에 소처럼 생긴 자국이 눈에 들어오고, 그걸 보고는 '아, 다음에 마트에 가면 오트밀크를 사야지'라는 생각이 떠오르고, 그러고 보니 요즘 너무 사 먹어서 '이젠 집밥을 자주 해 먹고 건강 좀 챙기자' 하는 다짐을 하게 된다. 솔직히 운동도 더 해야겠는데, 축구 시즌이 다시 시작돼서 일주일에 두 번씩 훈련이 있으니 이건 좀 쉬울 거 같고… 그러다가 정신이 번쩍 든다. '가만, 나 지금 훈련 중이잖아!'

'그런데 왜 다들 반대편으로 뛰어가기 시작하지? 왜 나도 같이 뛰는 거지? 잠깐, 내가 지금 공이나 뭘 들고 있어야 하는 건가?'

솔직히 말해 내가 이렇게 적응하지 못하는 건 축구 팀에 두 시즌이나 있었는데 아직도 호주 축구 규칙을 잘 모른다는 점도 한몫한다. 대충 골대를 향해 공을 차놓고 잘 되길 바랄 뿐이다.

훈련이든 실제 경기든 그때그때 분위기를 봐 가며 눈치로 뛰고 있다.

그런 내가 이따금 당황해서 멍하니 보고 있으면, 팀 동료가 알아채고 팔꿈치로 툭 치며 말해준다.

"괜찮아, 그냥 나 따라와."

그러면 열에 여덟 번은 그 작은 친절 하나로 나는 다시 상황을 파악하고 잘 따라갈 수 있게 된다.

그럴 때면 이런 생각이 든다.

'아, 이런 게… 팀워크였구나. 평소 운동 좀 한다는 사람들이 그토록 강조하던 게 바로 이거였어.'

7장 인종은 여기에 어떻게 작용할까?

우리는 ADHD의 고정관념 가운데 '과잉행동'과 '남성' 측면은 이미 다루었다. 그렇다면 '백인'이라는 요소는 어떨까?

'선진국의 문제'라는 시선

사람들과 ADHD에 관해 이야기하다 보면 종종 나오는 반응이 있다. 이 질환이 본질적으로 '선진국의 문제'라고 보는 시선이다. 다시 말해, 이건 자본주의식 성공과 성취에 골몰하는 부유한 국가에서 생겨난 질환이고, 그게 전 세계로 수출되고 있다는 주장이다.

"음, 그냥 요즘 사회가 애들을 애답게 놔두질 않아서 그런 거 아닌가요?" 한번은 별 의미도 없는 대화를 나누던 중 누군가 이렇게 말했다.

"아프리카에 가 봐요. ADHD 있는 아이들이 떼로 있는 거 못 봤죠, 안 그래요?"

이 발언에는 몇 가지 문제가 있다. 당연히 인종차별적 관점도 뻔히 보이지만, 그보다 아주 단순한 사실 하나가 있다. 진짜, 분명히 있다. 아프리카 7개국(나이지리아, 수단, 우간다, 콩고민주공화국, 케냐, 이집트, 에티오피아) 대상으로 한 어느 **메타 분석**에 따르면, 아동과 청소년의 ADHD 비율은 6.81~7.62%(진단 도구 유형에 따라 약간씩 다름) 사이로 나타났다.[122] 이 수치는 전 세계 평균인 5.9~7.2%와 거의 맞먹는다(참고로 이 수치는 ADHD로 추정되는 사람 수이며, 실제로 진단받은 사람 수는 아니다).

물론 ADHD가 '선진국의 문제'라는 이런 인식이 옳다는 건 아니지만, 왜 그렇게 널리 퍼졌는지 이해는 된다. 실제로 연구와 데이터를 보면 부유한 국가들 사례가 압도적으로 많다. 또한, 예전에 남자아이만을 대상으로 한 연구 관행에서 악순환이 생긴 것처럼, 오늘날 우리가 ADHD에 대해 의학적, 문화적으로 알고 있는 사실은 거의 전적으로 유럽, 미국, 캐나다, 호주의 사례를 기반으로 한다. 간혹 운 좋게 일본과 한국 같은 부유한 아시아 국가를 대상으로 한 연구도 있지만, 극히 일부일 뿐이다.

아프리카 대륙 전체의 ADHD **유병률** 통계조차도 전체 54개 국가 중 7개국만을 조사한 데이터에 불과하다. 그럼에도 내가 찾을 수 있는 데이터 중에서는 이게 가장 신뢰할 만하다.

ADHD가 있는 사람들을 위한 자료(이 책을 포함해)가 대부분 부유한 나라에 사는 사람의 관점으로 쓰였다는 것도 문제다. 하지만 부유하고 연구가 잘 이뤄진 나라에서도 모든 게 공정하고 평등하진 않다. ADHD 진단 과정을 보면 인종차별이 정말 심각하게 드러난다.

백인이 다수인 국가 안에서 소수 인종으로 살아가는 사람들은 어린 시절 ADHD 진단이나 치료를 받을 때 명백한 불이익을 당한다. 안타깝게도 ADHD와 인종이 서로 어떻게 얽혀 있는지 깊이 있게 논의하기는 어렵다. 왜냐하면 이 문제는 성별 격차에 비해 언론이나 학계의 관심을 훨씬 덜 받아왔기 때문이다. 그 결과 지난 5년여 동안 ADHD 여성에 대해서는 방향을 바로잡는 연구가 집중적으로 진행됐지만 인종 문제는 그런 연구를 전혀 찾아볼 수가 없다.

상황을 더욱 복잡하게 만드는 건, 우리가 갖고 있는 인종 관련 데이터가 대부분 미국에서 나왔다는 점이다. 1장에서 봤듯이 미국의 사례가 전 세계 ADHD 양상을 대표한다고 볼 수는 없다. 하지만, 미국 일부 주의 특정 집단(예, 미국 남부의 남자아이들)이 과잉 진단되는 경향을 보이긴 해도, 지금까지 나온 연구를 보면 인종 간 불균형이 극심하다는 사실만은 명백하다.

예전에는 자연적으로 흑인이 백인보다 ADHD가 더 적게 나타난다고 여겨졌고, 그 내용은 **DSM-5**에도 명시돼 있다. 하지만, 최근에 나온 데이터는 그게 사실이 아닐 수 있음을 시사한다.[123] 2021년 발표된 한 메타 분석에 따르면, 미국에 사는 흑인 인구의 ADHD 유병률이 최대 14%에 달할 수도

있다고 나타났다. 이런 결과가 나온 이유 중 하나로는,
ADHD와 경제적 불이익 사이의 밀접한 **상관관계**를 들 수 있다.
미국에서는 몇백 년 동안 뿌리박힌 구조적 인종차별 때문에
흑인 가정이 상대적으로 높은 비율로 경제적 불이익을 겪고
있기 때문이다.

> ADHD가 '사회경제적으로 낮은 지위'와 매우 밀접하게 연관된
> 데에는 여러 가지 복잡한 이유가 있다. 그중에서도 가장 분명한
> 연관성은 아마 이런 것일 수 있다. 빈곤에서 비롯된 추가적
> 스트레스와 부족한 교육 지원 체계가 겹치면서, 원래부터
> 뇌가 ADHD 성향으로 기울어져 있는 아이들은 '아주 가벼운
> **주의력결핍**이나 **과잉행동 증상**' 단계에서 '심각하게 삶의 질을
> 저하하는 증상'으로 발전하게 되고, 결국 ADHD **진단 기준**을
> 완벽히 충족할 가능성이 커질 수 있다. 이 내용은 15장에서 자세히
> 다룰 예정이다.

　이 연구의 저자들은 인종적 소외와 차별뿐 아니라
미세공격microaggression(미묘한 차별적 공격) 역시 ADHD 증상을
악화할 수 있으며, 이 또한 ADHD의 높은 비율을 어느 정도
설명할 수 있다고 가설을 세웠다.
　하지만 실제 진단에서는 이런 높은 수치들이 그대로
반영되지는 않는다. 2014년의 한 연구에 따르면, 미국 흑인
아동은 유치원 시기까지, 겉으로 보이는 ADHD 증상이
비슷함에도 백인 아동과 비교해 **진단**받을 확률이 70%나

낮게 나타났다.[124] 또 다른 연구에 따르면, 이런 진단율 격차는 고등학교 1~2학년인 10학년(16세 정도)이 돼도 50%까지밖에 좁혀지지 않는 것으로 드러났다.[125] 또한 집에서 영어 이외의 언어를 사용하는 아동도 ADHD 진단율이 현저히 낮게 나타났는데, 이는 미국 내 많은 히스패닉계 아동 역시 상당한 장벽에 직면하고 있음을 보여준다.[126]

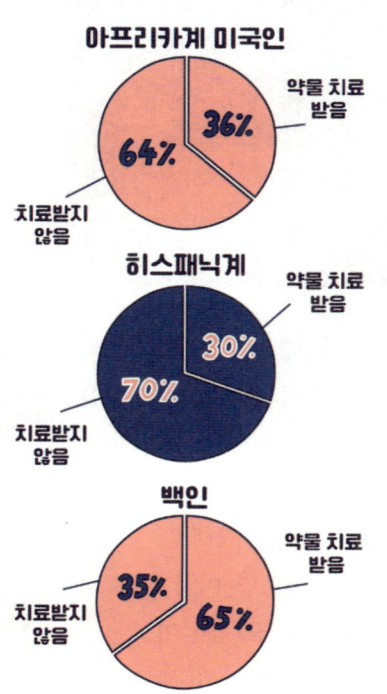

설상가상으로, 유색인종 아동은 ADHD로 진단받더라도 약물 치료를 받는 비율이 훨씬 낮았다. 한 연구에 따르면, 증상이 가장 심한 10학년 학생 중 진단받은 이후 약물 치료를 받은 비율이 아프리카계 미국인은 36%, 히스패닉계는 30%에 불과하지만, 백인은 65%에 달하는 것으로 나타났다.[127]

진짜 문제아일까?

여기서 핵심 문제 중 하나는, 교실에서 ADHD를 발견하는 방식은 결국 교사가 아동의 행동을 어떻게 해석하느냐에 따라 달라진다는 점이다.

그리고 바로 여기에 의식적이든 무의식적이든 인종적 **편견**이 개입될 소지가 있다.

이 문제를 좀 더 자세히 알아보기 위해 나는 펜실베이니아 주립대학의 전문가 폴 모건 박사와 이야기를 나누었다. 인종과 ADHD의 상관관계를 수년째 연구하고 있는 모건 박사는 이렇게 설명했다.

"교실에서 '문제 행동'을 보이는 아이들은 보통 두 가지 경로로 나뉘게 돼요. 그리고 그 경로를 결정하는 데는 인종이 중요한 역할을 하죠.

백인 아이들은 그런 문제 행동을 하면 의학적으로 다뤄질 가능성이 높고, 그 결과 ADHD로 진단받거나 정신건강 지원을 받게 돼요. 반면, 흑인 아이들은 똑같은 행동을 해도 범죄로 다뤄지는 경향이 있어요. 그래서 정학이나 퇴학 같은 처분을 받게 되죠."

모건 박사의 연구는 미국을 중심으로 했지만, 이런 패턴은 전 세계 곳곳에서 반복된다. 에밀리 존슨은 호주의 뛰어난 예술가이자 실력 있는 음악가로, 최근 **ADHD-I**(주의력결핍형) 진단을 받은 여성이며, 바킨지 선주민임을 자랑스럽게 여기는 사람이다. 이야기를 들어보니 어릴 적 외딴 시골 마을 브로큰힐에서 학교를 다니다가, 나중에 시드니 서부의 과밀 고등학교로 전학 간 경험이 있었다. 당시 선생님들은 선주민 아이들의 **신경다양성** 징후는 전혀 살펴보지 않았고, 사실상 선주민 아이들을 거의 신경 쓰지 않았다고 한다.

"많은 선생님이 날 어떻게 참여시켜야 할지 모르더군요. 난 어떤 주제에 관심이 있으면 열심히 하다가도 과제를 끝내면 금방 지루해져서 산만해지곤 했거든요." 에밀리 존슨이 말했다. "하지만 우리 같은 유색인 아이들은, 한마디로 '문제아' 범주에 넣어졌어요. 그래서 내가 어떤 식으로 좌절하든 반항 행동으로 받아들여졌죠. 실제로 난 그저 이해가 안 되거나 집중할 수 없어서 좌절하는 건데 말이에요.

"선생님들 태도는 이랬어요. '아, 말썽쟁이 유색인 애 또 하나 나왔네, 얘들은 정말 배우려 들지를 않아.' 반면, 백인 아이들이 똑같이 힘들어하면 이렇게 생각했죠. '얘가 정말 힘든가보다. 상담 교사에게 보내봐야겠어.' 나는 한 번도 상담받으러 보내진 적이 없었지만, 사실 나 역시 정말 힘들었거든요. 하지만 우린 그저 '다루기 힘든 애들' 부류로 밀려난 느낌이었어요. 마치 선생님들은 우리를 가망 없는 존재로 여기는 것 같았죠."

모건 박사는 이러한 '두 가지 경로'가 성인기까지 그대로 이어지는 경우가 많다고 말했다. "어린 시절에 겪는 어려움이 의학적으로 다뤄졌던 아이들은 계속 정신건강 서비스를 받는 경향이 있지만, 학창 시절 자신의 행동이 범죄처럼 간주됐던 아이들은 나중에 형사처벌을 받을 가능성이 더 커지죠."

우리는 ADHD를 안고 살아가는 사람들이 학교를 중퇴할 확률이 더 높고, 취업할 가능성이 더 적다는 걸 알고 있다.[128] ADHD가 있는 성인은 대체로 **신경전형성**인 사람보다 임금 수준이 낮고, 건강 지표도 나쁘며, 삶의 질이 떨어지는 편이다. 이러한 어려움은 모두 애초에 인종적 편견과 경제적

불평등을 겪고 있는 유색인종에게는 훨씬 더 큰 장벽이다. 게다가 지속적으로 차별과 편견에 노출될 경우, 우울증과 유해 약물 사용 비율도 높아지는데, 이 두 증상은 ADHD가 있는 사람들이 본래 더 취약한 부분이기도 하다. 또한 ADHD가 있는 사람들은 수감자 집단에서도 과도하게 많이 나타난다.[129] 이는 미국, 호주, 유럽 전역 등 대다수 부유한 국가에서 유색인종 수감자 수가 지속해서 높은 비율을 차지한다는 점을 고려할 때 특히 더 우려스럽다.

결국 이 모든 현실이 말해주는 건, 우리가 유색인종 ADHD 아이들에게 성공하는 데 꼭 필요한 치료를 제공하지 않고 있을 뿐만 아니라, 뿌리 깊은 인종주의로 인한 불평등에 ADHD까지 더해지는 가혹한 세상으로 이 아이들을 내몰고 있다는 사실이다.

이해할 수 있는 불신

ADHD 증상을 보이는 유색인종 아동이 교실에서 외면당하는 문제는 인종적 편견과 상당히 밀접하게 얽혀 있다고 볼 수 있지만, 서구의 사회구조는 그 외에도 더욱 미묘하고 복잡한 방식으로 유색인종 아이들을 소외시킨다. 그중 널리 논의되는 이야기 하나는, 많은 부모가 ADHD를 인식하고 느끼는 방식에 영향을 주는 문화적 장벽이다.

부모를 위한 ADHD 정보는 대부분 영국계 유럽 백인의 관점에서만 작성돼 있어서, 다양한 커뮤니티 내에서 신뢰가 형성되는 데 도움이 되지 못한다. 아주 최근까지도 정신건강 문제를 겪는 사람들은 인종을 불문하고 가혹한 시설에 수용될 위험이 현실적으로 존재했다. 따라서 부모가 자녀의 진단을 불안해하는 마음이 아이에게는 해로울 수 있지만, 그렇다고 전혀 이해가 안 되는 건 아니다. 그리고 이러한 불신은, 특히 에밀리처럼 부모 세대가 서구 식민지 체제가 만들어낸 트라우마를 겪으며 살아온 경우라면 더욱더 클 수 있다.

에밀리의 부모님은 두 분 모두 어린 시절을 '미션missions'에서 보냈는데, 이는 정부가 통제하는 구역으로, 호주 선주민 대다수를 대대로 살던 땅에서 강제 이주시켜 살게 한 곳이다. 대개 그 목적은 기독교로 개종시키고 육체노동을 착취하기 위해서였다. 충격적인 건 이러한 구역이 1987년까지도 운영됐다는 사실이다. 에밀리 어머니 역시 어린 나이에 부모를 잃었다. '도둑맞은 세대Stolen Generations era'(1910~1970년대 선주민 동화정책의 일환으로 선주민 아이들을 가족에게서 분리해

백인 가정이나 선교 시설에 수용했던 시기) 끝 무렵에 성장한 탓에 정부의 정책 변화와 복잡한 행정절차에 따라 여러 위탁 가정과 청소년 보호시설을 전전해야 했다.

"이런 상황이다 보니 정부와 의료 기관, 경찰서 등 이런 기관들은 모두 '바깥세상'에 속해 있다는 느낌이 들었어요. 개인적인 문제가 있어서 그런 제도적 기관에 도움을 요청하더라도 다들 좋아하지 않는 분위기였죠." 에밀리는 말했다.

> 미션 구역이 억압적인 목적으로 시작되긴 했지만, 많은 선주민과 토레스해협 섬 주민들이 이곳을 자신들의 뿌리를 지닌, 선주민 주도의 공동체로 탈바꿈시키려고 열심히 노력했으며 자신들만의 강력한 정체성을 형성했다는 점은 주목할 가치가 있다. 이러한 역사적 배경으로 오늘날 호주에는 과거 미션 구역이었던 곳에 자리한 작은 마을이나 자치구를 흔히 볼 수 있다.

에밀리는 자신의 공동체에서는 '대화 요법talk therapy' 즉, 가족이나 공동체 사람들과 함께 이야기를 나누며 문제를 풀어나가는 방식에 큰 가치를 둔다고 말했다. "이건 진짜 효과가 대단해요. 일상적인 문제나 내 우울증 같은 건 그냥 털어놓고 이야기만 해도 큰 도움이 되거든요. 하지만 결국, 신경학적 장애나 뇌 기능에 영향을 주는 화학물질 문제 같은 건 대화로 해결할 수가 없잖아요. 그래서 그런 부분 역시 나한테는 약간의 장벽이 됐어요.

일반적인 사람들 사이에도 ADHD에 대한 불신이 많지만, 우리 가족 안에서는 하나의 층이 더 있었어요. 가족들은 내 안전을 정말 너무나 걱정했거든요. 그러니까 우리 가족은 '그 서양 의사들은 우리 민족도, 우리가 겪어온 일들도 전혀 모르면서 우리를 판단하려 들 거야'라는 생각이 박혀 있죠. 나를 걱정하는 마음은 충분히 이해되지만, 나로서는 그런 상황을 헤쳐나가는 게 정말 힘들었어요."

사실, 우리가 ADHD를 인식하고 정의하는 방식은 본질적으로 서구 의학 모델에 기반한다. 즉, 어떤 사람에게 문제가 있으면, 그 사람을 치료하고 약을 써서 그 사람이 그 시스템에 더 잘 맞도록 만드는 방식이지, 그 사람에게 더 잘 맞도록 시스템을 바꾸는 방식이 아니다. 그렇다고 내가 ADHD를 치료하는 과정에 약물 치료가 매우 중요하다는 사실을 부인한다는 뜻은 아니다. 또는 모든 공동체에 약물 치료의 안전성과 효과를 알리기 위해 최선을 다하지 말자는 것도 아니다. 하지만 동시에 우리는 그 시스템이 '문화적으로 중립적인' 구조가 아니라는 점을 알아야 한다. 왜냐하면 서구의 백인 성인들이 서구의 백인 아동을 치료하기 위해 만든 시스템이기 때문이다. 그 영향은 실로 엄청나다.

우리는 지금 'ADHD를 새롭게 인식하는 시대'에 접어들었다고 한다. 하지만, ADHD가 있는 유색인종의 목소리에 귀를 기울이고, 소외된 공동체의 정당한 우려를 인정하며, 문화적 상황에 맞춰 ADHD를 교육하고 낙인 해소를 위해 노력하는 데 자원을 투입하지 않는다면, 결국 이 '새로운 시대'는 애초에 그 시스템이 설계될 때부터 혜택을 받아온 사람들만을 위한 시대가 되고 말 것이다.

●

다행히도, 그동안 증상이 나타나는 방식이나 성별 혹은 인종 때문에 소외당했던 많은 이들에게 ADHD에 관한 인식과 교육을 위한 공간이 훨씬 더 민주적으로 변하고 있다. 신경다양성 담론을 이끄는 가장 영향력 있는 목소리가 이제는 몇몇 특정 학자에서 수백만 명의 구독자를 거느린 소셜 미디어 크리에이터로 바뀌고 있기 때문이다.

ADHD의 세계는 분명 달라졌다. 이제 남은 질문은 바로 이거다. 그 변화가 어떤 파급 효과를 불러올 것인가?

취미 활동 중 다치는 일인!

ADHD가 있는 사람은 무심코 다칠 확률이 무려 50%나 높다는 사실, 알고 있었는가?[130] 이 통계를 들으면 다들 "진짜?" 하고 놀라지만, 은근히 이해가 간다. 생각해보자. 실수로 몸을 심하게 다치는 걸 막는 방법이 뭐겠는가? 위험한 작업을 시작하기 전에 머릿속으로 한번 쭉 행동을 생각하는 일이다. 그런데 ADHD인 사람들이 어려움을 겪는 게 뭔가? 바로, 위험한 작업을 시작하기 전에 차분히 생각하는 일이다. 특히, 틱톡에서 본 근사한 DIY 작업이라면 말할 것도 없다.

2020년, 멜버른의 코로나19 봉쇄가 유례없이 절정이던 때였다. 정확히 말하면, 그때까지 중 최악의 날이 이어지던 한 주였다. 매일 치솟는 확진자 수에, 필수 목적 외로 집 밖을 나가면 벌금이 몇십만 원, 그리고 도시 전체에 감도는 묘한 공포감까지. 그래서 '자연스럽게' 나는 결심하게 됐다. '오늘 저녁에는 와인병을 잘라 컵 만들기나 해볼까? 요즘 인터넷에서 한창 뜨던데.'

나는 이베이에서 작은 도구 하나를 주문했다. 와인병을 작은 칼날에 대고 빙글빙글 돌리면 병 표면에 얇게 긁힌 자국을 내주는 도구다. 그런 다음 병을 끓는 물에 담갔다가 얼음물에 담그고, 다시 끓는 물에 담그는 과정을 반복한다. 그렇게 계속 극단적인 온도 변화를 가하면 그 충격으로 병이 딱! 하고 아주 깔끔하게 갈라진다. 마지막으로 모서리를 사포로 살살 다듬으면, 짜잔! 수제 컵 완성!

그때 나는 아직 본가에 살고 있었는데, 그렇다, 집 식구들 모두 한목소리로 말렸다.

"이건 아무리 봐도 좋은 생각이 아닌데…."

남자 친구 앤서니도 예외는 아니었다. 마침, 앤서니는 빅토리아주의 '연인 방문 예외 조항' 덕분에 그날 밤 우리 집에 와 있었다. 하지만 늘 그렇듯 내 든든한 지원군이라 어쨌든 나를 도와주기로 했다. 우리는 와인병 몇 개를 뚝딱 만드는 데 성공했고 나는 자신감이 한껏 치솟았다. '나는야 지속 가능한 친환경 여왕! 탄소 팍팍 배출하는 공장제 유리잔? 이젠 그만! 내가 컵으로 못 만드는 병은 없다고.'

그래서 다음 프로젝트는? 조그만 갈색 맥주병으로 물컵 만들기! 이거 진짜 귀여울 것 같지 않나?

우리는 마당에 앉아 차갑고 으스름한 공기 속에서 작업에 몰두했다. 앤서니는 사포로 와인병 컵 모서리를 다듬는 중이었다. 그런데 나는 보호 장갑 다시 낀다는 걸 깜빡하고 맥주병을 열심히 돌리기 시작했다. '이번에는 긁힌 자국을 좀 더 선명하고 깊게 내보자' 하며 더욱 힘을 주었다. 하지만 미처 생각하지 못한 게 있었다. 맥주병 유리는 와인병보다 훨씬, 훨씬 더 얇다는 사실! 그래서 힘을 세게 주는 순간, 퍽! 하더니 병이 파삭 부서졌고, 내 손은 산산조각 난 유리 조각을 꽉 움켜쥐고 있었다.

"아야!"

아래를 내려다보니 무슨 일이 일어났는지도 모르겠고, 엄지손가락 안쪽에서는 피가 콸콸 솟구쳤다.

"아아악!" 나는 소리쳤고, 상황을 깨닫자 더 크게 소리를 질렀다.

"아아아아악!"

"맙소사," 앤서니가 외쳤다.

나는 벌떡 일어나 멀쩡한 손으로 현관문을 쾅쾅 두들기기 시작했다.

"보조 열쇠 쓰면 되잖아!" 안에서 엄마가 소리쳤는데, 뭔가 하느라 바쁜 게 분명했다.

"피가 난다고요!" 나는 순도 100%의 공포와 흥분이 극에 달해 외쳤다.

문이 벌컥 열렸고, 나는 싱크대로 전력 질주했다. 내 뒤로는 작은 핏방울이 뚝뚝 길게 떨어졌다. 물을 틀어 상처에 피를 닦아냈는데, 그만 못 볼 걸 보고 말았다. '헉, 방금 본 하얀색이… 설마, 뼈?' 나는 눈을 휙 돌렸다. 자기방어 본능

발동. 이제 지금부터 목표는 딱 하나, 기절하지 않기.

그 사이 상황의 심각성을 모르는 앤서니와 엄마, 아빠는 긴급회의에 돌입했다.

"당장 병원에 가야 해."

"아니, 그냥 베인 거야. 괜찮아질 거야."

"그럼, 일단 타이머를 맞춰놓고 5분이 지나도 피가 계속 나나 보자."

그런데 나는 이 상황에 개그라고 한마디 던지다가 목소리가 떨리는 바람에 망쳤다.

"응급실에 가야 할지 말지 논쟁하는 거라면… 가야 한다는 뜻이잖아요."

그렇게 해서 앤서니와 나는 차에 올랐다. 이제 기절할 위험은 없어진 터라 나는 또 고집을 부렸다.

"병원에 가면 밤새도록 기다려야 하니까 그냥 근처 클리닉으로 가자."

솔직히 좀 창피하지만, 〈배철러 인 파라다이스〉 리얼리티 프로그램 '본방'을 놓치기 싫었기 때문이었다.

클리닉에 도착하니 의사는 상처 부위를 피부 접착제로 붙이고 아침까지 감각이 없으면 병원에 가보라고 했다. 다음 날 아침, 아직도 감각은 없었는데 병원에 가보지는 않았다. 왜냐하면 진짜 고대하던 특집 기사를 써야 했기 때문이다. 그래서 출근하고 열심히 타자를 두드리는데, 손에서 다시 피가 나기 시작해 작업을 멈추었다.

그리고 또 다음 날, 엄지는 여전히 감각이 없었다. 이젠

ADHD 다이어리

도저히 안 되겠다 싶어 병원에 가기로 했다. 그런데 하필! 가장 가까운 응급실에 코로나 집단 감염이 터진 거다. 그래서 앤서니 도움을 받아 고글에, 플라스틱 안면 가림막에, 장갑, 이중 마스크까지 무장하고 응급실로 들어갔다.

여기서부터는 모든 게 정상적으로 돌아갔고, 나는 기다리고 또 기다렸다. 마침내 의사가 말했다. "신경이 절단된 것으로 보이네요." 나는 왠지 민망해서 설명을 덧붙였다. "이거 술 마시다 그런 게 아니고요. 병으로 컵을 만들려다가…." 그런데 간호사가 하는 말을 듣고 완전 '멘붕'이었다. "두 달은 일을 못 하실 수 있어요."

결국 나는 수술을 담당할 성형외과 의사를 붙잡고 거의 애원하듯 말했다. "최대한 빨리 직장에 복귀할 수 있게 해주세요." 의사는 이렇게 조언했다. "네, 가능하긴 해요. 하지만 뭐가 더 중요한지 한번 생각해보세요." 그렇게 해서 다음 날 미세수술을 받고 집으로 왔다.

하지만 침대에 누워 지낸 지 일주일도 안 돼, 다시 사무실로 출근했다.

사실 이 와중에 ADHD다운 짓을 하나 더 했다. 아직 진단받지 않은 이 ADHD '대참사'에 정점을 찍은 거다. 처음 병원에 도착했을 때다. 나는 코로나 방호복으로 무장한 채 응급실 표지판 앞에서 '인증샷'을 찍고는, '나 안 죽었으면 좋겠음ㅋㅋ'이라는 캡션을 달아 인스타그램 스토리에 올렸다. 그런 다음 소식 업데이트하는 걸 까맣게 잊어버렸다.

그 후 며칠 동안 친구들한테 메시지가 폭주했고 갈수록

짜증이 섞여갔다. '너 지금 괜찮은 거야?', '야! 대체 어떻게 된 거야', '너 정말?' 솔직히 말하면, 대부분 답장을 보낸 기억도 없다. 내 '흑역사'의 한 장면이다.

ADHD 다이어리

8장　인터넷은 어떻게 알았을까?

ADHD 관련 영상들이 내 틱톡 '포 유' 피드에 뜨기 시작했을 때, 뭔가 본질적으로 깊이 와닿는 기분이었다. 정말 화가 났는데 딱히 왜 그런지 모르다가, 친구가 내 무의식 속에서 일어나는 일을 한 문장으로 완벽하게 정리해줄 때 딱 그 느낌이었다. 나는 사람들이 성인 ADHD를 이야기하는 영상을 보며 전에는 한 번도 느껴보지 못한 방식으로 '이해받는' 기분이었다. 하지만 그걸 아직 나 자신에게 인정할 준비는 되어 있지 않았다. 주변 사람들에게는 더더욱 그랬다.

　그런데 일주일, 이주일쯤 지나면서 내 머릿속 어딘가를 계속 간질이던 이 '신경다양성'에 대한 막연한 생각은 슬슬 본격적인 '나 혹시 ADHD일지도 몰라' 이론으로 진화했다. 그래서 시험 삼아 앤서니랑 부모님, 그리고 친구 몇 명에게 가능성을

타진하기 시작했다. 누구도 대놓고 '아니야'라고 말하지는
않았지만, 그렇다고 완전히 확신하는 눈치도 아니었다. 대체로
말투에서 가벼운 회의감이 느껴졌고, 나도 더 이상 깊이
파고들지는 않았다. '아마 다들 맞겠지' 하고 속으로 생각했다.
'영상들 대부분 그냥 자기네 안방에서 찍은 거잖아. 별거 아닐
수도 있지, 뭐.'

하지만 영상은 끊임없이 올라왔고, 사람들이 말하는
이야기는 갈수록 내 생각과는 반대로 증상을 불안해질 만큼
구체적으로 묘사하고 있었다.

나는 그 '결정적 순간'이 아주 또렷이 기억난다. 어느 날,
마트에서 장 본 물건을 정리하다 말고 정신이 산만해져서,
주방 조리대에 기대 멍하니 틱톡을 스크롤 하고 있었다.
그러다 이제는 퍽 눈에 익은 ADHD 콘텐츠 크리에이터 중 한
명의 영상이 떴는데, 그 사람은 '**대상 영속성**'이라는 개념과
'왜 ADHD인 사람들은 눈앞에 물건이 직접 보이지 않으면
기억에서 아예 사라지는지'에 대해 이야기하고 있었다. 갑자기
나는 스마트폰에서 눈을 떼고 주위를 봤다. 바로 내 눈앞에는
앤서니가 일부러 팬트리 깊숙한 선반에서 꺼내 조리대에
세워놓은 그린 올리브 병 여섯 개가 나란히 있었다. 이번 주 장
볼 때 다시 살 필요가 **없다**는 걸 보여주려는 세심한 배려였다.
그런데 발밑에 놓인 쇼핑백을 들여다보니 새 그린 올리브 병이
나를 뚫어져라 보고 있었다. 그 순간 번쩍 생각이 스쳤다. '이건
정말 진짜다! 너무 소름 끼치게 똑같잖아.'

6장에서 나왔던 ADHD 전문가인 엘런 리트먼 박사가

나한테 어떻게 진단을 받게 됐는지 물었을 때 솔직히 대답하기가 좀 쑥스러웠다. 그러다 결국 털어놨더니, 이렇게 말했다.

"그게 뭐가 부끄러워요! 요즘 크리에이터들, 정말 엄청 대단한 일을 하고 있는 거라고요.

우선, ADHD가 있는 사람들은 책 읽는 걸 힘들어하는 경우가 많아요. 머리 좋은 사람도 몇 년 동안 소설 한 권 못 읽기도 한다니까요. 물론 책이나 기사 같은 자료도 있지만 실제로 읽는 사람은 많지 않아요. 특히 요즘 젊은 사람들은 더더욱 그렇고요. 이들에게는 소셜 미디어 자체가 정보를 얻는 방식이에요. 모든 걸 짧고 빠른 형태로 처리하고 아주 쉽게 기억하게 해주거든요."

결국 핵심은 이거다. **틱톡이 ADHD 정보를 확산하는 데 아주 효과적인 이유는, 이 앱 자체가 ADHD 뇌에 아주 잘 맞도록 설계됐기 때문이다.** 더욱 좋은 점은, 정보를 우연히 접하게 해주는 시스템까지 갖춰놓았다는 사실. 다시 말해, 실제로 ADHD에 대해 진지하게 생각하고, 자신과 연결 지어보며, 적극적으로 자료를 찾아보는 것과 같은 **실행기능**을 애써 발휘할 필요가 없다.

내가 ADHD를 자각하기 시작하던 '잠복기' 동안 가장 자주 본 크리에이터 중 한 명은 '케이티오사우루스@Catieosaurus'로 알려진 케이트 오즈번이었다. 사실 나는 기자로 일하면서 수많은 소셜 미디어 크리에이터와 줌으로 인터뷰를 해왔는데, 그때마다 전문가다운 배경 설정을 구경하는 재미가 쏠쏠했다.

> 재미있는 건, 지금 내가 하는 일, 그러니까 소셜 미디어, 특히 틱톡용 짧은 뉴스 해설 영상을 만드는 일도 실제로 이 앱의 이런 특성들 덕분이라는 사실! 처음에는 그저 내 뇌 속 어딘가에서 계속 근질대는 '빠르게 지나치는 콘텐츠에 대한 욕구'를 해소하는 차원에서 똑같은 방식으로 뉴스를 전달하고 싶었을 뿐이다. 그런데 막상 해보니까 이렇게 자기와 관련 있는 교육 콘텐츠가 알아서 딱딱 피드에 떠주는 시스템이 ADHD인 사람만이 아니라 일반 사람에게도 매우 유익해 보였다. 고장 난 이 중뇌-변연계 경로에서 좋은 게 나올 리 없다고 대체 누가 말했던가!

케이트의 배경 화면에는 애틀랜타의 오후 햇살이 비치는 가운데 '케이티오사우루스'라는 네온사인이 은은하게 스며들고 있었다. 케이트는 이렇게 말했다.

"나는 애초에 ADHD 인플루언서가 될 생각은 꿈에도 없었어요. 그냥 너무 완벽하게 정돈된 집을 자랑하는 영상들이 짜증 나서 그 유행을 거꾸로 패러디해보고 싶었죠. 그래서 'ADHD인 내 집에서만 볼 수 있는 것들'을 찍어 시리즈로 올리기 시작했어요. '6개월째 그냥 지나치고 있는 이 상자 더미', '맨날 설거지해야지 하고 말만 하는 그릇들'…. 말하자면 나 자신을 약간 '까는' 느낌이었는데, 그 영상이 엄청 '바이럴'이 된 거죠.

"그런데 의외로 댓글에서 수많은 사람이 똑같은 말을 하는 거예요. '우리 집처럼 생긴 집을 보여주는 사람은 처음이다', '이렇게 쌓아둔 짐 더미를 이야기하는 영상은 본 적이 없다.'"

사람들은 케이트에게 집 정리 요령을 물어보기 시작했고, 케이트는 후속 영상을 만들었다. 그렇게 해서 케이트는 정말 눈 깜짝할 사이에, 서른이 넘을 때까지 자신도 모르던 질환에 대해 그야말로 수백만 명과 이야기를 나누는 사람이 되어 있었다.

  "지금 이렇게 ADHD **진단**이 급격히 늘어난 건, 한마디로 '산 넘어 산'인 상황 때문이라고 생각해요. 틱톡 알고리즘, 팬데믹, 그리고 거의 하룻밤 만에 일상의 모든 시스템이 무너져버린 상황, 이 모든 게 어우러져 빚어진 결과죠. 그동안 사람들이 숨기고 **마스킹**해왔던 것들, 그 모든 가림막이 한꺼번에 사라진 거예요." 케이트는 말했다. "사람들이 집에 앉아서 틱톡을 보다가 이렇게 생각하기 시작한 거죠. '잠깐, 갑자기 왜 이걸 할 수가 없지? 하루를 버티는 일도 너무나 힘든걸?' 그러면서 자신이 신경다양성 성향이 있다는 걸 처음으로 깨닫게 된 사람이 많아졌다고 봐요."

  나도 케이트의 말에 전적으로 공감한다. 나도 똑같이 그랬으니까.

진실은 재미있는 틱톡에 방해된다

내가 만난 의료계 종사자 중 많은 사람이 '과소 진단'되던 ADHD가 최근 크게 주목받는 현상을 보고 기뻐했다. 하지만 일부는 ADHD가 소셜 미디어를 통해 급부상하면서 사람들이 예상치 못한 방향으로 결론을 내릴까 봐 우려하기도 했다. 특히 이런 대중 담론을 주도하는 사람들이나 유명 크리에이터

대부분이 의학 자격이 전혀 없는 사람들이기 때문이다. 캐나다 브리티시컬럼비아 대학의 정신과 의사이자 특별 연구원인 앤서니 영 박사는 이렇게 말했다. "전체 ADHD 관련 영상 중 90% 이상이 의료 전문가가 아닌 일반인이 올린 콘텐츠였어요. 이 흐름은 정말 커뮤니티가 주도한다는 느낌이 들어요."

그가 공동 저자로 참여한, ADHD 틱톡 영상의 정확성에 관한 논문은 내가 알기로는 인터넷 ADHD 커뮤니티를 분석한 최초의 학술 연구다. 이 논문은 이런 영상 중 절반 가까이가 '오해의 소지가 있는'[131] 정보를 포함한다고 결론 내렸다. "대다수 영상이 단순히 개인적인 경험을 공유하는 정도였어요. 하지만 일부는 다른 정신질환 **증상**을 마치 ADHD에만 해당하는 것처럼 잘못 표현하거나, ADHD에 대해 전혀 연구된 바 없는 치료법을 언급하거나, 정확하지 않은 내용을 전달하기도 하더군요." 영 박사는 이렇게 설명했다.

이 연구는 많은 이의 관심을 끌었고 전 세계 언론에도 주요 기사로 실렸다. 하지만, ADHD와 관련된 수백만 개의 영상 중 'ADHD' 해시태그가 달린 상위 100개의 틱톡만을 분석했다는 점은 기억할 필요가 있다.

나는 틱톡 측에 연락해, 이런 정신건강 관련 콘텐츠들을 어떻게 관리하고 있는지 들어보려고 시도했다. 하지만 소셜 미디어 기업의 악명 높은 불투명성은 이번에도 어김없이 드러났다. 틱톡 대변인은 인터뷰 대신 짧은 공식 입장문을 보내주었는데, 내용은 이랬다. '당사의 앱 커뮤니티 가이드라인은 개인의 신체 건강에 해를 끼칠 수 있는 허위 의료 정보를 비롯해 모든 허위 정보를 엄격히 금지하고 있으며, 이를 위해 허위 정보를 전담하는 모니터링 인력을 두고 있고, 전 세계 팩트 체크 기관과 협력하고 있습니다.

또한 커뮤니티에서 자신의 경험을 공유하는 건 매우 환영하지만, 정신건강이나 신체 질환에 관한 문제는 반드시 전문가와 상담할 것을 강력히 권장합니다.'

사실 나는 처음에 절반이 오해의 소지가 있다는 글을 읽었을 때는, 지금껏 훌륭한 영상을 하도 많이 봤던 터라 너무 과장된 이야기라는 생각이 들었다. 지금도 그 수치가 틱톡 콘텐츠 전체를 정확히 나타낸다고 확신하지는 않는다. 하지만, 올해 들어 ADHD와 관련된 과학적 논의를 깊이 파고들면서, 소셜 미디어에서 가장 흔히 쓰이는 ADHD 용어 중 일부는 실제보다 훨씬 과학적으로 들릴 수 있다는 사실을 깨달았다는 점은 인정해야겠다.

대상 영속성

앞서 말했다시피, 내가 ADHD라고 깨닫게 된 결정적 순간은 ADHD 뇌가 '대상 영속성'에 어려움을 겪는다는 걸 발견했을 때였다. 나는 옷이 옷걸이에서 떨어져 옷장 바닥에 처박힌 이후 몇 년 동안 그 멋진 옷을 못 입었던 경험도 있다. 양상추가 살포시 덮여 있다는 이유로 냉장고 서랍 안에서 슬프게 말라비틀어진 당근 봉지도 한둘이 아니다. 그리고 지금 내 차 트렁크에는 1년 반 전쯤 길가에서 '득템'한 6미터짜리 인조 잔디가 그대로 있다(아직도 그걸 차에 붙이면 재미있을 거라고 생각은 하지만, 언젠가 햇볕을 가리려고 담요로 덮어놨다가 최근 대청소할 때가 돼서야 그 거대한 잔디 뭉치를 다시 발견했을 뿐이다).

하지만 방금 이야기한 이런 경험은 몇 가지 생각해볼 문제가 있다.

* 그저 일반적 수준의 건망증일 수도 있다.
* ADHD와의 관련성에 대해서는 광범위하게 연구되지 않았다.
* 애초에 대상 영속성과는 아무 상관이 없을 수도 있다.

"이 '대상 영속성'이라는 용어는 사람의 뇌 발달에서 아주 핵심적인 부분을 가리키죠." 영 박사는 말했다. 구체적으로 말하면, 이는 아기가 어떤 대상을 보거나 듣거나 만질 수 없더라도 여전히 존재한다는 사실을 이해하는 능력이며, 보통 생후 8개월쯤 발달하기 시작한다(그 때문에 아기들은 부모가 까꿍 놀이를 해주면 까르륵대며 좋아한다. 진짜로 부모가 이 현실 세계에서 나타났다 사라졌다 하는 줄 알기 때문이다).

"사실 ADHD로 이 능력이 손상된다고 보긴 어려워요." 영 박사는 이어서 말했다. "하지만 ADHD가 있는 사람들이 물건을 자주 잃어버리거나 놓치곤 하니까, 이게 상당히 과학적인 개념 같고 왠지 옳은 말처럼 들릴 수 있죠.

우리가 특히 주의 깊게 본 건, 이런 영상의 조회수가 300만 회를 거뜬히 넘긴다는 점이었어요. 게다가 댓글을 보면 '와, 내가 대상 영속성이 부족한 줄은 몰랐어요' 같은 말들이

달리기도 하더군요. 그런 식으로 순식간에 이게 '진실'이나
'사실'처럼 자리 잡게 되는 거죠."

거절 민감성 불쾌감

틱톡에서 <u>거절 민감성 불쾌감</u>RSD이라는 개념을 처음 접했을 때
나는 정말 깊이 와 닿았다. 기억을 돌아보면 아주 어릴 때부터
나는 '너무 예민하다'라는 소리를 들었고, 선생님들한테
'좀 더 회복력을 길러야 한다'라는 말을 듣곤 했다. 열두 살
때는 심지어 학기 첫날 '올해의 목표' 포스터에 '모든 걸 너무
개인적으로 받아들이지 않는 법 배우기'를 써넣기도 했다.
이 용어가 언급되는 걸 처음 본 건, 성인 ADHD 전문 정신과
의사인 윌리엄 도드슨 박사가 《어텐션 매거진》(미국의
ADHD 옹호 단체인 CHADD에서 격월로 발행하는 잡지)에
기고한 글에서였다. 도드슨 박사는 ADHD인 사람들이 겪는
감정 조절 문제를 세 가지로 분류했다. 과잉 반응, 수치심과
죄책감, 거절 민감성 불쾌감. 이중 처음 두 가지는 다른 여러
정신질환에서도 똑같이 나타나지만, RSD는 ADHD에서만
'배타적으로' 나타나는 것으로 보인다고 밝혔다.[132]

도드슨 박사는 RSD를, ADHD인 사람이 '실제 혹은 인지된'
거절 상황에 직면할 때 경험하는 극심한 정서적 고통이라고
설명했다. 또한 이 감정은 너무도 '원초적이고 압도적'이라서
말로 표현하기 힘들 수도 있다고 했다. 그에 따르면, ADHD인
청소년과 성인의 약 3분의 1은 자신의 질환에서 RSD를 가장
장애가 되는 증상으로 꼽는다고 한다.

나는 도드슨 박사가 하는 이야기를 정말 잘 이해할 수 있다. 그 아찔한 느낌, 마치 만화 속 주인공이 절벽을 걷다가 자기도 모르게 아래를 내려다본 순간, 발밑에 허공뿐이라는 걸 깨달을 때의 그 감각. 갑자기 열이 확 오르고, 볼 주변 감각이 얼얼해지고, 밀려오는 당혹감에 눈앞이 흐려지는 느낌. 또는 문자나 이메일을 보면서 문장부호나 말투 하나까지 집요하게 분석하려고 드는 절박한 심정. 머릿속에서 논리적으로는 '이건 말도 안 돼, 멈춰야 해'라고 말하지만, 그 소리는 뇌를 단단히 감싸고 있는 두터운 공황의 층에 눌려 거의 들리지 않는다.

하지만 박사의 설명이 이토록 공감되고, RSD라는 약어가 꽤 공식적인 용어처럼 들리긴 해도, 이 '거절 민감성 불쾌감'은 임상 용어나 공식 진단명은 아니다. 이 점은 솔직히 정말 의외였는데, 틱톡을 보면 수많은 크리에이터가 마치 진단명인 것처럼 사용하고 있기 때문이다.

ADHD가 있는 사람들이 흔히 감정 조절에 어려움을 겪고,[133] 특히 부정적인 감정을 예민하게 느끼는 건 의심할 여지가 없지만, 거절을 경험하는 이런 방식이 꼭 ADHD에만 해당한다는 증거는 극히 부족하다. 이 주제를 다룬 연구 자체가 아직 많지 않은 탓에 이 '불쾌감'이 ADHD의 어떤 핵심적 기제에서 비롯되었을 가능성을 완전히 배제할 수는 없지만, 아마도 ADHD인 사람들이 성장하는 동안 단순히 지속적으로 **자존감**에 타격을 받은 결과일 가능성이 더 크다. 그렇다고 해서 이런 감정이 대수롭지 않거나 덜 심각하다는 뜻은 아니다. 다만, 이를 다루는 접근 방식은 달라질 수 있다.

그리고 잊지 말아야 할 건, ADHD는 혼자 오는 경우가 드물다는 사실이다. ADHD의 흔한 **동반 질환**으로 경계성 인격 장애가 있는데, 이 역시 과도한 감정 반응이 나타나며 '실제 혹은 인지된' 거절과 버림받음에 대한 민감성이 가장 핵심적 어려움 중 하나다. 따라서 최소한 우리 중 일부는 (아직 **미진단 상태**인) 다른 정신질환의 영향을 ADHD의 RSD 증상으로 착각하고 있을 가능성도 있다.

ADHD 마비

영 박사가 논문에서 제시한 '오해의 소지가 있는' 영상 중 하나를 보면, 어떤 사람이 **ADHD 마비** 증상을 설명하면서 '뇌가 물리적으로 아무것도 못 하게 만든다'라고 표현한다.

사실 나는 이것도 좀 놀라웠다. 왜냐하면 'ADHD 마비'라는 말이 내 경험을 꽤 정확하게 표현한다고 느꼈기 때문이다. 하지만 영 박사는 이러한 '비임상적' 용어들은 지나치게 광범위하고 모호해서 문제가 된다고 지적했다. 사람마다 매우 다르게 해석하고, 다양한 의미로 쓸 수 있어 오해의 소지가 있다는 말이다.

'ADHD 마비'라는 표현은 '일어나서 뭔가를 하고 싶지만, 도무지 몸이 따라주지 않는 느낌'을 설명할 때 자주 쓰인다. 많은 사람이 'ADHD인 사람이 지나치게 많은 정보와 주변 환경에 압도당한 나머지 그대로 얼어붙는 상태'를 말할 때 이 용어를 쓰는데, 그럴 때면 아무 결정도 내리지 못하고 제대로 생각조차 할 수 없게 된다고 한다.

또 어떤 경우는, 하루 중 나중에 할 일이나 일정이 잡혀 있으면 그때까지 뇌가 거의 '정지 상태'에 들어가서 다른 데 집중이 안 되고 아무것도 손에 잡히지 않을 때도 있다. 이런 증상은 모두 나도 어느 정도는 경험한 적 있으며, 사실 따지고 보면 **실행기능 장애**에서 비롯된다고 할 수도 있다.[134]

하지만 몇몇 틱톡 크리에이터들이 잘못된 부분은, 마치 이러한 증상들이 ADHD인 사람에게 일반적으로 나타나고, ADHD에만 나타나는 증상으로 설명한다는 점이다. 이러한 증상 중 상당수가 실제로는 불안이나 우울증 또는 다른 여러 정신질환 문제일 수도 있기 때문이다. 어떤 크리에이터들은 심지어 'ADHD일지 모를 5가지 신호'와 같은 영상에서 이를 마치 **진단 기준**처럼 사용하기도 한다.

그렇다고 이 용어가 완전히 틀렸다고 할 수는 없다. 이 용어는 분명 ADHD인 사람 다수가 경험하는 증상을 표현한다. 다만, 엄밀한 과학적 용어라기보다는 좀 더 느슨한 문화적 용어에 가깝다.

그리고 중요한 건, 역사적으로 ADHD는 대부분 '아이들 질환'으로만 여겨진 탓에 지금까지 ADHD인 사람들이 자기들만의 생각을 표현하고 용어를 만들어낼 수 있는 커뮤니티 자체가 없었다는 사실이다. 예전에는 과학적 용어**만** 있었고, 그러다 보니 이제 문화적 세계와 의학적 세계가 공존하려고 할 때 약간의 충돌이 생기는 건 어쩌면 당연하다.

이쯤에서 꼭 지적하고 싶은 부분은 틱톡에 올라오는 ADHD 관련 콘텐츠 중에는 의료 자격을 갖춘 전문가가 만든 영상임에도 위험하거나 의심스러운 지식을 퍼뜨리는 사례도 있다는 것이다(대개 이런 경우는 프로필에 자기 계발 강의나 종합비타민제 구매 링크가 친절하게 달려 있다).

'냉정하고 딱딱한' 과학의 세계

내가 과학적으로 나 자신을 이해하려고 노력하는 과정에서, 소셜 미디어가 아닌 곳에서 접한 ADHD 정보 중 하나는 「세계 ADHD 연맹 국제 합의 성명서」였다.[135] 제목은 좀 딱딱해 보이지만 내용은 무척 흥미롭다. 세계 ADHD 연맹은 ADHD에 관한 더 나은 교육과 치료를 촉진하기 위해 ADHD 전문가로 구성된 글로벌 협의체다. 2021년, 이 단체는 전 세계 최고의 학자 약 80명을 모아 'ADHD에 관한 208가지 사실'을 정리했는데, 통계적으로 신뢰할 수 있는 대규모 연구로 뒷받침되는 정보들이다.

물론 아직 연구 자료가 충분하지 않아서 이 목록에 포함되지 못한 진짜 중요한 특징도 많지만, 이렇게 비교적 확실한 208개의 주요 특징이 있다니 왠지 위안이 된다. 하지만 틱톡 ADHD 세계에서 감정에 기반해 개인 경험에 초점을 맞춰 신경다양성을 이야기하다가, 세계연맹의 합의 성명서처럼 위안은 되지만 냉정하고 딱딱한 과학의 세계로 곧장 넘어오니 얼떨떨하기도 하다. 마치 이혼한 부모님이 날 어떻게 키워야 할지를 놓고 의견이 엇갈릴 때 그 사이에 낀 아이가 된 기분이다.

나는 합의 성명서 작성에 참여한 핵심 인물 중 한 명인

스티븐 퍼런 연맹 회장과 직접 이야기를 나누었는데, 솔직히 말해 하버드 의과대학에서 정기적으로 강의하는 교수님에게 틱톡에 대한 의견을 묻자니 굉장히 조심스러웠다. 하지만 어쩔 수 없었다. 거절 민감성 불쾌감 같은 용어가 대중화하는 현상이 전혀 해롭지 않다고 생각하는지, 아니면 대중 과학과 실제 과학이 뒤섞이는 상황이 항상 위험하다고 보는지 알아야 했다.

"대부분 소셜 미디어에서 볼 수 있는 증상들은 불안이나 우울증과 관계있는 경우가 많아요." 퍼런 회장은 이렇게 대답했다. "문제는 그걸 그냥 'ADHD의 일부'라고 생각해버린다는 거죠. 우리는 사람들이 증상에 따라 올바른 치료를 받도록 돕고 싶거든요. 가령 어떤 사람이 ADHD와 우울증이 동시에 있을 때, 의료 전문가는 이를 모두 인지해야만 두 질환에 맞는 치료를 할 수가 있어요.

사람들이 틱톡 같은 걸 보면서 ADHD에 대처하는 법을 따라 하게 되면, 잘못된 길로 빠질 수 있고 그건 분명 나쁜 일이죠. 하지만 이를 계기로 정신과 의사나, 미국의 경우 1차 진료 의사를 찾아가게 된다면, 이건 정말 좋은 일입니다. ==소셜 미디어는 사람들이 행동에 나서도록 부추긴다는 점은 좋지만, 그 행동이 올바른 방향으로 가야만 진짜 도움이 된다고 봐요.=="

변화하는 의료 관계

좋든 나쁘든, 소셜 미디어에 올라오는 정신건강 관련 콘텐츠와 정보는 의사와 환자 관계를 근본적으로 바꿔놓고 있다. 앤서니

영 박사에 따르면, 이제는 사람들이 몇 주에서 몇 달에 걸쳐 인터넷에서 정보를 찾아본 후, 이미 자신만의 확고한 의견을 가지고 진료실을 찾는 경우가 많다고 한다.

"이런 사람들이 찾아와 두세 시간 동안 상담하고 나서, 내가 '당신은 이 질환이 아닌 것 같네요'라고 말해주면 몹시 힘들어할 수 있어요. 전혀 의외일 수 있으니까요. 요즘 일부 임상의들은 이런 상황에 부딪히고 어려움을 겪기도 하나 봐요. 이렇게 확신하고 찾아오는 사람들의 기대에 우리가 어떻게 맞춰야 할까요?"

물론 이런 변화로 정신건강 전문가들 업무는 분명 복잡해지겠지만, 나는 이 변화의 역학 관계에 대해 희망적인 느낌도 어쩔 수 없이 든다. 왜냐하면 어떤 면에서는 굉장히 대단한 변화이기 때문이다. 특히 여성, 유색인종, 퀴어 등 수십 년간 의료계를 상대로 자신들 목소리를 들어주고, 자신들 우려를 진지하게 생각해달라고 싸워온 사람들에게는 더욱더 그렇다. 의학적 조언을 구하러 갈 때 스스로 정보로 무장하고 갈 수 있다는 건 그 자체로 엄청난 '해방'이다. 나에게는 정말 인생이 바뀐 기분이었다.

하지만 내가 틱톡에만 푹 빠져서 현실을 제대로 못 보는 건 아니다. 실제로 틱톡에 있는 ADHD 정보와 여러 정신건강 정보는 사람들을 잘못된 길로 이끌 수 있는 경우도 많다.

잘못된 ADHD 자가 진단

나는 종종 공부하려고 (그리고 할 일을 미루려는 마음도 약간 있어서) 틱톡 검색창에 'ADHD'를 입력해보곤 한다.

그런데 'ADHD인지 알아보는 법'과 같은 제목의 영상들을 보면 늘 약간 실망스럽다. 대부분 그냥 '멍 때리기 일쑤다', '방에 왜 들어왔는지 깜빡한다', '무심코 에너지가 폭발한다'와 같이 모호하거나 누구나 겪는 증상들이기 때문이다. 물론 이런 증상들이 ADHD와 관계있을 수도 있지만, 단순히 '오늘 좀 피곤한지 알아보는 법' 정도만 제목을 붙여도 충분할 거 같다.

그럼에도 이런 게시물에 '좋아요' 수가 50만 개씩이나 됐다.

이런 영상에 계속 노출될 경우, 실제로 ADHD가 아닌데도 ADHD라고 믿게 될 수 있다는 건 충분히 이해가 간다. 하지만 사람들이 이를 두고 공포심까지 느끼는 데는 조금 회의적이다. 나는 'ADHD 자가 진단'에 어떤 위험 요소가 있다는 건지 잘 모르겠다. 왜냐하면 대부분 자가 진단 다음 단계는 결국 의사와의 상담으로 이어지기 때문이다.

만약 어떤 사람이 꼭 ADHD가 아니더라도 **주의력결핍**이나 **충동성** 같은 증상에 공감해서, 결국 의료 전문가를 찾아가 ADHD가 아닌 다른 질환으로 정확히 진단받을 수 있게 된다면 그것만으로도 훌륭한 결과다. 혹은 그 사람이 그냥 ADHD '생활 꿀팁' 같은 걸 활용해서 집중력을 높이거나, 정리정돈이나 생활 관리 능력을 향상하게 될 수도 있다. 이것도 충분히 좋은 결과 아닌가?

물론, 사람들이 마구잡이로 ADHD가 아닌데도 자신이 ADHD라고 주장하고 다닌다면 이 질환의 심각성을 훼손하고, 결국은 더 넓은 사회정의 차원에서도 해로울 수 있다. 하지만 일부 뉴스 기사나 칼럼에서 말하듯이 실제로 지금 의료적 위기가 발생한 건 아니다.

흔히 제기되는 주장 하나는, 사람들이 ADHD를 자가 진단하면 그다음엔 **자가 치료**로 이어질 가능성이 있으므로 위험하다는 것이다. 그런데, 미안하지만… 정말로 그럴까? 실제로 자신이 ADHD가 있다고 믿으면서 일부러 병원에는 안 가고, 대신 처방 가격의 그야말로 100배나 되는 돈을 주고 수상한 사촌한테 '덱시스'(ADHD 치료제 덱삼페타민의 줄임말)를 정기적으로 사 먹으려는 사람이 있을 거로 생각하는가?

가장 답답한 점은, ADHD와 관련해 '자가 투약'이 실제로 심각한 문제라는 것이다. 하지만 이는 그런 '가짜 환자들'이 10달러짜리 수상한 치료제를 구해 자작 약물요법을 쓰기 때문이 아니다. 그 대신, 자신이 ADHD인지도 모르는 사람들이 왠지 집중이 잘 된다며 코카인을 계속 흡입하거나, TV를 보며 편하게 쉬려고 매일 밤 대마초를 피우거나, 그저 하루 종일 일을 해내기 위해 서재 책상에서 산소보다 전자담배 연기를 더 많이 들이마시거나 하는 사례들 때문이다.

나는 인터넷에서 유행하는 '대상 영속성'이나 'ADHD 마비' 같은 ADHD 용어들도 완전히 무시하기는 약간 망설여진다. 왜냐하면 이 용어들은 냉정하고 딱딱한 과학으로 보면 ADHD와 복잡한 관계일 수 있지만, 나에게는 ADHD가 있다는 걸 확실히 깨닫게 해준 '증상'이기 때문이다. 그 덕분에 정신과 상담까지 받게 됐다.

알고 보니 케이트 오즈번 역시 비슷한 딜레마를 안고 있었다. 사실 학식도 꽤 있는 사람이지만 이런 용어들이 공통된 경험을 간단히 표현하는 데 얼마나 유용한지 누구보다 잘 알고 있기 때문이다. "내가 처음 거절 민감성에 관해 이야기하기 시작했을 때가 기억나요. 정말 많은 사람이 '이건 그냥 트라우마야'라고 하더군요. 그래서 나는… '맞아요. 그냥 그렇게 부르고 있을 뿐이에요. 모두 함께 이야기할 수 있도록 그냥 이름을 붙인 거예요.'라고 대답했어요." 오즈번이 말했다.

"굳이 내가 과학적 용어를 사용하지 않는 이유가 있어요. 이건 그런 목적의 대화가 아니기 때문이죠. 이건 일반 대중이 배우고, 의사에게 가서 상담해볼 수 있는 단서를 제공하기 위한 거예요."

그리고 퍼런 회장 역시 약간 우려는 하면서도 이런 커뮤니티 용어들이 학문적 논의에 도움 될 수 있다는 점은 인정했다. "어느 시점이 되면, 소셜 미디어에서 떠도는 개념들이 실제로 연구자들을 자극해서 새로운 연구 주제가 될 수도 있어요. 수많은 사람이 지금 거절 민감성 불쾌감에 관해 이야기하고 있지만, 아직 우리가 다루고 있지는 않죠. 하지만 아마도 우리가 이 문제를 연구하고 원인이 무엇인지 살펴봐야 할지도 몰라요."

듣기 괴로운 '스몰 토크들'

하지만 사람들이 흔히 ADHD가 대중적으로 관심을 끈 상황이 틱톡 때문이라고 탓하기는 해도, 그 대화가 깊어지는 경우는 거의 없다. 보통 '요즘 이 앱 때문에 모두 자기가 ADHD라고 착각한다니까' 하는 걱정 정도에 그친다.

"세상에, 그 틱톡 영상들 말야! 나도 대부분 공감되던데! 너무나 일반적인 이야기들이야." 금요일 저녁 술자리에서, 내가 진단받았다고 자연스럽게 말했을 때, 친구의 친구 한 명이 뜬금없이 이렇게 말했다.

"진짜, 내 친구 중 다섯 명은 그 앱 때문에 자기가 ADHD라고 믿는다니까요. 요새 완전 유행이에요!" 언론상 시상식에서

만난 다른 신문사의 한 기자는 대뜸 이렇게 말했다. 이상하게도, 틱톡을 보다가 ADHD를 자각하게 됐다는 내 기사를 정말 잘 읽었다고 말한 직후에 던진 말이었다.

"소셜 미디어가 우리 모두를 ADHD로 만드는 거 같지 않아요? 다들 집중력이 너무 짧아졌잖아요." 별로 관련도 없어

보이는 어떤 TV 진행자는 인터넷에서 이렇게 말했다.

나는 정말 이런 이야기를 지겹도록 들었다. 그래서 이번 한 번은 확실히 짚고 넘어가고 싶다. 물론 개중에는 일부 믿을 수 없는 영상도 있다. 하지만, 영상에 나오는 '증상들'이 대부분 일반적으로 보이는 진짜 이유는, **ADHD 증상 자체가 본래 정상적인 인간의 행동이기 때문이다. 단지 그 행동이 지속적으로 심각하게 반복되면서 삶에 현저히 부정적으로 영향을 미칠 때, 비로소 ADHD 증상이 되는 것이다.** 그러니까, 요즘에 친구 다섯 명이 자기가 ADHD라고 생각하는 것 자체가 이상한 일이 아니다. 수십 년 동안 ADHD는 심각하게 '과소 진단'되어 왔고, 이제야 바로잡히는 과정을 보는 것뿐이다. 또한, 소셜 미디어가 사람들에게 ADHD를 유발하는 게 아니라, 오히려 진단되지 못한 ADHD가 사람들을 소셜 미디어 중독으로 몰아가는 것일 수도 있다.

"많은 사람이 ADHD 증상에 공감하는 모습을 보고, 그걸 다소 나쁜 일로 생각한다는 게 참 이상해요." 오즈번은 말했다. "오히려 ADHD 틱톡을 보면서 효율적으로 빨래를 개는 법이나 우편물을 정리하는 법을 배운다든지 아무튼 뭐가 됐든, 그 사람이 하루를 좀 더 잘 버티고, 외롭다거나 망가졌다는 기분을 덜 느끼고, 인생이 끝장나거나 세상이 무너지는 듯한 기분에서 벗어나게 해준다면, 도대체 뭐가 문제인가요? 왜 신경을 쓰는 거죠?"

오즈번의 말이 맞다. 세상에는 도움이 필요한 사람들이 수없이 많다. 우리가 ADHD에 대해 제대로 처음 알게 된

매체가 틱톡이라고 해서 잘못된 건 아니다. 오히려 문제는, 수십 년간 이어져온 인종차별적이고 가부장적인 의료 연구 관행, 정신건강의 어려움을 교실 내의 '문제 행동'이라는 좁은 틀로만 보는 교육계, ADHD 진단을 어떻게든 피해야 할 위험한 유행으로 몰고 가서 대중에게 지속적으로 약물에 대한 거부감을 조장하는 캠페인들이다.

솔직히 내 뇌의 가장 본질적인 사실 중 하나를 이 망할 춤추는 앱에서 발견하지 않았더라면 좋았을 걸 싶기는 하다. 세상에 어느 누가, 사용자의 주의를 끌어 수익을 내도록 설계된 이 컴퓨터 코드 몇 줄이, 자신에게 평생 영향을 미치고 삶을 망가뜨릴 수도 있는 신경학적 질환을 알아보게 해준 존재라고 기대하겠나? 하지만 사실 나는 그렇게 돼서 정말 너무나 기쁘다.

"'당신의 콘텐츠 덕분에 나는 자살하려던 마음을 접게 됐어요'라는 편지를 처음 받을 때는 정말이지 믿을 수 없을 정도로 가슴이 벅찼어요." 오즈번은 말했다.

"나는 최대한 존중과 연민, 친절을 다해 이 일을 하려고 노력해요. 왜냐하면 이건…" 오즈번은 잠시 말을 멈추었다. "매일 이 일을 할 수 있다는 건 엄청난 축복이거든요. 그래서 아주 진지한 마음으로 임하고 있죠."

물론 ADHD 틱톡 생태계는 반쪽짜리 진실과 의심스러운 결론으로 가득하고, 때로는 노골적으로 악의적 의도를 가진 사람도 섞여 있는 건 분명하다. 하지만 궁극적으로 나는 그 안에 있는 '위험'이나 '해악'이 큰 틀에서 보면 꽤 작게 느껴진다. 당연히 누군가 '특정 뇌 기능이 ADHD와 어떤 관련이 있는지' 오해하게 된다면 좋은 건 아니다. 'ADHD인지 확인하는 법' 같은 모호한 영상들이 ADHD를 실제보다 훨씬 사소한 문제로 보이게 만든다면 분명히 문제다. 또한, 일부 사람들은 ADHD가 아닌데도 그렇다고 착각할 수도 있고, 그런 사람들이 의사를 찾아가 상담하느라 수십만 원을 허비하는 일도 생길 수 있다.

하지만 이런 위험들은 모두 이론적 가능성일 뿐이다. 반대로, 인터넷 커뮤니티와 공개적인 대화가 가져다주는 이점은 매우 실질적이고 구체적이다. 예를 들면, 사람들이 마침내 자신을 이해하고, 필요한 도움을 드디어 받게 되고, 몇백 년 동안 여성 혐오와 인종차별로 인해 왜곡돼온 우리 정신건강 제도가 비로소 바로잡히기 시작하는 것이다. 내 마음속에는 이런 우스꽝스럽고 별것 아닌 ADHD 영상들이 진정으로 누군가의 생명을 구하고 있다는 사실에 한 치의 의심도 없다.

2부
ADHD와 함께 사는 법

ADHD라고 할 정도는 아닌 것 같은데

어제 한 친구가 이런 말을 했다. "근데 넌 너무 '고기능자'로 보여서 ADHD가 있다는 게 영 믿기지 않아." 이런 말을 처음 들은 건 아니지만, 어쩐지 이번엔 유독 뼈아프게 와 닿았다. 그래서 아침 내내 멍하니 빈 화면만 쳐다보며 왜 이렇게 눈물이 나는지 생각해보는 중이다.

솔직히 내가 ADHD 중에서도 제일 힘든 사례라고 우길 마음은 없다. 대학 졸업 이후로 어떻게든 스스로 경력도 쌓았고 책까지 썼다. 이런 일은 분명 ADHD인 사람 누구나 할 수 있는 건 아니다. 나는 여러 분야에서 꽤 성공한 편이고 그걸 부인하고 싶지는 않다. 하지만, 이 '고기능자'라는 말은 여전히 아프게 다가왔다.

그 이유는, 한편으로 내가 오로지 노력만으로 여기까지 온

게 아니라는 사실을 너무 잘 알기 때문이다. 실제로 내 성공은 순수한 노력 못지않게 우연히 좋은 머리를 타고난 행운이 가져다준 결과다. 우리 사회는 지능을 어떤 정신적 승리처럼 떠받들지만, 그런 삶의 이점을 얻기 위해 내가 한 일은 하나도 없다. 물론 지능은 분명 내 ADHD를 능숙하게 숨기도록 해주는 부작용을 낳았고, 결국 성장하는 내내 결정적 도움을 받지 못하도록 만들었다. 하지만 동시에, 주의력결핍이라는 문제가 있음에도 그럭저럭 잘 헤쳐나갈 수 있게 해준 것도 사실이다. 당연히 수업 시간에 놓치는 부분도 있었지만, 이미 이해한 단편적인 내용을 이용해 전체적으로 뭘 배우는지 90%의 시간 동안 알아낼 수 있었다. 가끔 성인 ADHD 커뮤니티를 보면 ADHD인 사람들을 싸잡아 '괴짜 천재'로 미화하곤 하지만, ADHD인 사람이 모두 지능이 뛰어난 건 아니다. 대부분은 이런 '완충 요소'가 없어서 훨씬 더 심각한 어려움을 겪는다. 지능을 타고나는 건 어떤 정당한 결과도 아니고 오로지 운일 뿐이다.

나 역시 중산층 가정에서 태어났다. 부모님은 내가 잘 자랄 수 있는 환경을 조성해줄 시간과 능력이 있었다. 숙제하라고 일러주고, 병원 예약을 잊지 않게 해주고, 내가 좋아하는 일을 마음껏 해보라고 북돋아주었다. 우리 집이 부유한 건 아니었지만, 적어도 먹고사는 문제나 살 집 걱정 같은 건 전혀 모르고 자랐고, 고등학교 마지막 몇 년은 굳이 용돈이 더 필요하지 않아서 아르바이트도 안 하고 공부에만 집중할 수 있었다.

우리 집은 꽤 큰 도시에 있었던 까닭에 나는 대학도 집에서 통학할 수 있었다. 덕분에 부모님은 내가 정규교육을 마치는 내내 든든한 버팀목이 돼주었다. 진로를 정할 때도 내가 진짜 좋아하는 분야인 언론계에 완전히 '올인' 할 수 있었다. 심지어 이 계통이 불안정하다는 사실을 잘 알고 있었는데도 그랬다. 이건 모두 설령 내가 처참히 실패하더라도 다시 일어설 수 있도록 가족이 도와줄 거라는 믿음이 있었기 때문이다. 하지만 ADHD인 사람들 모두가 이런 선택지를 갖고 있는 건 아니다. 대부분 어쩔 수 없이 '안전한 직업'을 골라야 하는 상황이다. 그런 다음 예상과 달리 성과가 저조하거나 경력을 쌓는 과정에서 어려움을 겪는다. 왜냐하면 특히 ADHD인 사람은 흥미를 느끼지 못하는 일에는 집중하기가 훨씬 어렵기 때문이다.

나는 또 한 번 운이 좋았다. 진짜 너무 기막힌 우연이었다. 스물한 살 때였는데, 새해 첫날, 그것도 새벽 동틀 무렵 TV 스튜디오에 게스트 리포터로 출연하러 가게 됐다. 그런데 하필 그때, 완전 철두철미하고 너그러운 데다 친절이 넘치는 프로듀서랑 파트너가 된 거다. 방송이 끝나고 내가 커피나 한잔하자고 했더니 그는 흔쾌히 그러자고 했다. 우리는 사랑에 빠졌고, 함께 살게 됐고, 그의 타고난 배려심과 너그러움이 내 삶을 정말 많이 지지해주었고, 버팀목이 돼주었다.

내 삶에서 수없이 많았던 우연들, 사회적 환경, 갈림길의 순간들, 그중 하나라도 어긋났더라면 나는 얼마든지 ADHD가 있는 '저기능자'로 불렸을지 모른다. 나는 그냥 어찌어찌해서 그 많은 요인을 피해 지나쳐왔을 뿐이다. 그저 우연히.

하지만 사실 내가 항상 '고기능자'로 느껴지는 건 아니다.

하루 일을 마치고 완전히 탈진한 채, 침대에서 몸을 못 움직일 정도로 무너지는 순간. 항우울제 약이 몇 알 남았는지 세면서 오늘 약을 먹었는지, 아니면 그냥 먹었다고 상상하는 건지 절박하게 고민하는 순간. 해야 할 프로젝트, 가고 싶은 진로, 이루고 싶은 목표를 떠올리다가 '난 왜 이렇게 제자리걸음이지? 내 뇌는 왜 나를 더 나은 사람이 되게 해주질 않지?' 생각하며 울컥하는 순간. 머릿속으로는 '오늘은 단 한 가지라도 일 좀 끝내자' 외치며 애원하는데, 아무것도 못 하고 끝나버린 날. 이런 순간들도 많았다.

예전에 다니던 병원에서, 내가 예약을 너무 여러 번 놓쳐서 이제 사전 예약은 불가능하다며 관찰 대상 명단에 올랐다는 말을 듣고 좌절했을 때, 나는 전혀 '고기능자'로 느껴지지 않았다. 어릴 적 믿지도 않는 신한테 수없이 기도하며, '제발 이토록 이기적이고 끔찍한 사람인 저를 용서해주세요'라고 간청했을 때도 마찬가지였다. 10대 시절, 주변 여자애들은 내가 도무지 이해할 수 없을 만큼 인생을 쉽게 헤쳐나갔는데, 그런 모습을 멀리서 지켜보며 나만 외계인이 된 기분일 때도 내가 '고기능자'라는 생각은 전혀 들지 않았다.

그러니까, 맞다. 내 이력만 봐서는 ADHD의 부정적인 영향이 눈에 띄지 않을 수 있다. 하지만 나는 매일 같이 온몸으로 느끼며 살아간다.

사실 내가 이렇게 눈물이 나는 건, 아마 이런 마음 때문일 거다. 내가 ADHD란 사실을 친구가 알았을 때 내 삶을 돌아보며 '와, 그동안 보이지 않는 어려움을 이렇게 안고 살아왔구나' 하고 알아주기를, 그리고 지금의 나를 보며 내가 이룬 성공과 성취를 새로운 관점에서 바라보고, 마침내 여기까지 오느라 내가 얼마나 많이 노력했는지 이해해주길 바랐던 거 같다. 그런데 친구는 오히려 지금의 내 모습을 증거 삼아 '그런 어려움은 애초에 없었던 거 아냐?'라고 생각하는 것만 같았다.

물론 나도 안다. 친구는 그런 뜻이 아니었을 거다. 나를 사랑하는 마음에서, 내가 결핍보다는 재능을 더 알아봤으면 좋겠다는 뜻에서 한 말일 거다.

또한, 모든 사람이 요즘 인터넷과 함께 자란 20대 중반 또래들처럼 정신장애 진단을 사회적 낙인이 아닌, 심지어 긍정적인 관점으로 보지 않는다는 것도 안다.

이 모든 걸 알고 있다. 그냥 이렇게까지 마음이 아픈 줄 몰랐을 뿐이다.

어쩌면 그건 나 역시 여전히 이 모든 걸 받아들이고 정리하는 중인데, 친구가 무심코 내 마음속 깊이 숨겨둔 두려움을 큰 소리로 내뱉었기 때문일지도 모른다.

9장 지금은 어떤 상태일까?

나를 사로잡는 두려움

좀 이상하게 들릴지 모르지만, **진단**받고 처음 몇 달은 혹시 내가 이 모든 걸 꾸며냈을지 모른다는 두려움에 완전히 사로잡혔다. 정신과 의사가 잘못 판단한 건 아닐까? 내가 ADHD **증상**을 너무 많이 알고 있어서 ADHD 검사에 정답만 골라 답했던 건 아닐까? 어쨌든 내가 속인 거고, 이건 단순히 나 자신을 '게으르고 산만한 사람'이 아닌, 더 나은 사람으로 보이기 위한 편리한 변명에 불과한 건 아닐까?

이런 두려움은 어느새 매일매일 나를 짓누르는 말할 수 없는 수치심으로 변해버렸다. 그런데 성인이 돼서 진단받은 수십 명의 사람들과 이야기를 나눠 보니, 충격적이게도 많은 사람이 비슷한 경험을 하고 있었다. 특히 여성이 많았는데, 원래 여성에게는 '사기꾼 증후군'이란 게 널리 퍼져 있기 때문이다.

이건 어디까지나 내가 그냥 생각해본 가설이긴 하지만, 사람들이 진단받고 나서 '혹시 내 ADHD가 가짜고, 고의로 부풀려진 게 아닐까?' 하고 걱정하기 시작하는 데는 중요한 이유가 있다. 인간의 뇌는 본래 패턴을 인식하는 데 상당히 능숙하다. 그래서 진단받고 나면 갑자기 찾아야 할 패턴이 생기는 거다.

ADHD 증상에 대해 알기 전 보통 하루에 열 번에서 열다섯 번 정도는 자잘한 일이 생겼다. 물건을 잘못 두거나, 주의가 산만해지거나, 시간을 놓치거나. 그럴 때면 '아휴, 참' 하고 나 자신을 살짝 타이르고는 곧바로 잊어버렸다. 머릿속으로 그냥 별 연관성 없이 받아들였다.

하지만 내 ADHD에 대해 알게 된 후로는 그 점들이 하나로 연결되기 시작했다. 관광산업에 관한 기사를 쓰려고 마음먹어놓고, 편광 선글라스가 실제로 눈을 보호하는지에 관한 글을 읽느라 산만해졌는데, 그때 이런 생각이 들기 시작했다. '아마 ADHD라서 그러겠지.'

남자 친구가 두 번이나 전화했는데 다시 전화하는 걸 까먹었을 때도, '아, 이 전형적인 ADHD.' 유튜브에서 누가 고전 SF 시리즈인 '하이페리온 칸토스'를 추천하는 걸 보고는 세 시간 동안 그 우주 세계를 샅샅이 파고들 때도, '아, 이게 바로 **과집중**, ADHD 특징이지.' 그렇게 뭔가 망칠 때마다 무의식적으로 신경다양성 특징을 하나씩 추가하곤 했다. 그러다 어느 순간, 갑자기 하루가 온통 'ADHD다운 것들'로 가득한 느낌이 들었고, 진짜 순식간에 0에서 100가지로 빼곡하게 채워진 기분이었다.

'그럴 리가 없지, 그러니까 내가 다 꾸며낸 게 틀림없어.' 내 무의식이 속삭였다.

게다가 내가 진단받았을 당시만 해도(지금도 여전히 그렇지만), 우리 사회는 수많은 사람이 자신의 질환을 발견하는 이 새로운 물결에 반대하는 목소리가 들끓었고, 특히 ADHD를 '꾸며내는' 사람들이 있다고 의심하는 문화가 팽배한 것도 내 두려움을 부추겼다. 나는 내가 겪는 어려움을 정당화해야 했다. 카페에서, 술집에서, 아이 생일 파티에서, 심지어 한번은 '성인 ADHD에 관해 잘못 알고 있는 것'을 이야기하는 라디오 생방송에 초대받았을 때조차 내 어려움을 해명해야 했다.

이런 상황을 매일매일 마주한다는 건 정말 너무도 힘든 일이다. 특히 나 자신도 인생을 바꿔놓을 이 소식에 대해 불안을 극복하려고 여전히 애쓰는 중이라 더욱 그랬다. 공식적으로 진단받기는 했지만, ADHD가 그저 한때 유행이고 나 역시 거기 휩쓸린 바보 중 한 명일지 모른다는 생각이 자꾸 드는 건 어쩔 수 없었다.

무엇이 나고, 무엇이 ADHD일까?

하지만 혼란은 여기서 끝이 아니었다. 한편으로는 '내가 꾸며낸 거 아냐?' 하는 의심이 들면서도, 또 한편으로는 'ADHD가 내 삶을 통째로 집어삼키는 거 아닐까?' 하고 덜컥 겁나기도 했다. **더 알면 알수록, 점을 연결하면 할수록 내 성격의**

수많은 부분이 이 질환으로 형성됐다는 사실을 깨닫게 될 뿐이었다.

이건 진짜 말로 설명하기 어려울 정도로 마음이 뒤흔들리는 기분이었다. 내가 정말 아끼고 소중히 생각하고 자랑스럽게 여겼던 '나다운 면들', 그 성격의 핵심이 알고 보니 그냥… ADHD 증상이었다는 사실을 깨닫는 일.

나는 항상 혼자 있기 싫어하는 내가 좋았다. 나는 그게 내가 공동체와 친지들 사이에서 살아가는 게 체질인, 사회성 깊은 사람이라는 뜻이라고 생각했다. 그런데 그게 단지 내 뇌의 화학적 불균형 때문에 끊임없이 자극받지 않으면 지루함을 못 견뎌서라면 어떨까?

나는 언제 어디서든, 심지어 아주 부적절한 상황에서도 재치 있게 농담을 툭 던질 수 있는 내가 좋았다. 진짜 내가 유머 감각이 있어서 그런 줄 알았다. 그런데 그게 내가 웃기는 사람이라서가 아니라 **충동 조절**이 어렵고, 남들처럼 사회적 신호를 알아채지 못해서라면 어떨까?

나는 끊임없이 다양한 취미에 뛰어들고, 새로운 주제에 몰입하는 내 모습도 좋았다. 그런 내가 즉흥적이고 호기심 많은 증거라고 믿었다. 그런데 그게 **전전두엽**이 오작동을 일으켜 주의력을 적절히 조절하지 못한 결과라면 어떨까?

물론 나의 이런 부분들이 ADHD와 관련될 수 있다는 사실을 깨달았다고 해서 꼭 그걸 싫어하게 된 건 아니다. 하지만 분명한 건, 이제는 온전히 '내 것'이라는 느낌이 덜하다는 사실이다. 솔직히 전체적으로 '내 것'이 아닌 듯 느껴졌다.

열세 살 때, 집 앞 도로변에 세워둔 엄마 차에 도둑이 든

적이 있었다. 뭐 엄청난 사건은 아니었고, 그냥 동전함을 억지로 뜯어내고, 구급상자를 뒤져 가정용 진통제 반 갑을 털어간 게 다였다. 그런데 다음 날 아침, 차 안에 앉아 있으려니 '낯선 사람이 여기 왔었구나' 하는 생각에 왠지 마음이 뒤숭숭하고 불편했다.

진단받고 나서 한동안은 내 뇌에 대해서도 딱 그런 기분이 들었다. 마치 내 머릿속에 오랫동안 낯선 침입자, 즉 내가 무슨 행동을 어떻게 하는지 일일이 지시하는 꼭두각시 조종사 같은 존재가 숨어 있었고, 이제 그 사실을 알게 된 나는 모든 게 달라진 채 다시 그 차 안에 앉아 있는 기분이었다.

ADHD는 어디서 끝나고 어디서 시작하는 걸까? 내 장점이나 단점, 내 흥미나 감정까지 모두 아우르는 걸까? 이 직업을 선택하게 된 것도 다 ADHD 때문이었을까? 매일 마감에 쫓기고, 끊임없이 새로운 걸 찾아내야 하는, 이런 압박이 심한 환경에 끌렸던 이유가 바로 거기 있었던 걸까?

한동안은 내 모습에서 ADHD 영향을 받지 않은 부분을 찾는 것조차 어려웠다.

그러다 곧 슬픔이 밀려왔고, 이어서 분노가 일었다. 어른이 돼서 평생 ADHD를 안고 살아왔다는 걸 알게 되면, 오래전에 진작 그런 어려움을 알아봐주는 시스템이 만들어져 있었다면 어땠을지 생각할 수밖에 없다. 그리고 그 밑에는 훨씬 더 뼈아픈 질문이 도사리고 있다. 애초에 ADHD가 없었다면 나는 어떤 사람이 됐을까? 그리고 무엇을 이뤄낼 수 있었을까?

진단받고 처음 몇 달 동안, 내 머릿속 깊은 곳에는 'ADHD가 없는 마틸다'의 이미지가 선명하게 새겨져 있었다.

그 마틸다는 훨씬 날씬하고 건강했으며, 옷은 주름 하나 지지 않았고, 머리는 조금도 부스스하지 않았다. 완벽하게 정돈된 멋진 집에서 살았고, 먼지 하나 없는 선반에는 언론상 상패가 빼곡히 늘어서 있으며, 통장에는 돈이 쉴 새 없이 들어왔다. 하지만 가장 참을 수 없는 부분은 무척이나 행복한 모습이었다. 끊임없이 피로에 지치거나 '난 왜 잠재력을 온전히 펼치지 못하고 있는 거지?'라고 생각하며 좌절감에 짓눌리는 모습과는 거리가 멀었다.

사실, 그런 내 이미지는 ADHD라는 사실을 알고 나서 갑자기 생겨난 게 아니었다. 그 마틸다는 어딘가 늘 존재했다. 다만, 진단받기 전에는 그 마틸다가 바로 내 목표였다. 길고 여유로운 휴가와 초고효율 플래너 하나만 있으면 곧 '될 수 있다'라고 믿었던 사람. 하지만 진단받은 이후, 그 이미지는 결국 '될 수 없는' 사람이 돼버렸다. 내가 누렸을 미래를 내 이 빌어먹을 뇌가 빼앗아간 거다.

물론 이 모든 생각은 말도 안 되는 헛소리다. ADHD든 아니든, 나는 결코 '그 마틸다'의 기준에 도달하지 못했을 테니까. 누구라도 마찬가지다. 그런데도 지금 겪고 있는 이 어려움이 그저 '일시적인 것'이거나 '힘든 고비'가 아니라는 사실을 받아들이려니 슬프기만 하다. 이게 그냥 내 모습이라는 걸 인정하는 게 너무 고통스럽다.

오랫동안 이 '완벽한' 나의 이미지를 놓아준다는 생각만으로도 너무 힘들어서, '그 마틸다'는 계속 내 곁에 머물러 있었다. 마치 나를 조롱하듯 괴롭히는 유령처럼.

하지만 수개월의 시간이 흐르면서 내 마음과 자존감을 움켜쥐고 있던 '그 마틸다'의 지배력이 아주 서서히 약해지기 시작했다. '그 마틸다'는 점점 더 실재하지 않는 존재로 느껴졌고, 마침내 작별을 고해도 더 이상 상실로 여겨지지 않았다. 오히려 이루 말할 수 없는 해방감이 들었다.

ADHD 없는 나는 존재하지 않는다

바로 그 순간, 나는 더 이상 나 자신을 'ADHD가 있는 사람'으로 생각하지 말고 'ADHD인 사람'으로 새롭게 살아가야 한다는 사실을 깨달았다.

이런 표현을 '정체성 우선 언어'라고 부르는데, 최근 10여 년간 장애인 인권 운동 공간에서 광범위하게 발전해온 개념이다. 예를 들면, 많은 사람이 처음에는 '장애가 있는 사람' 또는 '자폐가 있는 사람'으로 표현하는 게 정치적으로 더 올바르다고 생각하면서도 실제로는 '장애인 사람' 또는 '자폐인 사람'이라고 부르는 경우다.

ADHD에 관해서는 이 논의가 아직 초기 단계다. 아마도 ADHD라는 약어 자체가 정체성 우선 언어를 쓰기에는 문법적으로 까다롭기 때문일 수 있다. 하지만 신경다양성과 장애인 커뮤니티는 양쪽 모두 서로에게 배울 부분이 많으며, 적어도 내 경우는 'ADHD인 사람' 또는 'ADHD인'이라고 부르면 훨씬 든든하고 힘이 실리는 느낌이다.

정의를 볼 때, ADHD나 자폐와 같은 **신경발달**장애는 근본적으로 우리 뇌가 발달하는 방식과 관계있는 질환으로, 우리 마음과 감정을 형성하며 우리 존재의 본질적인 부분을 구성한다. 따라서 ADHD를 내 뇌에 데리고 살다가 없애버리고, 정상인 '나'만 남겨놓을 수 있는 그런 낯선 대상으로 생각하는 건 말이 되지 않는다. ADHD는 나를 정의하지도 않고, '나'라는 존재 전부도 아니지만, 내가 하는 모든 생각에 영향을 미친다. 내 성별과 인종, 사회경제적 계층이 그런 것과 마찬가지다. 나는 'ADHD인 사람'으로 세상을 헤쳐나가고 있다.

그러니까, 맞다. 나는 얼마 전까지, 그리고 지금도 어느 정도는, ADHD가 없었더라면 되었을지 모를 또 다른 나에 대해 슬퍼하고 있었다. 하지만 이제는 그 사람이 실제로 '나'일 수 없다는 걸 깨닫게 됐다. 그래서 단지 좀 더 성공하거나 집을 더 깔끔하게 유지하는 일보다는 진짜 '나'로 존재하는 일을 훨씬 중요하게 생각한다.

사람마다 처한 상황도, ADHD를 겪는 방식도 각자 다를 수 있다. 그러니 이런 식으로 생각하는 게 별로 와닿지 않아도 괜찮다. 나 역시 아직도 이렇게 생각할 수 없는 순간이 수없이 많다.

하지만 어디까지나 내 경우를 말하자면, '될 수 있었을지 모를' 가능성을 끝없이 곱씹는 걸 멈추고, 지금의 내 모습에서 사랑하는 면들을 찬찬히 살펴보려고 의도적으로 노력하는 과정에서 엄청난 해방감을 느꼈다. 절대로 포기하고 싶지 않은 나의 부분들이기 때문이다.

진짜 내가 꾸며내고 있는 건 아닐까?

나는 어찌어찌해서 이 모든 고민을 해결했다거나, 진단받은 지 겨우 2년 만에 완전히 평온한 상태에 도달한 척하고 싶은 마음은 없다. 사실은, '내가 꾸며내고 있는 건 아닐까?', '내 단점을 변명하기 위한 핑계로 진단을 이용하는 건 아닐까?' 하는 온몸을 얼어붙게 만드는 두려움을 떨쳐내기가 너무 힘들다.

나는 이런 감정을 경험하는 사람들이 많다는 걸 알고 있으며, 객관적으로도 왜 그런지 충분히 이해한다. 수년간 트라우마와 수치심 속에서 허우적대온 사람이라면, 그 원인이 자신에 있든 외부에 있든, 어느 날 갑자기 구명보트 같은 존재가 나타나서 자신을 용서해도 된다고 말해준다고 한들 의심부터 드는 건 너무나 당연하다. 따라서 어쩌면 이 '자기 용서'라는 개념 자체가 완전히 낯설 수 있다. 적어도 나는 분명히 그랬다.

하지만 감정은 사실이 아니다. 자신의 단점에 대한 '설명'이 생긴 걸 두고 죄책감이 든다고 해서, 그 설명이 틀렸다는 뜻은 아니다. 어쩌면 우리는 그저 원래부터 착하고 재능 있는 사람이었을지 모른다.

그러니 우리는 이를 기뻐할 자격이 있다. 동시에, 그동안 오랜 시간 힘겹게 버텨온 '어린 시절의 우리'에게도 이 구명보트를 받아들여, 자신을 용서하도록 이끌어줄 책임도 있다.

며칠 전, 나는 큰맘 먹고 용기를 내서 앤서니에게 걱정스럽게 물었다. "내가 진짜 ADHD를 꾸며내고 있는 거 아닐까?" 앤서니는 내 눈을 똑바로 보더니, 한 시간 전부터 개기 시작했는데 내 옆에 그대로 쌓여 있는 빨래 더미, 그리고 지난주에 마트에 빵 사러 갔다가 충동 구매한 몬스테라 무늬의 롱 스티치 쿠션 커버 키트(그때 난 그걸 손으로 만지작거리고 있었다)를 가리키며 웃어주었다.

그러니 적어도 이 순간만큼은 나를 누구보다 잘 아는 사람이 보여준, 완전히 어이없다는 저 표정 하나만으로도 충분하다.

'번아웃'일 때 밀려드는 죄책감

ADHD 다이어리

책 안에서 책 쓰는 이야기를 하자니 낯간지럽긴 하다. 하지만 지금 원고 작업이 딱 중간쯤 와 있는데, 솔직히 이 책이 나를 망가뜨리고 있는 기분이다. 내 ADHD 증상은 어느 때보다 심해졌다. 게다가 'ADHD를 잘 관리하는 법'에 대해 쓰고 있으면서도 정작 나 자신을 위해서는 아무것도 실천할 여력이 없다.

    일이 바빠지기 시작하자 틈이 생기면서 이것저것 뒤처지기 시작했다. 별안간 삶 전체가 '밀린 일 따라잡기' 게임이 돼버렸고, 그 무게와 압박감으로 틈은 더욱 크게 벌어졌다. 나는 너무 많은 사람에게 실망을 안겼다. 친구들한테 온 메시지를 열어보지 못할 정도로 지쳤고, 이 책에 쓸 ADHD 관련 인터뷰를 위해 사람들에게 전화하는 건 말할 것도 없다.

ADHD 다이어리

　오늘은 엄마랑 통화하다가 내 일 관련 계획을 묻는 엄마한테 버럭 화까지 냈다. 나는 엉엉 울면서 소리쳤다. "난 진짜 너무 지쳤어요. 그냥 쉬고 싶다고요. 단 하루만이라도 아무 일도 안 하고 싶어요." 그러면서 손으로 눈을 꽉 누르는 바람에 눈꺼풀 뒤 까만 어둠 속에서 수천 개의 회색 점들이 떠다니는 게 보였다.

　지난주에는 초등학교 선생님께 연락해, 이 책에 쓰려고 내가 어릴 적 수업 시간에 어땠는지 인터뷰를 부탁드렸다. 선생님은 흔쾌히 응해주셨는데, 나는 그 약속을 새까맣게 잊고 말았다. 선생님은 방과 후 교무실에서 30분을 기다렸다가 '나 가봐야 하는데, 나중에 다시 하면 안 될까?' 하고 문자를 보냈다.

　나는 그 문자가 뜨는 걸 보고 위로 스크롤 했다. '오늘 약속 아직 괜찮은 거지?', '그냥 몇 시에 할 예정인지 궁금해서…' 이런 문자가 와 있었다. 그때 나는 시내 사무실에 앉아 또다시 무너지는 기분에 휩싸였다. '세상에, 내가 또 이랬어.'

　한번은 에어팟을 잃어버린 채 한 달 동안 지낸 일도 있었다. 동료가 스튜디오에서 주웠다고 회사 단톡방에 올렸는데, 미처 확인하지 못했기 때문이다.

　친구랑 약속했다가 막판에 취소한 적도 있었는데, 약속이 겹쳤다는 걸 그제야 깨달은 거다.

　최근 사무실에 연달아 다섯 번이나 지각했는데, 그냥 쿨하게 넘길 마음의 여유조차 없어서 상사에게 기차가 늦었느니 뭐니 온갖 핑계를 대다가 오히려 민망함을 자초했다.

　수영은 몇 주나 못 갔고, 조깅은 몇 달째 접은 상태다.

할머니께 전화도 못 드렸고, 같이 탄 우버 요금을 회사 동료에게 송금하지도 못했다. 인터뷰에 응해준 전문가들께 감사 문자도 못 보냈고, 방 안에 계속 쌓여가는 옷더미도 여전히 그대로다.

마치 어딜 가든 민폐만 남기는 거 같고, 그 흔적이 길어질수록 바로잡으려는 시도조차 힘들어진다. ADHD 때문에 나는 나쁜 친구, 나쁜 딸, 나쁜 손녀, 나쁜 동료라는 기분이 들고, 결국 타인의 너그러움에 기대 살아갈 수밖에 없게 된다.

내 경우에는, 내 삶과 정신건강이 어느 때까지는 멀쩡해 보이다가도 갑자기 완전히 엉망이 되는 이유는 ADHD 때문인 게 분명하다. 잠을 일곱 시간 자면 괜찮다. 하지만 여섯 시간 반만 자면 그날은 반쯤 뒤죽박죽되고, 한창 일하는 중에도 울음이 터질 가능성이 크다. 회의도 깜빡하고, 저녁 요리는 태워 먹고, 앤서니한테 퉁명스럽게 굴기 쉽다. 그러면 그 불안과 죄책감 때문에 너무 피곤한데도 밤에 잠을 이루지 못한다.

일이 과도하게 몰리는 순간에도 똑같은 일이 반복된다. 감기만 걸려도. 누군가와 의견 충돌이 생겨도. 나는 마치 외줄타기하듯 끊임없이 아슬아슬하게 살아가는 기분이다.

그래서 나는 그냥 강해지고 싶다. 하루에 네 시간만 자고도 나라를 운영한다는 미국 대통령들처럼 되고 싶다.

차라리 애초에 이 바보 같은 영감 고취용 문구를 안 봤더라면 좋았을걸. '좋아하는 일을 찾아라, 그러면 평생토록

ADHD 다이어리

'일'로 느껴지지 않을 것이다.' 나는 지금 정말 좋아하는 일을 **한다**. 그런데도 매 순간 뼛속 깊이 '일'로 느껴진다.

하지만 점점 깨닫는 게 있다. ADHD를 안고 살아가는 일은, 그저 '정상적으로' 보이고 일상을 간신히 유지하기 위해 매 순간 수많은 일을 추가로 해야 함을 의미한다는 사실이다. 지금도 나는 대화 중인 사람 말을 끊지 않으려고 온 신경을 집중하고 있다. 그 사람 뒤에서 전구가 깜빡거리고 있어도 그 말을 놓치지 않으려고 안간힘을 쓴다. 해야 할 일과 깜빡하면 안 될 일들을 반복해서 계속 떠올리며 사라지지 않게 꽉 붙잡고 있다.

한 시간에도 몇 번씩, 정신이 어디론가 떠나버리곤 한다. 그러면 지금 뭘 하고 있었는지 다시 파악하기 위해 흩어진 생각들을 그러모아 하나씩 바늘귀에 꿰듯 끊임없이 정리해야 한다.

나는 사람들이 ADHD를 두고 '가면을 쓰고 살아간다'라고 말할 때 그게 무슨 뜻인지 이제야 이해하기 시작했다. 그리고 나도 그렇게 해왔다는 걸 깨달았다. 마치 내 뇌가 하루 종일 20킬로그램짜리 배낭을 짊어지고 다니는 기분이다. 그러니 경사가 조금만 가팔라도 금세 지쳐버리는 건 너무나 당연하다.

하지만 지금은 '번아웃'이 올 때, 더 이상 지쳐버린 나 자신을 미워하며 고통을 두 배로 늘리지 않는 단계에 이르려고 노력 중이다. 물론 지금도 아직 잘하고 있는 건 아니다. 그래서 여전히 마음이 무겁고 약해지고, 민폐 끼치는 사람이 된 듯 느껴진다.

그래도 이렇게 글로 쓰다 보니 어쩌면 지금이 바로 내 조언을 실천해야 할 때라는 생각이 든다. 아마도 지금은, 동료 검토를 거친 연구 논문들을 새롭게 더 찾아 읽는 게 정답이 아닐 수 있다. 꼭 '실패'의 반대가 '어떤 대가를 치러도 밀어붙이는 것'인 듯 굴어야 하는 건 아니다. 지금 내게 필요한 건, 뇌에 잠깐 휴식을 주고, 뜨거운 초콜릿 한 잔을 들고 앉아 말라빠진 콘 칩 말고 좀 더 영양가 있는 걸로 먹으며,〈길모어 걸스〉한 편을 보는 일일 수 있다.

그러고 나면 세상이 훨씬 나아 보일 테니까.

10장 ADHD와 함께 어떻게 살아가야 할까?

만약 ADHD 진단을 청소년기 후반이나 성인이 된 후에 받았다면, 그동안 어떻게든 삶을 헤쳐나오게 해준 어설픈 생존 무기 하나쯤은 있었을 가능성이 크다. 내 경우는 확실히 있었다.

   나는 일기를 꾸준히 써본 적이 없어서, 다음 주에 해야 할 일과 참석할 일정을 하나하나 전부 머릿속에 넣어두려고 애썼다. 그리고 만일 뭔가 까먹을 땐, 거의 항상 그랬지만, 그냥 엄마나 언니, 남자 친구가 문자를 보내서 알려주기를 바랄 뿐이었다. 그런 식으로 지금까지 그럭저럭 살아오긴 했지만, 결국 병원 예약을 빠트리거나, 일 기회를 날려버리거나, 생일 축하 문자 하나를 보내지 못해 기다리는 친구와 가족을 실망하게 한 적이 수없이 많다.

나는 늘 마감이 코앞에 닥치지 않으면 일을 해내는 게 힘들다. 그러다 보니, 패닉 상태에서 억지로 나를 몰아붙이는 데 꽤 능숙해졌다. 예를 들면, 마감 한 시간 반 전에 천 단어나 되는 기사를 쏟아내는 식이다. 하지만 결국 차분히 뇌를 진정할 수 없어서 제대로 검토하지도 못하고 제출 버튼을 눌러버린다. 그래도 기사 내용은 좋았고 어떻게 해서든 마감 시간에 맞춰 보냈다. 하지만, 이런 방식 탓에 일을 건성건성 한다는 평을 들었다. 외부에서는 마치 내가 교정을 귀찮아하는 걸로 보였기 때문이다. 솔직히 이게 내 경력에 치명적 영향은 미치지 않았기를 바라지만 사실은 잘 모르겠다. 그런 일 때문에 나도 모르게 닫혀버린 기회의 문들이 있었을지도.

친구들 문자에 답장하는 걸 기억하는 일도 진짜 어렵다. 그래서 갖은 핑곗거리를 찾아내서 며칠이나 몇 주, 또는 몇 개월씩 지난 뒤에 어색하게 입력해 보내기도 했다. '받은 편지함에 업무 메일이 얼마나 폭주하던지…' 혹은 '알림이 오지 않아서 몰랐어…' 이런 식이다. 그러면 대화가 다시 이어지기는 했다. 하지만 가끔은 이런 생각이 들었다. 그러는 사이 나는 친구들 인생에서 얼마나 많은 순간을 놓쳤을까? 나를 필요로 하는 친구 곁에 없었던 순간이 얼마나 많았을까? 더 심하게는, 애초에 내가 믿을 수 없는 사람이란 걸 친구들이 알고 연락조차 안 한 적은 몇 번이나 있었을까?

신경다양성인 사람이 신경전형성인 사람들을 위해 설계된 세상에서 살아가는 방법은 물론 많이 있다. 하지만 나는 이제 지쳤다. 나는 나 자신과 내 뇌에 맞는 삶을 원한다. '여장부'

머그잔에나 적혀 있을 법한 문구라서 좀 민망하지만, 나는 더 이상 '버티는 삶'이 아니라 '잘 살아가는 삶'을 살고 싶다.

그래서 나는 ADHD 뇌를 가지고 일상을 살아가면서 (적어도 나에게는) 실제로 도움이 되는 방법을 찾아보기 시작했다.

ADHD를 안고 잘 살아가려면?

이제 아마 다들 눈치챘겠지만, ADHD와 관련된 **손상**을 완화하기 위해 단순히 삶의 방식을 바꾸라는 이야기에는 한 가지 명백한 문제가 있다. 삶의 방식을 의도적으로 설정하고, 일상 습관을 재조직하는 큰 변화를 계속 유지하는 것 자체가 ADHD가 있는 사람이 해내기에는 정말로 어려운, 지속적으로 노력해야만 하는 일이라는 점이다.

바로 이런 이유로 나는 인터넷에 흔히 떠도는 'ADHD와 함께 살아가기 위한 팁' 같은 글을 읽을 때마다 실망하곤 한다. 이런 이야기들은 ADHD 자녀를 둔 부모를 위해 작성됐기 때문에, 철저히 **신경전형성**인 성인이 주도하는 걸 전제로 하거나, 아니면 **실행기능**을 엄청나게 지속적으로 요구하는 전략들이다. 예를 들어 **'집중력을 높이려면 집과 업무 공간을 말끔하게 정리해라', '해야 할 일을 잘 챙기려면 플래너를 써라' 같은 조언들은 결국, '정리정돈을 잘하려면 정리정돈을 잘해라', '집중력을 높이려면 집중을 더 잘해라'라는 말과 다름없다.** 어떤 글에서는 심지어 훌륭한 꿀팁이라며 '작업에 집중하기'를 적어놓기도 했다. 와우! 놀랍다. 난 왜 그 생각을 못 했지?

이렇게 말해서 미안하긴 하지만, 값비싼 플래너를 사서

일정과 할 일을 몽땅 적어놓는다고 우리 **신경다양성**이 치료되지는 않는다. 아마 이틀째 되는 날엔 아예 펴보지도 않을 가능성이 크다. 이런 '빠른 해결책들'은 운 좋게 실행기능이 여유 있는 사람들에게나 통하는 이야기다. ADHD가 있는 사람이 일상을 제대로 정리하는 일은 훨씬 광범위하고, 느리고, 직선적이지 않게 이루어지는 과정이다. 하지만 그만큼 훨씬 더 큰 보람을 얻을 수 있다.

물론 나는 전문가는 아니다. 지금 글을 쓰면서 바지도 안 입고 있다(편해서가 아니라 침대 옆에 잔뜩 쌓인 옷더미에서 바지를 찾아 입어야 한다는 생각 자체가 너무 버겁기 때문이다). 하지만, 성인으로 ADHD를 안고 살아가기 위해 내가 쓰는 전략을 세 가지 범주로 나눠봤다.

1. ADHD **증상**을 줄이는 데 도움 되는 습관과 루틴
   (이 장에서 다룰 주제)
2. 우리 뇌가 작동하는 방식에 맞도록 만들 수 있는 전략
   (11장에서 다룰 예정)
3. 그냥 ADHD에 승리를 넘겨주기로 한 싸움
   (12장에서 다룰 예정)

이 세 가지는 모두 똑같이 중요하지만, 먼저 첫 번째 범주에 잠깐 집중하자.

> ADHD 증상을 줄이는 가장 중요한 방법은 당연히 약물요법이다. 이 부분은 14장에서 자세히 다루겠지만 여기서는 먼저 약을 제외한 방법들을 살펴보려고 한다. 약을 먹는다고 해서 갑자기 ADHD가 사라지지도 않으며, 증상이 깨끗이 없어지지도 않는다. 약물은 그저 우리가 삶을 정리하도록 도와주는 도구 중 하나일 뿐이다. 물론 훌륭한 도구이긴 하지만 약물 하나만으로 모든 걸 해결할 수는 없다. ADHD 커뮤니티에서 자주 인용되는 말이 있다. '약은 능력을 만들어주지는 못한다.'

전력 질주하기는 이젠 그만

ADHD를 진단받은 첫해, 나는 생산성 비법이든 혁신적인 아침 루틴이든, ADHD를 '치유'하기 위한 온갖 팁들에 열광해 전력 질주하듯 덤벼들었다. 그러다 이틀이나 사흘 후면 너무 힘들고 정신적으로 탈진해 모든 게 무너졌고, 새로 만든 습관을 포기하게 됐다. 그러면 또다시 끔찍한 기분에 휩싸여 '난 고칠 수가 없구나' 하며 좌절하곤 했다.

하지만 이제는 좀 더 배우고 훨씬 주도적인 진단 2년 차가 되면서 깨달은 게 있다. 이런 기법들은 대부분 사실 애당초 증상을 줄여주는 게 목적이 아니었다. 그저 어떤 감정적 대가를 치르더라도 **실행기능 장애**를 극복하는 법을 훈련하는 것일 뿐이었다. 예를 들면 이런 팁들이다. '물건을 내려놓지 말고 바로 정리해라.', '아무리 많은 일을 끝냈어도 오후 4시까지는 책상에서 일어나지 말자고 자신에게 약속해라.'

이런 '억지로 몰아붙이기'가 전혀 쓸모없다는 말은 아니다.

이런 전략도 분명 ADHD를 다루는 유용한 도구에 속하기는 한다. 다만 우리가 너무 자주 이런 방법을 쓰는 건 아닌지 생각해봐야 한다. 나 역시 정말 필요할 땐 나 자신을 **억지로 몰아붙여서** 일할 수 있다는 걸 잘 안다. 나는 키보드에 눈물을 뚝뚝 흘려가며 컴퓨터가 고장 날까 봐 진심으로 걱정하면서도, 기사 한 편을 완성한 적도 있다. 그런데 그렇게 하고 나면 완전히 탈진한다는 것도 안다. 꼭 그렇게 극단적이지는 않더라도, 계속 몰아붙이는 이런 방식은 내 안의 뭔가를 갉아먹는다. 하지만 이런 정신력 소진은 단순히 한 시간 더 자고 조용한 오후를 보낸다고 해서 회복되지 않는다. 그래서 나는 이런 전략을 매일 반복되는 일상에 사용하도록 권하는 건 윤리적으로도 맞지 않는다고 생각한다.

　진정한 목표는 ADHD를 안고 살아가는 일을 덜 지치게 만드는 것이어야 한다. 그래야 애초에 뭔가를 해내는 일도 더 쉬워진다. 좋은 소식은 실제로 그런 방법들이 존재한다는 거다. 하지만 나쁜 소식은 그게 바로 심리요법, 건강하게 먹기, 충분히 자기, 규칙적으로 운동하기 같은 방법이라는 거다.

　좀 황당할 수 있다는 걸 안다. 이 사실을 알게 된 순간 나 역시 그랬으니까.

에델을 좀 더 편하게 해주자

우리의 친절한 실행기능 담당자, 에델을 기억하는가? 내가 아는 한, 약물요법 외에 ADHD와 관련된 증상을 줄이는 가장 중요한 방법은 에델의 삶을 편하게 해주는 거다.

에델을 위해 심리요법을 받자

불쌍한 에델의 임무에서 가장 안타까운 부분 중 하나는 업무함에 계속 쌓이는 '불안' 메모를 처리하느라 소중한 시간을 너무 많이 낭비한다는 점이다. 우리가 알다시피, ADHD를 안고 살다 보면 정신건강 관련 서류들이 순식간에 쌓인다. 우리에게 이를 닦으라고, 가스불을 끄라고 상기시키는 일 외에도 에델은 이런 서류를 처리하느라 정신이 하나도 없다. '오늘 일을 제대로 못 했으니 난 형편없는 인간이야.' 또는 '그 사람이 답장을 안 한 건 알고 보니 내가 썩어빠진, 이기적인, 끔찍한 인간이란 걸 눈치챘기 때문일 거야.' 등등. 이럴 때 바로, 우리 뇌가 짊어진 정서적 부담을 느리지만 확실하게 줄여주는 심리요법이 필요하다. 게다가 그 과정에서 우리가 좀 더 기분이 좋아지고 행복하게 되는 **부작용**도 있다.

ADHD를 위한 몇 가지 심리요법이 권장되기는 하지만, 보통 가장 효과적으로 여겨지는 건 **인지행동치료CBT**다. **메타 분석**에 따르면, CBT는 성인의 ADHD 증상을 어느 정도 완화하는 효과가 있다고 한다.[136]

CBT의 핵심은, 현재 일어나는 객관적 사실과 그에 대한 주관적 해석이나 감정을 구분하는 법을 배우는 데 있다. 예를 들어 길 건너편에서 오랜 친구를 보고 손을 흔들었는데 그 친구가 손을 흔들어주지 않을 때, CBT는 그 상황을 이렇게

정리하도록 도와준다. '그 애가 날 싫어해서 그런 거야'라고 곧바로 단정하기보다는, '거리도 붐볐고, 그 애가 약간 스트레스를 받았는지 정신이 없어 보였어. 그래서 날 못 봤을지도 모르지'라고 인식하는 것이다. ADHD를 위한 CBT는 우리가 일을 해내는 능력을 갉아먹는 사고 패턴에 초점을 맞춘다. 가령, 완벽하지 않으면 실패라고 느낀다든지, 뭔가 제대로 하기 힘들 때 좌절하고 포기하는 경향이다.

물론 모든 사람이 이 치료법을 좋아하지는 않을 수 있다. 어떤 사람은 이 방법이 자신의 감정을 무시한다거나, 실제로 감정을 느끼기보다는 지적으로 분석하게 만든다고 생각할 수 있다. 그래서 이를 무턱대고 추천하기는 조심스럽다. 내 경우는 CBT로 긍정적인 효과를 봤지만, 그렇다고 이 방법이 모든 사람에게 맞는다고 할 수는 없다. 특히 ADHD의 심리적 **동반 질환**의 범위가 굉장히 넓다는 점을 고려하면 더욱 그렇다. 그러니 겁내지 말고 자신에게 맞는 치료법을 찾을 때까지 여러 상담심리사를 만나 다양한 방법에 도전하기를 바란다.

하지만 정기적으로 상담심리사를 만난다는 건 격주에 한 번이라 해도 모든 사람에게 가능한 일은 아니다. 나 역시 경제적으로 꽤 부담됐다. 솔직히 상담심리사와 더 자주 이야기하고 싶지만, 현재로선 할 수 있는 만큼만 하고 있다. 나는 지출 우선순위도 조정했다. '식비', '주거비', 그리고 '살짝 취했을 때 인터넷으로 펑키한 귀걸이 사기' 같은 비용들 다음의 최우선으로 치료비를 올려놓았다.

하지만 꼭 기억해야 할 게 있다. ADHD 증상을 개선하고 동반 질환을 치료하는 일 외에도, 성인이 돼서 갑자기 이런 질환이 있음을 알게 되는 건 그 자체로 엄청나게 충격적이고 세상을 뒤흔드는 사건이라는 점이다. 거의 틀림없이 수많은 기억과 트라우마, 슬픔을 불러일으켰을 것이다. 이런 엄청난 일을 오로지 자신과 자신의 에델만이 감당해야 한다고 생각하는 건 둘 모두에게 공평하지 않다.

요즘 호주에서는 성인 ADHD 진료를 해주는 정신과 의사를 만나려면 말도 안 되게 오래 기다려야 하는 상황이라, 나는 친구들에게 심리요법을 가장 많이 추천한다. 당장 치료제를 손에 넣기는 힘들 수 있지만, 기다리는 동안이라도 마음을 정리하고 자신을 용서하는 법을 배우기 위해 할 수 있는 일은 엄청나게 많다.

심리요법을 대체할 수는 없지만, 또 다른 방법으로 'ADHD 코칭'이 있다. 코치는 실질적인 기술과 정리 방법에 초점을 맞추고, 동시에 외적 동기부여 역할도 하면서 이런 방법들을 실천하도록 돕는다(기본적으로, 다음에 상담하러 갈 때 아무것도 안 해봤다고 말하기 싫어서라도 하게 된다).

예를 들면, 나는 코치를 만나면서 약 제때 챙겨 먹기, 일찍 잠자리에 들기, 이메일과 메시지에 성실하게 답장하기 같은 일들을 개선하고 싶었다. 나는 코치가 알려준 전략들이 정말 마음에 들었고(그중 몇 가지는 책의 뒷부분에서 다룰 예정이다), 무엇보다 좋았던 건 내가 눈앞에 약이 있는데도 약 먹는 걸 기억하기 어렵다는 말을 누군가에게 털어놓을 수 있고, 그 사람이 나를 착잡하고 걱정스러운 표정으로 바라보지 않는다는 점이다.

나는 코칭을 몇 번 받았고 계속 이어가고 싶었지만, 거짓말이 아니라 비용이 엄청나게 들었다. 정부나 보험 지원도 없이 회당 9만 원 정도 됐다. 이 책을 위해 최소한 직접 해봐야겠다는 책임감이 없었다면 경제적으로 그만한 가치가 있다고 생각하긴 어려웠을지 모른다. 다행히 내가 만난 코치는 혼자서도 할 수 있는 방법들을 익히도록 하는 데 집중했다.

또 알아둘 건, ADHD 코칭은 공식 규제 산업이 아니므로 서비스 품질이 보장되지 않는다는 점이다. 심리학자나 상담심리사가 서비스 일부로 ADHD 코칭을 해줄 때도 있지만, 이 분야 일을 한다고 해서 반드시 의료 전문가는 아니다. 대부분은 '라이프 코치'나 '커리어 코치'에 가깝다. 개중에는 정규교육 과정을 이수하고 '국제 코칭 연맹' 같은 기관의 인증을 받은 사람도 있지만, 때로는 그냥 대충 하는 사람도 있다.

내가 만난 ADHD 코치는 상담심리사는 아니었지만 내 정신과 의사가 추천한 사람이었다. 의사 말로는 자기 환자들이 그 서비스를 받고 효과를 많이 봤다기에, 나는 그 코치가 최소한 자기가 해주는 조언을 똑바로 인식하고 있을 거라는 믿음이 어느 정도는 있었다. 하지만 아무런 정보 없이 코치를 만나러 간다면, 먼저 그 사람이 어떤 교육을 받았는지, 어떤 전문 기관에 소속되어 있는지 정확히 알아보고, 비싼 비용을 치르기 전에 인터넷 후기를 찾아보는 걸 추천한다.

또한, 소셜 미디어 인플루언서 스타일의 코치들이 과도한 금액을 청구하는 사례도 있으니 주의하자.

에델을 위해 운동하자

이 말을 하기는 정말 싫지만, 운동(심박 수를 높이든, 최소한으로 몸을 움직이든)은 ADHD 증상을 완화하는 데 중요한 역할을 한다.

아직 학계에서 완전히 합의된 건 아니지만, 운동이 ADHD 증상에 긍정적인 영향을 준다는 건 상당히 많은 연구로 입증됐고, 실제로 많은 의사가 약물 효과를 보완하거나 약물 사용이 어려운 경우 대체 수단으로 처방하기도 한다. 최근 ADHD 아동을 대상으로 한 메타 분석에서는 운동이 실행기능에 꽤 긍정적인 영향을 준다고 결론지었으며,[137] 이와 비슷하게 성인 ADHD를 대상으로 한 소규모 연구 중 최소 한 건에서도 '격한 운동'(달리기나 트레이닝 등)이 효과가 있다고 나타났다.[138] 다른 두 건의 메타 분석에서는 ADHD 증상을 완화하는 데 효과가 미미하거나[139] 결정적이지 않다고[140] 밝혀졌지만, 그중 하나에서는 ADHD의 빈번한 동반 질환인 불안과 우울증이 현저히 감소했다고 나타났다.

불안과 우울감을 극복하는 일은 ADHD와의 싸움에서 아주 큰 부분을 차지하며, 여기에 운동이 훌륭한 치료법이라는 데는 논란의 여지가 없다.[141] 이 책에서 자세히 다루지는 않겠지만, 운동이 정신건강에 전반적으로 미치는 영향을 분석한 연구를 보면 '의미 있다', '필수적이다', '꽤 신뢰할 수 있는 포괄적인 증거다'와 같은 표현이 자주 등장한다. 따라서 심리요법과 마찬가지로 운동과

신체 활동은 우리 기분을 대체로 좋게 만드는 역할을
한다고 볼 수 있다.

   기분이 좋고 상쾌하며 정신이 맑은
상태에서는 일이나 공부, 집안일을 하거나
가족과 친구들과 어울릴 때, 과로에
시달리는 불쌍한 에델이 실제로 중요한 일에 집중하기가
훨씬 쉽다. 하지만 일주일 동안 밖에 나가지도 않고 소파랑
한 몸이 되기 시작할 때는, 에델이 밀려드는 빼곡한 서류들을
처리하기도 바쁘다. 그러니 당연히 정신건강이 심각하게
나빠진 상태에서는 이런 운동도 항상 할 수 있는 건 아니다.
하지만, 일반적인 정서 균형을 유지하는 방법으로 운동은 정말
소중한 도구다.

   '음, 다 좋은데, 그러면 대체 어떻게 해야 ADHD인 사람이
실제로 운동을 시작할 수 있는 거야?'라고 묻는 소리가 들리는
것만 같다.

   나는 진짜 운동을 뼛속 깊이 싫어하기 때문에 이런 질문에
내가 적임자가 아닌 것 같다고 쓰려고 했다. 하지만 어쩌면
그래서 오히려 가장 적임자인지도 모른다. 자, 그럼, 내가
어떻게 억지로 발버둥 치며 몸을 움직이려고
애썼는지 보자.

   먼저 꼭 기억해야 할 게 있다. ADHD
뇌는 본래 단기적인 고통과 장기적인 보상을
저울질하는 데 훨씬 어려움을 겪는다. 그러니
단순히 '이 운동을 매일 몇 주 동안 하면

더 행복하고 건강해질 거야'라는 사실을 알았다고 해서 신경전형성인 사람만큼 강력한 동기부여가 되지 않는다.

따라서 이런 장기적인 보상에 집중하기보다는 '내재적 보상', 즉 운동하는 행위 자체가 즐겁고 재미있는 유형을 찾는 게 좋다. 또한 '명시적 결과', 즉 뭔가 더 귀찮은 일을 피하기 위해서라도 귀찮은 운동을 해야만 하는 상황을 설정할 필요가 있다. 그리고 이러한 보상과 결과들을 '일상의 루틴 안으로 통합'해야 한다. 그러면 더 이상 자신을 의식적으로 돌아붙이지 않아도 결국 운동을 시작하게 된다. 몇 가지 예를 보자.

지난 일 년 동안 나는 고심 끝에 그나마 견딜 만한 운동 세 가지를 찾아냈다. 자전거 타고 출근하기, 수영하기, 동네 축구팀에서 뛰기.

내가 운동을 해낼 수 있었던 비결은, 운동해야겠다고 애써 결심해야 하는 순간 자체를 없애는 거였다. 나는 좋든 싫든 운동할 수밖에 없는 상황을 일부러 만들었다. 그리고 백번 중 아흔아홉 번은 보상 호르몬이 마침내 분비되기 시작할 때쯤이면 정말 운동하길 잘했다 싶고, 스스로 말릴 기회가 없었던 게 다행이라는 생각이 든다.

> **내재적 보상** 이런 운동 방식은 뇌에서 분비되는 엔도르핀 때문에 즐거운 것만이 아니라 그 이상의 즐거움을 느낄 수 있다. 나는 자전거를 타고 출근하는데, 그 이유는 신선한 바깥 공기 마시는 걸 좋아하고, 하루 일을 시작하기 전에 40분 동안 라디오를 (조용하게,

그리고 도로 안전을 위해 한쪽 귀로만) 듣는 게 정말 도움이 되기 때문이다. 축구를 좋아하는 건, 다른 여성들과 어울릴 수 있는 공간이 있다는 게 즐겁고, 팀원들과는 일과 후 지친 상태로도 함께 시간을 보내고 싶을 만큼 좋은 친구가 되었기 때문이다. 그리고 수영은 마음이 차분해지고, 상쾌한 기분을 느낄 수 있고, 스마트 워치의 기발한 기능들을 활용할 수 있어서 좋다.

명시적 결과 나는 자전거를 탈 때 심장이 쿵쾅대도록 빨리 달리지 않으면 지각한다. 만일 귀찮다고 축구 연습에 나가지 않으면 (비록 경기장에서는 최악의 선수일망정) 팀에 민폐를 끼친다. 또한 연습할 때도 열심히 하지 않으면 내가 얼마나 느려터지고 체력이 형편없는지를 보고 민망해질뿐더러 코치가 실망 가득한 눈빛으로 나를 쳐다본다. 마지막으로, 내가 다니는 수영장은 소형 사우나가 딸려 있는데, 실제로 수영장에 먼저 들어가지 않고 사우나로 가면 뭔가 찔리는 기분이 든다. 그러니 수영을 안 하면 찜질도 할 수 없는 슬픈 상황인 거다.

일상의 루틴 안에 통합하기 자전거를 타고 시내로 가는 건 말 그대로 목적지에 도달하기 위한 수단으로, 내 일상생활의 한 부분을 차지한다. 나는 운동을 하겠다고 일부러 결심할 필요도 없이 그냥 출근만 하면 되고, 운동은 이제 그에 따른 부수적 결과가 되었다. 축구 연습이나 경기는 항상 같은 날, 거의 같은 시간에, 그리고 무엇보다도 내가 통제할 수 없는 일정대로 진행된다. 일정이 거의 고정적이라 나는 똑같은 시간에 다른 계획을 세우지 않도록 기억할 수 있고(예외도 있지만), '한 시간만 있다가 하자'라거나 '내일 하지 뭐'라고 미룰 수가 없다. 이런 생각은 대개 '안 함'으로 끝나고 만다. 수영은 이런 면에서는 덜 완벽하지만, 밤에 수영장 가는 루틴을 만드는 방법도 있다. 사우나에서 읽을 책(수증기로 책장이 떨어져도 상관없는 책)을 가져갔다가 집에 와서 샤워하고 잠자리에 드는 게 몸에 배면 꽤 꾸준히 하게 된다. 그리고 중요한 건 생각하지 않고도 하게 된다는 사실. 하지만 안타깝게도 일이 바빠지면 가장 먼저 포기하게 되는 게 또 수영이다.

에델을 위해 건강한 아침 식사를 하자

ADHD와 식단을 함께 이야기하는 건 상당히 조심스럽다. 왜냐하면 수십 년 동안 일부 회의론자들은 이 질환이 단순히 아이들이 설탕이나 가공식품을 너무 많이 먹어서 생기는 거라고 주장해왔기 때문이다.[142] 이런 인식이 아직도 널리 퍼져 있다 보니 ADHD 증상에 도움 되는 음식을 구글에서 찾는 일조차 어렵기만 하다. 검색하려고 해도 잘못된 정보나, 잘못된 정보를 반박하는 기사들만 주르륵 상위에 노출되곤 한다. 따라서 유용한 정보를 알아보기 전에 우선 이 부분부터 간단히 살펴보자.

ADHD와 건강하지 않은 식습관, 즉 과일과 채소를 멀리하고 지방, 육류, 설탕이 첨가된 음식을 많이 먹는 습관 사이에는 상당한 연관성이 있다.[143] 또한 ADHD가 있는 청소년은 의학적 '비만'으로 진단받을 가능성이 3배, 제2형 당뇨병에 걸릴 가능성이 2.5배 높으며,[144] 이 두 가지가 모두 최소한 부분적으로는 식단의 영향을 받는 게 사실이다.

하지만 많은 연구에서 건강하지 않은 식습관과 ADHD의 **상관관계**를 보여주긴 해도, 음식이 ADHD를 유발한다는 증거는 거의 찾아볼 수 없다. 오히려 ADHD가 맛있고 싸고 편리한 정크 푸드를 뿌리치기 어렵게 만들 수 있다. 이 질환은 매일 건강한 식사를 준비하는 데 필요한 조직력과 집중력, 시간 관리 능력을 떨어뜨릴 수 있다. 또한 사회경제적 지위에도 부정적인 영향을 미치기 때문에 그 결과 영양가 있는 음식을 경제적으로 감당하기 어렵게 만들 수 있다. 결국은 ADHD가 식습관을 만든다고 결론짓는 게 더 논리적으로 보인다. 하지만 그렇다고 식단이 ADHD에 전혀 영향을 미치지 않는다는 말은 아니다. 사실, 우리 뇌에 조금이라도 도움 되고 ADHD 증상을 좀 더 관리하기 쉽게 해줄 수 있는 아주 간단한 식습관도 몇 가지 있다.

ADHD이든 신경전형성이든, 우리가 먹는 음식은 집중력과 밀접한 관련이 있다. 특히 여러 연구에 따르면, 아침 식사는 주의력 유지 능력을 비롯해 다양한 방식으로 인지능력 향상에 도움이 된다.[145] 사람들이 흔히 이야기하는 '아침 식사는 임금처럼'이라는 말은, 특히 우리 같은 사람에게 더 필요하다.

실제로, 우리 중 일부는 식욕을 열 시간 또는 그 이상으로 현저히 떨어뜨리거나 아예 없애는 약물을 복용할 수도 있기 때문에 아침 식사는 더욱더 중요하다.

이러한 자극제 부작용이 그냥 커피 한 잔으로 피로를 잊고 하루를 시작하고 싶은 유혹을 키울 수 있다. 그러면 배가 꼬르륵거리는 느낌은 없을 수 있겠지만 배고픔을 못 느낀다고 해서 실제로 몸도 그렇다는 뜻은 아니다. 결국 아침을 거르면 우리 기분과 에너지, 집중력이 영향을 받는다. 그래서 나는 웬만하면 아침 식사 후에 약을 먹으려고 하고, 때로는 기억하기 쉽게 식탁 위에 올려놓기도 한다.

ADHD 옹호 단체인 CHADD에서는 아침 식사로 단백질과 복합 탄수화물이 풍부한 음식을 권장한다. 가령 콩이나 채소, 통곡물, 귀리 등 식물성 식품과 달걀, 우유, (채식주의자인 나로서는 인정하기가 꺼려지지만) 살코기 같은 동물성 식품이다.[146]

에델이 연료가 떨어져 힘겹게 작동하고 있을 때 최고의 능력을 발휘하는 사람은 아무도 없다. 게다가 우리의 에델은 애초부터 몹시 허둥대는 상태다. 그러니 우리는 아침에 밖으로 나가는 길에 견과류 바 하나, 사과 하나 챙기는 걸 깜빡해서 에델의 생산성을 떨어뜨려서는 안 된다.

나는 요즘 '벨로시랩터 식단'이라고 부르는 방법으로, ADHD 친화적인 아침 식사를 매일 실천하려고 노력 중이다. 먼저, 아침에 일어나서 달걀 두어 개를 삶기 시작하고, 기다리는 동안 아침에 할 다른 일을 한 다음, 다 삶아지면 껍질을 벗기고, 약간의 버터와 마늘 소금을 취향껏 뿌린 후, 식탁에 앉아 가장 배고픈 선사시대 동물처럼 달걀 한 접시를 해치우는 거다. 벨로시랩터 방식이라는 이름에 걸맞게 달걀은 반드시 진짜 방목 농장에서 나온 것이어야 한다(미안하지만 내가 규칙을 정한 건 아니다), 또한 달걀은 콜레스테롤 함량이 다소 높아서 매일 이 식단을 따르는 건 추천하지 않는다. 어쨌든 우리는 선사시대 위장을 갖고 있지 않으니까.

말은 그렇지만, 벨로시랩터 식단조차 아침에 준비하기 번거로울 때가 **많다.** 그래서 저녁을 요리할 때 다음 날 아침에 먹을 음식도 충분히 만들어두는 것도 좋다. 남은 음식을 전자레인지에 돌리기도 귀찮다면, 바나나 하나, 크래커와 딥 소스 조금, 아니면 잘게 자른 치즈 한 줌을 냉장고 문을 연 채 차갑고 꾸짖는 듯한 빛을 받으며 입속에 욱여넣는 것으로도 충분하다. 물론 이런 게 이상적인 식사는 아닐뿐더러 최고의 효과도 내지 못하지만, 아무것도 안 먹는 것보다는 훨씬 낫다. 따라서 차가운 스프링롤 세 개랑 과일 견과 초콜릿 몇 조각을 먹더라도 잘하고 있는 거다.

또한, 점심은 영양가 있는 음식으로 제대로 챙겨 먹도록 하자. 힘들다는 건 알지만, 그래야 하루를 마칠 때 탈진하거나 **번아웃** 되는 걸 막을 수 있다. 나는 이건 조금씩 잘 지키고 있다. 스마트폰에 알람을 설정하고 가끔은 전날 밤에 도시락을 싸놓기도 한다. 하지만 혹시 지키지 못할 걸 대비해 요즘은 회사 책상 서랍에 캐슈너트나 아몬드 한 봉지를 넣어둔다(직장이나 학교에서 외부 일정이 있을 때는 가방이나 자동차 글러브박스에 넣어두면 좋다). 물론, 가능하면 이런 비상식량보다는 좀 더 나은 식사를 챙기려고 노력하자.
하지만, 나처럼 ADHD 인생에서 아직 '할 수 있는 거부터 하자'
단계에 있다면 목표는 '완벽'이 아니라 '완료'다.

ADHD 커뮤니티에는 또한 특정 종합비타민제나 건강
보조제를 먹으면 증상 완화에 도움 된다고 말하는 사람들이
넘쳐난다. 하지만 나는 이러한 주장들을 신중히 받아들이려고
한다. 이런 '기적의 치료제'에 대한 과학적 증거는 극히
제한적이기 때문이다(또한 주목해야 할 건, ADHD 관련
인플루언서 중에는 올리는 영상마다 자기만의 영양제를 배경에
띄워놓기도 한다는 사실).

어떤 연구에서는 오메가-3 지방산을 좀 더 섭취하면 다소
도움 될 수 있다고 하니[147] 이것도 하나의 선택지가 될 수 있다.
CHADD에서 권장하는 식단을 지속하기 힘들다면 비타민제로
부족한 영양소를 보충하는 방법도 유용할 수 있다(나도 그래서
먹고 있다). 하지만 궁극적으로 우리 몸은 보충제보다는
음식에서 비타민을 훨씬 잘 흡수하므로[148] 결국 전반적으로
균형 잡힌 식사가 값비싼 비타민제보다 효과적일 수 있다.
또한 보충제를 먹기 전에 담당 의사와 꼭 상의해야 한다.
비타민은 복용 중인 약물에 영향을 미칠 수 있기 때문이다.

사실 이 이야기는 아침 식사에 관한 내 마지막 조언으로
이어진다. 만약 암페타민 성분의 자극제(애더럴, 바이반스,
덱세드린 등)를 복용 중일 경우, 비타민C를 포함해 위장 내
산도를 높이는 성분(즉, 소변을 더 산성으로 만드는 물질)이
체내에 많으면, 약물 흡수 능력이 현저히 떨어지고 약 성분이

소변으로 더 빨리 배출되어, 결과적으로 약효 지속 시간이 줄어들 가능성이 있다.[149] 따라서 약을 먹기 전후 한 시간 동안은 비타민C(아스코르브산)가 함유된 보충제를 피하는 게 최선이다.

비타민C가 풍부하거나 산성이 강한 음식과 음료를 먹는 문제는 정확하게 어떤 유형의 암페타민 자극제를 복용 중인지에 따라 다르다(예를 들어, 바이반스의 복약 안내문에는 약을 먹고 곧바로 오렌지 주스를 마셔도 괜찮다고 나와 있지만, '효과가 빠르고 짧게 나타나는' 덱삼페타민 정제는 이를 피하라고 경고한다[150]). 따라서 이런 문제는 다음에 병원에 갈 때 의사와 직접 상의하는 게 가장 좋다. 어쨌거나 그래도 비타민C는 식단에 꼭 넣어야 한다. 괴혈병에 걸릴 수도 있으니까.

에델을 위해 잠을 잘 자자

나는 ADHD를 깊이 조사해보기 전까지는 매일 밤 실제로 시간 맞춰 잠자리에 들 수 있다고 믿는 사람들이 있을 거라고는 전혀 상상하지 못했다. 예를 들면 '아, 내일 아침 일찍 일어나야 하니까 한 시간 일찍 자러 가야지'라고 생각하는 사람들 말이다. 반대로 나는, '젠장, 내일 일찍 일어나야 하는데… 부디 크툴루 신께 기도해서 우주의 별들이 정렬해주길 바랄 수밖에. 제발 제때 잠자리에 들고 실제로 잠들 수 있도록 의지를 발휘하게 해달라고 해야지' 이러기 일쑤다. 매일 밤이 나에게는 우주의 축복으로 충분한 수면에 필요한 자제력과 정서적 균형을 갖게 되는지 확인하는 동전 던지기 게임과도 같다. 하지만, 동전 던지기와는 달리 성공할 확률이 반반에도 훨씬 못 미친다.

4장에서 언급했듯이 수면 문제는 ADHD 증상을 심각하게 악화할 수 있다.[151] 따라서 규칙적으로 잠을 잘 자는 게 부정적인 증상을 줄이고 삶의 질을 개선하는 데 핵심적인 요소임은 너무나 분명하다. 하지만, 안타깝게도 ADHD의 신들은 우리 중 최대 85%에게는 이 일을 진짜 지독히도 어렵게 만들어놨다.[152] 그렇다면 대체 이 문제를 어떻게 해결해야 할까?

우선, 단순히 수면을 우선순위에 둬야 한다는 걸 인식하는 것만으로도 큰 진전이다. 진단받기 전에 나는 걸핏하면 미처 끝내지 못한 공부나 일을 마무리하느라 새벽까지 깨어 있곤 했다. 하지만 그렇게 잠을 충분히 못 자면 다음 날은 거의 아무것도 할 수 없고, 그러다 보면 또… 어라? 내가 또다시 악순환을 만들고 있는 거 보이는가? 나는 ADHD와 수면이 얼마나 밀접하게 연관되어 있는지 알고 난 후, 더 이상 그런 식으로 버틸 수 없다는 걸 깨달았다. 이건 정말 안타까운 일이다. 나는 진심으로 한밤중에 일이 가장 잘된다고 생각하기 때문이다. 앤서니는 하루 네다섯 시간만 자고도 하루 일을 거뜬히 해내는 걸 보며 인생 진짜 부럽다 싶기도 하지만, 나는 그렇게 시도한다는 생각만 해도 벌써 겁부터 난다. 나는 그냥 우리는 원래 다르게 태어났다는 걸 받아들여야만 했다. 나는 최소 일곱 시간은 자야 하니까.

또 하나 알게 된 건, 내 뇌는 진정되는 데 꽤 오랜 시간이 걸린다는 사실이다. 밤 9시 이후에 글을 쓰거나 뭔가 일을 더 하면, 자정 전에 잠들 가능성은 물 건너간다. 이건 다음 날 생산적으로 쓸 수 있는 시간이 줄어든다는 걸 의미해서 무척 답답한 일이다. 하지만 이런 작업 방식은 극심한 수면 부족으로 이어지고 다음 날 생산성 제로를 만드는 탓에 어쩔 수 없이 조정해야 한다.

자, 이제 잠을 잘 자야 한다는 걸 깨달았으니 다음 단계는 이 신화 같은 '완전한 숙면'을 실제로 어떻게 할 수 있는지 알아보자. 원하는 시간에 실제로 잠들 확률을 높이는 가장 좋은 방법은 '수면 위생'을 실천하는 것이다. 이는 기본적으로 매일 같은 시간에 잠자리에 들고 일어나는 습관을 의미한다. 당연히 말처럼 쉽지는 않지만, 많은 사람이 밤에 일정한 루틴을 만들면 도움이 된다고 말한다. 나는 아직 아주 능숙하지는 않지만, 요즘 허브티를 만들어 마시면서 뇌가 '서서히 진정하기' 시작하는 신호로 삼으려고 노력 중이다. 그런 다음 후드 달린 담요를 두르고, 베개를 포개서 침대에 기대어 앉은 후, 무릎 위에 묵직한 담요를 덮고, 닌텐도 스위치로 〈젤다의 전설〉 게임을 하며 눈꺼풀이 무거워지기를 기다린다.

엄밀히 말해 건강하게 수면 위생을 유지하려면 잠과 섹스 외에는 침대에서 아무것도 하지 말아야 한다고 한다(그리고 두 번째 건 소파가 편하면 거기로 옮길 수도 있다고 생각한다). 하지만 이런 제안은, 인생에서 침대 사랑에 폭 빠진 현시점에 있는 나에게는 전혀 현실로 와닿지 않는다(그리고 솔직히 신경전형성인 사람들이나 가능한 헛소리로 들린다). 그래서 나는 이 조언을 무시하고 좀 더 구체적인 해결책을 찾기로 했다.

적어도 들리는 일화에 따르면, ADHD인 사람 중 다수가 '죽음과도 같은 잠'을 체험한다고 한다. 이는 밤의 전반부에는 뒤척이며 잠을 설치다가, 마지막 몇 시간 동안은 정말로 깨어나기 힘들 만큼 깊고 깊은 잠에 빠져드는 경험이다. 물론 알람이 울리면 벌떡 일어나긴 하지만, 알람을 끈 후 실수로라도 베개에 머리가 닿으면, **번쩍!** 두 시간이 지나버리고 사무실에 지각하게 된다. 아니면 제시간에 일어나더라도, 그날 아침 몇 시간 동안은 안개가 잔뜩 낀 것 같은, 좀비처럼 멍한 상태에서 벗어나지 못할 수 있다.

나는 아침에 가장 큰 문제가 '평소의 나'와 '막 깨어난 나' 사이에 '제시간'에 대한 동기와 태도가 극명하게 엇갈린다는 점이다. 알람을 다섯 개씩이나 맞춰놔도, 이 망할 아침의 나는 알람을 모두 꺼버린다. 이날만은 기필코 한 시간 일찍 사무실에 출근해 준비를 해놓겠다고 수없이 다짐해도 아침의 마귀 새끼가 계속 내 소망을 무시한다.

ADHD 때문에 자극제를 복용하고 있다면, 내가 터득한 요령을 하나 제안한다. 먼저, 일어나려는 시간보다 한 시간 일찍 두 번째(또는 여섯 번째) 알람을 설정해둔다. 그리고 이 알람이 울리면 ADHD 약을 먹은 다음 다시 행복하게 자는 거다. 그럼, 진짜 알람이 울릴 때쯤이면 몸이 근질근질해서 일어나게 된다. 그런데, 맞다. 이 방법은 아침을 먹고 나서 약을 먹으라는 내 조언과 모순된다. 그래서 나는 그날그날 컨디션이나 기분에 따라 이 두 방식을 번갈아 사용하는 편이다.

이상적으로는, 침대 옆 탁자에
고단백 뮤즐리 바를 놓아두고 식욕
억제 효과가 나타나기 전에 최소한
뭔가 먹도록 해보겠지만, 나는 아직
그런 효율의 경지까지는 도달하지 못했다.

물론, 우리가 겪는 수면 문제의 원인은 대부분 단순히 시간
맞춰 잠자리에 드는 실행기능이 부족하거나, 뇌를 진정시키지
못해서이기 때문이지만, 이게 전부는 아닐 수도 있다.
4장에서는 상당수 ADHD인 사람에게 **일주기 리듬**이 지연되는
문제가 있을 수 있다고 언급했다.[153] 이는 곧 '잘 시간이 되면
졸리다'라는 단순한 편안함조차 ADHD인 사람에게는 당연한
게 아니라는 뜻이다. 하지만 이런 문제도 몇 가지 해결책이
있을 수 있다.

그중 꽤 널리 쓰이며 상당히 효과적인 방법[154] 하나가 바로
멜라토닌 보충제를 복용하는 방법이다(하지만, 이는 먼저 의사와
상의해야 한다. 특히 이미 ADHD 약물을 복용 중이라면 더더욱
그렇다. 멜라토닌을 잘못 사용하거나 너무 오래 복용하는 건 우울증
유발과도 관련이 있기 때문이다). 나는 개인적으로 멜라토닌이
정말 큰 도움이 됐다. 그렇다고 이게 기적의 치료제는 아니며,
나도 아직 가끔 천장을 쳐다보며 밤을 새우기도 한다. 하지만,
스마트폰을 억지로 내려놓고 잠들려고 노력해야 할 때,
눈꺼풀이 무거워지고 생각이 비워지면서 피곤하다는 느낌이
빠르게 들도록 해주는 데는 정말 효과가 좋다.

만약 멜라토닌이 자신에게 맞지 않는다면, (연구가 덜 된 건 인정하지만) 또 다른 방법이 있다. 이건 보는 관점에 따라 아주 웃길 수도 있고, 아니면 〈블랙 미러〉(영국 디스토피아 SF 드라마 시리즈)처럼 극도로 기묘한 기분이 들 수도 있다. 바로, 인터넷으로 '해돋이'를 사는 방법이다. 잠깐, 황당하더라도 들어보시길.

기본적으로, 우리의 일주기 리듬과 멜라토닌 분비 주기를 정상으로 되돌릴 수 있는 한 가지 해결책은, 해가 떴다는 사실을 뇌에 억지로 각인하는 방법이다. 그 하나가 바로 '아침 밝은 빛 요법'으로, 매일 아침 눈뜨자마자 30분 동안 매우 밝은 조명(최소 10,000럭스Lux 이상) 앞에서 60센티미터쯤 떨어져 얼굴에 빛을 쬐는 방법이다. 이 조명은 주로 계절성 우울증 치료에 쓰인다. ADHD인 사람들을 대상으로 연구한 두 건의 사례에서는 이 '밝은 빛 요법'을 몇 주 동안 해보니 상당한 개선 효과가 있었는데, 일주기 리듬이 앞당겨지고 ADHD 증상이 전반적으로 좋아진 것으로 나타났다.[155] 하지만, 이 요법은 전망이 꽤 밝은 결과가 나오기는 했어도 연구 대상이 적다는 한계 때문에 돈을 들일 만큼 가치가 있는지는 장담할 수 없다.

내가 알기로는 '아침 밝은 빛 요법'의 일환으로 밤에 블루라이트 노출을 제한한다고 한다. 즉, 침대에서 스크린이나 스마트폰을 보지 말라는 뜻이다. 하지만, 내 뇌는 밤중에 끊임없이 기술에 정신이 빼앗기지 않으면 언젠가 내가 죽는다는 냉혹한 현실에 압도되는 경향이 있는 탓에 나는 한 연구에서 제안한 다른 방법을 택하기로 했다. 바로, 오후

4시부터 블루 라이트 차단 안경을 착용하는 방법이다.[156] 이 두 가지 전략을 이용해 몇 주 동안 아주 작은 과학 실험을 진행했는데, 결론은… 음, 맞다. 약간은 도움이 됐다고 생각한다. 하지만 맙소사, 오후 4시에 안경 쓰는 걸 기억하는 게 이렇게 힘들 줄이야.

자, 지금까지 ADHD 증상의 강도를 낮춰주는 네 가지 핵심 축을 살펴봤다. 이러한 생활 방식을 실제로 실천하는 건 상당히 어렵고 어쩌면 평생이 걸릴 수도 있다. 하지만 조금씩이라도 개선해서 우리 에델에게 숨 돌릴 여유를 만들어주기 시작하면 좋겠다. 에델은 그 정도 대접을 받을 자격이 있다.

이제 우리 뇌를 세상에 맞추는 방법을 모두 살펴봤으니, 반대로 세상을 우리 뇌에 맞추는 방법을 알아볼 차례다. 그리고 정말 기쁜 소식이 있다. 바로 여기부터 '인생 핵꿀팁'이 시작된다.

11장 세상을 어떻게 ADHD 뇌에 맞출까?

ADHD를 진단받고 나서 제일 좋은 점 하나는 일단 '정상'이라거나 '적절한 행동'이라는 고정관념만 내려놓으면, 내 삶을 ADHD에 훨씬 잘 맞도록 만들 수 있는 기발하고 유용하며 재미있기까지 한 방법들이 정말 많다는 걸 알게 됐다는 사실이다.

자, 재미있는 '인생 핵꿀팁의 세계'에 오신 걸 환영한다. 이제부터 일상생활 꿀팁이나 '투 두 리스트'는 물론, 아침 양치질을 잊지 않도록 다양한 색깔 팔찌를 이용하는 복잡한 방식까지 다룰 예정이다. 혹시라도 나처럼 타고난 체질상 이런 이야기가 별로 솔깃하지 않더라도 걱정할 필요 없다. 왜 이런 방법들이 도움 되는지 하나하나 설명할 테니 읽다 보면 저절로 빠져들게 될 거다.

하지만 ADHD 팁이나 요령이 아무리 재미있어도 가장 중요한 첫 번째 원칙은 과도한 욕심을 부리지 않아야 한다는 거다. **한두 가지 새로운 ADHD 습관을 시도하면 재미있지만, 여덟아홉 가지를 한꺼번에 도전하면 실행기능을 향상하기는커녕 오히려 과부하를 초래할 수 있다.** 그러니 처음엔 몇 가지를 골라서 해보고 일상에 통합할 수 있는지 알아본 다음, 그게 어느 정도 몸에 익으면 다시 몇 가지를 추가하는 게 가장 좋다.

다음으로 넘어야 할 장애물은 바로 자존심. 지금부터 소개할 여러 방식과 습관 들을 유치하거나 민망하게 느낄 수도 있다. 특히 마음속 비판의 목소리가 쩌렁게 들리는 사람은 더욱더 그렇다. 하지만 사실, ADHD 뇌는 재미있는 뭔가에 정말 잘 반응한다. 따라서 세상을 ADHD에 더 잘 맞추려면, 세상을 좀 더 장난스럽게 만들어야 한다는 걸 받아들여야 한다. 그저 '어엿한' 어른처럼 보이겠다고, 기발하고 생산적인 방식을 거부할 필요는 없다.

그리고 본격적으로 꿀팁을 소개하기 전에 마지막으로 한 가지 더! 여기 소개하는 방법들은 순전히 내 경험에서 나온 것도 있지만, 대부분은 어디서 주워들은 아이디어들이다. 친구들이나 의료 전문가, 틱톡, 트윗, ADHD 페이스북 댓글(요즘 내가 페이스북을 하는 유일한 이유다), 혹은 기차 옆자리에 앉은 어떤 여자가 전화에 대고 큰 소리로 '떠오른 생각 적어두기' 이야기하는 걸 듣고 알게 된 경우까지 다양하다. 이런 방법들은 대개 ADHD 커뮤니티에 한동안 떠돌던 것들이라, 최초로 창안한 사람(존재한다면)을 밝혀내기가 어렵고, 아예 불가능할 때도 있다. 그래도 가능한 한 출처를 밝히려고 노력했다.

그럼, 시작해보자!

무시할 수 없게 만들기

일상생활에서 내가 어려움을 겪는 일 중 하나가 바로 '기억하기'다. 이건 단순히 미용실 예약이나, 대학생을 대상으로 '현대 저널리즘 관점에서 틱톡의 활용'에 대해 강의하기로 한 약속과 같이 캘린더에 적을 만한 일정을 깜빡하는 정도가 아니다. 당장은 아니지만 조만간 해야 할 일들, 가령 쓰레기통 비우기, 스파나코피타(시금치 파이)가 타기 전에 오븐에서 꺼내기, 사무실에 연차 신청서 제출하기와 같은 일들도 정말 기억하기가 힘들다.

특히, '나중에 해야지' 하고 머릿속으로 생각한 일들을 저절로 떠올리는 게 진짜 어렵다. 그래서 그 생각을 다시 탁 떠올려줄 외부 신호가 필요하다. 중요한 일들은 스마트폰 메모 앱에 적어두려고 노력하지만, 문제는 그걸 전혀 열어보지 않는다는 거다. 아니면 남자 친구에게 문자로 '나중에 알려줘' 하고 부탁하기도 하지만, 이건 엄청난 인내심을 가진 남자 친구가 있어야 가능하다. 듣자 하니 이런 남자 친구는 세상에 많지 않다고 한다.

이럴 때 많은 사람이 스마트폰 알람을 쓰지만, 나는 여기서도 어려움이 있다.

1. 알람을 설정하는 걸 기억하지 못한다.
2. 알람을 설정해놓은 다음, 알람이 울리면 도무지 뭘 하려고 했는지 전혀 모른다.
3. 알람을 그냥 꺼버리고 다시 생각하지도 않는다.

그래서 나는 알람 대신, 망할 그 일을 끝낼 때까지 계속 다시 떠올려줄 뭔가가 필요하다.

그럼, 해결책은? 방바닥 한가운데 아무 물건이나 툭 던져놓는 거다. 조만간 해야 할 중요한 일이 있을 때, 바닥 한가운데에 있으면 이상할 만한 물건을 가져다 놓는다. 그러면 방에 들어올 때마다 그 물건을 보게 되고, 심지어 그걸 피해 지나가야 한다면 '아, 얼른 끝내버리고 저걸 치워야겠다'라는 생각이 절로 든다. 예를 들어, 오늘 아침에 전기 요금을 내야 한다? 그럼, 주방 바닥 한가운데 초를 놓아둔다. 이제 깜빡할 일은 없다. 출장 갈 때 노트북 충전기를 챙겨야 하는데, 아직 쓰고 있어 못 챙겼다? 복도 바닥에 탈취제 통을 놓아둔다. 이제 비행기에서 노트북이 꺼지는 일은 없을 거다. 이건 진짜 괜찮은 방법이다. 다만, 댕댕이가 있는 집이라면 먹을 수 있는 물건은 놓지 말자.

집안일 팔찌 방식

나는 이런 '끊임없이 떠올려주기' 원리를 이용해 '집안일 팔찌' 방식을 함께 사용하고 있다. 이건 내가 처음 만든 건 아니고, 정확히 누가 시작했는지 알기는 어렵다. 하지만, 틱톡에서 이미 많은 사람이 널리 사용하는 방법이다.

기본 개념은 간단하다. 도톰하고 잘 늘어나는 팔찌에 작은 딸랑이 태그(나는 열쇠 고리용 태그를 쓴다)를 달아두고, 거기에 매주 또는 매월 해야 할 집안일을 적어놓는다. 예를 들면, 가스레인지 닦기, 거실 화분에 물 주기, 냉장고에 곰팡이 핀 음식 버리기 같은 일들이다.

그리고 방마다 그 방에서 해야 할 집안일 팔찌가 담긴 병을 놓아둔다.

집안일을 할 시간이 날 때마다 병에서 팔찌를 서너 개(아니면 하고 싶은 만큼) 꺼내서 손목에 찬다. 여기서 중요한 규칙이 있다. 태그에 적힌 일을 끝낼 때까지 팔찌를 빼선 안 된다는 것.

일을 마치면 '끝낸 일'이라고 적힌 커다란 빈 병에 팔찌를 넣는다. 그러면 이론상으로는 일주일이 끝날 때쯤이면 병이 팔찌로 가득 차고 집안일을 모두 마치게 된다. 그런 다음 병을 비우고(한 달에 한 번 해야 하는 집안일 팔찌는 그대로 둔다. 예상했겠지만, 한 달 끝날 때까지다) 다시 시작한다. 만약 이 과정이 너무 버겁게 느껴진다면 걱정하지 말자. 솔직히 나도 실제로 '끝낸 일' 병을 꽉 채워본 적이 있는 건 아니다. 이건 동기부여용 목표에 가깝다.

이 방식은 몇 가지 큰 장점이 있다.

- 일단 팔찌를 만들어두면 매번 어떤 집안일을 해야 하는지 파악하느라 실행기능을 복잡하게 발휘하지 않아도 된다.
- 드디어 팔찌를 벗어 '끝낸 일' 병에 넣을 때마다 **도파민** 한

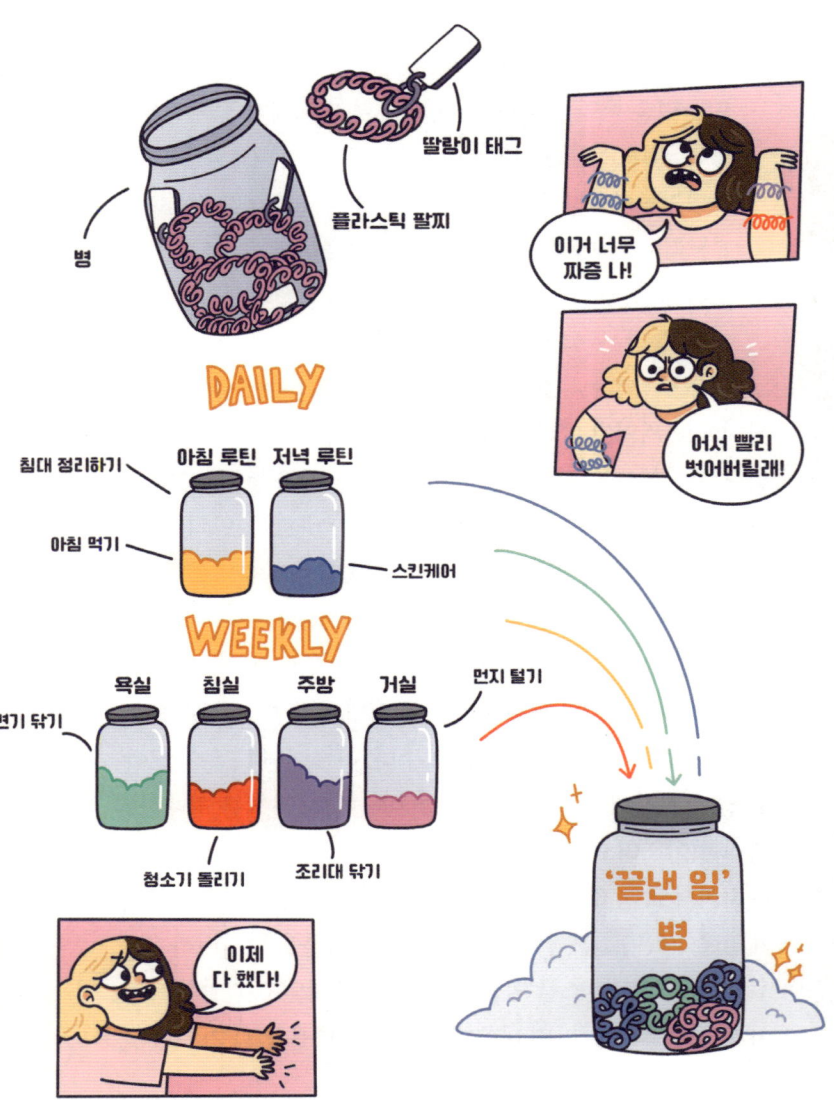

방울이 주는 짜릿함과 성취감을 맛볼 수 있다.
* 손목에서 딸랑대는 태그 소리는 해야 할 일을 계속 떠올려줄 뿐만 아니라 약간 짜증 나기도 해서 집안일을 빨리 끝내고 싶은 동기부여가 된다(감각이 예민하거나, 특히 자폐 성향이 있다면 소리가 다소 거슬릴 수도 있으니, 천이나 부드러운 소재로 만든 태그를 사용해 소음을 방지하는 방법도 고려하자).

집안일 팔찌는 청소할 때 정말 유용한데, 나는 이걸 아침 루틴에도 써먹고 있다. 별도로 '아침용' 병을 준비해서 출근 준비할 때 해야 할 일들을 넣어뒀다. 예를 들면, 침대 정리하기, 아침 먹기, 데오드란트(탈취제) 바르기, 양치질하기, 스킨케어 하기, 약 먹기 등등. 사실 이런 일들을 깜빡할까 봐 걱정해서라기보다는(그래도 걸핏하면 깜빡한다), 졸린 상태에서 쉽게 딴짓하는 습관(가령, 샤워하고 수건만 두른 채 무심코 침대에 앉아 스마트폰 스크롤만 하는 상황)이 있다 보니 이 방식은 내가 할 일을 하도록 효과적으로 도와준다. 이를테면 다음에 해야 할 일이 뭔지 계속 생각하게 되고, 이 성가신 팔찌를 최대한 빨리 벗어버리고 싶어서라도 움직이게 된다. 남들이 볼 때는 유치하다고 생각할 수 있겠지만, 나는 매일 아침 '나만의 작은 게임 쇼' 같은 걸 진행하는 기분으로, 팔찌들을 벗어버리기 위해 시간과 레이스를 벌인다. 이 정도 재미있고 기발한 아침을 보낼 수 있다면 나에게는 충분히 해볼 만한 가치가 있다.

이 팔찌 방식을 준비하려면 족히 몇 시간은 걸린다. 해야 할 집안일 목록을 적은 다음 정리해야 하고, 모든 태그를 팔찌에 고정하고, 다 쓴 잼 병을 씻는 등 여러 작업이 필요하다. 그럴 때 난 이 방법을 추천한다. 먼저 인터넷에서 관련 영상을 잔뜩 봐둔 다음, 그 흥분과 기대감을 이용해 저절로 <mark>과집중</mark> 모드로 빠져든다. 그러고는 그 기세를 몰아서 필요한 물건들을 인터넷으로 한꺼번에 주문하고, 모든 준비 작업을 한나절 만에 끝내는 거다. 이때 청소기를 돌려야 한다는 생각쯤은 과감히 무시해야 할 수 있다.

냉장고 규칙 깨기

ADHD를 다룰 때, 집 안에서 기억해야 할 물건을 눈에 잘 띄도록 재배치하는 방법이 얼마나 효과가 큰지 과소평가하지 말자. 특히 음식이라면 더욱더 그렇다.

나는 신선한 과일이나 채소를 사다 놓고 상하기 전에 먹어야 한다는 걸 기억하기가 진짜 힘들다. 사실 나는 '아, 내가 분명히 일주일 전에 가지를 샀으니 상하기 전에 오늘 저녁은 가지로 요리해야지'라고 생각할 수 있는 사람은 절대로 되지 못한다(하물며 가지가 냉장고에서 얼마나 오래 버티는지도 전혀 모른다. 이게 문제의 일부다).

가지로 요리해야겠다는

생각이 들 때는 오로지 냉장고를 열고 가지가 눈앞에 딱 보일 때뿐이다. 하지만 우리 냉장고 야채 칸은 엄청 깊어서 맨 위에 있는 채소들, 그러니까 20% 정도밖에 안 보인다. 하지만, ADHD 인스타그램 몇몇 계정에서 좋은 팁을 발견했다. 보통 소스나 드레싱을 넣어두는 냉장고 문 쪽으로 채소를 아예 옮기는 방법이다. 그러면 냉장고 문을 열 때마다 채소가 눈에 띌 수밖에 없다. 이 방법에 따라 지금 우리 집 냉장고 소스류는 야채 칸으로 쫓겨났다. 이를 뒷받침하는 이론은 이렇다. 우리는 보통 소스를 보고 메뉴를 정하지는 않으며, 요리하는 과정에서 필요한 소스나 양념을 기억하고 그때 가서 냉장고를 찾게 된다. 그러니 굳이 소스류는 눈에 잘 띄는 소중한 공간을 차지할 필요가 없다.

그다음엔 치즈나 두부, 남은 음식 통 등 상하기 쉬운 것들을 내 눈높이랑 비슷한 칸에 배치했다. 이 칸은 맨 뒤까지 잘 보인다(나는 키가 작아서 냉장고 중간에 있는 두 칸이 딱 적당하다). 그리고 피클이나 버터 등 오래가는 건 맨 아래 칸에 보관한다. 여긴 시야가 가려지는 편이다. 이 방법을 시도했을 당시 나는 앤서니와 단둘이 사는 아파트로 이사하기 전이었다. 그래서 마지막 단계에서 '맞다, 룸메이트들이 있었지'라고 깨닫고는, 셰어 하우스 그룹 채팅방에 '냉장고 물건 좀 내가 다시 정리해도 괜찮을까?'라고 묻는 메시지를 보내야 했다. 물론, 벌써 다 해놓은 티는 나지 않는 말투로. 그리고 결과는 대성공! 음식물 쓰레기는 줄었고, 채소 섭취량은 늘었으며, 룸메이트들도 (고맙게도) 아무 불만 없었다.

계속해나가기

그럼, 할 일을 모두 떠올렸다면 실제로 어떻게 해낼 수 있을까? 방법은 상황에 따라 완전히 다를 수 있다. 가령, 집안일처럼 자잘한 일들을 줄줄이 해치워야 할 때는 시간 관리, 계획 세우기, 작업 전환 능력이 시험대에 오른다. 반면, 세금 신고나 송장 제출, 시험공부, 업무용 보고서 작성 등 몇 시간씩 앉아서 대형 작업에 몰두해야 할 때는 고도의 집중력 유지, 방해 요소 차단, 꾸준한 동기 유지 등의 능력이 필요하다.

우선 자잘한 일들을 줄줄이 처리해야 하는 상황부터 보자.

뇌를 계속 바쁘게 움직이기

청소나 요리, 장보기 같은 일상의 소소한 일들은 지루하기 짝이 없다. 그래서 우리 'ADHD인들'은 TV를 보거나, 고양이를 꼬마 요정처럼 보이게 하려고 작은 골판지 모자를 만드는 등 뭔가 재미있는 활동에 몰두하다가 그만두기가 엄청 힘들다. 그러니 해야 할 일에 재미를 곁들여보자. 괜찮은 팟캐스트를 구독하거나, 오디오북 앱을 깔거나, 좋아하는 유튜브 비디오 에세이를 찾아놨다가 지루한 집안일을 하는 동안 틀어놓는 거다.

이 방법은 빨래 개고 나서 곧장 청소로 넘어가는 데도 도움 된다. 그 순간이 나한테는 생산성을 떨어뜨릴 수 있는 가장 위험한 고비다. 잠깐 앉았다가는 문득 동기를 몽땅 잃어버리거나, 혹은 다음 할 일을 계획하느라 너무 지쳐 그대로 꼼짝 못 하고 압도당한다. 집안일 팔찌도 상당히 도움

되긴 하지만, 머릿속 나머지 여유 공간을 좋은 오디오북으로 채우는 방법도 꽤 효과적이다. 그러면 불안이 이리저리 활개 칠 여지가 줄어들고, 엉뚱한 데 눈을 돌리지 않고 자동 조종 모드로 쉽게 들어갈 수가 있다.

이 방법이 나에게는 단순히 유용한 정도가 아니라 없어서는 안 될 필수 기술이다. 전에는 이렇게 끝없이 재밋거리를 원하는 내가 마치 성격 실패자라도 된 듯 죄책감이 들곤 했다. 하지만 절대 그렇지 않다. 이건 일을 끝내는 데 필요한 기술일 뿐 전혀 부끄러운 게 아니다.

보디 더블링

ADHD에서 재미있는 특징 하나는, 집안일 할 때 방에 누군가 함께 있기만 해도 엄청나게 도움 된다고 느끼는 사람이 많다는 것이다. 이를 '**보디 더블링**'이라고 하는데, 이게 도움 되는 몇 가지 이유가 있다.

* 이렇게 하면 하던 일을 계속해야 한다는 책임감이 든다. 가령, 일하다 말고 한 시간씩 바닥에 주저앉아 로마제국 멸망사를 검색하고 있으면 상대가 눈치챌 수 있기 때문이다.
* 그 사람의 존재 자체가 지금 하려고 마음먹은 일을 물리적으로 계속 떠올려준다. 그래서 조금 옆길로 새도 그 사람을 보자마자 다시 일에 집중할 수 있게 된다.
* 일을 계속하도록 응원하며, 가장 힘든 마지막 10%를

남겨두지 않고 끝내도록 해줄 수 있다.
* 일상의 복잡한 일들을 처리하는 건 상당히 두려울 수 있다. 그래서 혼자가 아니라는 느낌만으로 위로가 되기도 한다.

나는 종종 빨래한 옷을 개는 동안 앤서니에게 침대에 와서 앉아 있으라고 부탁한다. 앤서니는 굳이 나한테 말을 걸어줄 필요도 없다. 폰을 보거나 노트북으로 자기 할 일을 하면 된다. 나는 그냥 따뜻한 사람이 곁에 있으면 충분하다. 이는 집안일뿐만 아니라 직장 일에도 똑같이 적용된다. 바로 이런 이유로 일부 'ADHD인들'은 재택근무보다 직접 직장에 가서 일하는 걸 선호하기도 한다.

만약 물리적으로 같이 있어줄 사람이 없으면, 영상통화를 활용하는 방법도 있다. 마침, 해야 할 일이 있는 다른 ADHD 친구와 영상통화 하면서 서로 '보디 더블'이 되어줄 수 있다. 이를 위해 낯선 사람과 짝지어주는 웹사이트도 있지만, 내 취향에는 너무 부담스럽다.

조금 더 장기적인 일을 위해서는 전통적인 '책임 파트너'를 두는 것도 한 방법이다. 친구나 믿을 만한 직장 동료, 아니면 매주나 매달 또는 언제든 나한테 연락해 '그 일 어디까지 했어?' 하고 확인해줄 수 있는 친한 이모 같은 사람이다. 이 방법은 일을 끝내도록 동기를 부여해서 실제로 뭔가 대답하기 위해서라도 계속하게 된다. 더욱 좋은 건, 비슷한 목표를 가진 사람을 찾는다면 서로를 점검해줄 수 있다는 점이다.

모든 물건을 사용할 자리에 두기

자잘한 일을 이어서 해야 할 때 또 하나 조심할 게 있다. 바로, 중간중간 튀어나오는 온갖 방해물들이다. 집이나 직장에서 이런 방해 요소를 완전히 제거하는 건 불가능하다. 우리는 ADHD가 있다 보니 어떻게든 그걸 찾아낼 거다. 하지만, 작업 사이사이 이동 시간을 줄여 방해 요소에 노출되지 않게 할 수는 있다. 여기서 말하는 이동 시간은 자동차나 고속도로를 탄다는 말이 아니다. 이를테면, 베갯잇을 가지러 갈 때 편안한 소파를 지나가야 할 필요가 없다면, 침대 커버 교체 작업을 끝낼 확률이 높아진다는 뜻이다.

그러니 물건들을 아예 사용할 장소에 놓아두자. 이건 아주 단순하게 들리지만, 솔직히 혁신적인 아이디어다. 예를 들어보자.

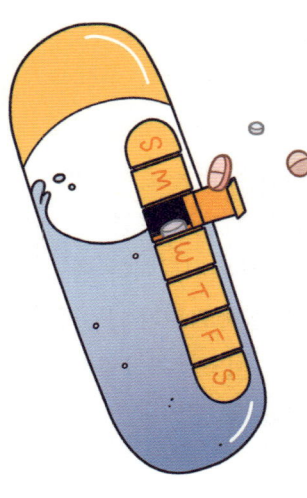

약 먹기 요령

나는 정말 약 먹는 걸 끊임없이 잊어버린다. 약병에서 약을 꺼내 탁자 위에 놓은 다음, 물을 가지러 일어나기 때문이다. 결말은 뻔하다. 그 약은 몇 시간 동안 그대로 있을 거고, 아뿔싸, 그 약은 오래가는 자극제라 지금 먹으면 오늘 밤 잠자기는 글렀다.

나는 이 문제를 해결하려고

인터넷에서 요일별 약통이 달린 물병을 샀다. 일주일에 한 번씩 약과 비타민을 약통에 각각 넣어놓고 물까지 담은 다음, 거실 탁자나 침대 옆에 놔두기만 하면 끝! 그러면 약 꺼내기, 물 가지러 가기, 복용하기 같은 두세 단계의 일이 하나로 줄어들고, 실제로 완료할 가능성이 훨씬 높아진다.

> 특히, 이런 종류의 ADHD 꿀팁은 종종 돈이 든다는 문제가 있다. 내가 산 약통 물병은 얼추 15,000원이었는데, 다행히 나는 별로 부담되지 않았지만, 모두가 그런 건 아닐 수도 있다. 그래서 가능하면 돈이 적게 들거나 아예 안 드는 방법도 소개하려고 한다. 가령, 이 약통 물병은 그냥 기존에 쓰던 물병에 약 넣을 칸만 테이프로 붙여도 된다. 기능만 있으면 되지 꼭 예쁠 필요는 없으니까. 하지만 나처럼 가끔, 자본주의 꼬마 악마가 몸속에 도사리고 있어 '뭔가를 사야만 다시 온전해질 수 있다'라고 속삭인다면, 이런 물건들은 적어도 생산적인 소비라고 할 수 있다. 게다가 '택배가 오고 있다'라는 디스토피아적인 기쁨을 맛볼 수도 있으니까.

집 청소 요령

나는 집에 있는 방마다, 심지어 책상 옆에도 작은 쓰레기통을 하나씩 놓아두려고 노력한다. 그러면 일하다 말고 껌이나 과자 봉지를 버리려고 일어나서 흐름이 끊기는 걸 방지할 수 있다. 물론 꼭 쓰레기통이 아니라 낡은 상자나 빈 통을 써도 된다.

또 하나, 청소용품(세제, 스펀지, 키친타월) 세트를 자주 쓸 것 같은 방마다 비치해두려고 한다. 이렇게 하면, 예를 들어 욕실 거울이 더러운 게 눈에 띌 때, 손만 뻗으면 필요한 걸 모두 꺼내 청소할 수 있고, 다시 제자리에 놓기만 하면 된다. 욕실을 나갈 필요가 전혀 없다. 참고로, 이런 청소 용품은 가장 저렴한 무명 브랜드도 상관없다. 기억할 건 '완벽'이 아니라 '완료'다.

외출 필수품 챙기기
나는 가방 안에 작은 수첩, 펜, 민트, 생리대, 뮤즐리 바, 하루치 약, 스마트폰 충전기를 항상 챙겨두려고 한다. 그러면 집을 나설 때는 열쇠와 스마트폰만(아직도 현금이나 실물 카드를 사용한다면, 지갑도) 신경 쓰면 된다. 궁극적으로는, 가방마다 이런 필수품을 한 세트씩 넣어두고 이리저리 옮길 필요조차 없도록 하는 게 목표다. 하지만, 이건 도파민이 뿜뿜 솟는 또 다른 날을 위한 목표로 남겨뒀다.

큰 과제 해내기
이제 큰 과제로 넘어가자. 내가 집중력과 정신력이 필요한 일을 하면서 가장 힘들 때는 바로 시작하는 순간이다. 신체 작업이나 일상 집안일과는 달리, TV나 팟캐스트를 틀어놓고 추가적인 자극을 받을 수 없기 때문이다. 온전히 뇌를 재미없는 일에 바쳐야 하고, 이는 뇌에 있는 불쌍한 에델이 감당하기에는 너무나 벅차다. 그래서 나는 종종 뇌를 살짝 속여 집중 모드로 들어가곤 한다. 이 방법은 성인 ADHD인이라면 반드시 갖춰야 할 필수 생존 스킬이다.

뇌를 정신없게 만들기

모순처럼 들릴 수도 있지만, 정말 시작 자체가 '불가능한' 절박한 순간이면 나는 팟캐스트를 자주 틀어놓는다.

일단 에피소드를 재생한 다음, 스마트폰을 무심결에 집어 들고 스크롤 할 수 없도록 손 닿지 않는 데로 치운다. 그 상태로 팟캐스트를 들으며 일을 시작한다. 이러면 맑은 사고에는 별로 도움이 안 될 수 있지만, 사실은 그 점이 바로 핵심이다. 중요한 처음 몇 분 동안, 뇌가 다른 재밋거리를 찾아달라고 필사적으로 조르지 않도록 '재미있는' 자극을 필요한 만큼 미리 채워주는 거다. 하지만 실제로 이미 편안하게 일을 시작한 상태라 차츰 팟캐스트 소리가 아니라 일에 더 집중하게 된다. 마침내 팟캐스트 소리가 거슬리기 시작하고 자연스럽게 꺼버리고 싶어진다. 그리고 마법처럼, 나도 모르는 사이 뇌가 집중 모드로 전환된 걸 알아채면 팟캐스트는 끄면 된다.

뇌를 살짝 속이기

작은 비밀을 하나 말해주자면, 생산적인 사람인 척 열심히 연기하다 보면 정말 그런 사람이 되어 있을지도 모른단 사실.

물론 이런 게 항상 쉽지는 않지만, 예를 들어 재택근무 할 때 나는 옷과 신발까지 일하는 복장으로 갖추려고 노력한다. 아침에 할 일이 있을 때는 소파 대신 책상에 앉는다(물론 종일 이렇게 앉아 있지는 않는다. 이 부분은 곧 다시 언급할 예정이다).

출장을 나가야 하는 날 아침에는 점심 도시락을 싼다든지, 출근하기 전에 특정 카페에서 커피를 산다든지, 대학 강의 갈 때 운동복 대신 청바지를 입는다든지 하는 것도 '업무 모드'로 들어가는 의식의 일부가 될 수 있다.

요즘 인터넷에서는 퇴근 후 집에 와서도 해야 할 일을 끝낼 때까지 신발을 벗지 않는 방법이 꽤 인기다. 예를 들면, 도시락통을 씻고, 다음 날 점심을 싸고, 집안일을 한두 가지 하고, 저녁을 만들고, 내일 입을 옷을 고르고, 오늘 입은 옷을 세탁기에 넣을 때까지 신발을 벗지 않는 방법이다(물론 마지막 단계에서 세탁기에 옷을 넣을 때는 벗을 수밖에 없다). 기본적으로 신발을 신은 상태에서는 소파에 발을 올려놓을 수 없으니 그대로 무너질 염려가 없다. 하지만 정말 무너질 것 같은 날은 그냥 신발 벗고 무너지는 편이 낫다. 도시락통을 씻자고 완전히 탈진할 필요는 없으니까. 하지만 에너지가 여유 있는 날에는 아주 유용한 전략이 될 수 있다.

그래도 다시 강조하지만, 이런 식으로 자신을 속여 생산성을 높이는 방법은 정말 필요할 때만 써야 하는 카드다. 매번 이런 식으로 버팀목에 기대선 안 된다. 그 대신, 몸과 마음을 건강하고 행복한 상태로 유지해서 자연스럽게 일을 해내도록 만드는 방법이야말로 훨씬 지속 가능한 생산성의 원천이다. 하지만, 오늘은 정말 끝까지 밀어붙여 '투 두 리스트'를 완료해야 한다면, 항상 '신발'이라는 비장의 무기가 있다는 걸 기억하자.

떠오른 생각 적어두기
시작하는 것도 어려운 일이지만, 강도 높은 집중 상태를 계속

유지하는 건 완전히 다른 차원의 문제일
수 있다.

주의를 흩뜨리는 방해 요소와
우회로를 없애기 위해서는 애초에 왜
그런 일이 벌어지는지를 이해해야 한다.
많은 경우, 내가 작업 도중 딴 데로 새는
이유는 뭔가 해야 할 일이 갑자기
떠올랐을 때 단지 나중에 그걸
기억할 자신이 없기 때문이다.
아주 현실적으로 말하자면,
지금이 아니면 영영 까먹을 것 같은
기분이 들어서다.

> **떠오른 생각 적어두기**
> 앤서니의 생일 점심 예약하기
> 헬스장 회원권 해지하기
> 이탈리아는 언제 완전한 국가가 됐지?
> 세탁기 안에 젖은 빨래가 그대로 있음
> 스파티필룸에 물 줘야 함
> 새 홀드 달린 담요 사기, 지금 있는 건 냄새 남
> 슬리퍼는 언제 발명됐지?
> 인터넷에서 벽지 찾아보기

이런 식으로 생각났을 때 '바로 해치우려는' 충동은 ADHD가
있는 사람에게 때로는 좋은 전략이 된다. 하지만, 엄청나게
큰일을 해야 하는 상황에서는 그다지 도움 되지 않을 수 있다.

나는 '떠오른 생각 적어두기' 기법을 활용해서 이 문제를
해결하려고 노력했다. 워드 문서를 하나 만들어 항상
열어두고, 머릿속에 떠오르는 중요한 생각이나 해야 할 일을
몽땅 적어두는 거다. 이렇게 하면 몇 분이나 몇 시간이 아니라
몇 초만 한눈팔면 되고, 떠오른 생각이 ADHD 특유의 '공허'
속으로 사라질까 봐 불안해할 필요도 없다. 만약 하루 종일
컴퓨터 앞에 있는 사람이 아니라면 스마트폰 메모 앱이나
작은 노트도 훌륭한 도구가 될 수 있다. 단, 노트에는 끈이나
리본으로 펜을 묶어두는 게 좋다. 그래야 필요할 때 항상 쓸 수

있으니까.

    이 기법의 가장 큰 문제는, 정작 이 목록을 나중에 다시 확인하고 실행에 옮기는 일 자체를 까먹기 쉽다는 점이다.

    어쩌면 할 일 목록에 '목록 확인하기'를 추가해야 할지도 모르겠다.

포모도로 기법

집중력을 유지하는 또 다른 인기 있는 방법은, 긴 정신적 마라톤 시간을 짧은 달리기와 휴식 구간으로 쪼개는 방법이다. 이때 활용할 수 있는 게 '포모도로 기법'이다. 이는 1980년대 후반 프란체스코 시릴로가 개발한 생산성 향상 기법으로, 중간 길이의 작업 시간과 짧은 휴식 시간을 번갈아 배치해 작업을 구조화하는 방식이다. 대체로 다음 단계를 따른다.

1. 할 일을 정한다.
2. 타이머를 25분으로 설정하고, 알람이 울릴 때까지 정한 일 외에는 아무것도 하지 않는다.
3. 타이머를 5분 또는 10분으로 설정하고 짧게 휴식한다.
   이때 스마트폰을 확인하거나 차 한 잔을 마셔도 된다.
4. 이 패턴을 두 번 더 반복한다.
5. 그다음에는 더 길게 보통 20~30분 정도 휴식을 취한다.
6. 다시 처음부터 시작한다.

이 기법은 ADHD 커뮤니티에서 굉장히 인기가 많으며,

실제로 많은 사람에게 아주 효과적이다. 하지만 나는 좀 예외였다. 앞서 말했듯이 나는 '시작하기'가 가장 어려운 순간이라 25분마다 멈추면 오히려 일의 흐름이 끊긴다. 그 대신 내 뇌는 몇 시간씩 길게 집중하고 그사이에 충분한 휴식을 취하는 식으로 작동하는 경향이 있다.

물론 나도 하루를 좀 더 체계적으로 관리하면 좋을 것 같긴 하다. 하지만, 솔직히 포모도로 기법이나 다른 유사한 기법이 가진 엄격한 규칙성은 오히려 나를 불안하게 만든다. 그래서 아직 시작도 하기 전에 벌써 실패하는 기분이 들곤 한다. 하지만, 이 방법이 자신에게 잘 맞는다면, 꼭 활용해보시길!

습관의 벽 넘어서기

ADHD에 대해 특히 답답한 부분 중 하나는, ADHD가 있는 사람들은 대부분 **실행기능 장애**가 있는 까닭에 이러한 팁이나 방법 들이 거의 자동 반사처럼 몸에 배어야만 제대로 효과를 발휘할 수 있다는 점이다. 그런데 안타깝게도 ADHD는 애초에 어떤 행동을 꾸준히 반복해서 습관을 형성하는 일 자체를 극도로 어렵게 만든다.

그렇다면 이 벽을 어떻게 넘어야 할까?

습관 쌓기

행동과학 분야에서 '**습관 쌓기**'라는 유명한 개념이 있다. 의식하지 않아도 하는 행동과 자꾸 잊어버리는 행동을 의도적으로 연결해서 새로운 습관을 형성하는 방법이다.

신경전형성인 사람들은 비타민을 챙겨 먹거나 운동을 꾸준히 하려고 이 방법을 활용하기도 한다. 하지만, 'ADHD인들'에게도 일상생활을 어느 정도 조직적으로 관리하는 데 도움 되는 방법이다.

예를 들어, 나는 플래너나 다이어리를 꾸준히 활용하지 못하는 편이라 밥을 먹으려고 앉을 때마다 구글 캘린더를 확인하고 업데이트하도록 스스로 연습하고 있다. 실제로 음식을 가져오면서부터 머릿속으로 '캘린더, 캘린더, 캘린더'를 반복해 떠올린다. 이건 효과가 들쭉날쭉하긴 하지만, 한 달 정도 꾸준히 이어진 적도 몇 번 있다. 특히 잘 지켜지고 있을 때는 한 단계를 더 추가한다. 밥을 먹으러 앉으면 캘린더를 확인하고, 캘린더를 확인하면 문자에 답장하는 식이다. 이렇게 하면 사람들에게 답장하는 일처럼 늘 신경 쓰이는 불안 유발 작업을 하루에 5분씩 세 번 만에 깔끔히 처리할 수 있다. 게다가 그 덕분에 '맙소사, 온통 세상이 무너지는 거 같아'라는 패닉 상태에 빠질 위험도 줄일 수 있다. 이론적으로는, 아침이나 저녁 루틴 전체를 이렇게 습관 쌓기로 만드는 것도 가능하다. 하지만, 나는 아직 그 단계는 근처도 가지 못했다.

다른 습관 쌓기 방법으로는 이런 것도 있다.

* 대중교통을 이용할 때마다 이메일 확인하기
* 좋아하는 팟캐스트의 새 에피소드가 올라올 때마다 빨래 돌리기
* 저녁에 와인 한 잔 마시기 전, 옷 정리하기

* 옷을 다 입자마자 약 먹기. 약을 먹은 다음 침대 정리하기
* 마트에서 사 온 식료품을 정리하면서 할아버지에게 전화하기
* 고양이가 6시에 밥 주는 줄 뻔히 알면서도 매일 오후 4시 15분에 밥 달라고 졸라댈 때, 집 근처를 한 바퀴 산책하기

다시 말하지만, 이런 방법들은 애초에 습관을 형성하는 게 가능해야 한다. 그러니 너무 어렵게 느껴진다고 해서(당연히 나도 그렇다) 자신을 탓하진 말자. 하지만 일상생활에서 이런 습관 쌓기를 계속 시도하는 건 비교적 부담이 적은 방법에 속한다.

> 이 습관 쌓기 원리는 물건에 적용할 수도 있다. 즉, 자주 잃어버리는 물건을 절대 없으면 안 되는 물건에 연결하는 방법이다. 예를 들어, 나는 열쇠를 자주 잃어버리지만, 무선 이어폰은 하도 자주 써서 어디 있는지 대체로 안다. 그래서 열쇠고리가 달린 이어폰 케이스를 사서 두 녀석을 함께 놔둔다. 그 결과 열쇠를 찾을 확률이 약 70%로 올라갔다.

흐름을 끊지 말자

좋은 습관을 내 루틴에 심어 넣기 위해 시도하는 또 다른 방법은 내가 '듀오링고 방식'이라고 부르는 것으로, 듀오링고라는 언어 학습 앱에서 이름을 따왔다. 이 앱은 매일 연속 학습 기록을 이어가도록 가짜 긴박감을 조성해서,

사용자가 매일 최소 한 번은 앱에 접속하도록 동기를 부여한다. 이 원리를 이용하면 거의 모든 습관을 나만의 버전으로 만들 수 있다. 방법은 간단하다. 1년 치 달력을 한 장에 인쇄해서 펜을 끈으로 묶어 냉장고에 붙여놓는다. 그런 다음 그날 목표한 습관을 성공적으로 실천하면 날짜에 × 표시를 해나가는 거다(프린터가 없다면 다음에 할인 매장을 지날 때 저렴한 달력을 하나 사서 맨 뒷장에 붙은 이상하게 생긴 연간 달력을 활용하자).

나에게는, 작은 칸이 연달아 채워지는 걸 보는 기쁨과 빈칸이 나를 노려보는 공포만으로도 충분히 동기부여가 된다. 하지만, 추가로 자극이 필요하다면 매주 또는 매달 마지막에 작은 보상을 걸어둘 수도 있다. 예를 들어, 7일 연속 성공하면 좋아하는 초콜릿 바 하나, 60일을 채우면 전에 본 예쁜 노트, 100일을 달성하면 동물원 나들이, 1년을 완주하면 음, 롤러스케이트를 사는 거다(물론 우리 'ADHD인들'은 대부분 코로나19 봉쇄 기간에 이미 스케이트를 질렀을 확률이 높긴 하지만).

혹시 실패한 하루를 바라보며 일 년 내내 낙심할까 봐 걱정된다면, 미뤄왔던 다른 일을 함으로써 '복구하기'를 설정할 수도 있다. 예를 들어, 미뤄둔 세금 신고를 실제로 마치면, 연간 달력에서 습관 쌓기를 빼먹은 날 세 칸을 다시 표시하는 식이다.

뇌를 행복하게 해주기

여기까지 오는 동안 우리 뇌는 생산성과 집중을 위해 정말 열심히 일해왔다. 그러니 가끔 뇌에 보상을 해주는 게 진짜 중요하다. 때로는 뇌를 원하는 대로 작동시키는 가장 좋은 방법은 뇌가 좋아하는 걸 해주는 거다. 그리고 뇌는 작은 물건들을 만지작거리는 걸 좋아한다.

피짓 토이

ADHD인 사람들, 특히 과잉행동 **증상**이 있는 사람들은 만지작거리는 걸 정말 좋아한다. 나도 항상 손으로 뭔가 하고 있어야 한다. 종이를 찢든, 귀걸이를 조몰락거리든, 손가락 관절을 꺾든. 그래서 가만히 있어야 할 때는 오히려 집중하기가 훨씬 힘들다. 직업상 나는 인터뷰하는 동안 상대방 말을 오랜 시간 집중해서 들어야 하고, 동시에 내 쪽에서 전화기 너머로 들릴 만한 이상한 소리(탁탁 두드리거나 종이를 찢는 등)를 내지 말아야 해서 이런 증상이 꽤 문제 될 수 있다.

처음에는 '피짓 토이'라는 개념이 약간 유치해 보였다. 특히 내가 **진단**받을 당시 초등학생들 사이에서 엄청나게 유행하고 있어서 더 그랬다. 하지만 어설픈 자존심을 이유로 뇌에 도움 되는 일을 포기하는 건 현명하지 못하다. 그래서 나는 인터넷에서 다양한 피짓 토이 묶음을 저렴하게 사서 책상 아래 작은 서랍에 보관하고 있다.

손으로 키보드를 치지 않을 때는 늘 무언가를 만지작거린다. 물방울 구슬이 들어 있는 상어 모양 스트레스 볼을 쥐어짜거나, '몽키 누들'이라는 쭉 늘어나는 고무 튜브로 매듭을 묶거나, 피짓 도데카곤이라는 작은 장난감에 달린

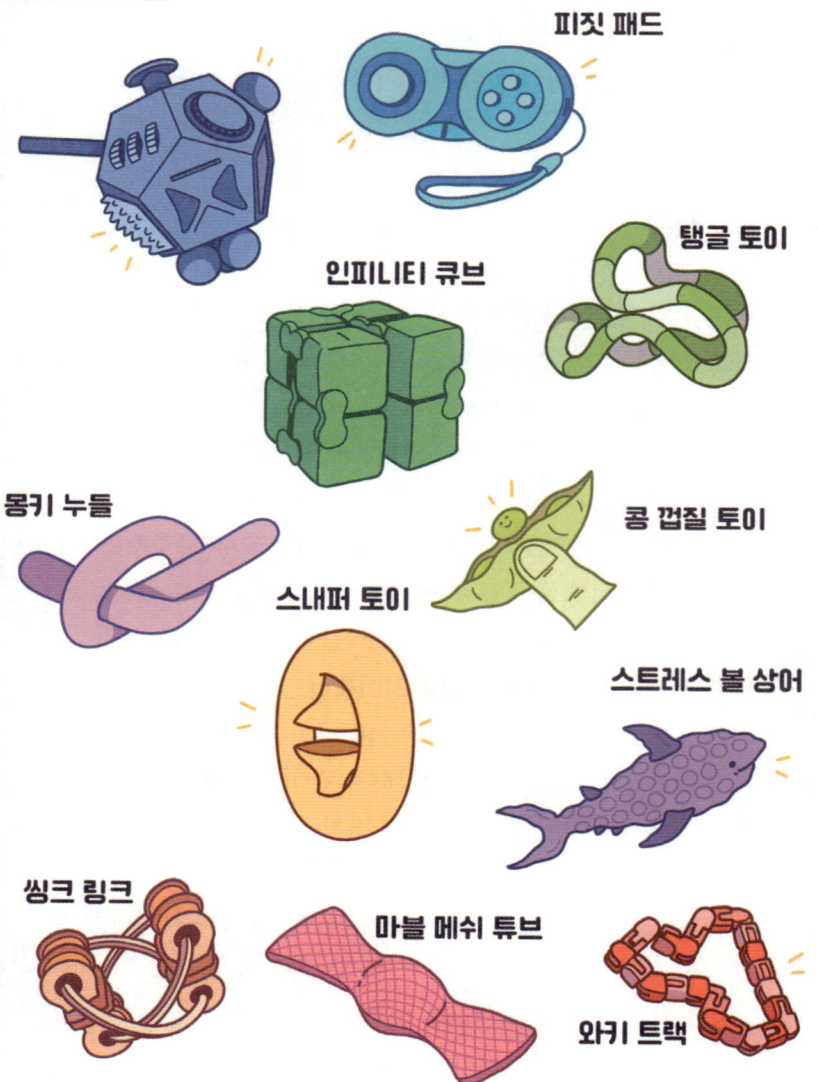

자잘한 스위치를 딸깍거리거나, 그물망 안에 있는 구슬을 위아래로 굴리거나 한다. 나는 이 모든 것들을 진짜 좋아한다. 요즘은 혹시 모를 긴급한 과잉행동 사태에 대비해 핸드백에도 넣고 다닌다. 만약 내가 영상 링크로 TV 인터뷰하는 걸 본 적이 있다면, 화면 바로 바깥에서 와키 트랙스 하나는 손에 쥐고 있었다는 걸 알아주시길.

바닥에서 작업하기

내가 하루 종일 책상에만 앉아 있지는 않는다고 했던 말 기억하는가? 사실 나는 종종 바닥에 앉아서 일할 때 집중이 더 잘 되는 편이다. 어떤 사람들은 이게 '코어 근육'을 활성화하고, 근육을 더 많이 쓰게 하며, 일종의 '능동적 휴식' 상태를 만들어주기 때문이라고 설명한다. 나는 그런 이론은 잘 모르겠다. 이를 뒷받침하는 연구 결과도 많이 찾아볼 수 없다. 다만, 확실히 말할 수 있는 건 나는 바닥에서 작업할 때 최고의 성과를 낸다는 거다. 사실 내 최적의 자세는 바닥에 배를 깔고 엎드린 다음, 턱 밑에 단단한 베개를 받치고, 팔은 노트북을 향해 쭉 뻗은 상태다. 하지만 이런 기괴한 자세를 추천했다간 아마 물리치료사들 블랙리스트에 오를지도 모른다(마감이 다가올 때는 심지어 직장에서도 바닥에서 작업한다. 하지만, 이건 당연히 사무직일 때만 가능한 이야기고, 게다가 직장이 ADHD 관련 필요 사항이나, 개인의 독특한 습관까지도 특별히 잘 수용해주는 직장이어야 한다).

혹시 나처럼 늘 컴퓨터 앞에 앉아 있는 직업이 아니라도 자세나 환경을 조금씩 바꿔보자. 전화를 받으면서 산책하거나, 의자 대신 운동용 짐볼에 앉아보거나, 주변 환경이 허락하는 한 몸을 많이 움직여보자. 기본적으로는, '원래 이렇게 해야 한다'라는 방식에 너무 얽매이지 않아야 한다. 문화적으로나 물리적으로 가능한 범위 내에서, 자신에게 가장 잘 맞는 방법을 찾는 게 중요하다.

압도감이라는 괴물과 싸우기

완전히 압도당하는 느낌은 ADHD를 안고 살면서 겪는 가장 핵심적이며 끔찍한 경험이다. 나도 이걸 완벽하게 피할 수 있는 비결을 알아낸 건 아니지만, 쌓여가는 잡동사니와 끝내지 못한 일들을 조금이라도 쉽게 처리할 수 있는 몇 가지 팁을 소개한다.

깨끗한 옷 바구니 만들기

솔직히 나한테는 이 방법이 잘 맞지 않았다. 하지만 여러분은 효과를 볼 수도 있다.

나는 아무리 잘해야지 다짐해도 옷을 갈아입을 때마다 곧바로 정리하는 습관을 들이지 못했다. 그러다 보니 방 안에는 점점 감당하기 힘들 정도로 옷더미가 쌓이곤 한다. 그래서 이번에는 빨래 바구니를 하나 더 사서 깨끗한 옷을 넣어놓기로 했다. 왜냐하면 긴 하루를 마친 후 옷을 벗어 바로 걸어두는 건 힘들지만, 그냥 바닥에 던지는 대신 '깨끗한 옷 바구니'에 휙 던지는 일쯤은 쉽게 할 수 있겠다는 생각이

들어서다.

   문제는 우리 고양이가 빨래에 오줌 싸는 걸 너무 좋아한다는 거다. 왜 그런지는 묻지 마시길. 고양이에게는 깨끗한 변기 트레이가 있으니까. 아마도 그러면 그냥 특별 대우를 받는 기분인 모양이다. 아무튼 그래서 뚜껑이 달린 깨끗한 옷 바구니를 새로 사야 했다. 하지만 안타깝게도 뚜껑을 덮어놓으니, 갑자기 바구니 안의 내용물을 너무 쉽게 무시하고 잊어버렸다. 결국 바구니 안에는 구깃구깃하게 방치된 옷들이 한없이 쌓여갔다. 심지어 한번은 셔츠를 잃어버렸다고 생각해서 새 셔츠를 산 적도 있는데, 몇 달 후 이 천재적인 'ADHD용 혁신 바구니' 맨 밑바닥에서 찾아내기도 했다. 하지만 키우는 고양이가 린넨 빨래를 특별 대우로 여기지만 않는다면, 이 방법도 좋은 선택지가 될 수 있다. 아니면, 그냥 의자에 계속 옷을 올려놓는 방법도 똑같은 효과를 얻을 수 있다. 핵심은 엉망진창인 것들을 관리하기 쉽게 한군데로 모아둔다는 거다.

   이 '엉망진창을 한군데로 모아놓기' 원리를 집 안의 다른 부분에도 적용할 수 있다. 예를 들면 식탁 한쪽 구역을 임시로 정해놓고, 지금 당장 치울 시간이 없는 자잘한 물건들을 거기 쌓아놨다가 주말에 몰아서 정리하는 방법이다.

   집 안을 대대적으로 치워야 할 때면, 나는 제일 먼저 정리해야 할 혼돈의 덩어리를 '매크로 단계'로 큼직하게 나눈다. 이 단계에서는 모든 물건을 원래 있어야 할 방에 옮겨놓는 것까지만 한다. 이러면 방마다 작은 무더기가 생기고, 방 안에서 몇 걸음만 움직이면 모든 물건을 제자리에 정리할 수 있다. 덕분에 이후부터는 각 단계가 훨씬 수월하게 느껴진다.

ADHD 친화형 '투 두 리스트' 만들기

당연히 '투 두 리스트'는 모든 'ADHD인'의 삶에서 진짜 중요한 도구다. **이때 모든 생각을 머릿속에 담고 다니려고 하지 말고, 떠오르는 생각을 글로 적어두고 전전두엽의 부담을 덜어주는 게 핵심이다.**

하지만, 이 방법이 모두에게 똑같이 효과적이지는 않다. 때로는 해야 할 일을 끝없이 늘어놓은 리스트를 보며 동기부여가 되기보다 오히려 압도당하는 느낌이 들기도 한다. 그러다가 결국 어디서 어떻게 시작해야 할지 몰라 또다시 아무것도 못 하게 될 수 있다.

내가 전에 몇 번 상담받았던 ADHD 코치(10장 참고)는, 특히 압도당하는 날 쓸 수 있는 아주 기발한 리스트 작성법을 알려주었다. 물론 준비 시간이 조금 더 걸리기는 한다.

우선 자리에 앉아 머릿속에 떠오른 할 일을 모조리 쏟아낸다. 그 일이 아무리 작든 크든, 급하든 안 급하든 무조건 다 적는다.

이 작업은 컴퓨터나 스마트폰으로 하는 게 좋다. 다음 단계에서 리스트에 있는 일들을 모두 우선순위에 따라 정렬해야 하기 때문이다. 가장 위에는 당장 몇 시간 안에 안 하면 큰일 날 일부터 올려놓는다. 예를 들면, 연체된 전화 요금

내기, 오늘 밤 마감인 대학 과제 작성하기, 아니면 친구에게
오늘 술자리에 갈 건지 말해주기 같은 단순한 일일 수도 있다.
어떤 일이든 당장 해야 하면 최상단으로 올린다. 한편, 오늘
중으로 해야 할 일(예를 들면, 식기세척기 돌리기)은 리스트
중간쯤에 둔다. 그리고 내일이나 다음 주로 미뤄도 괜찮은
일(예를 들면, 찢어진 카디건 꿰매기 등)은 리스트 아래쪽으로
보낸다.

   이제 리스트를 정리했으면 한 번 더 살펴보면서, 모든
항목을 25분 내로 거뜬히 끝낼 수 있는 작은 단위로 쪼갠다.
예를 들어 '전화 요금 내기'는 한 단계로 끝낼 수 있지만,
'에세이 작성하기'라면 '논문 한 편 읽기', '강의 노트 복습하기',
'글 구조 짜기', '도입부 쓰기' 등 여러 단계로 나눌 수 있다.
이렇게 모든 작업을 작은 단위로 쪼갠 다음, 한 번 더
우선순위를 살펴보면서 바뀐 게 없는지 빠르게 점검한다.
그러면 이제 준비 완료.

   갑자기 하루를 명확하고 논리적으로 정리한 계획표가 손에
딱 들어온다. 그냥 리스트 맨 위부터 하나씩 해나가면 된다.
어디까지 내려갈 수 있는지 한번 도전해보시길.

두려움 돌파 시간

ADHD를 안고 살다 보면 미루는 게 일상이다. 중요한
일을 앞에 두고 너무 벅차게 느껴지기도 하고, 잘못할까 봐
두렵거나 진작에 하지 못해 부끄러워질 때가 있다. 그래서 못
하고 미뤄놓는다. 그렇게 계속 미루다 보면 일은 더 커지고,

점점 더 압도적이고 무섭고 부끄럽게 느껴져서 아예 손댈 수 없는 상태가 된다.

나도 한번은 송장 보내는 방법을 몰라서 몇백 달러를 포기한 적이 있다. 방법을 알아내기가 너무 복잡하게 느껴졌고, 시간이 지날수록 안 했다는 사실이 부끄러워 그냥 생각조차 하지 않으려고 했다. 그러다 일 년이 훌쩍 지났고, 이제 와서 돈을 청구해도 되는 건지도 알 수 없는 상황이 됐다. 지금 내 형편상 그렇게 큰돈을 날려버릴 처지가 아닌데도 말이다. 그땐 그냥 그 일이 너무 무서웠다.

그러다 어느 날 팟캐스트 〈디어 행크 앤드 존〉을 들었다. 이 팟캐스트는 유튜브 채널 〈사이언스 쇼〉와 틱톡으로 유명한 행크 그린, 그리고 유튜브 시리즈 〈크래시 코스〉의 진행자이며 2010년대 중반 10대들이 열광했던 책들을 쓰기도 했던 존 그린, 이 두 형제가 진행하는 방송이다. 이 팟캐스트에서 행크는 매주 자신이 '두려움 돌파 시간'을 갖는다고 소개했다. 이메일이나 각종 청구서, 전화 통화 등 자신이 두려워하는 일을 몽땅 모아서 한 시간 동안 해치우는 방법이다.

중요한 건 그렇게 하면 일주일 내내 그 두려운 일들이 자신을 괴롭히지 않는다는 사실이다. 왜냐하면 '두려움 돌파 시간'이 돌아올 때까지는 그 일을 처리하지 않아도 된다는 걸 알기 때문이다. 그리고 일주일에 한 번이라는 기한이 정해져 있으면 '약간 스트레스였던 일'이 '완전히 무시무시한 공포'로 커질 틈을 주지 않게 된다. 물론, 시간은 얼마든지 필요에 따라 자유롭게 정할 수 있다. 하루에 한 번이나 격주에 한 번,

아니면 '점심 식사 후 10분 두려운 일 처리하기' 또는 '두려운 오후 타임'으로 만들 수도 있다. 나는 이 '두려움 돌파 시간'을 정말 좋아하게 됐다. 이제는 매주 금요일 오후 3시면 그 두려운 시간이 된다(참고로, 나는 아직도 그 송장을 제출하지 못했다. 벌써 2년이 다 돼간다. 지금 제출하면 너무 늦으려나?).

'두려움 돌파 시간'은 진짜 해야만 하는 일을 처리하기 위한 시간이다. 그 일이 힘들든 쉽든. 하지만 내가 ADHD와 함께 살아가는 법을 배우는 과정에서 가장 크게 깨달은 점은, 모든 전투에서 싸워 이기려고 애쓰는 게 아니라 애초에 싸울 필요가 없는 싸움을 구별할 줄 알아야 한다는 것이다.

12장   어떤 싸움이 싸울 가치가 있을까?

지금까지 다양한 팁과 전략을 다루었지만, 이 모든 걸 완벽하게 실천하더라도 우리는 여전히 ADHD를 안고 살아갈 가능성이 크다.

내 뇌를 세상에 맞도록, 그리고 세상을 내 뇌에 맞도록 노력하는 일은 정말 엄청나게 중요하다. 하지만 ADHD로 인한 부담을 덜어주는 데 가장 핵심 역할을 한 건, 내가 결코 잘 해낼 수 없는 일들이 존재한다는 사실을 받아들이는 일이었다. 내 삶은 신경전형성인 사람들 삶과 절대로 같지 않을 것이고, 내 뇌 역시 그 사람들 뇌와는 분명 다를 것이다. 그렇다면, ADHD에 대해 알기 전에 설정해놓은 '나는 이래야 해'라는 기준에 도달하지 못한다고 해서 끊임없이 자신을 벌주는 게 무슨 의미가 있을까? 나는 실제로 존재하는 나를 인정하고 그대로 받아들이는 법을 배워야 한다. 아직도 노력하는 중이지만 조금씩 배워가고 있다.

공식적으로 진단받은 후 첫해가 끝나갈 무렵, 우연히 @CallMePaulHollywood라는 틱톡 계정을 알게 됐다. 운영자는 나처럼 20대 초중반의 여성인 케이사 커리였다. 그녀 역시 최근에 신경다양성 진단을 받았는데, 직접 영상들을 제작해서 '내가 ADHD에 져주기로 한 싸움들'이라는 제목으로 올리고 있었다.

커리는 한 영상에서 가볍게 툭 던지듯 이렇게 말했다. "첫 번째, 장보기 목록. 이걸 지키는 건 불가능해요. 난 포기했어요. 마트에 가면 그냥 내 마음 가는 대로 따르죠. 필요한 물건을 사냐고요? 아뇨. 사려고 마음먹은 물건을 사냐고요? 절대 아니죠. 그럼, 해결 방법이 있냐고요? 역시 없어요."

영상들은 가볍고 웃기는 분위기였고, 대부분 자꾸 뭘 잊어버리는 자신을 다정하게 놀리는 말투였다. 하지만 그걸 보면서 나는 진짜 인생을 완전히 새롭게 바라보게 됐다.

진단받은 첫해 내 목표는 항상 ADHD를 '이겨내는 것'이라고 생각했다. 그래야 한다고 믿었기 때문이다. 장애가 있으면 어떻게든 삶에 영향을 미치지 못하도록 막으려고 애쓰게 된다. 안 그런가? 하지만 그 영상을 보고 나서 처음으로 '아, 그렇게… 안 해도 되는구나' 하는 생각이 들었다.

그래서 나는 (일단 멜버른과 미국 중서부 사이의 시차를 파악한 다음) 커리에게 연락했고, 그녀는 흔쾌히 전화를 받아주었다.

"처음엔 자료도 여기저기서 뒤지고 다른 사람들은 ADHD에 어떻게 대처하는지 찾아보기 시작했어요. 그런데 솔직히 너무 실망스럽더라고요. 왜냐하면 거기 나오는 '해결책'이라는 게 결국은 신경다양성 뇌를 가진 사람한테 마치 그렇지 않은 듯 살라는 말이더라고요." 커리가 말했다.

"**물론 ADHD를 안고 살아가면서 꼭 싸워야 하는 싸움도 있어요. 생존을 위해서나 의사소통을 위해서 필요한 싸움들이죠. 하지만 굳이 싸울 필요 없는 싸움도 정말 많이 있어요.** 그리고 솔직히 내가 찾아본 '해결책들'은 대부분 사실 안 싸워도 되는 싸움을 위한 것이더라고요.

그러니까, 맞아요. 이 영상들은 좀 농담 같긴 해요. 하지만 동시에 진심으로 그렇게 믿고 있어요."

분명히 커리의 말은 수많은 사람의 마음을 울렸고, 그 결과 수십만 명이 게시물을 공유했다.

나는 커리에게 이 영상들이 왜 그렇게 폭발적으로 인기를 끌었다고 생각하는지 물었다. 커리는 이렇게 대답했다. "그동안 신경전형성인 사람이 ADHD가 있는 사람에게 조언을 해왔더군요. 그러다 보니 우리 같은 사람 대다수가 너무 오랫동안 무시당하는 기분을 느껴왔고 분노가 쌓였다고 생각해요. 그래서 나는 그냥 '엿 먹어… 아니, 난 그렇게 안 할 거야'라고 농담을 던질 수 있다는 사실만으로도 정말 존중받는 느낌이 들었어요. 그런데 알고 보니 나랑 똑같이 느끼는 사람들이 엄청나게 많았던 거예요."

이런 말을 하려니 마치 '붉은 깃발'을 흔드는 사람 같기는 하지만, 생산성을 최고의 도덕적 미덕으로 여기는 이런 사고방식은 자본주의를 위한 도구다.

우리가 '게으름'을 악으로 여기는 게 자본주의에는 유리하다. 그래야 우리를 더 생산적인 노동자로 만들 수 있으니까. 게다가 이 자본주의는 우리 삶에 너무 깊숙이 뿌리내리고 있어서, '생산성의 미덕'이란 개념은 집을 깨끗이 정리하고, 플래너를 깔끔하게 적고, 건강한 식사를 잊지 않는 것처럼 일상 속 모든 기본적인 부분까지 스며들어 있다. 내가 집 안을 치웠던 이유는 그렇게 함으로써 공간이 더 쾌적하게 느껴져서가 아니었다. 바로 마음속 어딘가에서, 지저분하게 사는 건 죄악처럼 느껴졌기 때문이다.

나는 아마 앞으로도 여행 짐을 꾸릴 때면 중요한 물건 두세 개는 빠뜨릴 거다. 마트에 가면 집에 이미 올리브가 있다는 걸 또 깜빡할 수 있다. 기차역까지 걸어가는 시간 역시 정확하게 계산하지 못할 것이다. 이런 일들이 물론 답답하게 느껴질 수는 있다. 하지만 세상은 절대로 '정리정돈 잘하는' 사람과 '나쁜' 사람으로 나뉘지 않는다.

그렇다고, 제대로 계획을 세우지 못하고 생산적으로 움직이지 못해서 빚어진 결과가 전혀 없다는 말은 아니다. 하지만 이런 식으로 한번 생각하자. 언젠가 죽음을 맞이하고 어떤 신성한 도덕적 심판관 앞에 선다고 할 때, 젖은 빨래를 세탁기에 너무 오래 놔뒀다고 벌 받을 리는 없다. 그러니 진심으로 말하지만 괜찮다.

열쇠를 자꾸 잃어버리는 건 도덕적 실패가 아니다.

운동이 지독히도 지루하게 느껴지는 건 도덕적 실패가

아니다.

폰을 늘 방전시키는 건 도덕적 실패가 아니다.

팟캐스트를 틀지 않으면 잠들지 못하는 건 도덕적 실패가 아니다.

이메일에 답장을 조금 늦게 보내는 건 도덕적 실패가 아니다.

우리가 ADHD에 맞는 이런 방식들을 삶에 통합하려고 애쓰는 건 우리에게 '교훈을 배워야 할' 또는 '죗값을 치러야 할' 의무가 있어서가 아니다. 우리가 그런 방법들을 선택하는 이유는 순전히 우리 삶의 행복 수준을 전반적으로 높일 수 있기 때문이다. 만약 어떤 문제가 싸울 가치가 없고 주변 사람에게 큰 피해를 주지 않는다면 그 싸움은 애초에 시작할 필요가 없다.

나 역시 이 메시지를 진정으로 내면화하려고 지금도 노력 중이다. 하지만 가슴 깊이 와닿는 순간마다 말할 수 없는 해방감을 느낀다.

무엇을 목표로 해야 할까?

ADHD가 있는 내가 '나쁜 사람'이 아니라는 걸 갈수록 깊이 받아들이면서 깨닫게 된 점은, 이 장애를 반드시 '고치거나 극복하는 것'을 목표로 할 필요가 없다는 사실이다.

물론 이론적으로는 가능하다고 한다. 장애 **증상**이 더 이상 삶에 부정적인 영향을 주지 않는 수준까지 완화한다면 형식적으로는 **진단 기준**을 벗어나게 된다. 하지만 나는 ADHD를 오로지 '손상 정도'를 기준으로 정의하는 방식이 마음에 들지 않는다. 또한, 만약 1년 동안 병원 예약을 빠짐없이 기억하면 뇌가 마법처럼 신경전형성인 상태로 돌아간다는 생각도 믿기지 않는다. 솔직히 말해서 내 ADHD를 '치료'하려고 시도한다는 생각 자체가 무섭게 느껴진다. 나는 이제야 나에게 이런 문제가 있다는 사실을 편하게 받아들이기 시작했다. 이걸 없애려고 노력한다는 건 절망과 슬픔의 구렁텅이로 다시 빠져드는 지름길이 될 게 뻔하다.

그럼, ADHD를 '극복하려고' 노력하는 게 아니라면 우리는 도대체 이 모든 과정을 통해 무엇을 이루고 싶은 걸까? 집 안을 제대로 정리하고, 건강을 잘 챙기고, 잠도 잘 자고, 모든 문제를 해결하고 나면 정작 우리는 삶이 어떤 모습이길 원하는 걸까?

나는 잠시 시간을 내서 이 질문에 답을 써보라고 권하고 싶다. 막상 적어 내려가다 보면 예상과 달라서 깜짝 놀랄 수도 있기 때문이다.

내가 적어본 목록을 일부 소개한다.

* 더는 나 자신을 게으르고, 덤벙대고, 생각 없는 사람이라고 여기지 않기
* 그런 부정적인 생각을 오랜 세월 품고 살아오면서 잃어버린 자존감 되찾기
* 끊임없이 지치고 **번아웃** 되는 상태에서 벗어나 필요한 만큼 쉬는 법을 배우고, 끝없이 쉬지 않고 일하지 못한다고 해서

죄책감 느끼지 않기
* 자려고 마음먹은 시간에 잠들 확률을 최소한 60% 달성하기(우리는 현실적으로 생각해야 하니까, 여러분)
* 내가 바라는 친구, 딸, 자매, 파트너의 모습을 내 행동으로 고스란히 보여주기
* 두려움이나 불안, 그리고 전반적으로 압도되는 감정이 스멀스멀 올라올 때 이를 알아차리고, **마비** 상태에서 벗어나 통제력을 되찾는 법을 배우기
* 이 모든 목표를 항상 완벽하게 달성하지 못하더라도 그때마다 나 자신을 용서하기

이 목록을 써보고 나서야 나는 깨달았다. 여기에 적은 모습들은 대부분 공식적인 ADHD 증상과는 직접적인 관련이 없다는 사실이다. 이 점이 바로 ADHD를 '치료'하는 일이 나에게 꼭 필요한 목표가 되지 못하는 또 다른 이유다. 물론 내 **실행기능**을 향상하고, 삶을 좀 더 편하게 만들기 위해 이루고 싶은 목표들은 있다. 하지만, 깜빡하는 증상 자체보다, 자꾸 깜빡한다고 나 자신을 미워하는 일이 내 삶에 훨씬 해롭다는 걸 지금은 안다.

필요한 건 암페타민과 엄청난 자기 용서 능력, 이거면 끝!

아직도 진행 중

그렇다면, 지난 몇 달 동안 일상생활 꿀팁, 집안일 팔찌, 행동과학, 고단백 아침 식단 등 다양한 방법을 시도한 결과,

실제로 '내 일상을 총체적으로 정돈하기'라는 목표는 과연
어떻게 됐을까? 음, 일단은 이렇다.

* 밤 10시로 스마트폰에 취침 알람을 설정했지만, 그 시간에
  잠들기는커녕 침대에 들어간 적이 한 번도 없다.
* 매일 밤, 아침 회의를 위해 화장할 수 있게 일찍 일어나자고
  다짐하지만, 매일 아침 8시 58분에 헐레벌떡 출근해서
  손가락으로 대충 머리를 빗으며 아무도 눈 밑 다크서클을
  눈치채지 않기를 바랄 뿐이다.
* 저녁마다 운동하면서 심장을 뛰게 하고 머리도 맑게
  하겠다고 결심했지만, 고작 이틀 후 그만뒀다.
* 내가 사용하는 '집안일 팔찌' 영상을 올려서 5백만 명이
  넘게 조회했지만, 그게 너무 부담된 나머지 그 후 몇 달
  동안 팔찌를 손도 대지 못했다.
* '좋은 정리 습관'을 계속 체크하겠다고 달력을 만들었지만,
  이번 달은 겨우 며칠, 그것도 드문드문 표시한 게 전부다.
* 엄마가 전화 통화할 때 알려주지 않으면 평생
  종합비타민제를 한 번도 챙겨 먹은 적이 없다.
* 지금 내 오른쪽에서 식물이 노랗게 변해가지만, 지금 물을
  주려고 일어나면 이 글을 끝내지 못할 게 뻔하다.

결국 하고 싶은 말은, 내가 이 책을 쓰는 게 약간 '가짜'처럼
느껴진다는 거다. 아직 나 자신도 제대로 하지 못하면서
ADHD와 함께 살아가는 법을 쓰고 있으니 말이다. 하지만 또

한편으로는, 모든 걸 완전히 통달한 것처럼 보이는 사람들이 쓴 글이나 책을 읽으면 오히려 더 낭패감이 들기도 한다.

그게 바로 이 문제의 특징이기 때문이다. 어떤 부분을 한 번 '고친다고' 해서 그걸로 끝나는 게 아니다. 끊임없이 고치고 또다시 부서지는 일을 반복해야 한다. 습관을 들였다가 포기하고, 껌(집중 보조 도구)을 좋아하게 됐다가 잊어버리고, 다리를 만들고 다시 불태우기도 해야 한다.

하지만 그럴 때마다 우리 삶은 조금씩 변화한다. 매번 자리에 앉아서 '오늘은 진짜 할 거야'라고 다짐할 때마다, 새로운 거 하나씩은 얻는다. 물론 한 달쯤 되면 그런 노력의 90%는 흐지부지될 수도 있다. 하지만 운이 좋으면, 작은 무언가는 남는다.

그럼, 내 목록을 다시 보자.

* 밤 10시에 잠든 적은 한 번도 없지만, 이렇게 시도하면서 평일 오후 2시 이후에는 커피를 마시지 않게 됐다.
* 아침 회의 전에 화장을 끝낼 정도로 여유 있는 아침 루틴을 만들지는 못했지만, 거의 매일 고단백 아침 식사는 챙겨 먹는다.
* 매일 저녁 운동은 못했지만, 스트레스를 풀고 싶을 때 수영하는 습관이 생겼다.
* 집안일 팔찌는 몇 달 동안 손도 대지 못했지만, 자외선 차단제 바르는 건

최소한 3분의 2 확률로 지키고 있다.
- '좋은 정리 습관'은 한동안 체크하지 못했지만, 구글 캘린더는 훨씬 자주 확인하게 됐고, 덕분에 이번 달에는 약속을 네 번이나 놓치지 않을 수 있었다.
- 종합비타민제를 복용하는 건 여전히 기억하지 못하지만, 항우울제 약은 몇 주째 거르지 않고 먹고 있다.
- 식물들이 키 크고 무성하게 자라지는 않지만, 죽이지 않고 키우는 중이다.
- 아직도 나 자신이 약간 '가짜'같이 느껴지긴 하지만, 그래도 이 책을 계속 쓰고 있다.

나는 지금, 과거의 나 자신뿐만 아니라 현재의 나도 용서하는 법을 배우려고 노력한다. ADHD가 있는 상태에서는 '완벽'을 목표로 하면 실망할 수밖에 없다. 심지어 '좀 더 나아지기'만을 목표로 해도, 단숨에 이루지 못할 가능성이 크다. 그러니 우리는 삶을 더 낫게 만들려고 노력하는 이 장대한 여정에서 우연히 얻는 작은 승리, 사소한 습관조차 소중히 여길 줄 알아야 한다. 왜냐하면, 물론 나도 아직 과학의 이름으로 ADHD를 '치료'하지 못했으며, 신경다양성을 안고 사는 완벽한 비결을 알려주지 못했다는 점에서 어쩐지 실패자처럼 느껴지긴 하지만, 확실히 처음 시작할 때보다는 삶이 훨씬 나아졌기 때문이다.

그리고 앞으로도 계속 더 나아질 것이다. 설령 그 성공들이 실패에 부수적으로 따라오는 우연한 결과일지라도.

집안일 해결해주는 요정

이 책을 쓰면서 전에 내 '흑역사' 한 꼭지를 소개한 적 있지만, 바로 다음 날 아침에 있었던 일도 진짜 빼놓을 수 없다. 정말이지 지금까지 살면서 진정으로 누군가 내게 베풀어준 최고의 친절이었기 때문이다.

  그날 아침, 아직도 마음이 좀 쓰린 채로 눈을 떴는데, 페린 언니한테 전화가 와 있었다. 그런데 솔직히 말하면 처음엔 전화를 안 받았다. 언니가 나한테 뭔가 결정을 내리거나 어떤 일을 하라고 할까 봐 겁났기 때문이다. 하지만 언니는 또다시 전화를 걸었다. 25년을 함께 했으니 내 유별난 점들을 너무나 잘 알았다.

  "너 어제 좀 힘들었다며? 엄마가 그러던데." 언니가 말했다.

  "응, 그냥… 다 그만두고 싶더라고." 내가 우물우물 대답했다.

"음, 그랬구나." 언니는 잠시 멈추었다가 이어서 말했다. "그럼, 내가 뭐 도와줄까? 장을 봐주든지, 아니면 먹을 거 좀 만들어 냉장고에 넣어줄까?"

나도 잠시 멈추었다. 그러고는 거의 이런 말이 목구멍까지 올라왔다. '아냐, 나 다 감당할 수 있어. 그래도 고마워.'

인정하긴 부끄럽지만, 사실은 정말 도무지 '다 감당'할 수 없었다. 다만, 지금 힘든 건 장보기나 요리가 아니었다. 그래도 이번엔 껍데기 속으로 숨지 않고 말을 꺼냈다. "그냥… 가족 관련된 일을 대신 좀 해줄 수 있어?"

"무슨 일인데?" 언니가 물었다.

"며칠 전에 나나가 생일 파티한다고 문자를 보냈는데, 못 간다고 어떻게 말해야 할지 모르겠어. 그리고 키어런 오빠가 청첩장 보내준다며 내 주소를 알려달라고 메시지를 보냈거든. 내가 열어본 걸 오빠가 아는데도 이틀 동안 답장도 못 했어. 그리고 생일 선물도 못 사겠고, 왜 그런지 사람들에게 설명하지도 못하겠고… 도무지 이런 일들을 어떻게 해야 할지 모르겠어, 언니. 그냥 너무 버거워."

이 이야기가 모두 얼마나 어처구니없게 들릴지 잘 안다. 2분이면 끝날 일들이니까. 객관적으로 봐도 내 '투 두 리스트'에서 제일 쉬운 일들이었다. 이건 분명히 언니가 예상한 대답은 아니었을 거다. 하지만 언니는 이런 식으로 다그치지 않았다. '아니, 그게 왜 힘들다는 거니?', '해야 할 일이 진짜 그거 맞아?', 혹은 더 심하게는, '그럼, 지금 나랑 통화하는 동안 바로 해치워. 10초밖에 안 걸리잖아.' 그 대신, 언니는 이렇게 말했다. "알겠어, 내가 처리할게." 그러고는 진짜 그렇게 해주었다.

언니는 나나에게 전화했고, 키어런 사촌 오빠에게 문자를 보냈고, 사야 했던 생일 선물을 사서 나한테 얼마 보내면 되는지 문자로 알려주었다. 내가 힘든 시기를 헤쳐나가는 동안 언니는 가족 관련 일을 도맡아 해결해주었다. 이건 정말 믿을 수 없을 만큼 관대한 일이다. 심지어 결혼식 때 나를 위해 채식 메뉴가 필요하다는 말도 잊지 않고 전했다.

며칠 뒤에는 부탁도 하지 않았는데 크리스마스 때 엄마 아빠가 좋아할 만한 선물 목록을 문자로 보내주면서 말했다. "올해는 선물을 좀 일찍 준비하려고 하는데, 네가 아이디어를 짜내느라 스트레스 받겠다는 생각이 들더라고. 괜찮으면 내가 같이 주문할게. 넌 나중에 선물값만 송금해." 난 진짜 울 뻔했다. 언니를 정말 너무너무 사랑한다.

ADHD는 외부 세계에서 보면 정말 잘 이해되지 않는다. 뭐가 쉽고 뭘 할 수 없는 건지는 감정 상태나 정신적 부담에 따라 좌우될 뿐이며, 사실 그 일이 얼마나 복잡한지, 시간은 얼마나 걸리는지는 중요하지 않다. 그러다 보니 신경전형성인 사람들이 아무리 선의로 도와주려고 해도 실제로 핵심을 정확히 짚지 못할 수 있다.

만약 ADHD가 아닌 사람이 이 글을 읽으면서 사랑하는 ADHD 가족을 돕는 방법을 찾고 싶다면, 해답은 바로 이거다. 그 사람에게 진정으로 필요한 게 뭔지 물어봐주고, 진심으로 귀 기울여 들어주는 것!

13장 다른 사람들과 어떻게 살아야 할까?

올해 4분의 3을 보내면서, 요즘 이런 생각을 정말 자주 하게 됐다. 만약 내가 철저히 내 ADHD 뇌가 원하는 방식대로만 맞춰 살아간다면 내 삶은 어떤 모습이 될까?

 만약 내가 아무런 책임도 없고 나를 의지하는 사람도 없다면, 아마 나는 매일 새벽 3시까지 안 자고 있다가 정오까지 늦잠 자고, 이메일은 한 달에 한 번 몰아서 답장을 보내고, 집 안 청소는 2주 만에 미친 듯이 한꺼번에 두 시간 동안 해버리고, 친구나 가족들 집에 내 맘대로 불쑥 찾아가고, 아마도 라바 램프 같은 아이템을 사느라 돈을 왕창 쓸지도 모른다. 만약 이렇게 살아도 아무런 문제가 없었다면 일상생활에서 느끼는 압박감은 훨씬 줄었을 거로 생각한다. 물론 앞으로 내 ADHD가 더 이상 문제 되지 않을 거라는 말은 아니지만,

손상이라고 여겨지는 부분의 70% 정도는 사라졌을 거 같다.

하지만 분명히 나는 그렇게 살 수 없다. 단지 개인적으로 내 삶이 힘들어지기 때문만은 아니다. 내가 아끼고 사랑하는 사람들이 있고, 그 사람들과 함께 내 삶을 꾸려가고 싶기 때문이다. 나는 그 사람들을 위해 존재하고 싶고, 그들이 행복하고 흡족하며 사랑받는다고 느끼기를 바란다. 하지만 안타깝게도 내 ADHD는 때때로 그런 일을 더욱 어렵게 만든다.

내 인생 대부분 동안(그리고 이건 ADHD인 사람 다수가 공감하겠지만), 사랑하는 사람과의 사이에서 크고 작은 긴장의 순간들이 있었고, 나에게도 상대에게도 엄청나게 실망을 주면서 계속해서 기대를 저버렸다. 방이 엉망진창이 되면 앤서니가 불편해한다는 걸 알았지만, 방을 깨끗하게 유지할 수가 없었다. 엄마 아빠는 내가 식사 후 소파에 앉아 TV를 보는 대신 식탁 정리를 도와주는 모습을 기대한다는 걸 알았지만, 나는 사람들이 언제 일어나서 움직이기 시작하는지를 전혀 눈치채지 못했다. 친구 안드레아에게 문자를 더 자주 보내야 한다는 걸 알았지만, 지칠 대로 지친 상태에서 대화를 계속해야 한다는 게 나한테는 너무나 버거웠다.

그렇다면, ADHD가 만든 이 틈을 사이에 두고 우리는 가족이나 친구, 오랜 연인 등 중요한 관계에서부터 데이트처럼 미묘하고 복잡한 관계에 이르기까지 다양한 인간관계를 어떤 식으로 맺어가야 할까?

가족 관계

성인이 되고 나서 ADHD 진단을 받으니, 흥미롭게도 인생에서 가장 기본적인 관계, 즉 가족과의 관계를 다시 돌아보고 과거를 새롭게 해석하게 된다.

ADHD인 아이를 키우는 일은 힘들 거다. 내가 직접 겪어보지는 않았지만, 충분히 짐작하고도 남는다. 게다가 그 아이가 **신경다양성**이 있다는 사실을 아무도 모른다면 상황은 훨씬 더 복잡할 수 있다. 아이들은 누구나 가끔 문제를 일으키기도 한다. 스스로 뒷정리를 안 한다든가, 가족을 지각하게 만든다든가, 학교 과제를 마감 직전까지 미뤄놓는 바람에 결국 부모가 새벽 1시가 넘도록 갈라파고스 코끼리거북 사진을 포스터에 붙이도록 만들기도 한다.

하지만 ADHD가 '밖으로 드러나지 않는' 아이의 경우, 이런 행동들이 사춘기에 접어들어도 저절로 없어지지 않을 수 있다. 겉으로 보기에는, 이 아이만 유독 성장하지 못하고, 다른 아이들처럼 실수를 통해 배우지 못하는 것처럼 보인다. 또한 자기 행동을 책임지려고도 하지 않는 듯하다. 간단히 말해, 열다섯 살이면 흔히 '중2병'을 겪기도 하지만, 이 아이는 도무지 부모의 시간이나 사정 따위는 안중에도 없는 것만 같다.

물론, 부모로서는 기본적으로 굉장히 답답할 수 있다. 하지만 더 깊은 차원의 고통이 있을 수 있다고 생각한다. 부모는 아이가 살아가는 데 필요한 기술을 가르치는 일이 자신들 역할이라고 믿지만, 어쩐지 그걸 제대로 해내지 못했다는 느낌을 받을 수 있다. 부모로서 실패하고 있다는 죄책감. 더 이상 곁에서 지켜줄 수 없을 때 아이가 어떻게 헤쳐나갈지에 대한 두려움. 아이가 분명 잠재력이 있는데도 그걸 발휘하지 못하고 있다는 안타까움. 이런 감정들은 부모 자식 관계를 더욱 무겁게 짓누를 수 있다. 게다가 ADHD가 있는 사람은 기본적으로 거절과 비판에 예민한 편이다 보니, 이런 분위기를 무의식적으로라도 감지하게 된다. 이런 긴장이 자꾸 쌓일수록 충돌이 잦아질 수 있다.

하지만 좋은 소식은, 비록 성인이 돼서 **진단**받았더라도 ADHD 진단 자체가 이러한 관계의 짐을 더는 데 도움이 되기도 한다는 사실이다. 우리 가족이 바로 그랬다. 하지만 당시에는 내 머릿속에 너무 많은 생각이 들어차 있어서 나 혼자서는 이 문제를 잘 풀기 어렵겠다는 생각이 들었다. 그래서 엄마에게 내 신경다양성 소식을 들은 후 지난 기억 중 새롭게 바라보게 된 점들을 적어달라고 부탁했다. 엄마는 이렇게 말했다.

> "넌 어릴 때 정말 똑똑하고, 호기심 많고, 재미있게 웃기고, 목소리가 크고 에너지 넘칠 때가 많았어. 뭘 잘 잊어버리고, 가만히 있질 못하고, 다정하고, 너무나 사랑스러운 아이였지. 한번은 누가 그러더라, 너는 우리 인생에 '삶의 기쁨'이라고. 우리가 인생을 너무 진지하게 살지 않도록 우리에게 와 주었다고 말이야. 그리고 그 말은 정말 맞았어.
>
> 하지만 우리가 지금 알고 있는 걸 그때도 알았더라면. 신호는

많이 있었던 거 같아. 식당에 가서 외식할 때면 넌 소금 통을 계속 만지작거렸지(물론, 뚜껑을 제대로 닫지 않는 바람에 다른 사람 음식에 소금이 확 쏟아진 적도 여러 번 있었고). 네 방에 쌓여 있던 축축하고 곰팡내 나는 수건 더미. 선물을 받고 나서 감사 편지를 쓰는 것도 매번 까먹고, 소풍 허가서도 잃어버리고. 몇 년 동안 학교에서 잃어버린 학교 점퍼, 조끼, 모자, 수영복이 몇 개인지 몰라(게다가 꽤 비쌌단다!). 특히 네가 평생 힘들어하는 수면 문제도 있었고.

그래서 성인이 돼서 네가 ADHD 진단을 받았을 때, 우리는 진짜 깜짝 놀랐어. 그저 '쟤게 매티야'라고만 생각했던 모습들이 사실은 모두 ADHD 증상의 일부였다니.

가장 가슴이 아팠던 건, 네가 그 모든 어려움을 겪으면서 얼마나 자존감이 떨어졌을지, 진작에 진단받았더라면 우리가 뭔가 해줄 수 있었을 텐데 하고 깨달았기 때문이야(솔직히 말하면, 2000년대 초반에는 아이들에게 약을 너무 많이 처방한다는 비난이 들끓고 있어서, 설령 약물 치료 조언을 해줬더라도 우리가 받아들였을지는 잘 모르겠어).

요즘 난 자꾸 이런 생각을 하게 돼. 어디까지가 너고, 어디까지가 ADHD일까? 그런데 내가 내린 결론은 그렇게 나눌 수 없다는 거야. 너를 특별하게 만드는 특성들이 모두 동시에 네 삶을 어렵게 만들기도 하지. 하지만 그걸 떼어낼 수는 없어. 그러니 해답은 그냥 너라는 사람 전체를 있는 그대로 사랑하는 거야."

(사실, 마지막에 엄마가 나한테 다정하게 말해준 부분은 빼려고 했는데, 엄마가 꼭 넣으라고 했다.)

처음 진단받았을 때, 나는 부모님과 이런 속 깊은 대화를 나누는 게 상당히 두려웠다. 내가 '나쁜 아이'가 아니었다는 걸 깨닫고, 너무 들뜨고 행복한 나머지 부모님께 엄청난 죄책감과 후회를 안겨주게 될까 봐 걱정됐기 때문이다. 사실, 부모님은 그런 꼬리표를 나에게 붙인 적도 없었고, 오히려 자라면서 여러 번 그게 사실이 아니라고 말해주었지만, 내 머릿속에서는 여전히 꿈틀거리고 있었다. 나는 아직도 ADHD가 내 삶에 어떤 영향을 미쳤는지 충분히 정리하지 못한 상태였다. 그래서 부모님은 그저 모든 사정을 알지 못했던 것뿐인데 부모님을 '나쁜 부모'로 몰고 가는 말로 들릴까 봐 두려웠다.

하지만 해를 넘기면서 우리는 점점 더 많은 이야기를 나누었고, '그때 뭔가 달라졌을 수도 있었던 일들'이라는 무거운 주제까지 더욱 깊이 들여다볼 수 있게 됐다. 우리 부모님은 이런 대화에 놀라우리만큼 열린 태도를 보여주셨다. 하지만, 내가 알기로 ADHD 친구들은 대부분 부모님이 방어적인 반응을 보이거나 심지어 ADHD가 있다는 사실 자체를 부정하는 일도 있다고 한다. 당연히, 이런 반응이 좋은 건 아니지만, 왜 이런 반응이 나왔는지 이해하는 건 어렵지 않다. 누구라도 아이의 삶에 이토록 중요한 부분을 못 보고 놓쳐서 결국 아이를 더 힘들게 만들었다고 생각하고 싶지는 않을 거다. 부모는 아마 최선을 다했을 테고, 최선을 다했어도 여전히 충분하지 않다는 생각 자체가 너무 고통스럽게 느껴질 수 있다. 이런 이유로 나는 어린 시절을 되돌아보며 이야기를 나누는 과정에서 엄청나게 스스로 치유하고 성장할 수 있었다. 이런 대화가 가능한 상황이라면 꼭 해보라고 적극 추천하지만,

모든 사람에게 가능하지는 않을 수 있다는 것도 이해한다.

전에도 말했다시피 ADHD '치료'에서 큰 부분을 차지하는 건 결국, 자기 인생을 되돌아보고, 자신이 통제할 수 없는 일들 때문에 불필요하게 자신을 탓하거나 남에게 비난받았던 순간들을 인지하고, 자신을 용서하는 일이다. 하지만 또 한편으로는, 그때 나를 비난했던 사람들도 나랑 똑같이 아무것도 몰랐다는 점도 인정해야 한다. 삶이 달라질 수도 있었다는 걸 갑자기 알게 되면 이런 질문이 떠오르기 마련이다. '이건 대체 누구 잘못이지?' 그리고 그 답은 가장 쉽게 부모가 된다.

하지만 10년 전만 해도 특히 주의력결핍 **유형**의 ADHD는(그리고 음, 여자아이들에게 나타나는 어떤 형태의 ADHD든) 엄청나게 잘못 이해되거나 간과되곤 했다. 궁극적으로, 행동 패턴을 알아차리는 일은 그걸 눈여겨봐야 한다고 아무도 말해주지 않으면 훨씬 힘들 수밖에 없다.

솔직히 말해 설령 우리 부모님이 내가 ADHD인 걸 알았더라도, 나는 아마 여전히 자존감 문제를 겪었을 거다. 학교생활이나 친구 관계, 그 밖에도 신경다양성이 있는 우리 같은 아이들이 자라면서 겪는 어려움은 수백 가지나 되기 때문이다. 부모님은 결코 내 모든 문제의 근본적인 원인도 해답도 아니다. 그저 최선을 다하고 있었던 한 사람일 뿐이다.

> 아울러 또 하나 기억할 건, ADHD는 **유전성**이 매우 높아서 부모님 중 한쪽, 또는 양쪽 다 안절부절못하는 뇌를 가졌을

13장 다른 사람들과 어떻게 살아야 할까?

가능성이 있다는 점이다. 내가 알기로 우리 부모님은 한 분도 여기 해당하지는 않지만(믿으시라, 내가 인터넷 자가 검사를 억지로 시켜본 적이 있으니까), 이런 경우는 아주 흔하다. 어쩌면 한편으로는 그래서 부모님이 자녀의 증상을 더 놓쳤을 수도 있다. 부모님에게는 지극히 정상적인 행동으로 보였을 테니까.

흔히 들리는 전형적인 사례가 바로, 성인 여성이 아들을 데리고 검사받으러 갔다가 의사가 하는 말이 너무 많이 공감돼서 결국 자신이 ADHD라는 사실을 깨닫게 되는 경우다. 그러니 만약 ADHD 자녀를 둔 부모로서 이 책을 읽고 있다면 책 부록에 실린 **DSM-5**의 ADHD **진단 기준**을 슬쩍 한번 훑어보는 것도 좋다. 그 항목 중 몇 가지는 자신도 깜짝 놀랄 만큼 익숙하게 느껴질 수도 있으니까.

친구 관계

새로운 친구를 사귀는 일은 누구에게나 어렵지만, ADHD가 있다면 특히 더 어렵게 느껴질 수 있다. 사회적 신호와 규범을 따르는 게 항상 쉽지 않기 때문이다. 하지만, 처음 대화를 나누고 나서도 실제로 꾸준히 연락하기를 기억하는 게 엄청 어렵다면, 사실 누군가와 깊고 지속적인 관계를 맺는다는 건 힘들 수밖에 없다.

나는 운 좋게도 꽤 안정적이고 멋진 우정을 나누기도 했지만, 한편으로 내가 연락을 끊지만 않았으면 친구가 될 수 있었던 사람도 많다는 걸 안다. 산책하자거나 커피를 마시자거나 저녁 먹자는 제안을 수없이 받았는데, 내가 응답하는 걸 깜빡하거나 사소한 문제로 약속 잡기를 포기한 경우가 수두룩하다. 이는 대부분 **실행기능 장애**나 건망증 때문이긴 하지만 트라우마도 분명 큰 요인이다. 어린 시절 나는 친구 관계가 정말 힘들고 고통스러웠다. ADHD인 사람 대부분이 그렇다. 우리는 끊임없이 사회적 거절과 소외를 당해왔기 때문에, 당연히 성인이 된 후에도 새로운 친구 관계를 시작하기가 두렵고, 뭔가 실수를 했다고 느끼는 순간 뒤로 물러서는 게 가장 쉬운 해결책으로 느껴지곤 한다.

하지만 ADHD의 **충동성**은 관계 형성에 매우 강력한 무기가 될 수 있다. 내가 나를 볼 때 정말 마음에 드는 점 하나는 처음 만난 사람과 금세 친해질 수 있다는 거다. 파티에서 가볍게 이야기를 나누다가도 어느새 서로 가슴 절절한 고백을 주고받는 사이가 되기도 한다. 예전에는 내가 너무 '속이 빤히 들여다보이는 사람' 같아서 스스로 부끄럽게 느껴지곤 했다. 그래서 그냥 좀 신비로운 사람으로 남도록 다른 사람과 거리를 두고 싶기도 했다. 하지만, 이제는 많은 사람이 그런 관계를 간절히 원하고 있다는 걸 알게 됐고, 의도했건 안 했건 내 솔직함이 종종 그들이 기다려온 초대장 역할을 한다는 걸 깨달았다.

내 '절친'인, 키 183센티미터가 넘는 노르웨이 여신이자 다재다능한 안드레아를 만나게 된 것도 바로 그런 식이었다. 우리는 대학 신문사에서 일하면서 처음 만났는데, 각자 내면에 있던 여성혐오적 경쟁심, 그러니까 능력이 뛰어난 여성을 보면 경쟁 상대로 의식하는 이상한 심리 때문에 약 5일 동안은 서로를 은근히 싫어했다. 그러다 팟캐스트 프로젝트에 함께 참여하게 됐고, 일 끝나고 같이 저녁을 먹으러 갔는데, 첫 번째 만두 접시가 나오기도 전에 우리는 깊은 비밀을 털어놓으며 서로 부둥켜안고 울고 말았다. 그 후로 우리는 떼려야 뗄 수 없는 사이가 됐다.

음… 그러려고 노력한다.

안드레아는 지금 호주 최고의 팟캐스트 프로듀서로 꼽히는데, 안타깝게도 그런 재능이 상사들 눈에 띄는 바람에 결국 내가 사는 멜버른에서 시드니로 이사하게 됐다. 장거리에서 우정을 유지하려면 꾸준함과 노력, 그리고 문자 답장하는 걸 기억하는 능력이 필수다. 그런데 이 모두가 내게는 정말 어려운 것들이다.

이 장에 실으려고 안드레아에게 글을 써달라고 부탁하면서 특히 강조한 점은, 내가 연락에 답이 없을 때마다 어떤 기분을 느꼈는지였다. 무슨 말이 나올지 알고는 있었지만, 그 모든 이야기를 흑백 활자로 또렷하게 마주하니 마음이 진짜 참담했다.

"딱 한 번, 정말 기억에 남는 일이 있어. 내가 연달아 메시지를 몇 개 보냈을 때였어. 처음에는 아마 노르웨이에 있는 가족 중 한 명이 내가 해외에 산다고 죄책감 들게 만든다며 불만을 쏟아냈을 거야. 그다음 날엔 오랫동안 이어져 온 섭식 장애 문제를 해결하려고 드디어 상담을 예약했다고 말했고, 그다음엔 남자 친구랑 싸웠다고 털어놨지. 분명히 넌 내 메시지를 무시할 마음은 아니었겠지만, 일주일이나 답장을 보내지 않았어.

결국 나는 일반 문자로 보냈어, 꼭 90년대처럼 말 그대로 SMS로. '너 혹시 메신저 앱을 삭제한 거야?' 그러자 23초 만에 너한테서 다급하게 전화가 왔어. 넌 연신 미안하다고 사과했고, 정말 괴로워하는 거 같더라. 맞아, 나도 조금 상처를 받긴 했어. 하지만 이런 일이 ADHD 있는 사람들 사이에선 정말 흔하다는 거 잘 알아. 그저 뭔가 해야 할 일을 깜빡하는 거지.

그리고 지난 1년 동안 네가 글 쓰는 걸 지켜보면서, 실제로 ADHD를 안고 살아가는 게 어떤 건지 점점 더 많이 배우게 됐어. 덕분에 네가 하는 행동들을 보는 눈도 달라졌고. 근데 말이야, 그건 우리 둘 다 마찬가지야. 너도 수년간 나를 이해하는 법을 배워왔잖아. 그런 게 바로 우정이지, 친구야."

내가 누군가에게 상처를 주었다는 걸 알고 나니 마음이 몹시 아팠다. 하지만, **성인으로서 ADHD를 안고 살아간다는 건, 이 장애가 우리 행동을 설명해줄 수는 있어도 그 결과나 책임까지 면제해주지는 않는다는 걸 받아들이는 일이다.** 우리는 이를 받아들이고 성장의 발판으로 삼아야 한다. 그저 죄책감에 시달리기 싫어서 이를 무시하거나, 중요한 관계에서 물러나서는 안 된다.

그래서 이제는 안드레아가 누구에겐가 하소연하고 기대고 싶을 때, 혹은 그냥 수다 떨고 싶을 때는 직접 전화를 건다. 내가 바빠서 다시 전화하겠다고 해놓고 까먹더라도 안드레아가 그냥 다시 전화한다. 그리고 사실 전화가 나한테는 환상적으로 잘 맞는다. 요리하거나, 산책하거나, 청소하거나, 장 보는 동안에 통화할 수도 있고, 오히려 대화를 나누는 덕분에 실제로 일을 더 잘 해낸다. 머릿속이 대화에 집중되어 온갖 잡생각에 빠져들지 않기 때문이다. 그래서 요즘은 내가 오히려 안드레아에게 더 자주 전화를 건다.

내가 해결책을 제시하고, 안드레아도 내 필요에 맞춰 기꺼이 적응해준 덕분에, 우리 우정은 그 어느 때보다 돈독해졌다. 지금은 서로 878킬로미터나 떨어져 있는데도 같은 도시에 살던 시절보다 더 자주 이야기를 나눈다.

우정의 중요성은 정말 흘려 넘기기 쉽다. 특히 삶이 정신없이 돌아갈 때, 특히 바로 눈앞에 있지 않으면 그 사람 자체를 기억하기 어려운 뇌를 가졌을 때, 특히 과거 친구 관계에서 상처받은 경험이 있을 때는 더욱더 그렇다. 하지만 그런 불편함을 극복하고, 용기 내어 힘든 대화를 나누는 일은 충분히 해볼 가치가 있다. 자신을 깊이 이해해주는 사람들을 곁에 둘 수 있다는 보상이 기다리고 있으니까.

아울러 기억할 게 있다. 물론 맞다, ADHD는 가끔 내가 바라는 친구의 모습을 갖추기 힘들게 만들기도 한다. 하지만,

바로 그런 부분 때문에 친구들이 나에게 끌렸을 가능성도 있다. 우리는 함께 어울리면 진짜 재미있는 사람들이니까! 이게 얼마나 큰 매력인지 절대 과소평가하지 말자.

연애, 그 외의 관계들

사람들이 ADHD와 연애를 이야기할 때 대개는 함께 사는 생활 속 어려움이나, 장기적인 관계에서 ADHD가 일상에 어떤 문제를 더 크게 만들 수 있는지에 집중하곤 한다. 그런데 이보다 덜 논의되는 부분이 있다. 바로 이 장애가 애초에 장기적인 연애 관계로 발전하는 것 자체를 어렵게 만들 수 있다는 점이다. 연애 상황이라고 해서 ADHD의 증상이 하루아침에 사라지지 않는다. 사실, 오히려 더 선명하게 드러날 가능성이 있다.

ADHD의 뇌는 자극에 목말라한다. 그런데 바로 이 '썸 타는 일'보다 자극적인 게 뭐가 있겠는가? 새로운 사람과 처음으로 데이트하고, 섹스하고, 그 사람의 삶과 세계관, 가족에 대해 알아가는 일. 마치 꼬마 로맨스 탐정처럼 천천히 한 사람의 퍼즐을 풀어가는 과정. 이만큼 흥미로운 자극을 받는다면 누군가에게 푹 빠지는 건 정말 너무나 쉽다. 그러다가 자신도 모르는 사이 그 사람을 '실제로 존재하는 인간'이 아니라, **과몰입**의 대상으로 바꿔버릴 수 있다. 누군가와 사랑에 빠지는 일은, 겉보기에는 암벽 등반에 푹 빠졌을 때랑 다를 수 있지만, 위험할 정도로 매혹적인 취미가 될 수 있다.

문제는 누군가 과몰입의 대상이 되면, 새벽 일찍 일어나

9미터나 되는 실내 암벽을 오를 때처럼, 결국 그 눈부신 자극의 샘도 언젠가는 말라버린다는 점이다. 흥분과 설렘은 서서히 사라지기 마련이다. 하지만 암벽과는 달리, 과몰입의 대상이 되는 사람은 당신의 갑작스러운 흥미 상실 때문에 극심한 상처를 받을 수 있다.

이건 모든 'ADHD인'이 겪는 경험은 아니지만, 상당히 흔하게 벌어지는 일이다. 그렇다고 과몰입이 끝나는 순간, 모든 관계가 무너졌다고 말할 수는 없다. 그 짜릿한 흥분이 어쩔 수 없이 끝나버렸을 때 결코 당황해서는 안 된다. 그건 관계가 갑자기 끝났다는 의미가 아니라, 그저 잠시 숨을 고르고, 지금 내 곁에 있는 사람이 진짜 어떤 사람인지 다시 바라볼 시간이라는 뜻이다. 그러고 나서 생각을 정리하는 거다. 이 사람이 단지 하나의 '취미'였을까, 아니면 내 모든 취미를 함께 나누고 싶은 사람일까?

자극에 굶주린 우리 뇌에 안타깝게도, 불안정하고 격렬하고 감정 기복이 큰 관계는 안정적이고 지지해주고 사랑이 가득한 관계보다 '짜릿한 자극' 욕구를 더 잘 채워주는 경향이 있다.

여기에는 TV와 로맨틱 코미디, 〈가십 걸〉 같은 프로그램도 한몫하고 있다고 생각한다. 왜냐하면 우리에게 '무엇이 옳은지' 하는 문제는 뇌가 아니라 언제나 마음이나 영혼이 알고 있고, 갑자기 다시 새로운 사람을 만나 그 짜릿한 설렘을 또다시 느끼고 싶어진다면, 그건 바로 우리 마음이 보내는 신호라고 이야기하고 있기 때문이다. 이 말이 신경전형성인 사람들에게는 맞을지도 모르겠다. 하지만 우리에게는 마음이

아니라 제대로 작동하지 못하는 **중뇌-변연계 경로**가 보내는 신호일 가능성이 크다. 그렇다고 지루하고 만족스럽지 못한 관계를 무조건 참고 이어가라는 말은 아니다. 하지만, ADHD인 사람 다수가 공통으로 끊임없이 겪고 있는 내적 **불안감**을, 이 사람이 나에게 맞지 않는다거나 관계가 이미 끝났다는 증거로 착각해서는 안 된다.

또 한 가지 중요한 건, ADHD인 사람들이 정서적으로 친밀한 관계를 회피하게 되는 데는 단순히 '흥분' 요인만 있는 건 아니라는 점이다. **거절 민감성 불쾌감**(8장 참고)은 공식적 임상 증상은 아니지만, ADHD가 있는 사람 대다수가 '거절을 매우 예민하고 고통스럽게 받아들이는 경향'이 있다.[157] 따라서 연애는 더욱 쓰라리고 고통스러운 경험이 될 수 있다. 기본적으로, 연애란 계속 거절당할 가능성을 안고 있기 때문이다. 실제로 중국과 미국의 대학생 약 500명을 대상으로 한 연구에 따르면, ADHD 증상이 심할수록 친밀감에 대한 두려움이 더 큰 경향을 보이는 **상관관계**가 있다고 한다.[158]

더구나 ADHD인 사람들은 대부분 낮은 자존감으로 고통받고 있고, ADHD와 함께 흔히 나타나는 **감정 조절 장애** 때문에 '지나치게 예민하게 반응한다'라는 말을 듣는 데 너무 익숙해 있다. 그러다 보니 통제적이거나 자기중심적, 가학적 성향이 있는 파트너에게 쉽게 휘둘리게 되기도 한다. 이 부분에 관한 연구는 아직 많지 않지만, 적어도 미국에서 진행된 중간 규모의 연구 두 건에 따르면, 주의력결핍 증상이 심할수록 심리적 학대 피해를 경험하는 확률이 높다고 한다.[159]

> 여기서 ADHD가 있는 사람이 심리적 학대 피해자가 될 수 있다는 점만 언급하고 넘어가면 무책임할 수 있다. 왜냐하면 얼마든지 가해자가 될 수도 있기 때문이다. 따라서 감정 기복이나 **충동 조절** 장애 같은 문제들이 관계에서 어떤 식으로 행동에 영향을 미치는지 살펴보는 일은 매우 중요하다. 신경학적 질환 자체가 학대 행위를 정당화할 수는 없지만, 이런 행동을 다시 하지 않도록 치료 방향을 설정하는 데 도움이 될 수는 있다. 만약 자신이 이런 행동 패턴에 빠졌을지 모른다고 걱정된다면, 주변에 있는 모든 사람을 위해서라도 도움을 구하고 고칠 방법을 찾아야 한다.

오래 지속되는 연인 관계

만약 당신이 정말로 자신에게 '맞는' 사람을 만났다고 해보자. 과몰입 단계를 넘어, 그 사람의 진짜 모습을 볼 수 있고, 그 모습 그대로를 사랑하게 된 거다. 그런데 세상에, 그 사람도 당신을 사랑한다. 그렇게 갑자기 당신은 오래 지속되는 연인 관계에 들어선다. 어쩌면 함께 살고 있을 수도 있다. 이제는 ADHD가 있는 사람으로서 누군가와 함께 살아간다는 게 어떤 의미인지 제대로 이해해야 할 시간이다.

내가 진단받았을 당시, 앤서니와 나는 이미 셰어 하우스에 함께 살고 있었다. 그때 정신과 검사를 마치고 대기실에 들어와, 소파에 앉아 있는 앤서니를 본 기억이 생생하다. 고개를 돌려 나를 바라보며 웃었는데 늘 그렇듯 다정하고 편안하게 느껴지는 미소였다. 그때 나는 속으로 생각했다. '자, 봐, 이 바보야. 이제 나한테 옷 쌓아둔다고 짜증 내지 못할걸. 이건 의학적으로 완전히 면제되는 일이라고.'

그 뒤로 우리는 셰어 하우스에서 나와 우리만의 작은 아파트로 이사했다. 정말 신나는 일이었지만 방이 세 개밖에 없다 보니 어려운 점도 몇 가지 따랐다.

앤서니는 ADHD가 없다. 사실, 내가 정식으로 검사를 받아야겠다고 결심하게 된 이유 중 하나가 바로 앤서니에게 억지로 나랑 똑같은 인터넷 검사를 받게 한 결과, 나보다 현저히 낮은 점수가 나온 걸 확인했기 때문이다. 이렇게 완전히 다른 두 사람이 만나면 좋은 점도 엄청나게 많지만, 솔직히 말해 이해하기 어려운 부분도 있다.

물론 나는 이 관계의 절반일 뿐이니 앤서니의 의견도
들어봐야겠다고 생각했다.

> "음, 우리 관계는 내가 '관리자'고 네가 '실행자'인 거 같아.
> 이를테면, 나는 주로 공과금 납부나 일정 챙기기, 장보기 목록 적기
> 같은 일을 맡고, 너는 '우리 아파트를 사자', '고양이를 입양하자',
> '욕실 실리콘 다시 메꿔야겠다' 같은 결정을 내리고, 실제로 행동에
> 옮기는 쪽이지."

앤서니가 말한 '관리자'는 말 그대로 일을 관리하는
사람이라는 뜻이지, 자기가 내 상사라는 뜻이 아니라는 걸
얼른 확인하고 나서, 나는 그 말이 딱 맞다는 걸 인정할 수밖에
없었다.

물론 날마다 다르긴 하지만 대체로 나는 우리 관계에서 큰
그림이나 프로젝트를 구상하고 밀고 나가는 역할을 맡고,
앤서니는 우리 둘이 무사히 살아남아서 그 결실을 누릴 수
있게 균형을 잡아주는 편이다. 그리고 우리는 함께 길에서
만나는 고양이마다 이름을 지어주고, 그 고양이의 깊은 배경
이야기와 풍부한 감정적 서사를 만들어낸다. 사실 꽤 좋은
시스템이다.

하지만, 이 관계 구도가 지금은 잘 맞긴 해도, 조심하지
않으면 언제든 균형이 틀어질 수 있다는 걸 우리 둘 다 알고
있다.

과기능과 저기능의 역학

심리학자이자 성 치료사로 잘 알려진 아리 터크먼 박사는 ADHD와 친밀한 관계에 관해 실제로 책을 썼는데, 그의 책 『어둠 속의 ADHD』[160]에서 이렇게 주장했다. "ADHD는 새로운 문제를 만들어내지 않는다. 단지 누구나 갖고 있는 문제를 더 악화시킬 뿐이다."

터크먼 박사가 많이 다룬 주제는, ADHD가 있는 사람과 없는 사람이 커플이 될 때 흔히 빠지게 되는 패턴, 즉 그가 '과기능과 저기능의 역학Over-functioning/under-functioning dynamic'이라고 부르는 관계 구조였다.[161] 이 그림자가 우리 관계에도 드리워지지 않았다고 말하면 거짓말일 것이다. 그래서, 물론 연구 목적도 있지만, 한편으로는 개인적인 호기심이 발동해 직접 연락을 취해봤다.

"한쪽 파트너가 ADHD가 있는데 실제로 제대로 관리되지 않고 있을 때, 다른 쪽 파트너가 상대적으로 많은 일을 떠맡기가 쉬워요." 터크먼 박사는 펜실베이니아의 번잡한 고속도로를 달리며 블루투스 마이크를 통해 약간 울리는 목소리로 말했다. 그러면서 이렇게 되는 원인이 부분적으로는, ADHD가 있는 사람은 시간과 긴박감을 일반 사람과는 다른 방식으로 경험하기 때문이라고 설명했다.

"ADHD가 있는 사람들은 대개 마감이 지금에 훨씬 가까워져야 행동에 나서요. 반면에 ADHD가 없는 파트너는 늘 그보다 먼저 움직이기 시작하죠." 터크먼 박사는 말했다.

이건 휴가 계획을 얼마나 미리 세워야 하는지, 또는

공과금을 언제까지 내야 하는지와 같은 큰 문제일 수도 있고, ADHD가 없는 파트너는 쓰레기통이 90% 정도 차면 비워야겠다고 느끼는데 ADHD가 있는 파트너는 통이 넘칠 때까지 기다리는 경우처럼 사소한 문제일 수도 있다.

하지만 언제나 긴박감과 불안을 먼저 느끼는 쪽은 ADHD가 없는 사람이기 때문에, 결국 스스로 그냥 해버리는 일이 자주 발생한다. 특히 상대 파트너가 자주 깜빡하는 경우라면 이게 가장 확실한 해결 방법일지도 모른다.

"문제는, ADHD가 없는 파트너가 50대 50 이상으로 점점 더 많은 일을 감당하게 되면, 상대보다 항상 먼저 움직이게 된다는 거예요." 터크먼 박사는 말했다. "그러다 보면 ADHD가 없는 파트너는 '늘 나 혼자 일을 다 한다'라는 생각이 들고, 반면에 ADHD가 있는 파트너는 '나는 시도해볼 기회조차 없었어'라는 느낌을 받는 거죠."

이런 긴장감은 또한, ADHD가 있는 사람은 흔히 '애 취급받거나' 뭔가 잘못했다고 지적당하는 데 민감하게 반응하는 경향이 있기 때문에 더욱 복잡해질 수 있다. "예를 들면 이런 식이죠. 산만한 아이들은 일반적으로 부모나 교사, 운동 코치 같은 어른들한테 훨씬 많이 지적당하곤 해요. 아이들은 그걸 뚜렷하게 인식하죠. 이런 경험을 수없이 겪으며 자랐는데 파트너가 어떤 일로 뭐라고 하기 시작하면 '아, 또 시작이네, 왜 나만 항상 이렇게 욕먹는 쪽이 돼야 해?'라는 생각이 들기가 쉬워요."

이런 생각 때문에 ADHD가 있는 파트너는 방어적이 되거나 화를 내고, 심지어 파트너에게 실망을 주었다고 생각하는 순간을 들키지 않으려고 거짓말을 할 수도 있다. 하지만 이런 거짓말은 어쩔 수 없이 신뢰를 무너뜨리고 관계를 훼손하며, 결국 ADHD가 없는 파트너가 깊이 상처받게 된다. 이런 식으로 문제가 너무 쉽게 악순환될 수 있다.

이런 관계의 역학은 커플의 성생활에도 심각하게 영향을 미칠 수 있다. 왜냐하면 많은 사람이 침실에서야 명령하거나 명령받는 역할을 즐기기도 하지만, 이런 역할이 주방에서의 설거지 같은 아주 현실적인 문제로 출발한다면 전혀 매력적으로 느껴지지 않기 때문이다. 그리고 터크먼 박사가 말하듯, 만족스러운 성생활이 사라지면 그 여파가 클 수 있다. 성생활은 커플이 함께 유대감을 쌓는 즐거운 활동인데, 불안과 원망을 해소하느라 뒷전으로 밀려날 수 있기 때문이다.

우리 집에서 누가 '과기능자'고 누가 '저기능자'인지는 내가 말하지 않아도 알 수 있을 거다. 물론 이런 상황이 앤서니와의 관계를 위협하는 수준까지 간 적은 없지만, 내 생각에 이 또한 내가 진단받은 덕분인 것 같다. 지금 내가 겪고 있는 증상에 대해 이름을 알고 설명할 수 있게 되면서, 우리는 서로 감정이 상하거나 소모적으로 분노하는 지경까지 가지 않을 수 있었다. 하지만, 이 또한 내 개인적인 생각일 뿐이니 앤서니도 같은 생각인지 확인하고 싶었다.

> "그러니까, 네가 젖은 수건을 그냥 바닥에 잔뜩 쌓아놓긴 해."
> [그는 웃으면서 이렇게 말했다.]

> "처음에 네가 진단받기 전에는, 이런 행동들을 보고 내가 좀 쌀쌀맞게 굴었던 거 같아. 그런 모습을 부주의로 해석했던 거지. 하지만 네가 진단받고 나니까, 갑자기 모든 게 훨씬 깊이 이해되더라고. 진정으로 네가 통제할 수 없는 일들이 있다는 걸 알게 됐고, 동시에 내가 도울 수 있는 일이 있다는 것도 깨달았어. 예를 들면, 더 자주 대화한다거나, 때로는 아침 9시에 부리토 하나면 다 괜찮아질 수 있다는 사실을 아는 것처럼 말이야.
>
> 게다가 넌 가끔 어떤 날에는 온전히 하루를 집안일에 쏟기도 하잖아. 그럴 때는 정말, 말 그대로 모든 일을 완벽하게 해치우고, 아마 큰 DIY 목공 작업 같은 것도 하나쯤 뚝딱 해낼걸. 넌 뭔가 특별한 감각이 있어. 일을 해내면서도 잘 해내니까.
>
> 그리고… 널 아주 많이 사랑해. [윽, 닭살.]
>
> 물론 가끔은 집 안에 쌓여 있는 옷더미를 피해 다녀야 할 때도 있어. 하지만 매일 너랑 함께 사는데 그 정도쯤이야 얼마든지 감수할 수 있지."

다시 말하지만, 과기능과 저기능의 역학은 엄밀히 말해 ADHD가 있는 관계만의 문제는 아니며, 어떤 관계에서든 발생할 수 있다. 하지만, 한쪽이 ADHD가 있고 다른 한쪽은 없는 커플의 경우 특히 이런 구조로 빠져드는 경향이 있다는 건 쉽게 이해할 수 있다.

내가 이런 문제들을 해결할 완벽한 해답을 안다고 말할 생각은 없다. 앤서니와 나는 사실 그저 우연히 마주친 두 아이 같은 존재일 뿐이고, 비슷한 관심사를 공유하다가 사랑에 빠졌고, 고양이를 함께 입양한 사람들일 뿐이다.
아직도 우리 스스로 이 관계를 어떻게 만들어갈지
계속 배우는 중이다. 하지만 한 가지는
확실하게 말할 수 있다. 내 ADHD에 대해 더
많이 이야기를 나눌수록 우리 관계는 더 잘
돌아간다.

단순한 일, 어려운 대화

내가 진단받기 전 초기에는, 앤서니가
항상 필요한 걸 직접적으로 요구하지 않는다는 걸 몰랐다.
방이 지저분해서 스트레스를 받고 있어도, 그냥 나에게 청소
좀 해달라고 부탁하는 타입이 아니었다. 대신 방 상태를
암시하는 일반적인 말로 에둘러 표현하곤 했다.

  나는 가족끼리 서로 무엇이든 편하게 부탁하는 분위기에서
자랐기 때문에 앤서니가 하려던 말을 눈치채지 못했다.
하지만 뭔가 잘못됐다는 분위기를 알아차렸고, 그 때문에
점점 불안하고 위축된 기분이 들기 시작했다. 결국 그에게서
어렵게 진심을 끌어낸 순간, 나는 완전히 죄책감에 휩싸였다.
나는 그에게 실망을 주었고, 이기적으로 굴었고, 게으르기까지
했다. 어릴 때부터 나 자신을 그런 사람이라고 탓해온 바로
그 모습 그대로였다. 하지만 이런 거대한 감정들을 실제로
마주하는 대신, 나는 훨씬 쉬운 방법을 택했다. 이를테면,
방어적으로 굴고, 화를 내고, 그가 스트레스를 받으면서도
말해주지 않은 건(물론 앤서니로서는 말했다고 생각했지만) 너무

불공평하다고 반박하는 식이었다.

그러다 진단받고 나서 비로소 앤서니에게 제대로 설명할 수 있었다. 방 청소라는 일이 그에게는 너무 쉽겠지만 나한테는 감정적으로 큰 부담이 되고, 심지어 하루 일을 마친 후 옷을 벗어 제자리에 걸어두는 일조차 감당할 수 없을 때가 많다고 말이다. 반대로, 앤서니는 비로소 안심할 수 있었다. 내가 그의 이런 요구를 온전히 들어주지 못했던 게, 그에 대한 배려나 관심이 부족해서가 아니었다는 걸 이해하게 됐기 때문이다. 이건 존중의 문제가 아니라 뇌의 화학 작용이 부른 결과였다. 그래서 그 후 우리는 합의했다. 나는 최대한 방바닥을 깨끗하게 유지하려고 노력하고, 앤서니는 상황이 너무 힘들어지기 전에 나에게 말해주기로.

하지만 또 다른 문제에 부딪혔다. 앤서니가 아무리 부드럽고 가볍게 "저기, 옷 좀 치워줄 수 있을까?"라고 말하더라도, 나는 곧바로 죄책감과 수치심에 휩싸였고, 감정이 마구 소용돌이쳤다.

"요즘 내가 얼마나 바쁜지 몰라?" 나는 이렇게 쏘아붙였다.

내가 왜 이런 식으로 반응을 보이는지 내 과거 이야기로 설명할 수 있지만, 그렇다고 이런 행동이 정당화되는 건 아니다. 결국 앤서니는 말 꺼내는 것조차 신중하게 되었다. 그러다 보니 실제로 뭔가 부탁할 때면 목소리는 긴장되고 조심스러웠고, 그 소리가 오히려 내게는 무뚝뚝하고 거칠게 들리면서 상황은 더욱 나빠졌다.

그러던 중 올해 초 터크먼 박사의 영상을 하나 보게 됐는데,

거기서 박사는 ADHD가 있는 사람들에게는 뭔가 하라고 '지시받는' 기분일 때 반감이 생기는 경향이 있다고 설명했다. 그 순간 나는 앤서니에게 달려가서 소리쳤다. "나 이유를 알아냈어!" 그리고 내가 느끼는 감정을 솔직하게 이야기하며 집안일에 얽힌 마음의 짐을 구체적으로 설명할 수 있었고, 마침내 우리는 서로의 마음을 이해하게 됐다.

요즘 앤서니는 예전처럼 집 안이 어지러워 완전히 압도되는 순간에 말하는 게 아니라, '슬슬 감당하기 어려워지고 있어' 정도로 미리 알려주면서 곧 치워야 한다는 신호를 준다. 그러면 즉각적으로 행동하라는 요구가 없으니, 나는 '벌써 또 실패했어'라는 압박감과 죄책감 없이 상황을 받아들이게 된다. 나는 여전히 주도권을 갖고 있다고 여기고, 앤서니는 자기 말이 받아들여졌다고 느끼며, 결국 방도 깨끗해진다.

이런 방식이 지금까지 잘 맞고 있어서 만족스럽기는 하지만, 전문가 의견도 듣고 싶은 마음에 나는 터크먼 박사에게 물어봤다. "커플이 서로 '과기능과 저기능의 역학' 구조에 빠져들지 않으려면 어떻게 해야 하나요?"

"가장 명확한 첫 번째 해결책은 ADHD가 있는 사람이 자신의 증상을 더 잘 관리하려고 노력해야 해요. 일반적으로 ADHD가 있는 사람에게 도움 되는 전략이나 방식들을 실제로 활용하기 시작하는 거죠." 터크먼 박사가 말했다. "하지만 마찬가지로 중요한 건, ADHD가 없는 파트너가 더 일찍, 더 부드럽게 말해주는 거예요. 지칠 대로 지칠 때까지 기다려서는 안 돼요. 스스로 피해자 역할을 떠맡지 말고 실망할 상황을

만들지 마세요…. 그리고 또 하나, ADHD에 대해 배우면
확실히 도움이 됩니다. 단순히 파트너를 위해서가 아니라 자기
자신을 위한 일이기도 하니까요."

그동안 발견한 팁들

지난 2년 동안, 앤서니와 나는 ADHD에 도움 되는 몇 가지
전략을 만들어냈다.

이따금, 특히 길고 힘든 하루가 끝나면, 아주 사소한
결정조차 내리지 못하고 꼼짝 못 하는 상태에 이르곤 한다.
'올바른 선택'을 해야 한다는 불안에 완전히 압도되기
때문이다.

예를 들어 '오늘은 배달시켜 먹을까, 아니면 냉장고에 남은
음식을 먹을까?' 같은 질문만으로도 머릿속이 소용돌이치기
시작한다. 배달시켜 먹고 싶은데 돈을 아껴야 하고, 지금
안 먹으면 뭔가 놓치는 기분이고, 냉장고 음식이 상하면
어떡하지, 가끔은 우리 자신에게 보상을 해줘야 하지 않을까,
맙소사, 내가 뭘 골랐는데 앤서니 마음에 안 들면 어떡해,
그래도 앤서니는 다정하게 아무 말도 안 하고 넘어가겠지….
이런 식으로 생각이 꼬리에 꼬리를 물고 이어진다.

이럴 때 나는 그냥 앤서니에게 결정해달라고 말한다.
그러면 예전에는 앤서니가 내 목소리에서 불안을 감지하기는
해도 정확히 이해하지는 못했기 때문에 이렇게 말하곤 했다.
"아냐, 네가 원하는 걸로 해." 혹은 "아니, 너 오늘 고생했잖아,
네가 골라." 이런 말이 다른 상황이라면 굉장히 친절하게

들렸겠지만, 그 순간에는 이보다 더 끔찍한 말이 없었다.

그러다가 ADHD 진단을 받고 영상을 몇 개 보면서 ADHD 과부하, 과자극, 결정 **마비**에 대해 알고 나니, 비록 공식적인 의학 용어는 아니더라도 내가 겪고 있는 증상이 무엇인지 설명할 수 있는 언어를 갖게 됐다. 우리는 이 증상에 관해 이야기를 나누었고, 내가 감당할 수 없을 땐 앤서니가 대신 결정을 내려달라는 신호로 암호 단어를 만들기로 했다. 그 결정이 옳든 그르든, 지금 당장 뭔가 선택해야 하는 순간을 위해서다.

암호로 정한 말은 '파인애플'과 같이 딱히 특별하지 않은 단어였던 거 같다. 하지만 사실 내가 몇 번 그 말을 써먹은 이후로는, 앤서니가 내 과부하 상태의 징후를 알아차리는 데 능숙해져서, 이제는 굳이 암호를 쓰지 않아도 자기가 단독으로 결정을 내려야 할 순간이 왔다는 걸 대부분 곧바로 눈치챌 수 있게 됐다.

가끔 밖에 있을 때도 마찬가지다. 특히 음악이 쿵쾅거리고, 사람들이 다 같이 떠들고, 여기저기 온갖 일이 한꺼번에 벌어지는 자리에 있으면, 나는 끊임없이 산만해져서 한두 시간만 지나도 지쳐버린다. 예전에는, 그럴 때 내가 집에 가고 싶다고 하면, 앤서니는 같이 가자고 하면서, 내가 괜찮은지, 혹은 나만 보내고 혼자 남으면 내가 기분 나쁘지나 않을지 걱정했다. 그러면 당연히 나는 앤서니의 밤을 망쳐놓는 것 같아 죄책감이 들었고, 결국 우버를 부르는 대신 폰을 들고 화장실로 숨어버리곤 했다.

사실, ADHD인 사람들에게 파티 중간에 화장실에서 소셜 미디어를 들여다보며 휴식 시간을 가져보라고 적극 추천하고 싶다. 그런데 그때 나는 너무 오래 화장실에 있는 바람에, 같이 있던 사람들은 내가 무슨 큰 배탈이라도 난 줄 생각했을지도 모른다.

하지만 내 ADHD에 관해 앤서니와 솔직하게 이야기를 나누면서, 때로는 그의 즐거운 시간을 망치지 않고도 그냥 조용히 자리를 뜰 수 있다는 걸 나로서도 느껴볼 필요가 있다고 설명할 수 있었다. 그리고 이 점에 대해 서로 이해하게 된 후로는 훨씬 더 편하게 머무를 수 있었다. 내가 꼭 그 자리에 있어야 할 의무가 없다는 걸 알고 있기 때문이다.

앤서니도 점점 깨닫게 되었다. '난 왜 이렇게 생산적이지 못하지?' 하고 평생 자책하며 살아온 사람에게 가장 따뜻한 배려 중 하나는 바로, 그 사람이 무너지기 직전임을 알아차리고 '이제 좀 쉬어야 해'라고 단호하게 말해주는 일이라는 거다. 보통 나는 파트너에게 뭔가 하라고 명령하는 걸 용납하지 않지만, 이 경우는 다르다. 이건 ADHD가 있는 사람에게 '편히 쉬어도 돼'라고 허락해주는 일이기 때문이다. 또한 이건 우리 'ADHD인들'이 대부분 스스로 누릴 자격이 없다고 여기는 사치이기도 하다.

나 역시 앤서니를 도울 수 있는 일이 많이 있다는 걸 배웠다. 나는 스스로 알람을 설정하고, 집안일 팔찌를 꺼내 활용하고, '식기세척기 비우기'를 **습관 쌓기** 루틴에 추가할 수도 있다. 내 안의 안절부절못하는 정신적 에너지를 요리와 식사 준비에 쓸 수도 있고, 그게 너무 벅차다면 집에 필요한 물건들을 인터넷으로 쇼핑하는 데 쓸 수도 있다. 욕실 거울에 메모를 붙여두며 샤워할 때 환풍기 켜는 걸 <u>스스로</u> 떠올릴 수도 있다. 그리고 무엇보다, 내가 어떤 일을 제대로 하지 못해도 그건 내가 앤서니를 신경 쓰지 않거나 존중하지 않아서가 아님을 앤서니에게 계속 말로 표현하고 안심시켜줄 수 있다(우리 사회에는 '잘 잊어버리는 것'='신경 쓰지 않는 것'이라는 인식이 깊게 박혀 있기 때문에, 사랑하는 '신경전형성인 사람'에게 그렇지 않다는 걸 최대한 자주 떠올려주면 꽤 위안이 될 수 있다. 도파민 넘치는 뇌를 가진 사람들은 정말 복도 많다!).

하지만 아마도 앤서니와 내가 만들어낸 가장 중요한 변화는, 이제는 서로가 해주는 일들에 대해 적극적으로 고마움을 표현하려고 함께 노력한다는 점이다. 앤서니는 내가 모든 걸 정돈하고 그걸 유지하려고 얼마나 노력하는지 이해해주고, 나는 앤서니가 내 정신적 부담을 덜어주려고 애쓰는 모든 방식을 알아차리고 고맙게 생각한다.

우리는 여전히 이것저것 조정하고 미세하게 맞추면서, 시행착오를 통해 방법을 찾아가고 있다. 하지만, ADHD가 관계에 불러올 수 있는 스트레스에 대해 서로 솔직하게 이야기할수록 ADHD가 관계에 가져다주는 즐거운 부분들을 더욱 많이 누리게 된다. 이를테면, 내가 갑자기 빠져든 온갖 유별난 취미들을 같이 즐긴다거나, 즉흥적인 DIY 프로젝트 덕분에 평범했던 주말이 모험처럼 변하기도 하고, 함께 본 TV 드라마 이야기를 몇 시간이고 하면서 내가 새벽 1시까지 찾아

읽은 두 번째 시즌에 관한 이론들을 줄줄이 말해줄 때 등이다.

나는 그를 껍데기 밖으로 끌어내고, 그는 내 발을 단단히 땅에 붙잡아준다. 우리는 정말 훌륭하게 서로를 보완하며, 약간의 행운 그리고 유용한 틱톡 영상을 서로에게 잔뜩 보내주는 정성 덕분에, 앞으로도 더욱 멋진 커플로 성장할 것이다. 그리고 더 중요하게는, 지독히도 우리에게 관심을 주지 않는 고양이 아스트로에게 가능한 한 최고의 집사가 되어줄 것이다.

두 사람 모두 ADHD인 관계

지금까지는 연애든 아니든 ADHD가 있는 사람과 없는 사람의 관계에 대해서만 주로 언급했다. 하지만 내 주변에는 ADHD가 있는 사람도 꽤 많다.

사실 1~2년 전까지만 해도, 그동안 내가 우정을 나눈 관계의 상당수가 '둘 다 ADHD' 조합이었다는 사실을 전혀 몰랐다. 돌이켜보면, 내가 유독 끌렸던 사람들, 특히 내 인생에서 진정으로 깊은 유대감을 느꼈던 여자 친구들은 대부분 자신도 모르게 ADHD가 있었던 사람들이다. 물론 이런 관계는 주로 긍정적인 측면이 많지만 동시에 그 나름대로 어려운 점도 있다.

ADHD가 있는 친구들은 대개 일반 사람과는 달리 직관적으로 나를 '이해'하는 경향이 있다. 이런 건 사실 신경전형성인 가장 가까운 가족이나 연인만이 가능한 일이다. 이런 친구들에게는 특유의 에너지가 있으며, 서로 ADHD인지 알든 모르든 즉시 친밀감이 생긴다. 대화 도중 상대의 말을 끊거나 옆길로 한참 새더라도 전혀 부끄럽게 느껴지지 않는다. 약 복용 경험이나 온갖 어려움을 털어놓으면서도 굳이 설명할 필요가 없다. 어떤 친구들과는 몇 달씩 연락이 끊어졌다가 만나도 언제 그랬냐는 듯 자연스럽게 대화를 이어가기도 한다.

그렇다고는 해도 우리가 가끔 몇 달이나 연락을 안 하는 데는 분명한 이유가 있다. 두 사람 모두 ADHD를 안고 날마다 어려움과 씨름하다 보니, 두 사람 관계에 필요한 관심과 에너지를 꾸준히 쏟을 만한 여력이 늘 남아 있는 건 아니다. 학교나 직장 등 어떤 식으로든 계속 만날 수밖에 없는 환경이 사라지고 나면, 우리는 서서히 서로에게서 멀어지곤 한다. 이럴 때 물론 어떤 ADHD 친구들은 왜 이렇게 오랫동안 연락이 끊어졌는지 100% 이해해주기도 한다. 하지만 또 다른 경우엔, 감정이 쉽게 격해지거나 상대에게 외면당했다고 예민하게 느끼는 특성 때문에 관계가 틀어지기도 한다. 그러다 보면 결국, 한쪽 혹은 양쪽 모두 자신을 그토록 잘 '이해'해주던 사람이 더 이상 자신의 인생에 존재하지 않는다는 사실에 깊은 상처를 받을 수 있다.

그런 틈 사이로 놓쳐버린 우정들은 지금도 나한테 큰 슬픔으로 남아 있다. 그래서 나는 그 관계를 되돌리기 위해 정말 열심히 노력하고 있다. 왜냐하면, 조금만 애써서 다시 대화를 이어갈 수 있다면, 이런 관계들은 인생에서 가장 충만하고 기쁜 우정이 될 수 있기 때문이다.

두 사람 모두 ADHD인 사람들 이야기를 하자면, 사실 나는

지금까지 ADHD가 아닌 사람들하고만 살아봐서 조언할
자격이 좀 부족하다. 그래서 커플 모두 신경다양성인 집에서는
과연 어떻게 사는지 자세히 듣고 싶어서 최근에 결혼한 디비와
키즈에게 전화를 걸었다. 그야말로 ADHD다운 특성이 (꽤
멋진 방식으로) 아주 강한 친구들이다.

앤서니와 내가, '방 좀 치우라는' 말에 민감하게 반응하고
그에게 실망을 주었다는 죄책감을 느끼는 문제를 함께
극복해온 것처럼, 디비와 키즈 역시 서로 다른 방식으로
나타나는 ADHD의 짐을 떠안고 살면서 자신들만의 어려움을
마주하고 있었다.

"나는 늘 게으르다는 소리를 들었고, 그게 정말 마음에 깊이
박혔어." 디비가 말했다. "그리고 제대로 계획을 세우지 못해
곤란한 상황에 빠진 적도 많았고. 그래서인지 이제는 정말
무슨 일이든 엄청나게 불안해."

"그리고 나는 디비가 옆에 있으면 청소하는 게 너무 힘들어."
키즈가 덧붙였다. "그게… 맞아, 아마도 ADHD가 만든
트라우마 때문이겠지."

당연히 두 사람 모두 ADHD가 있다 보니 어려움도
그만큼 많을 수 있다(가령, 약간 뒤죽박죽인 일정 관리 같은).
하지만 디비와 키즈는 자신들만의 관계에서 엄청난 기쁨을
찾아내기도 했다. 예를 들면, 누군가와 함께 새로운 취미와
과몰입 순간을 즐기고, 자기만큼이나 푹 빠져드는 사람과
동시에 몰입하는 경험이다.

"그러니까 우리가 집 안 곳곳에 이런 통을 쌓아놓은 이유도

그래. 이 식기세척기 세제 전용 통 같은 거 말이야. 이게 다 우리가 함께 집 정리 영상을 보다가, 곧바로 나가서 거의 30만 원이나 주고 유리통을 왕창 사들였기 때문이지." 디비가 설명했다.

"맞아," 키즈가 거들었다. "우리는 좀 극단적인 편이긴 해… 하지만 그게 우리 관계에서 정말 좋은 점이지. 우리는 '너는 왜 뇌가 작동하는 방식이 나랑 달라?' 이렇게 느낄 일이 없거든."

"그리고," 디비가 덧붙였다. "한 가지 말하고 싶은 건, 우리가 취미에 돈을 많이 쓰기는 하지만, 키즈랑 난 진짜 엄청 재미있다는 거야."

당신과 나, 그리고 ADHD

물론 모든 관계는 저마다 다르겠지만, ADHD가 가장 큰 혼란을 일으킬 때는 그 존재가 숨겨져 있는 경우다. 세상은 여전히 신경학적 질환에 대한 낙인이 꽤 강한 편이다. 하지만 이런 이야기를 꺼내도 괜찮은 안전한 관계라면 사랑하는 사람과 적극적으로 대화를 나눠보자.

무엇이 힘들고, 어떤 점이 속상한지, 그리고 상대가 어떻게 도와줄 수 있는지 말해주자. ADHD를 이해하는 데 도움 될 만한 영상이나 글을 공유해줘도 좋고, 심지어 이 장의 내용이 도움이 된다면 자세히 보여줘도 좋다. 물론 ADHD가 있는 우리도 사랑하는 사람을 위해 양보하고 타협해야 하지만, 사랑하는 사람이 우리를 위해 해줄 수 있는 일도 얼마든지 많다. 하지만, 이 모든 변화는 지금 자신이 겪고 있는 증상을 실제로 말해줄 때 비로소 시작될 수 있다.

솔직히 말하면 지금까지 'ADHD가 있는 사람으로서 좋은 파트너, 친구, 자녀, 형제자매가 되는 법'이라는 퍼즐에서 일부러 언급하지 않은 아주 큰 조각이 하나 있다. 이게 결코 필수라는 건 아니지만, 나를 포함한 많은 사람이 느끼기에 앞의 몇몇 장에서 권장했던 모든 긍정적인 변화를 실천하고 유지하는 걸 훨씬 수월하게 해주는 방법이다. 바로, 고군분투하고 있는 **도파민** 경로의 부담을 조금 덜어주는 것, 즉 화학적인 요법이다.

자, 이제 시작이다. 마음 단단히 먹고, 불필요하게 논란 많은 이 ADHD 약물의 세계를 본격적으로 살펴보자.

내 스위치는 어디 있지?

진단받고 나서 며칠 후, 출근하기 30분 전 나는 물컵을 입술에 대고 난생처음 ADHD 약 한 알을 이 사이에 물고 앉아 있었다.
 정신과 의사는 이렇게 말했다. "아침에 5밀리그램짜리 단기 작용형 덱삼페타민을 한 알, 점심에 또 한 알을 복용하고, 몇 주에 걸쳐 서서히 한 번에 세 알까지 늘려보세요." 사실 어제부터 시작해야 했지만, 하얀 알약이 가득 든 작은 흰색 플라스틱병이 너무 위협적으로 느껴져서 선뜻 먹지 못하고 있었다.
 내가 왜 이렇게 긴장했는지 정확하게 설명하기는 어렵지만, 결국 크게 세 가지 걱정으로 압축된다.

ADHD 다이어리

1. 이 약을 먹으면 완전히 정신이 나가 미쳐버리고, 영영 회복하지 못할 것 같은 걱정. 딱 한 알로 내 인생은 끝나버릴지 모른다. 마치 예전에 봤던 어설픈 '마약 하지 마세요' 캠페인 영상이나, LSD(환각제) 괴담에 나오는 이야기들처럼 말이다. 물론 의사가 처방한 자극제 약을 먹고 그렇게 된다는 과학적 근거는 하나도 없다. 하지만 '암페타민'이라는 말이 약 이름에 들어 있다는 것만으로 솔직히 좀 겁났다.

2. 훨씬 더 이성적으로 말하자면, 약이 아무 효과가 없을까 봐 두려웠다. 사실 자극제가 모든 ADHD 환자에게 효과가 있지는 않다는 걸 알고 있다. 하지만, 내 머릿속 어딘가에서는 이 약이야말로 내가 '제대로 된 사람'이 되게 해줄 유일한 희망이라는 확신이 자리 잡고 있었다. 그러다 보니 이 약이 고쳐주지 못한다면 나는 그냥 끝장이라는 생각이 들었다.

3. 이 약을 먹고 나면 갑자기 더 이상 '진짜 나'가 아니게 될까 봐 무서웠다. 혹시 이 약이 내 창의력이나 엉뚱한 특성을 빼앗아가면 어떡하지? 예를 들어, 즉흥적으로 주말에 스케이트보드를 배우러 가거나, 레고로 맨체스터 유나이티드 축구 경기장을 거대하게 재현하거나, 동료들을 웃겨보겠다고 우스꽝스러운 정치인 인형을 손바느질로 만들거나 하는 이런 내 모습이 사라진다면? 덱삼페타민은 몇 시간 지나면 약효가 사라진다는 건 알지만, 잠시라도 ADHD가 '치료'되어 갑자기 내가 완전히

다른 사람, 혹은 전혀 알아볼 수 없는 사람이 되거나, 맙소사, 지루한 사람으로 변하면 어떡하지? 아니면 더 끔찍하게도, 모든 일이 믿을 수 없을 정도로 쉬워지고, 집중력과 추진력과 동기가 철철 넘쳐나서… 마침내 '지금까지 난 인생 헛살았구나' 하고 깨닫게 되는 건 아닐까?

으윽. 약이 녹기 시작하더니, 참을 수 없이 씁쓸한 맛이 혀에 느껴졌다. 거의 반사적으로 물을 꿀꺽 넘겨 알약을 같이 삼키면서 속으로 생각했다. '그래… 이제 시작이네.' 처음엔 아무 느낌 없었다. 바로 일을 시작했고, 이메일을 몇 통 보냈고, 오전 회의에 접속했다. 그러는 동안에도 나는 평소처럼 다리를 신나게 위아래로 덜덜 떨었다.

그런데 첫 인터뷰를 마치고 전화를 끊는 순간 뭔가 달라졌다는 느낌이 들었다. 이상하게 방이 너무 조용했다. 평소라면 찰스 왕세자와 다이애나 왕세자비의 로열 웨딩 기념 컵 안에서 펜들이 달그락거렸을 텐데 그 소리조차 나지 않았다…. 그건 책상이 흔들리지 않았기 때문이다. 왜냐하면 바닥이 흔들리지 않았으니까. 왜냐하면 내가 다리를 안 떨었으니까.

'세상에,' 나는 혼자 생각했다. '이건 우주의 계시다!' 그리고 '드디어 새로운 내 인생이 시작되는 순간이야!' 이런 예감이 들었다.

하지만 그 후… 아무 일도 없었다.

정오 무렵, 약기운이 떨어지면서 다시 발을 통통 두드리는 걸 눈치챘지만, 그 외에는 약을 먹었다는 증거가 거의 없었다. 들뜨는 파티 기분 같은 것도 없었다. 그럼, 모든 게 그냥… 정상이라고?

순간 완전히 속은 느낌이었지만, 지금 돌아보니 애초에 ADHD 약물에 대해 완전히 잘못 기대하고 있었던 것 같다. 흔히 ADHD가 있는 사람들이 약을 먹으면, '불이 켜지는 것 같다' 또는 '밤과 낮이 뒤바뀌는 기분이다'라고 말하는 걸 수없이 들었기 때문이다. 대부분 즉각적이고 급격한 변화를 느꼈다는 이야기였다.

그래서인지 나도 이 약을 먹으면 초강력 생산성 기계처럼 될 수 있겠다고 예상한 거 같다. 그럼, 쉴 필요도 없고, 컴퓨터 화면 밖 세상은 모두 사라지고, 빛의 속도로 키보드를 두들기게 될 수 있을 테니까. 하지만 아니었다.

약을 먹고 처음 며칠은 그냥 보통 때처럼 일했다. 점심쯤 한 번 더 약을 먹고, 똑같이 또 일했다. 그저 평범한 날들이었다. 그런데 돌아보니 이런 생각이 들었다. '세상에, 내가 사흘씩이나 계속해서 '정상'이라고 느꼈던 거야?'

약을 먹지 않으면 ADHD 증상이 파도처럼 밀려왔다. 도저히 집중이 안 돼서 세상 모든 게 나를 일할 수 없도록 만드는 순간이 있는가 하면, 반대로 진짜 초강력 생산성 기계가 된 것처럼 하루치 일을 두 시간 만에 해치울 때도 있었다. 그리고 그 중간쯤 어딘가, '정상'에 가깝게 그럭저럭 보내는 순간들도 있었다. 물론 내 '정상'은 여전히 보통 사람들보다 훨씬 집중을 못 하는 상태지만, 적어도 이 구간에서는 주의력이 양극단으로 치달을 때처럼 에너지가 바닥나지는 않았다.

나는 ADHD 약을 먹으면 항상 과집중을 유지할 수 있겠다고 상상했다. 예전에 늘 경험한 '생산성'이 바로 그런 식이었기 때문에 '주의력 문제가 해결된 상태'라면 당연히 그럴 거로 믿었다.

하지만 과집중이 아무리 멋지고 생산적일 수 있다고 해도, 결국은 이 역시 주의력 조절이 안 되는 또 다른 형태에 불과했다. 다만, 주의력을 켜는 게 아니라 끄는 게 불가능할 뿐. 어떤 사람들은 이걸 '초능력'이라고 부르지만, 사실 엄청나게 소모적일 수 있다. 그러고 나면 몇 시간 동안 완전히 심신이 탈진하는데, 나는 이런 순간을 항상 '편리하게' 잊어버리곤 했다.

나에게는 ADHD 약이 그 '정상' 상태를 더 오래, 더 안정적으로 유지하도록 해준다. 약을 처음 먹었을 때 하루에 처리하는 일의 양은 예전과 거의 비슷했는데, 그게 무려 일고여덟 시간 동안 비교적 꾸준히 일을 해낸 결과임을 깨닫지 못했다. 예전 같으면 세 시간은 아무것도 시작하지 못한 채 자책하고, 세 시간은 산만한 상태로 집중하려 애쓰고, 마지막 두 시간은 패닉 상태로 미친 듯이 일하곤 했다.

약을 먹고 나서는, 하루가 끝날 때마다 완전히 탈진한 느낌이 들지 않았다. 소파에 드러누워 몇 시간 동안 틱톡을 뒤적거리며, '상사가 마지막 이메일 끝에 마침표를 왜 찍었지? 그 의도가 뭐지?' 하며 불안해하지도 않았다. 친구가 저녁

ADHD 다이어리

약속을 확인하느라 세 번씩 메시지를 보내도 거기 답장하는 일이 예전처럼 벅차지 않았고, 저녁 요리할 생각을 떠올려도 이제는 해볼 수 있겠다는 기분이 들었다. 음, 매일 그런 건 아니지만.

ADHD 약은 나에게 불을 켜는 '스위치'가 아니라 부담을 덜어주는 '할인' 같은 거다. 약을 먹고 컨디션이 좋은 상태에서는, 더 이상 주의력과 집중력 '잔고'가 바닥난 채로 빠듯하게 살지 않아도 된다. 이제는 머릿속 '은행'에 여유가 있어서, 하루하루를 그저 버티는 게 아니라 실제로 즐기며 살 수 있다.

물론 여전히 나에겐 주의력이라는 '시장'에 치러야 할 값이 보통 사람보다 비싸다. 예전처럼 하루가 고되고 값비싼 날도 있고, 그런 날 퇴근 후 기다리는 건 온전히 번아웃뿐이다. 하지만 이제는 그런 날이 꽤 드물고 간격도 훨씬 멀어졌다.

그래서 누군가 ADHD 치료제는 사람을 '세뇌한다' 혹은 '생기를 빨아간다'라고 말하는 걸 들으면 이제는 너무 황당하게 느껴진다. 순전히 내 경험에서 말하는 거지만, 그런 이야기는 마치 누군가 나한테 '월급이 올랐으니 이제 인생이 더 힘들어질 거야'라는 소리나 같다.

저녁 7시에 빨래를 돌리면서도 '너무 지쳐 그냥 뻗어버리고 싶다'라는 기분이 안 든다는 게 얼마나 대단한지 아는가? 나는 이제 안다! 그래서 정말 강력히 추천한다.

14장　ADHD 약들을 정말 먹어야 할까?

자, 이제 더는 미룰 수 없다. 드디어 ADHD 약물이라는 신경다양성 판도라의 상자를 열 시간이다.

내가 ADHD일지도 모른다고 생각하기 훨씬 전부터, 자극제에 대해 아는 정보라고는 중독성이 있고 위험하다는 정도였다. 내가 알기로 ADHD 약은 속칭 '문제아들'에게 처방되어 그 아이들을 작은 로봇처럼 만들어버리거나, 아니면 암시장을 통해 공부에 지친 로스쿨 학생들에게 팔려나가 이들을 '정신 붕괴'가 되지 않도록 해주는 약들이었다. 나는 '약물에 찌든 아이들 세대', '아무도 말하지 않는 약물 위기'(사실 그 위기에 대해 말하는 사람이 진짜 많았음에도) 같은 기사들을 읽으며 자랐다.

이미 눈치챘겠지만, 이건 완전히 틀린 정보다. ADHD

약에 대한 이런 오해는 아주 흔하다. 내가 ADHD 증상을 관리하려고 자극제를 복용할 거라고 말했을 때, 우리 가족도 대부분 어느 정도 걱정스러운 반응을 보였다. "그저 조심해.", "머릿속에 화학물질이 너무 많이 들어가면 안 되잖아.", "네 뇌가 얼마나 사랑스러운데, 잘 지켜야지."

하지만 내가 약을 먹는 건 내 사랑스러운 뇌를 지키기 위해서다. 물론 이 약이 완벽하다는 건 아니다. 분명 위험한 부분도 있고, 모든 사람에게 효과가 있는 것도 아니다. 하지만 이런 생각이 드는 건 어쩔 수 없다. '이 약으로 삶이 달라질 수도 있는 수많은 사람이 의사에게 가서 ADHD를 상담받는 일조차 꺼리게 된 이유는, 지금까지 이 약에 대해 들어온 이야기들이 실제로 말도 안 되는 소리라는 걸 누구도 제대로 설명해주지 않았기 때문이 아닐까?'

자극제를 둘러싼 사회적 낙인은 상당히 깊어서 부모가 자녀에게 ADHD 치료를 받도록 결정하는 데도 영향을 미친다. 따라서, 수많은 연구에서 약효가 입증되고, 여러 국가의 주요 의료 기관에서 1차 약물 치료로 권장되고 있음에도,[162] 부모들은 오히려 효과가 더 떨어지는 치료법을 택하거나, 아니면 아예 아이에게 ADHD 진단을 받게 하는 거조차 꺼린다.[163]

나 역시 이걸 직접 경험했다. 진단받았을 당시 어린아이가 아니었는데도, 가족들은 여전히 '비자극제' 계열 약은 없는지 정신과 의사에게 물어보라고 신신당부했다. 그저 나를 사랑했고, 두려웠기 때문이다.

그럼, 도대체 왜 다들 이렇게 무서워할까?

"간단히 말해, 가장 큰 문제는 '덱삼페타민'이라는 이름이 '메스암페타민'이랑 비슷하게 들린다는 거예요." 30년 넘게 ADHD 환자를 치료해온 호주의 정신과 전문의 로저 패터슨 박사는 이렇게 말했다.

"사람들은 이 약이 중독성이 강하고, 정신병을 유발하네, 뭐네 하면서 위험한 암페타민으로 묘사하곤 하죠. 하지만 그렇지 않아요. 그건 **메스**암페타민 이야기고요. **덱삼**페타민은 의료용 약물이고, 수년간 테스트를 거쳐 안전하고 중독성이 없다고 밝혀졌거든요.

난 이 자극제가 차라리 중독성이 약간 **있었으면** 좋겠네요. 그래야 환자들이 약 먹는 걸 깜빡하지 않을 테니까요. 이 약은 아침에 눈을 뜨면서 간절히 원하게 되지도 않고, 복용을 중단하더라도 뚜렷한 금단 **증상**이 없어요."

기본적으로 이 약은 홍보가 상당히 잘못됐다. 나도 약을 먹은 지 1년이 됐는데도 아직도 찜찜한 구석이 있다. 따라서 여러분은 물론 나 자신을 위해, ADHD 약을 둘러싼 가장 흔한 질문과 걱정, 그리고 내가 이제는 잘못된 정보라고 확신하는 여러 가지 주장을 살펴보려고 한다.

하지만 본격적으로 들어가기 전에 몇 가지 분명히 해두고 싶다.

> *ADHD 치료에서 약물은 유일한 수단이 되어서는 안 되며, 그렇게 설계되지도 않았다. 약물은 퍼즐의 한 조각일 뿐이다.

물론 많은 사람에게 굉장히 중요한 조각이겠지만, 어디까지나 일부에 불과하다.
* ADHD 약물이 모두 자극제는 아니다. '비자극제' 종류에 대해서는 잠시 후 설명하겠지만, 자극제는 가장 흔한 유형의(그리고 도덕적 논란이 가장 많은) ADHD 약이기 때문에, 여기서는 자극제에 초점을 맞추려고 한다.
* ADHD가 있는 사람이 모두 약물 치료를 선택하는 건 아니다. 그 이유는 무수히 많다(타당한 것도 있고, 아닌 것도 있다). 하지만, 낙인이나 편견이 아니라 사실에 근거해 결정하고 싶다면, ADHD를 치료하는 '올바른' 방법은 한 가지만 있는 게 아니다.

결국 이건 오로지 여러분과 여러분의 의료진만이 내릴 수 있는 매우 중요하고도 지극히 개인적인 결정이다. 이 장의 내용은 의학적 조언이 아니며, 단지 현재 파악할 수 있는 과학적 정보와 내가 조사하고 경험한 걸 토대로 제시하는 의견일 뿐이다.

이건 '완치하는' 약이 아니다

ADHD 약물은 ADHD를 완치하지 못한다. 심지어 약물이 체내에 작용하는 동안에도 증상을 완전히 없애지는 못한다. 하지만 ADHD인 사람 대다수에게 최소한 도움이 될 가능성이 크다. ADHD는 유전적 요인이 워낙 크기 때문에 약물이 **손상**을 얼마나 줄여주는지는 사람마다 다르다. 어떨 때는 차이가 극과 극일 수도 있고, 혹은 미묘한 정도일 수도 있으며, 때로는 아무런 효과가 없을 수도 있다. 처음 시도한 약물이 기적처럼 잘 맞을 수도 있지만, 의사와 함께 몇 달 동안 시행착오를 겪으며 조정해야 할 수도 있다.

이 약물이 실제로 어떤 효과가 있는지 일반적으로 말하자면, 주의력과 충동 조절 능력을 개선하는 데 도움이 된다고 한다.[164] **작업 기억**(다양한 정보를 머릿속에 동시에 저장하고 조작하는 능력)을 개선하는지는 아직 명확하지 않으며, 이에 대한 연구 결과도 반반 정도로 엇갈린다.[165] 주의력이 향상되면 다른 방식으로 기억력에 도움이 될 수 있겠지만, 여전히 알람이나 메모, ADHD 친화형 기억 보조 도구 등을 일상에 도입해야 할 수 있다.

1장에서 만났던 세계적으로 저명한 ADHD 연구자이자 정신과 의사인 멜버른 대학의 데이비드 코그힐 교수는, 약물은 '목적을 위한 수단'이라고 밝혔다. 즉, **약물은 여러분 스스로 더 나아지기 쉽게 도와주는 방법일 뿐, 하룻밤 사이에 뇌를 마법처럼 바꿔주지는 못한다는 뜻이다.**

"내 직업이 의사예요. 나도 ADHD 치료를 위해 약을 자주 처방합니다. 하지만 동시에 내 약은 해답의 일부일 뿐이라는 것도 잘 알아요." 코그힐 박사는 내게 말했다. "사람마다 필요한 부분이 각기 달라서 약이 모든 문제를 해결하지는 못해요. 우리는 흔히 '약이 능력을 만들어내지는 못한다'라고 말하곤 합니다… 여전히 우리가 해야 할 일이 많이 있다는 뜻이지요."

ADHD 약물의 종류

자극제 약물

자극제는 뇌 속 **도파민**과 **노르아드레날린** 수치를 높이는 방식으로 작용한다. 기본적으로 우리 에델에게 든든한 식사와 따뜻한 커피 한 잔을 건네는 셈이다. 덕분에 에델은 더 효율적으로 일하고 머릿속의 모든 '서류 작업'을 잘 해낼 수 있게 된다. '자극제'라는 이름에도 불구하고 처방된 용량을 정확히 복용하면, 대부분 오히려 산만해지지 않고 집중력이 좋아지며 심지어 차분해지는 효과가 있다. ADHD 약물 치료를 시작할 때 흔히 자극제를 가장 먼저 사용하는 이유도 많은 사람에게 효과가 무척 뛰어나기 때문이다.

현재 시중에는 다양한 자극제가 있지만 대표적인 주요 성분은 다음 두 가지다.

1. **메틸페니데이트:** 리탈린과 아티제 같은 단기 작용형 약물, 또는 리탈린 LA와 콘서타 같은 장기 작용형 약물의 주성분이다. 이 계열의 약물은 일반적으로 어린이와 청소년에게 가장 적합한 선택지로 여겨지며, 전 세계적으로 가장 널리 사용되는 ADHD 약물이다(리탈린과 아티제는 2025년 현재 한국에서는 처방되지 않고, 한국에서 처방되는 약으로 콘서타, 메디키넷, 비스펜틴, 페니드, 페로스핀 등이 있음 –편집자 주).
2. **암페타민 계열:** 단기 작용형 덱삼페타민(미국 브랜드

애더럴의 주요 성분으로 잘 알려져 있다)과 장기 작용형 리스덱삼페타민(바이반스의 성분으로 처음 등장)이 모두 여기 속한다. 최근 연구에 따르면, 성인 ADHD 환자에게는 암페타민 계열 약물이 메틸페니데이트보다 조금 더 나은 선택지가 될 수 있다는 결과도 있지만,[166] 궁극적으로는 개인에 따라 다르다(암페타민 계열은 2025년 현재 한국에서는 처방되지 않음 –편집자 주).

단기 작용형 자극제는 몸속에서 약 3~6시간 정도 작용하며, 하루에 두세 번 복용하는 게 일반적이다. 반면, 장기 작용형 약물은 아침에 한 번만 복용하면 되고, 종류에 따라 보통 8~12시간 정도 효과가 지속된다. 이런 서방형(장기 작용형) 약물은 나처럼 첫 번째 약의 약효가 떨어지는 점심때 두 번째 약을 먹는 걸 깜빡하는 나쁜 습관이 있는 사람에게 정말 유용할 수 있다. 하지만 안타깝게도 이 약은 하루 중 너무 늦게 먹으면 곤란하다. 왜냐하면 (지극히 개인적이고, 비과학적인 경험이지만) 점심때가 지나서 이 약을 먹으면 오후 내내, 마치 유령처럼 집 안을 떠도는 기분이 들기 때문이다. 무슨 말이냐면, 배 속이 약간 허전하게 느껴지고, 뭔지 모를 불안한 기운이 은은하게 퍼지면서 모든 게 조금씩 어긋나 보인다.

나는 정신과 의사와 함께 18개월에 걸쳐 미세하게 조정한 끝에 바이반스 70밀리그램을 복용하는 것으로 결정했다. 가끔 아침에 일어나서 정신이 번쩍 들어야 할 때는 5밀리그램짜리 단기 작용형 덱삼페타민 한 알을 추가로 복용하기도 한다. 왜냐하면 내 경우에는 장기 작용형 약물이 효과가 나타나기까지 시간이 너무 오래 걸리기 때문이다.

이제 이 말에 귀 기울여주기를 바란다. 왜냐하면 이 부분은 'ADHD 약물의 무시무시한 위험성'에 관한 논의에서 너무 자주 묻혀버리는 내용이기 때문이다. 자극제 약물은 적어도 단기적으로는, 인류가 알고 있는 가장 효과적인 정신과 약물 중 하나다.

정신과 약물이 얼마나 효과가 있는지 정확한 수치로 말하기는 어렵다. '효과'라는 개념을 놓고 보편적으로 합의된 정의 자체가 없기 때문이다. 하지만 일반적으로 말하자면, 메틸페니데이트와 암페타민 계열 약물은 모두 ADHD가 있는 사람 약 70%에서 ADHD 증상을 줄여준다고 나타났다. 그리고 두 계열 약물을 동시에 시도할 경우는 효과가 약 90%까지 올라간다.[167] 참고로, 항우울제는 임상적 우울증 치료 효과가 40~60% 정도에 그친다.[168]

자극제가 ADHD 약물 치료에서 1차로 권장되는 데는 이유가 있다. 이처럼 높은 효과가 있을뿐더러, ADHD가 치료되지 않을 때 삶에 불러올 수 있는 매우 실질적인 위험(이 점에 대해서는 다음 장에서 자세히 설명할 예정이다)을 생각하면, 이런 자극제를 고려하지 않는다는 건 '의학적 태만'에 가까울 수 있기 때문이다.

자극제 사용에서 가장 크게 문제가 되는 건, 이 약이 '전용'되기 쉽다는 점이다(전용이란, 처방받은 사람이 ADHD가 없는 타인에게 불법으로 약을 팔아 파티용이나 공부용으로 사용하도록 하는 경우를 멋있게 표현한 말이다). 이런 이유로 대부분의 국가에서 자극제를 엄격하게 규제하고 있으며, 일부 국가에서는 전면 금지하기도 한다.

> 해외여행을 간다면, 그 나라의 ADHD 약, 특히 자극제에 관한 법률을 확인하고, 또 확인하고 해야 한다. 어떤 나라는 이런 약물을 전혀 허용하지 않기도 하고, 일부는 처방전을 소지하면 괜찮다고 한다. 또 어떤 곳은 단기 작용형 약물은 엄격하게 금지하지만, 장기 작용형 약물은 의사의 소견서와 함께 개인 용도로 소량 가져오는 건 허용하기도 한다. 만약 이런 규정을 지키지 않으면 거액의 벌금을 물거나 약을 압수당할 수도 있다. 그러니 우리는 알약 병 하나를 캐리어에 그냥 휙 던져 넣고 '어떻게 되겠지' 하고 출국해서는 안 된다.

비자극제 약물

자극제가 자신에게 맞지 않을 가능성도 있다. 예를 들어 약효가 없거나 **부작용**이 너무 심할 수도 있고, 혹은 심장 질환이나 다른 건강 문제로 자극제 복용이 어려울 수도 있다. 이럴 때 두 번째 선택지는 '비자극제' ADHD 약물이다.

이 약물은 일반적으로 낙인이 덜하고, 오남용 위험도 적으며, 규제도 훨씬 덜 엄격하다. 그렇다면 왜 처음부터 비자극제 약물로 시작해서 이 모든 논란을 피하지 않는 걸까? 이유는 간단하다.

대부분의 ADHD 환자에게 비자극제는 효과가 떨어지고(특히 암페타민 약물과 비교할 때),[169] 고유의 부작용을 동반하기 때문이다.

비자극제 약물은 도파민보다는 특히 노르아드레날린을 표적으로 삼는다(말하자면, 에델에게 커피만 잔뜩 주는 셈이다). 자극제는 보통 복용 첫날부터 효과가 나타나지만, 비자극제는 매일 꾸준히 3~4주 정도 복용해야 비로소 효과가 나타난다. 하지만 일단 효과가 나타나기 시작하면, 최대 24시간 동안 지속될 수 있고, 이런 점에서 꽤 유용하기도 하다.

국가마다 사용을 승인하는 비자극제의 정확한 유형은 다르지만, 가장 흔하게 사용되는 비자극제는 아토목세틴(약품명 스트라테라)과 구안파신(약품명 인튜니브. 2025년 현재 한국에서는 처방되지 않음 -편집자주)이다.

오프라벨 약물

비자극제마저 맞지 않는다면 '오프라벨' 약물을 권유받을 수도 있다.

ADHD의 경우, 가장 자주 처방되는 오프라벨 약물은 항우울제로, 그중에서도 도파민과 노르아드레날린을 표적으로 하는 부프로피온(약품명 웰부트린)이다. 일부 환자와 의사들, 그리고 소규모 임상 시험을 통해 긍정적인 효과가 보고되기는 했지만,[170] 아직 명확한 결론을 내릴 만큼 구체적인 연구가 충분히 진행되지는 않았다.

하지만 실제로 ADHD 약물과 항우울제나 항불안제를 병행해 복용하는 사례가 상당히 많다. ADHD가 있는 사람은 불안과 우울증에 시달리는 경우가 매우 흔하기 때문이다.

> '오프라벨'(허가 용도 외) 처방이란, 어떤 약물이 의약품 관리 기관(호주에서는 치료용 의약품 관리 기관인 TGA)에서 특정 용도로 승인을 받았지만, 다른 증상이나 질환을 치료하는 데 안전하고 동시에 효과적일 수 있다는 증거가 상당히 있는 경우에 가능한 처방이다. 이렇게 자극제도 비자극제도 맞지 않는 상황일 때, 의사는 환자에게 도움이 될 수 있다고 판단하면 재량에 따라 오프라벨 약물을 처방할 수 있다.
>
> 처음 들으면 다소 위험하게 느껴질 수 있지만, 오프라벨 약물 처방은 합법적이며 실제로 매우 흔하게 있는 일이다. 이처럼 흔하게 된 건 대부분 자본주의의 불편한 특징 하나 때문이다. 어떤 약이 새로운 질환에 사용되기 위해 공식적으로 승인을 받으려면 막대한 비용과 시간이 소요된다. 게다가 만약 그 새로운 질환이 흔치 않거나 해당 약의 특허가 이미 만료됐다면(즉, 소비자들이 다른 제약사에서 만든 더 저렴한 복제약을 살 수 있는 상황이라면), 제약사로서는 굳이 모든 임상 시험과 필요한 테스트를 진행할 경제적 동기가 크지 않다.[171]
>
> 예를 들어, 프라조신이라는 약물은 공식적으로는 고혈압 치료제로 승인되었지만, 외상 후 스트레스 장애로 인한 악몽을 완화하기 위해 처방되는 경우도 많다.[172]

중독되거나 금단 증상이 생기지 않을까?

내가 ADHD 약물을 복용하기 시작했을 때, 가족들이 가장 크게 우려했던 점 하나는 약에 중독될 가능성이었다. 그리고 어떤 이유로든 약을 끊고 나서 정신 붕괴나 정신병적 증상이 생길까 봐 걱정했다.

왜 다들 이렇게 걱정하게 됐는지는 아주 명확한 이유가 있다. 사람들이 보통 가장 잘 아는 정신과 약물은 항우울제다. 이 약물은 매일 같은 시간에 꾸준히 먹어야 하고, 중단할 때도 의사의 엄격한 감독 아래 서서히 줄여야 한다. 그렇지 않으면 끔찍하고 위험한 부작용이 나타날 수 있기 때문이다.

하지만 ADHD 자극제는 이런 방식으로 작용하지 않는다.[173] 물론 복용 방법을 변경하기 전에 반드시 의사와 상의해야 하지만, ==자극제는 정해진 용량을 올바른 방법으로 복용하기만 하면 중단하더라도 며칠 정도 평소보다 약간 더 피곤한 거 외에는 금단 증상이 거의 없다.==

일부 전문가들 설명에 따르면, 자극제 약물은 실제로 우리가 욕실 약장에 흔히 보관하는 일반 진통제와 꽤 비슷한 방식으로 작용한다고 한다. 필요할 때 복용하면 몸 안에 들어가서 할 일을 다 한 뒤 밖으로 빠져나간다는 것이다. 이 말은 곧, 복용 방식을 훨씬 탄력적으로 적용해도 된다는 뜻이다.

예를 들어, 나는 주말에는 약을 거의 먹지 않는다. 꼭 집중해야 할 일이 없을 때는 그냥 멍하게 쉬면서 생각을 흘려보내는 편이 좋기 때문이기도 하고, 또 한편으로는 내 복용량이 꽤 많은 편이라, 정신과 의사가 약에 대한

내성이 뇌에 생기는 걸 막기 위해 가끔은 복용을 쉬라고
권했기 때문이다. 내성은 물론 되돌릴 수는 있지만, 약효를
떨어뜨린다(이 문제는 곧 자세히 설명할 테니 걱정하지 마시길).

그렇긴 해도, 갑자기 약 없이 지내게 되면,
특히 예상치 못한 상황일 때는 심리적으로 꽤
충격받을 수 있다. 예를 들어, 일주일간의
출장을 위해 시드니로 출발했는데 침대
머리맡에 약통을 두고 온 걸 비행기
안에서 깨달았다면… 뭐, 어디까지나
가상이다(다행히도 나는 완전히 당황한 채

생산성 떨어지는 하루를 보내고 나서, 지난번에 챙겨놨다가
잊고 있던 약병을 캐리어 옆 주머니에서 발견했다. 휴, ADHD가
가끔은 유용하다! 하지만 국제선 항공편이었다면 실수로 남겨둔
약이 진짜 문제가 될 수도 있었다).

하지만 비자극제 ADHD 약물은 이야기가 조금 다르다.
어떤 약은 갑자기 끊어도 괜찮지만, 대부분 전형적인 향정신성
약물처럼 작용한다. 따라서 부작용 없이 중단하려면 의사의
감독 아래 정밀하게 용량을 줄여가며 끊는 과정이 필요하다.
이 점은 철저히 의사와 상의해야 한다.

부작용은 어떤 게 있을까?

다른 약들과 마찬가지로, ADHD 약도 부작용이 따른다.
사람마다 다르긴 하지만, 가장 흔한 자극제 부작용은 불규칙한
수면,[174] 식욕 저하와 체중 감소다.[175] 이런 증상은 그냥 가볍게

넘길 수 있는 부분이 아니며, 특히 나처럼 원래부터 수면이나 체중 문제를 겪고 있는 경우라면 더욱 그렇다.

개인적으로 ADHD 약을 먹기 시작하면서 가장 신기한 건, 배고프다는 느낌이 없더라도 배고픈 상태임을 알아차리는 법을 배우게 됐다는 점이다. 오후 2시쯤 되면 갑자기 피곤이 몰려오고, 집중이 흐트러지고, 주변 사람들이 하나같이 짜증 나게 느껴졌다. 알고 보니 그게 다 내 몸에 연료가 바닥났을 때 생기는 현상이었다.

그래서 지금은 식욕이 안 당겨서 뭘 먹겠다는 생각을 전혀 할 수 없는 순간이라도, 점심때가 되면 최소한 토스트나 바나나 정도는 먹으려고 정말 열심히 노력한다(그마저도 너무 힘든 날에는 시럽 코팅 도넛이나 컵라면, 혹은 내 최애 간식 중 뭐라도 먹으려고 한다).

그러다가 저녁때 약기운이 떨어지면 식욕이 완전히 되살아나는데, 낮 동안 제대로 먹지 못했을 때는 그야말로 눈이 뒤집힐 정도다. 그러면 너무 빨리, 너무 많이 먹게 되고, 그 결과 또다시 지쳐버리고 만다.

수면과 관련해서는, 최소한 아침에 일어나자마자 약을 먹으면 잠자기 전까지 약기운이 완전히 확실하게 빠져나가서 자는 데 딱히 문제가 없었다. 하지만 약에 익숙해지기 전 초반에는 확실히 몇 번 불면의 밤을 보내기도 했다.

자극제는 또한 심박 수와 혈압을 약간 높이는 경향도 있다. 이런 경우 대부분 위험하지는 않지만, 이와 같은 증상이 느껴지면 꼭 의사에게 알려야 한다. 왜냐하면 아주 드물긴 해도 자극제가 꽤 심각한 심장 문제와 연관된 사례도 있기 때문이다.[176] 바로 이런 이유로, 일부 의사는 자극제를 시작하기 전에 심전도 등의 검사를 권하기도 하며, 기저 질환이 있을 때는 반드시 의사에게 모든 정보를 알려야 한다.

자극제가 정신병 위험을 높일 가능성에 대한 논의도 있었다. 물론 자극제를 남용하는 경우는 진짜 위험할 수도 있지만, 처방대로 복용하는 성인에 관한 자료를 보면 훨씬 안심할 수 있다.[177] 설령 위험이 있다고 해도 극히 적으며, 이런 증상은 보통 치료 초기에 나타나기 때문에 신속하게 대처할 수 있다.

> 흥미롭게도, 스웨덴 병원 기록을 바탕으로 진행된 대규모 연구에 따르면, 메틸페니데이트 복용과 정신병 사이에는 아무런 연관성이 발견되지 않았으며, 과거 정신병 병력이 있는 사람들조차 자극제 복용을 시작한 후 1년 동안 정신병적 증상으로 병원에 입원한 비율이 복용 직전 같은 기간에 비해 36% 낮은 것으로 나타났다.[178]

어떤 사람들은 자극제를 복용하는 동안 상당히 불안하고 안절부절못하는 느낌을 받기도 한다(나는 이런 증상을 자주 느끼곤 했는데, 알고 보니 대개 빈속에 커피만 마시고 '리치 아이스 맛' 전자 담배 연기로 속을 채운 상태에서 바이반스를 복용했을 때였다. 그러니 약이 아니라 내 잘못인 셈이다).

또 하나 주의해야 할 건, 하루가 끝날 무렵 자극제 약기운이 사라지면서 잠깐 피로감이 밀려오거나 기분이 좀 가라앉는 시간이 있다는 것이다.[179] 나는 약물을 복용한 첫해에 이런 걸 경험했는데, 이게 그런 흔한 '현상'인 줄 모르고 그냥 '아마겟돈이 온다'라고 말하곤 했다. 왜냐하면 오후 5시 30분쯤 되면 이따금 세상이 갑자기 으스스하게 느껴지기 시작했기 때문이다. 다행히 이제는 그 아마겟돈이 더 이상 찾아오지 않는다. 아마도 내 몸이 약에 적응했기 때문일 수도 있고, 어쩌면 실제로 약 때문이 아니라, 정기적으로 나를 찾아오던 불순한 악령이 이제는 다른 차원으로 가버린 걸지도 모른다.

어떤 사람들에게는 이런 증상들이 너무 미미하고 문제가 되지 않아서, 집중을 위해 마시는 커피 한 잔보다도 자극제 부작용이 덜하게 여겨질 수 있다. 반면, 또 어떤 사람들은 이런 부작용들 때문에 오히려 자극제 복용의 이점이 더 작게 느껴질 수도 있다.

좋은 소식은 대부분의 부작용은 약 복용을 중단하는 즉시 거의 사라진다는 것이다. 바로 이런 이유로 의사들은 자극제를 제일 먼저 시도해보라고 권한다(많은 사람이 그토록 꺼리는데도 말이다).

비자극제 부작용은 약 종류마다 다르긴 하지만, 일반적으로 피로감, 메스꺼움, 어지러움 같은 증상이 흔하며, 물론 여기서도 빠지지 않고 식욕 저하가 있다. 가장 흔한 비자극제인 아토목세틴(약품명 스트라테라)의 경우, 드물게 혈압과 심박 수를 높인다고 알려져 있다. 따라서 다시 말하지만, 심장 질환 병력이 있다면 복용 전 반드시 의사에게 알려야 한다.[180]

나의 '이상한 하루'

지난 18개월 동안 자극제를 복용하면서 심박 수 문제는 한 번도 없었다. 그런데 (이게 얼마나 아이러니하게 들리는지 잘 알지만) 마침 약물 부작용에 관한 이 장을 쓰고 있을 때 그런 일이 생겼다.

나는 재택근무 중이었고, 조금 늦게 일어나서 아침도 거른 채, 커피 한 잔을 마시면서 바이반스를 삼켰는데, 항우울제는 깜빡하고 먹지 않았다. 지금까지 ADHD가 있는 사람들에게 휴식도 취하고, 잘 먹고, 잘 자고, **번아웃**을 피하라고 열심히 써왔으면서도, 정작 나는 내 조언을 전혀 따르지 않고 있었던 거다.

더블 샷 롱 블랙 커피를 마지막 한 모금까지 들이켠 순간, 왠지 이상한 느낌이 들기 시작했다. 마치 방금 달리기를 했는데 숨은 차지 않은 기분이었다. 공황 상태는 아니었는데 꼭 공황 상태처럼 느껴졌다. 심장은 미친 듯이 뛰었고, 이런 상태가 몇 시간 동안 계속됐다. 심박 수는 분당 120회로 유지됐고, 인터넷에 찾아보니 이건 정상이 아니었다.

아마 그때 두려움에 사로잡히지 않았더라면 심박 수는 다시 내려갔을지도 모른다. 하지만 바로 며칠 전까지 내 약이 일으킬 수 있는 '드물지만, 가능성이 있는' 심혈관계 부작용에 대해 잔뜩 읽고 있었는데 하필 그때 그 증상을 겪게 된 거다.

나는 '여성의 심장마비 증상'을 검색했다. 왜냐하면 여성은 증상이 극적이지 않은 경우가 많다는 글을 읽은 게 기억났기 때문이다. 검색 결과, 주요 증상은 호흡곤란과 마비였다. 그 순간 문득 '어? 나 진짜로 숨이 좀 가쁜데?' 하는 생각이 들었다.

결국, 상사에게 메시지를 보내 몸이 아프다고 말하고 로그아웃한 뒤, 덜컥 겁이 나서 아빠에게 전화해 나 좀 보러 와달라고 했다. 그리고 아빠가 막 도착하는 순간… 세상에! 이번엔 왼팔이 약간 저리기 시작했다. 공교롭게도 지난 세 시간 동안 읽었던 심장마비 증상 중 하나였다.

나는 눈물범벅이 된 얼굴로 말했다. "아빠, 죄송한데요, 나 좀 응급실로 데려가 주세요."

이성적으로는 그래도 건강한 스물다섯 살인 내가 지금 겪는 게 공황 발작일 확률이 99%라는 건 알 수 있었다. 하지만 심장마비 증상을 무시했다가 후유증을 겪은 여성들 기사를 엄청나게 읽고 난 직후였다.

아빠가 병원 맞은편에 차를 세웠을 때, 나는 말했다. "죄송해요, 내가 바보짓을 하고 있나 봐요, 집에 가요." 그러자 아빠는 나를 바라보며 말했다. "얘야, 만약에 병원에 들어갔다가 잘못 간 거면 최악의 경우 시간만 좀 낭비하는 거야. 하지만 집으로 갔다가 잘못되면 최악의 상황은 죽음이라고. 그러니 그냥 들어가자."

그래서 우리는 병원으로 들어갔다. 알고 보니 병원 응급실은 글을 쓰기에 꽤 괜찮은 장소였다. 사실 이 장의 상당 부분을 거기서 썼다. 몇 시간 후 나는 진료를 받았고, 검사를 위해 피를 뽑고, 심전도검사를 마친 후, 심박 수를 낮추는 데 도움이 된다는 정체불명의 수액이 든 링거를 맞았다. 그 수액은 사실 그냥 고급스러운 물이었다. 왜냐하면 나는 말도 못 하게 탈수된 상태였기 때문이다. 몇 시간 동안 공황 상태로 있으면서 물 마실 생각조차도 못 했던 거다.

마침내 응급실 의사가 내 병상 옆에 앉더니, 완벽하게 정상 수치인 내 혈액검사 결과지를 손에 들고 말했다. "저, 내 생각에는 아마 탈수랑 커피, 자극제, 스트레스, 불안… 이 모든 게 한꺼번에 몰리는 바람에 몸이 과도하게 반응한 것 같아요."

"아… 그럼 내가 걱정해야 할 건 없나요?" 내가 물었다.

"글쎄, 병원에 온 건 잘한 일이긴 한데, 딱히 문제는 없어요. 항불안제를 꾸준히 신경 써서 먹고, 이런 일이 계속 생기면 자극제 복용량을 좀 줄이도록 담당 의사와 상의해보세요. 당분간은 바이반스를 복용하는 날에는 커피를 피하는 게 가장 좋을 거 같네요. 이게 다예요."

"아, 그럼, 그냥 이상한 하루였던 건가요?" 내가 다시 물었다.

"맞아요, 그냥 이상한 하루였던 거죠."

그리고 나는 집으로 돌아왔다.

이번 일은 분명 그동안 사람들이 자극제의 심각성을 이야기하는 게 그저 겁주는 말일 뿐이라고 오만하게 생각했던 내 관점을 뒤흔들었다. 자극제는 정말 심각한 약물이며, 복용 자체도 궁극적으로 진지하게 고려해야 할 중대한 결정이다. 그런데도 나는 약을 가볍게 여기기 시작했고, 약을 먹는 동안 내 몸을 제대로 돌보지 않았다.

14장 ADHD 약들을 정말 먹어야 할까?

> 그저 약을 '어쨌든 그냥 계속 버티기 위한' 수단으로 여기면서, 휴식이나 음식, 물처럼 몸에 꼭 필요한 것 대신 카페인, 암페타민, 아드레날린에 의존하고 있었던 거다.
>
> 이 '이상한 하루'가 다행히 나쁜 일이나 위험한 결과로 이어지지는 않았지만, 뭔가 배우는 기회가 됐다.
>
> 그후 며칠 동안은 약 먹는 게 좀 불안하게 느껴졌지만, 천천히 다시 복용을 시작하면서 물도 더 많이 마셨고, 그 이후로는 아무런 문제도 없었다.
>
> 참고로, 하루 종일 물을 더 많이 마시고 싶다면 침대 옆, 책상 위, 소파 옆에 물병을 하나씩 놔두는 걸 추천한다. 그러면 다른 방에 물 가지러 가느라 일어나지 않아도 된다. 아, 이왕이면 빨대 달린 물병이 좋다. 그래야 귀찮게 뚜껑을 열었다가 다시 닫을 필요 없이 일하는 사이사이 한 모금씩 마시기 쉽다.

나만의 빛을 잃게 되지는 않을까?

ADHD 약물에 대한 가장 큰 걱정 하나는, 이 약들이 마치 멋지고 창의적인 차세대 인재들의 뇌를 억압해서 획일화된 교육체계에 길들이거나, 회색 칸막이 안에서 9시부터 5시까지 조용히 앉아 일하도록 만드는 족쇄처럼 작용할지 모른다는 생각이다.

이는 ADHD 약물이 진정제나 정신을 무디게 만드는 약과 똑같다는 오해에서 비롯됐다. 하지만 사실은 그렇지 않다. 자극제는 바로 그 이름 안에 힌트가 있다. 말하자면, 뇌를 자극해서 도파민을 분비하는 경로를 활성화하고, 이를 통해 집중력을 높이도록 도와주는 약이다. 비자극제 ADHD 약물조차도 뇌 속 노르아드레날린의 양을 증가시켜 각성 상태를 유지하는 걸 도와줄 뿐, 뇌를 무기력하게 만드는 약이 아니다.

하지만, 그럼에도 나는 자유롭게 소용돌이치는 창의적인 생각을 떠올리는 능력이 내 강점 중 하나라고 늘 생각했기 때문에(기술적으로는 이를 '확산적 주의력'이라고 하며, 창의적인 사람들에게 흔하다고 알려졌다), 과도하게 집중하는 초각성 상태의 내 뇌가 그 빛을 잃게 될까 봐 살짝 걱정됐다. 하지만 이런 일은 일어나지 않았다.

사실, 문제는 머릿속을 소용돌이치는 창의적인 생각들이 떠오르자마자 제대로 붙잡기도 전에 미끄러져 사라지기 일쑤라는 것이다. 게다가, 설령 붙잡았다고 해도 구체적이고 실행할 수 있는 아이디어로 발전시키기가 어렵다. 그 순간 다음 단계로 나아가는 데 필요한 집중력과 동기를 끌어올릴 수가 없기 때문이다. 자극제는 바로 이런 부분을 채워준다. 창의성을 무뎌지게 하는 게 아니라 오히려 유용한 방향으로 발전시키도록 도와준다.

자극제가 창의성에 미치는 영향을 다룬 과학적 연구는 아직 규모가 작고, 결과도 엇갈리거나 명확하지 않다.[181] 하지만, 변화가 있다고 해도 긍정적이든 부정적이든 대부분 아주 미미한 수준이다. 게다가 자극제가 내 뇌의 작동 방식을 약간 변화시킨다고 해도, 오로지 약물이 내 몸에서 작용하는 몇 시간뿐이고 저녁쯤이면 모든 게 원래대로 돌아온다. 그래서 언제든 특별히 머릿속이 창의적인 생각으로 소용돌이쳤으면 하는 날에는 약을 거르면 된다.

약을 먹기 전에는 이 약이 내 **과집중** 능력에 영향을 줄까 봐 걱정되기도 했다. 내가 아는 한, 공식적으로 연구된 건 아니지만, ADHD 약물이 하루 동안 집중력의 최고점과 최저점을 평탄하게 만들어준 건 확실하지만, 과집중 능력을 완전히 없애버리지는 않았다.

진짜 벼락치기 상황이 닥쳐서 스트레스와 아드레날린, 공포가 한꺼번에 밀려올 때면 나는 몇 시간이고 자리에 앉은 채 몰입 상태에 빠져들어, 해야 할 일을 끝낼 수 있다. 다만 이제는 좌절하거나 목적 없이 산만하게 흘려보내는 시간이 훨씬 적다 보니 이런 폭발적 과집중에 의존할 필요가 없다. 정말 다행스러운 일이다. 왜냐하면 과집중은 감정적으로 너무 소모적인 생존 전략이라서 일상을 버텨내기 위해 매번 여기 의존할 수는 없기 때문이다.

또한, SF 시리즈나 뮤지컬 배우들 음반 같은 새로운 취미에 일주일씩 완전히 과몰입하곤 하는 내 특성은 바이반스를 복용한 이후에도 전혀 변하지 않았다. 이게 내 통장 잔액에도, 나와 장거리 여정을 함께 하는 사람에게도 좋은 일은 아니지만, 약물이 ADHD의 즐거운 부분마저 없애버리는 건 아닐까 했던 걱정은 상당히 덜어주었다.

메스암페타민을 조금씩 먹는 거 아닐까?

사실, 고백할 게 하나 있다. 자극제 ADHD 약물과

메스암페타민이 비슷하다는 인식이 ADHD에 대한 사회적 낙인의 핵심이라는 걸 뻔히 알면서도, 사람들에게 "나 지금 메스암페타민을 조금씩 복용 중이야"라거나 "아침에 스피드(암페타민류 약물을 뜻하는 속어) 좀 먹었지"라며 농담을 던지곤 해서 여전히 양심에 찔린다. 내가 이러는 이유는 주로 사람들이 몇 초 동안 어리둥절해하다가 마침내 눈치챌 때까지의 표정이 진짜 재밌기 때문이다.

하지만 자극제를 둘러싼 논쟁을 깊이 들여다볼수록 이런 농담은 그만해야겠다는 생각이 든다. 왜냐하면 일반 대중 상당수가 실제로 이 약들이 뒷골목에서 파는 메스암페타민과 화학적으로 똑같다고 믿고 있는 데다, '아이들에게 마약을 먹이는 행위'를 두려워하는 마음은 인간으로서 매우 자연스러운 반응이기 때문이다.

하지만 앞서 말했듯이 이 약들은 메스암페타민이나 코카인, MDMA(흔히 엑스터시라 불리는 합성 약물), 혹은 오빠 친구의 수상한 사촌에게 살 수 있는 종류의 각성제와는 전혀 다르다.

메틸페니데이트는 분자 구조가 완전히 다르다. '메스'라는 접두어는 단지 그 화합물 어딘가에 탄소 원자 하나와 수소 원자 세 개로 된 메틸기가 들어 있다는 뜻일 뿐이며, 이건 유기화학에서는 정말 흔한 구성 요소다.

그리고 암페타민 계열 약물(애더럴, 바이반스 등)은 분명히 메스암페타민과 같은 분자 계열에 속하긴 하지만, 거기에 몇 개 더 붙은 원자가 만들어내는 차이는 실로 엄청나다.

화학 이야기로 지루하게 만들고 싶지 않지만, 기본적으로 메스암페타민의 분자 구조는 훨씬 더 많은 양의 화학물질이 뇌에 도달하도록 설계되어 있어서, 그만큼 효과도 강력하고 중독 가능성도 크다.[182] 게다가 뒷골목에서 유통되는 메스암페타민은 종종 인체에 심각한 피해를 줄 수 있는 독성 물질이 섞여 있는 경우가 많다. 이에 비해, 처방된 암페타민 계열 약물은 들어 있는 최악의 첨가물이라고 해봐야 약간의 전분이 고작이다.

참고로, 덱삼페타민과 메스암페타민 사이에는 원자 세 개의 차이가 있지만, 식탁용 소금(NaCl)과 표백제(NaClO) 사이에는 원자 한 개의 차이뿐이다. 그러니 결국 중요한 건 화학 구조라는 사실!

> 엄밀히 말하면, 공장에서 합법 생산된 메스암페타민(약품명 데속신)의 경우, 몇몇 나라에서 ADHD 치료 목적으로 아주 가끔 처방되기도 하지만, 호주에서는 금지돼 있다. 또한 그 처방 용량도 불법적인 평균 투약량에 비하면 극히 미미한 수준이다.

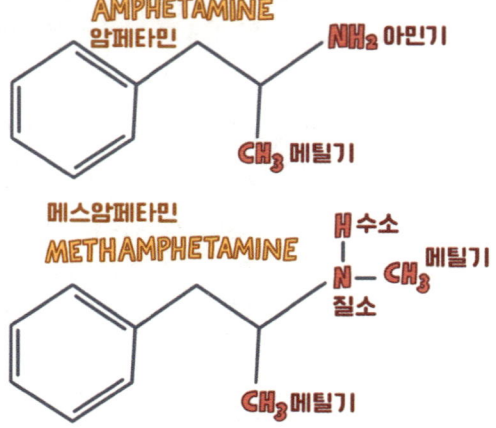

ADHD 약을 먹으면 약물 중독자가 될까?

각국 정부에서 자극제에 대해 꽤 엄격한 태도를 보이는 이유는, 이 약들이 쉽게 중독될 수 있다는 인식 때문이다. 이건 절반은 맞고, 절반은 틀린 이야기다. 이제 설명할 테니 들어보시길.

암페타민이나 메틸페니데이트는 남용 가능성이 있고, 다른 **물질 남용** 문제로 이어질 수는 있다. 하지만 의사가 처방한 용량대로 경구로(가루로 분쇄해 흡입하거나 정맥에 주사하는 등 비정상적 방법과 달리) 복용했을 때는 극히 드문 일이다.[183] 게다가 장기 작용형 약물은 남용하기가 훨씬 어렵다.

약물 남용 문제는 대개 권장량보다 훨씬 많은 양을 복용할 때 발생하며, 애초에 처방받지 않은 사람들이 종종 이런 식으로 남용한다. 자극제는 '기분을 띄우는' 불법 파티 약물로 알려져 있기도 하고, ADHD가 없는 사람에게도 인지능력을 향상해줄 거라는 (틀렸을 가능성이 큰) 믿음 때문에 '공부약'으로 사용되기도 한다.

대부분 이런 오남용은 장기적인 건강 문제를 일으키지는 않지만, 특히 자극제를 코로 흡입하거나 정맥으로 주사한 경우 치명적인 과다 복용 사례가 보고된 적이 있다.

과거 중독 이력이 있는 ADHD 환자의 경우에는, 장기 작용형(지연 방출형) 자극제를 사용할 수도 있다. 이 약들은 하루 종일 서서히 약물이 흡수되도록 설계되어 있어서, 어떤 식으로든 '약에 취한 기분'을 느끼기가 어렵다. 예를 들어, 내가 좋아하는 리스덱삼페타민과 같은 최신 약물에는 라이신이라는 아미노산 분자가 붙어 있는데, 혈액 속 효소가 그걸 서서히 분해하기 전에는 암페타민이 흡수되지 않는다.[184] 즉, 약을 코로 흡입하거나 주사하더라도 약 성분이 지연 방출되는 문제는 피하지 못한다는 뜻이다.[185]

그렇다고 해서 ADHD인 사람 중에 자극제 과다 복용이나 남용, 혹은 중독 사례가 전혀 없었다는 건 아니다. 솔직히 우리 ADHD인들은 원래부터 남용 위험이 큰 집단이다. 하지만 지금까지 나온 연구 결과를 통틀어 보면, ADHD 자극제 약물을 올바르게 복용할 경우, 중독을 유발하기보다는 오히려 중독으로부터 우리를 **보호**해줄 가능성이 훨씬 높다는 걸 알 수 있다.

스웨덴에서 약 4만 명의 ADHD인 사람을 추적 조사한 대규모 연구에 따르면, 2006년에 자극제를 복용 중이던 사람들이 2009년에 물질 남용 장애를 겪는 확률이 약 31% 낮은 것으로 나타났다. 사실, 처방된 자극제를 복용한 기간이 길수록, 전반적인 중독 문제를 겪는 비율도 낮아졌다.[186] 그리고 혹시 이 4만이라는 표본 수가 너무 적게 느껴진다면, 2017년에 나온 다른 연구 결과도 있다. 스웨덴인 약 300만 명을 대상으로 진행했는데, 같은 결과가 나왔다.[187]

하지만 자극제 약물은 타인에게 넘어가거나 남용되기 쉽다는 특징 때문에, 실제로 이 약이 꼭 필요한 사람들의 삶을 더욱 어렵게 만들기도 한다. 호주에서는 자극제(단기 작용형과 장기 작용형)가 펜타닐, 옥시코돈, 메타돈과 함께 8등급 약물로 엄격히 분류된다. 이 때문에 성인의 경우

정신과 전문의만이 최초로 처방할 수 있고(아동의 경우 소아과 전문의도 가능), 따라서 약을 처음 처방받는 과정 자체에 비용이 많이 들어간다. 보통, 정부 지원을 받는다고 해도 수십만 원, 많게는 수백만 원까지 들 수 있다. 그 결과, 매우 효과적인 치료 선택지가 있음에도 아예 접근조차 못 하는 사람이 많이 생길 수 있다. 게다가 성인 ADHD라는 유형이 아주 최근에야 대중적으로 인식되기 시작한 데다, 성인 ADHD 진료를 볼 수 있는 정신과 의사도 적다 보니, 많은 나라에서 진료 대기 기간이 보통 1년을 훌쩍 넘긴다. 그런데 이 모든 규제와 행정절차에도 불구하고, 단기 작용형 자극제 약물은 여전히 뒷골목에서 꽤 손쉽게 구할 수 있다.

물론 내가 정확한 해답을 아는 건 아니지만, 한편으로 이런 의문이 든다. 과연 이렇게 정부에서 ADHD 약물의 잠재적 위험성에 대해 조심하고 두려워하는 태도가 정말로 약물 남용을 막는 데 도움이 될까? 아니면 궁극적으로 고위험군 사람들을 오히려 더욱 위험에 빠뜨리는 건 아닐까?

장기적 효과와 장기적 위험

자극제 사용에 반대하고 싶어 하는 사람들은 종종 이렇게 말한다. '지금까지 자극제 약물이 장기적으로 어떤 효과가 있는지, 또는 건강에 어떤 위험을 초래하는지에 대해 연구가 전혀 이뤄지지 않았다.' 그런데 이 약들이 1950년대부터 사용됐다는 걸 생각하면, 이 말이 좀 이상하게 들리지 않나?

음, 이것 역시 절반의 진실… 아니, 더 정확히 말하면 4분의

1의 진실에 불과하다.

우선, 자극제 약물을 복용한 사람들이 장기적으로 건강이 어땠는지 추적하는 연구는 실제로 꽤 많이 있다. 그런데 처방된 용량으로 70년 넘게 널리 사용됐음에도, 심각한 장기적 건강 문제가 보고된 적은 없다.

그나마 약간 눈에 띌 정도의 영향이라고 해봐야, 약물을 몇 년 동안 복용한 아동이 또래보다 키가 몇 센티미터 작을 수 있다는 정도였다. 하지만, 이마저도 시간이 지나면 보통 저절로 교정되기 때문에 그 결과 아이의 최종 키에는 영향을 주지 않는다. 결국 이렇게 '한때 학교 단체 사진의 맨 앞줄에 서는 것' 외에는 별다른 의학적 문제가 나타나지 않았다.[188]

사실, 다음 장에서는 자극제 약물이 ADHD 환자에게 가져다주는 장기적인 건강상 이점이 얼마나 많은지 훨씬 자세하게 다룰 예정이다. 예를 들면, 방금 앞에서 봤듯이 중독률 감소 등이다.

이제 약효에 관한 이야기로 넘어가자. 자극제에 반대하는 일부 사람들이 말하는 것처럼, 자극제를 끊으면 기본적인 ADHD 증상이 더 악화한다는 주장은 이를 뒷받침하는 신뢰할 만한 연구가 없다.[189] 학계에서는 장기간 메틸페니데이트를 복용하면 뇌 속에 도파민 수송체(도파민이 제 역할을 다하면 그걸 다시 뉴런으로 빨아들이는 '미니 진공청소기' 역할을 하는 단백질)가 더 많아지는 건 아닌지에 대한 논의가 있기는 하다.[190] 하지만 이런 변화로 인해, 약을 먹지 않으면 정상적인 도파민 수치가 실제로 낮아진다거나, 혹은 시간이 지나면서 돌이킬 수 없을 만큼 약효가 떨어진다는 증거는 없다. 그저 이론적인 추측일 뿐이다.

이 점은 내가 처음으로 평일 한 주 동안 약을 못 먹고 출근해야 했을 때 걱정했던 부분이다(하필 공휴일이 애매하게 끼고, 처방 관련해서 혼선이 생기는 바람에 약을 받지 못했다). 하지만 결국, 내 증상은 예전보다 더 나빠지지는 않았으며, 그동안 '덜 힘든 상태'로 일하는 데 익숙해져서 약간 더 힘들게 느껴진 것뿐이라는 사실을 깨달았다.

이제 자극제가 수년 또는 수십 년에 걸쳐 미치는 효과에 관한 연구로 넘어가면 상황은 훨씬 복잡해진다. 왜냐하면 이런 장기적 연구를 현실적으로 거의 불가능하게 만드는 요인들이 워낙 많기 때문이다.

지난 70년에 걸쳐 자극제가 ADHD 치료에 사용되는 동안에도, 아이들은 자라면서 자연스럽게 ADHD에서 벗어날 거라는 생각이 지배적이었다. 그래서 엄청난 비용과 노력을 들여가며 자극제의 효과를 2년 이상 장기적으로 연구하려는 시도 자체가 많지 않았다. 게다가, '대조군'을 만들기 위해서는 한 그룹의 사람들에게 수십 년 동안 약물을 복용하지 말라고 요구해야 하는 심각한 윤리적 문제도 따랐다. 그러니 임상적으로 엄밀하게 장기간 추적하는 연구는 사실상 불가능했던 셈이다.

또 다른 문제는, 현재 대부분의 사람이 여러 가지 이유로 자극제를 장기적으로 복용하지 않는 경향이 있다는 점이다. 그 이유는 다음과 같으며, 이 외에도 많이 있다.

* 많은 국가에서 자극제를 구하기 어렵거나, 너무 비싸거나, 심지어 불법인 경우도 있다.
* 식욕 저하 등 부작용이 불편하게 느껴지며, 시간이 지나면서 일부 사람들에게는 이런 부작용이 약물 효과보다 훨씬 더 부담될 수도 있다.
* ADHD 증상은 일생에 걸쳐 들쭉날쭉 변할 수 있기 때문에, 어떤 시기에는 자극제가 필요하지 않을 수도 있고, 다시 복용을 시작하는 데 드는 비용이 매우 클 수도 있다.
* 시간이 지나면서 어떤 사람들은 자신의 삶에 잘 적응하고 전략들을 적극 실천해서, 더 이상 약물이 필요하지 않을 수도 있다.

이런 이유로 자극제의 장기적 효과에 관한 연구 결과는 종종 왜곡되기도 한다. 왜냐하면 자극제를 오래 복용하는 사람들은 대개 처음부터 증상이 매우 심하고 일상에 지장이 많았던 사람들이고, 그 결과 계속 복용할 동기가 매우 강했기 때문이다. 따라서, '자, 이 장기 복용자는 10년 전에 약을 끊은 사람과 증상이 똑같은 수준이야, 그러니 자극제는 장기적으로 효과가 없어!'라고 말하는 건 정말 공정하지 않다.

자극제가 어떤 사람에게는 시간이 지나면서 효과가 떨어질 수 있다는 증거가 일부 있기는 하다. 다시 말하지만, 이 점은 연구하기가 정말 어렵고, 실제로 데이터를 보면, ADHD 환자 중 몇 퍼센트가 이런 현상을 경험하고, 내성이 생기는 데 얼마나 걸리는지는 수치가 제각각이다.

얼마나 편차가 크냐면, 한 연구에서는 10년 동안 2.7%만 내성이 생겼다고 하고,[191] 또 다른 연구에서는 3년 동안 66%가 내성이 생겼다고 한다.[192] 하지만 전반적으로 볼 때, 몇 년이 지나면 자극제 효과가 다소 혹은 꽤 많이 줄어들 가능성은 있다.[193]

그런데 자극제 반대론자들이 편리하게 언급하지 않는 부분이 하나 있다. 바로, 이런 내성은 '약물 휴식기'를 통해 얼마든지 상쇄할 수 있다는 사실이다. 즉, 약 복용을 잠시 1~2주 만이라도 쉬면 뇌가 '정상'이라고 느끼는 도파민 수치를 '초기화'할 수 있다(이런 이유로 의사는 내성이 생기는 걸 막기 위해 일주일에 하루 정도는 약 먹지 않는 날을 두라고 권장하기도 한다).

'약물 휴식기'를 가질 수 없다면, 의사가 사용하는 자극제 종류를 바꾸는 방법도 있다. 그리고 그마저도 효과가 없다면, 아예 비자극제 계열의 약물로 대체해도 된다.

나는 언젠가 약물 효과에 내성이 생길 수도 있다는 생각에 살짝 겁이 나서, 코그힐 교수님께 약이 내성이 생겨서 더 이상 아무 효과가 없게 될 수도 있는지 물어봤다. 교수님은 "글쎄요, 내성은 그런 방식으로 생기지 않아요."라고 대답했다.

하지만 앞으로 2년, 20년, 50년 후에도 ADHD 약물을 계속 복용할 수 있다고 장담하지 못하는 다른 이유도 있다. 가령, 체중 저하, 불안 악화, 심장 질환 발병, 혹은 약을 구하기 어렵거나 아예 금지하는 나라로 이주하는 경우 등이다. 따라서 우리는 이런 상황이 올 때를 대비해야 한다.

내가 보는 관점은 이렇다. 어쨌든 지금으로서는 상황이

좋고, 이게 얼마나 지속될지는 아무도 모른다. 그래서 나는 실행기능을 마음껏 발휘할 수 있는 이 시기를 최대한 활용해서 일상의 루틴을 만들고, 좋은 습관을 들이고, 내 환경을 가능한 한 ADHD 친화적으로 만들려고 한다. 그러면 언젠가 설령 안타깝게도 약을 먹을 수 없게 되더라도, 진단받기 전보다는 훨씬 더 나은 삶을 살아갈 수 있을 테니까.

우리가 말할 수 있는 건, ADHD 약물은 처방대로만 복용하면 장기적인 위험은 극히 적고, 단기적인 이점은 상당히 크며, 최소한 합리적인 수준에서 장기적 이점도 있다는 것이다. 물론 지금까지 사람들이 의학 분야 연구에 실망을 많이 했다는 건 안다(나도 ADHD 분야 연구에 여러 번 실망했다). 그러니 장기적 효과를 100% 확신할 수 없는 상황에서 약물 복용하기를 주저하는 마음도 이해는 한다.

하지만 ADHD 약물의 '위험성'을 논의할 때 종종 빠트리는 부분이 있다. 우리가 이 위험들을 비교하는 대상은 아무 문제도 없는 철저히 안전한 상태가 아니라는 점이다. 우리는 이런 소소한 위험들을 훨씬 더 위험하고, 부작용도 월등히 심각할 수 있으며, 실제로 생명에 위협이 된다고 알고 있는 상황과 비교하는 것이다. 바로, ADHD를 치료하지 않고 방치하는 경우다.

자, 그렇다면 과연 어떤 위험이 따르는지 살펴보자.

'스텝 머신' 위에서 울었던 일

*** 주의: 이 이야기는 섭식 장애와 외모 비하 내용을 포함하고 있음**

내가 열세 살이었을 때, 학교 도서관에서 잡지를 보다가 이런 통계를 읽은 적이 있다. '10대 소녀 10명 중 8명이 자기 몸과 외모에 불만을 느낀다.' 그날 밤, 잠옷으로 갈아입다 말고 나는 브래지어와 팬티만 입은 채 거울 앞에 한참을 서서 내 몸을 바라보며 생각했다. '와, 난 그 두 명에 속하네.'

열네 살이 되었을 때, 엄마의 패셔니스타 친구이자 내게 이모나 다름없는 리넷 아줌마가 큼지막한 옷 가방 세 개를 싸 들고 우리 집에 왔다. 나와 페린 언니 입으라고 옛날 옷을 잔뜩 가져온 거다. 그날 저녁 우리는 진짜 신났다. 거실에서 방으로 뛰어다니며 재킷이랑 상의, 치마 등을 번갈아 입어보느라 정신이 없었다. 그러다 진짜 보물을 발견했다. 종아리까지 오는 검은색 이브닝드레스. 몸에 착 달라붙는 쫀쫀한 소재에,

어깨끈에 조그만 버클까지 달려 있었다. 지금까지 본 중에 가장 어른티 나는 옷이었다.

리넷 아줌마는 그 드레스를 언니한테 건넸고, 누가 먼저랄 거도 없이 언니는 냉큼 방으로 달려가 입어봤다. 잠시 후 방에서 나온 언니를 본 엄마는 무릎에 손을 탁 쳐가며 외쳤다. "어머, 세상에. 진짜 환상적이다!" 정말 그랬다. 아직은 깊게 파인 목선이 약간 어색했지만, 열여섯 살인 언니는 진짜로 멋져 보였다.

하지만 난 그럴 염려가 없다는 걸 알고 있었다. "빨리 벗어봐. 나도 입어보게." 내가 재촉했다.

작년인가 재작년에 내가 언니 가슴 크기를 따라잡은 후로 (그때까지 내 인생에서 가장 장한 일이다), 이제 우리 몸매는 당연히 실제로 똑같다고 생각했다. 옷도 같이 입고 신발도 같이 신었으니까. 한 번도 그걸 의심해본 적이 없었다.

그런데 막상 방에 들어가서, 꽉 조이는 드레스를 어깨에 끼워 억지로 무릎 아래까지 끌어내린 다음 거울을 보니, 너무나 충격이었다. 언니처럼 매끈하게 하나의 곡선이 허리에서 엉덩이를 거쳐 무릎에서 점점 좁아지는 게 아니라, 내 실루엣은 명치부터 아랫배까지 불룩 튀어나왔다가 엉덩이 쪽에서 살짝 들어간 다음 허벅지 근처에서 다시 둥글게 커지는 라인이었다.

그전까지는 이런 몸매를 본 적이 없었다. 혹시 의학적으로 무슨 문제가 있는 거 아닌가 싶어 걱정되기 시작했다. 32GB 아이팟 터치를 꺼내 '엉덩이랑 허벅지 쪽에 혹처럼 튀어나온 것'을 검색했다. 그러자 바로 검색 결과들이 주르륵 떴는데 하나같이 이런 내용이었다. '엉덩이 옆선을 없앨 수 있는 초간단 운동 16가지'

'아…' 나는 생각했다. '…음, …그렇구나.'

나는 조용히 드레스를 벗어서 언니 옷장으로 들어갈 옷더미 위에 슬그머니 올려놨다. 바로 그 순간, 나는 그 10명 중 8명에 합류했고, 그때부터 내 몸과 내가 먹는 음식과의 관계는 복잡해지기 시작했다.

지금 생각하면 이런 게 꽤 명백한 ADHD 성향 같지만, 사실 어렸을 때 나는 항상 지루함을 달래는 도구로 음식을 이용하곤 했다. 말하자면 너무나 따분한 오후 시간에 자극을 얻는 방법이랄까. 하지만 그 이후, 즉 AD(After Dress) 시기에는 이렇게 지루함을 달래려고 간식을 먹을 때마다 왠지 죄책감이 들었다.

고등학교 시절에는 이 상태가 '정서적으로 심각하게 해롭긴 해도 비교적 정상적인 10대 소녀의 불안' 수준에 머물러 있었다. 하지만 대학에 들어가서 몸무게가 늘어나자, 내 머릿속에서 내 몸이 차지하는 공간은 훨씬 커졌다.

그러다가 내가 20대 초반이던 시절 이 문제는 절정에 달했다. 당시 나는 막 사회에 나온 새내기 기자였고, 여기저기 뉴스룸을 전전하면서 '진정한' 기자가 되려면 뭘 해야 하는지 알고 싶어 기웃대고 있었다. 그런데 어느 날, 영향력 있는 위치에 있는 누군가 내게 말했다. "계속 잘 나가고 싶다면, 몇 킬로그램쯤 빼는 게 좋을 거예요." 그러더니 나는 치마보다는 원피스가 훨씬 잘 어울린다면서, 손짓으로 내 몸 윤곽을 허공에 그려가며 치마가 내 뱃살을 얼마나 강조하는지 설명했다. 나는 그때 그 말이 불공정하다는 걸 알았고, 지금 돌이켜봐도 명백히 사실이 아니었다는 것도 안다. 하지만 당시 나는 너무 어렸고, 내가 언젠가는 사람들에게 들통나고 말 '가짜'라는 잘못된 믿음으로 잔뜩 겁에 질려 있었다. 그래서 그때부터 매일 헬스장에 다니겠다고 다짐했고, 그 사람이 내 책상 밑에 있는 운동 가방을 내려다보며 어떻게 입꼬리를 살짝 올려 미소 지을지 예민하게 의식했다.

그런데도 막상 헬스장에 가면, 내 머릿속은 끈질기고 교묘하게 나를 몰아붙이는 생각들로 가득 찼다. '속도가 너무 느리잖아', '스쾃을 더 깊게 해야지', '힘도 안 드는데 그게 운동이야?' 더군다나 그토록 감정적으로 고통스럽고 절박한데도 나에게 헬스장은 참기 어려울 만큼, 이루 말할 수 없이 지루했다.

그래서 운동을 더 열심히 하지 못한 나 자신에게 너무나 화가 나 밥을 굶기 시작했다. 그렇게 하루하루 배고프고 기진맥진한 채로 '스텝 머신' 위에 서서 눈물을 쏟았다. 철저히 자기혐오에 사로잡힌 채, 운동이 이토록 지루하다는 사실에 분노하면서.

섭식 장애는 ADHD가 있는 사람들, 특히 젊은 여성들 사이에서 아주 흔하다. 자존감도 낮은 데다 과몰입과 완벽주의 성향도 있고, 사회에서 인정받기 위해 삶의 다른 영역에서 느끼는 결핍을 보충하려는 강박적 욕구까지 있다면… 왜 그런지 이해하는 건 어렵지 않다.

사회 전반에 퍼져 있는 다이어트 문화는 내 식습관이 완벽히 건강한 거라고, 아니 사실 그냥 '간헐적 단식'을 하는 중이라고 믿도록 만들었고, 그 결과 나는 이 문제를 의사에게 이야기할 생각을 전혀 하지 못했다. 그러니 지금 돌아봐도 내가 겪은 일이 섭식 장애 진단 기준에 맞는지는 단정하기 힘들다. 하지만 최소한 비정상적인 식습관인 것만은 틀림없다고 생각한다.

나는 그 직장을 그만뒀고, 시간이 흐르며 극심했던 자기혐오에서 어느 정도 빠져나왔다. 헬스장도 예전만큼 자주 가지 않게 됐고, 간식을 먹을 때마다 찾아오던 압도적인 공황 증세도 없어졌다. 하지만 하루 종일 일하다가 가끔 식사를 '깜빡하는' 습관은 그대로 남아 있다.

이건 꼭 알아주길 바란다. 이건 절대로 따라 해서는 안 되는 행동이다.

게다가 살 빼는 '비법'도 아니다. 밥을 굶는 행위는 나에게 비참한 기분만 들게 했고, 피로로 머릿속을 흐릿하게 하고 신진대사를 엉망으로 만들었을 뿐이다. 이렇게 변하다 보니 내 몸에 대한 왜곡된 인식은 갈수록 심해졌다. 1년 정도 지나자, 이런 행동이 이상하다는 생각조차 들지 않았다.

그러다가 ADHD 진단을 받고 나서, 이 식습관은 갑자기 훨씬 심각한 문제가 됐다. 왜냐하면 내가 처방받은 자극제는 당연히 식욕 억제 효과가 있기 때문이다. 실제로 바이반스는 폭식 장애 치료에도 사용되는 약이다.

내가 기억하기로, 이 약을 처방받기 전에 내 식습관에 관해 물어본 사람은 하나도 없었다(설사 물어봤더라도 솔직하게 답했을지 자신은 없다). 그런데 원래부터 밥을 굶는 습관이 있던 내가 하루 종일 배고픔조차 느끼지 않게 해주는 약을 갑자기 먹게 된 거다.

나는 그냥 상황을 받아들였다.

지금 내가 알고 있는 걸 그때도 알았다면, 내 ADHD와 그게 내 자존감에 입힌 상처가 섭식 문제에 꽤 크게 작용했다는 건 너무나 명백하다.

하지만 처음에는 분명 진단이 내 상태를 더 나쁘게 만들었지만, 의외로 나를 구해주는 역할을 했다. 약을 먹기 시작한 지 한두 주쯤 됐을 때였다. 일하다가 집중이 안 돼 쩔쩔매고 있었는데, 아침을 먹지 않아 더 그랬을 거다. 어쨌든 그래서 마감이 늦어졌고, 일과 후에 몇 시간 더 일해야 했다. 결국 반쯤 의도치 않게 공복 상태가 그 어느 때보다 길어지고 말았다.

일을 마친 뒤, 나는 자전거에 올라타 최대한 빨리 페달을 밟기 시작했다. 새벽 근무를 하는 앤서니가 잠자리에 들기 전에 집에 도착하고 싶었기 때문이다. 하지만 공복과 피로, 고강도 운동의 조합은 몸에 너무 큰 무리였다. 앨버트 공원 호숫가 자전거도로를 구부정하게 달리는데, 갑자기 눈앞이 빙빙 돌기 시작했다. 그러더니 속이 메스껍고, 자전거가 중심을 잃고 휘청거리기 시작했다. 다행히 재빨리 자전거에서 뛰어내려 잔디밭에 털썩 주저앉았다. 덕분에 시야 가장자리부터 희미하게 번지던 새까만 어지러움이 완전히 나를 집어삼키는 걸 막을 수 있었다.

나는 거의 기절할 뻔했다.

그 순간, '대체 지금까지 얼마나 무리한 짓을 한 거야?' 하는 깨달음이 무겁게 나를 짓눌렀다. 그렇다고 '이렇게 함부로 대할 만큼 내가 하찮은 존재는 아니잖아'라는 자각이 들었다고 말할 수 있으면 좋겠지만, 사실 그 순간 내 머릿속에서 작게 외치는 목소리는 바로 이랬다. '세상에, 마틸다! 너 지금 자전거를 이 망할 호수에 또 처박기라도 하면 《가디언》에서 네 평판은 완전히 끝장나는 거 몰라?' 말하자면, 또다시 IT 부서에 가서 망가진 노트북을 설명해야 한다는 두려움이 내 자기애보다 훨씬 강했던 거다.

그때부터 나는 약을 먹기 전에는 꼭 뭔가 먹는 걸 원칙으로 삼았다. 처음에는 철저히 지키지는 못했지만, 조금씩 나아지기 시작했다. 이제는 점심시간에 알람을 맞춰둔다. 장 보러 갈 때는 크래커와 딥 소스, 미니 오이, 뮤즐리 바, 요구르트 컵처럼 힘들이지 않고 먹을 수 있는 간식을 빼놓지 않고 산다. 사무실 근처에서 가장 맛있는 점심 식당 찾는 걸 게임처럼 즐기고, 식당까지 걸어가는 시간을 긴 오전 업무를 하는 동안 고대하는 작은 휴식으로 여기기 시작했다. 물론 여전히 가끔 밥 먹는 걸 기억하기 힘들고, 먹을 의욕이 안 생길 때도 있지만, 차츰 나아지고 있다.

약을 먹은 덕분에, 이제는 음식을 죄책감 느끼면서 먹는 게 아니라, ADHD 치료에 꼭 필요하고 실용적인 요소라고 생각하게 됐다. 게다가 약물 치료뿐 아니라 상담 치료와 수많은 행동 기술을 통해 내 ADHD를 적극적으로 치료하면서, 불안감은 줄어들고 자존감은 전반적으로 올라갔다.

    물론 지금도 음식과 관련한 스트레스와 집착이 가끔 고개를 들긴 한다(여전히 상담사와 자주 상의하는 주제다). 하지만 전반적으로는 좋은 날이 나쁜 날보다 훨씬 많다. 그리고 무엇보다, 내 머릿속에서 내 몸이 차지하는 공간이 열네 살 때 그 쫀쫀한 검은색 드레스를 입고 거울 앞에 서 있던 순간 이후로 가장 작아졌다.

15장 최악의 상황은 어떻게 될까?

ADHD를 문화적으로 단순히 '백인 남자아이가 책상에 가만히 앉아 있지 못하는 과잉행동 증상'으로 인식할 때 나타나는 가장 위험한 결과를 꼽자면, 사람들이 대부분 ADHD가 초래하는 '피해'를 교실 상황으로만 한정하게 된다는 점이다. 이를테면, '그래, ADHD가 아이의 학습을 방해하고 주변 학생들 수업 분위기를 망치면 짜증 나긴 해. 하지만, 뭐 그게 다잖아' 같은 식이다.

하지만 ADHD는 초등학교라는 비교적 안전한 울타리 안에만 존재하는 게 아니다. 많은 사람에게 이 질환은 주의력결핍과 충동성을 동반한 채 평생을 함께 따라다닌다. 학교 졸업 시험을 치를 때도, 취업 면접을 볼 때도, 직업이나 돈에 관한 중요한 결정을 내릴 때도 함께한다. 처음으로 담배를 권유받을

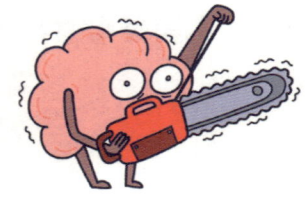

때도, 퇴근 후 와인 한두 잔이 작은 즐거움에서 '습관'으로 굳어질 때도, 차를 운전할 때나 전동 공구를 사용할 때, 혹은 크리스마스 전구를 높이 달 때도 마찬가지다. 작건 크건 삶과 죽음이 걸린 순간마다 ADHD는 함께한다.

우리는 ADHD 치료에 대한 인식을 근본적으로 바꿔야 한다. 이건 단순히 아이들을 수업 시간에 가만히 앉아 있게 하는 문제가 아니다. 바로, 전 세계 인구 상당수가 불필요하게 더 힘들고 더 트라우마가 많은 삶, 궁극적으로는 마땅히 살 수 있는 기간보다 더 짧은 삶을 살아가지 않도록 하는 차원의 이야기다.

ADHD가 사람 수명을 평균 몇 년이나 단축하는지 정확히 계산하기는 어렵다. 왜냐하면 ADHD는 매우 다양한 방식으로 사망률에 영향을 주기 때문이다. 하지만 2010년대 후반 러셀 바클리 교수와 메리엘런 피셔 박사가 큰 화제를 모은 적이 있다. 이들은 ADHD에 관한 장기 추적 연구에서 건강 관련 자료를 수집해 기대 수명 계산 프로그램에 입력했다(이 프로그램은 생명보험 회사가 사람이 얼마나 오래 살지 계산해서, 매년 보험료를 얼마나 내야 할지 산정할 때 쓰는 아주 복잡한 알고리즘이다). 그 결과, 성인이 돼서도 **ADHD-C**(혼합형)가

지속되는 경우, 기대 수명이 무려 12.7년이나 줄어든다고 나타났다.[194]

분명히 말하자면, 이 연구는 가상의 사망률 데이터를 사용했고, 한 가지 ADHD <u>유형</u>만을 대상으로 했으며, 대상자 수도 131명으로 적었고, 게다가 대부분 남성이었다. 따라서 이 연구 결과를 절대적인 과학적 사실로 받아들여서는 안 된다. 하지만 ADHD를 가볍게 여겼을 때 얼마나 심각한 일이 벌어질 수 있는지 똑똑히 보여주는 신호임은 분명하다.

곧 살펴보게 되겠지만, ADHD가 있는 사람은 우연히 사고를 당하거나 사망할 가능성이 월등히 높다. 심각한 정신질환이나 중독에 시달릴 위험도 크고, 빈곤이나 실업, 10대 임신과 같은 뿌리 깊은 사회적 문제를 겪을 확률도 높다. 학교를 중퇴하거나, 범죄에 연루될 가능성 역시 크다. 그리고 가장 비극적인 건, 자살로 생을 마감할 가능성이 현저히 높다는 사실.

하지만 이런 문제들은 운명처럼 바꿀 수 없는 게 아니며 해결 방법이 존재한다. 이미 수많은 연구에서 입증되고 있다. 적절한 치료(약물 치료를 포함하되 여기에만 국한되지 않는 다양한 치료)를 받을 수만 있으면, ADHD인 사람들은 훨씬 안전하게 살아갈 수 있고, 사회 전체적으로도 한층 더 건강해질 수 있다.

지금 우리는 소셜 미디어를 중심으로 ADHD에 대한 인식이 새롭게 확산하는 시대에 접어들었다. 특히 성인들 사이에서 인식이 널리 퍼지기 시작한 지금, 이제는 ADHD라는 질환

자체뿐만 아니라, 수많은 사람이 필요한 치료를 받을 수 없도록 가로막는 낙인과 문화적 무지, 경제적 불평등에 대해서도 진지하게 고민하고 이야기해야 한다.

ADHD가 성인에게 불러오는 위험

ADHD가 기대 수명을 줄일 수 있다는 기사를 처음 읽었을 때, 나는 너무나 충격적이고 당황스러웠다. 죽음이란 그저 '어떤 질병이 서서히 몸을 망가뜨려 결국 생명을 유지할 수 없게 되는 과정'으로만 생각하고 있었기 때문이다. 하지만 ADHD는 그런 식으로 작용하지 않는다. 오히려 다른 위험으로부터 우리가 자신을 지키지 못하도록 만들어 기대 수명을 깎아먹는다.

우리는 앞서 이미 ADHD가 유발하는 다양한 **부작용**을 살펴봤다. 가령, 건강에 해로운 식습관, 부족한 신체 활동, 약물 사용과 흡연율 증가, 섭식 장애 위험 증가, 기타 온갖 부정적인 영향이다. 하지만 이제는 여기에 더해 ADHD 특유의 '엉뚱함', 즉 사고를 잘 내는 성향이 성인 세계에서 얼마나 쉽게 위험으로 번질 수 있는지도 반드시 고려해야 한다.

나라별로 교통사고의 주요 원인은 조금씩 다르지만, 어디서나 상위에 드는 요인은 주의 산만, 충동적 판단, 피로다. 이 세 가지는 하나같이 ADHD가 심각하게 증폭시킬 수 있는 문제들이다. 이는 단순한 추측이 아니라 뒷받침되는 통계도 있다. 2014년에 실시한 한 **메타 분석**에 따르면, ADHD 진단을 받은 운전자는 일반인보다 교통사고 가능성이 29% 높고,[195]

스웨덴 인구 데이터를 기준으로 심각한 사고에 한정하면 그 비율이 50%까지 껑충 뛴다.

우리는 또한 약물요법이 이런 교통사고 위험을 줄이는 데 도움이 된다는 걸 알고 있다. 예를 들어 앞서 언급한 스웨덴의 연구에 따르면, ADHD가 있는 남성 운전자들은 적극적으로 약물을 복용하는 동안에는 교통사고를 낼 확률이 60% 가까이 낮아졌다. 이는 곧, 이런 사고 중 절반 이상은 피할 수 있었음을 의미한다.[196] 미국 응급실 입원 환자를 조사한 한 연구에서도, ADHD 남성이 약물을 복용한 달에는 교통사고 가능성이 38%

낮았고, ADHD 여성은 무려 42%나 낮았으며, 이는 적절한 약물요법만으로도 이러한 사고를 최소 5분의 1은 막을 수 있었다는 뜻이다.[197]

여기서 주목할 건, 이 통계들은 단지 정식으로 ADHD 진단을 받은 사람만을 대상으로 했다는 점이다. 따라서 전 세계적으로 ADHD **미진단 상태**로 치료받지 못한 운전자들이 얼마나 많은 사고와 부상, 영구 **장애**와 사망에 직간접적으로 노출됐는지는 알 도리가 없다. 어쩌면 수백만 건의 사고를 피할 수 있었을지 모른다.

그리고 우리가 걱정해야 할 건 교통사고만이 아니다. 연구에 따르면, ADHD가 있는 아동[198]과 성인[199] 모두 우발적으로 다칠 가능성이 더 높고, 이런 사고로 사망할 가능성 역시 30% 높게 나타났다.[200]

> 교통사고 통계를 복잡하게 만드는 한 가지 요인은, ADHD가 있는 사람은 그렇지 않은 사람보다 대개 운전 시간이 길다는 걸 여러 자료에서 볼 수 있다는 점이다. 왜 그런지에 대한 이론은 어떤 논문에서도 찾아볼 수 없었지만 말이다. 물론 그렇다고 해서, ADHD인 사람이 교통사고 위험이 크다는 사실이 바뀌는 건 아니지만, 이런 요인이 통계를 왜곡해서, 우리가 실제보다 사고를 더 잘 내는 것처럼 보이게 만드는 경향이 있는 건 분명하다. 이 문제를 다룬 연구는 많지 않지만, 앞서 언급한 메타 분석에 따르면, ADHD인 사람은 운전 시간 차이를 반영하더라도, 교통사고 가능성이 여전히 약 23% 더 높은 것으로 나타났다.[201]

사실, 전반적으로 ADHD가 있는 사람은 조기에 사망할 가능성이 더 크다. 덴마크에서 32세 이하 190만 명을 대상으로 진행한 대규모 연구에 따르면, ADHD가 있는 사람은 그렇지 않은 사람보다 조기 사망률이 두 배에 달한다. 그 원인은 주로 사고, 약물 과다 복용, 범죄 등 비자연적 요인이다. 그리고 **물질 남용** 문제까지 같이 있으면 그 비율은 무려 5.6배까지 치솟는다.[202]

이 수치는 굉장히 무섭게 들리지만, 덴마크와 같은 국가의 전체 조기 사망률은 인구의 0.*% 수준이다. 그러니 그 수치가 두 배(또는 다섯 배)가 되더라도 개인 차원에서 조기 사망할 확률은 여전히 극히 낮다. 다만, 이 통계는 사회 전체적으로 ADHD가 얼마나 위험할 수 있는지 보여준다는 점에서 중요하다.

흥미롭게도, 이 덴마크의 연구에서는 또 하나 중요한 사실을 보여준다. 성인이 돼서 ADHD 진단을 받은 사람은 어릴 때 진단받은 사람보다 조기 사망 위험이 2.7배 높다는 점이다. 연구진은 그 원인이 아마도 '성인기까지 지속된 ADHD'가 훨씬 '심각한' 형태의 장애이기 때문이라고 해석했지만, 나는 오히려 이게 조기 진단과 개입이 얼마나 큰 영향을 미칠 수 있는지를 보여주는 증거일 수 있다고 생각한다.

물론 우발적 사고가 이런 조기 사망률에 큰 영향을 주긴 하지만, 그걸로 모든 게 설명되지는 않는다. ADHD가 있는 사람은 **신경전형성**인 사람보다 살해당할 가능성이 두 배나 높고,[203] 자살 시도는 두 배 이상, 자살로 인한 사망은 여섯 배나 높을 수 있다.[204] 물론 높은 **충동성**이 여기에 큰 원인이 될 수는 있겠지만, 그 못지않게 중요한 건, 이 수치들은 ADHD가 심각한 정신적 손상과 **자존감** 저하를 얼마나 초래할 수 있는지 똑똑히 보여준다는 점이다.

다시 말하지만, ADHD는 치료할 방법들이 존재한다. 비록 행동 치료나 다양한 개입이 사고나 부상을 얼마나 예방하는지에 관한 대규모 연구는 찾아보기 어렵지만, 약물 치료 효과에 대해서는 비교적 수치를 확인하기 쉽다. 청소년의 경우, 자극제 계열 약물을 복용하면 우발적 부상이 10% 감소하고,[205] 외상성 뇌손상은 무려 70%까지 낮아지는 것으로 나타났다.[206] 대만에서는 메틸페니데이트를 3개월 복용한 청소년의 경우, 화상 부상 위험이 60% 줄었고,[207] 6개월 복용 시에는 골절 사고가 20% 감소했으며,[208] 홍콩에서는 같은 약물을 복용한 ADHD 아동의 응급실 방문율이 9% 줄었다는 결과도 있다.[209] ADHD 성인도, 메틸페니데이트를 3년 동안 복용한 후 우울증 발생 위험이 40% 낮아졌고,[210] 3개월 복용 후 자살 시도율이 60%까지, 6개월 후에는 70%까지 감소했다.[211]

이 모든 수치를 통해 알 수 있는 건, **ADHD에 대한 인식, 진단, 치료, 약물요법, 이 모든 요소가 날마다 ADHD 환자의 생명을 구하고 있다**는 사실이다. 하지만, 이걸 알게 되더라도 전 세계 대부분 지역의 치료율이 얼마나 낮은지 현실을 생각하면, 오히려 이 사실이 훨씬 섬뜩하게 다가온다.

경제적 계층 사다리 오르기

사고나 부상, 사망과 같은 물리적 위험뿐 아니라, ADHD는 개인의 삶과 행복 전반에 심각한 위협을 가한다.

보수 정치인들은 이를 외면하고 싶어 할지 모르지만, 빈곤은 하나의 순환 구조이며, 그 고리를 끊어내는 일은 생각보다 훨씬 어렵다. 게다가 ADHD는 사람들을 그 고리 안에 더욱 단단하게 가둬버리는 힘이 있다. 대중매체에서는 ADHD를 가끔 '부자들의 병'으로 표현하기도 하지만, 사실 ADHD는 저소득층 사람들에게 더 흔하게 나타난다.[212] 여기에는 여러 가지 이유가 있다.

우선, 저소득층 사람들은 납 성분이 많은 환경에 노출될 가능성이 크다.[213] 앞서 언급했듯이, 납은 ADHD 발병 위험을 높이는 환경 요인 중 하나다. 하지만 좀 더 사회학적으로 설명할 수 있다.

7장에서 간단히 언급했지만, **DSM-5**의 ADHD **진단 기준**에 따르면 이 **증상**들은 개인의 사회 활동, 학업, 직업 기능을 방해하거나 질을 떨어뜨린다는 명백한 증거가 있어야 한다.[214] 즉, 전형적인 ADHD 증상이 꽤 많이 있더라도, 만약 그 아이가 안정적인 가정에서 부모의 지지와 학교의 지원 등을 잘 받는다면 그 증상들은 삶의 질을 심각하게 저해하지 않을 수 있고, 그 결과 그 아이는 임상 기준에 못 미치는 '준임상적' 수준에 머물 수 있다. 하지만 같은 증상이 있는 아이라도 만약 빈곤으로 인한 스트레스 환경에서 자란다면(가령 부모가 생계를 위해 여러 직업을 전전해야 하고, 주거와 식사가 늘 불안정하고,

위탁 가정이나 가정 밖에서 보호받는 처지에 더 자주 놓이고, 지역의 범죄율과 과잉 치안으로 인해 가족이 분리되는 일을 빈번히 겪는다면), 그 증상들은 훨씬 더 심각한 손상을 초래하고 삶의 질을 떨어뜨릴 수 있으며, 그 결과 그 아이는 ADHD 임상 기준을 완벽히 충족할 수 있다.

교육은 우리 사회에서 경제적 계층 상승을 위한 가장 핵심적인 경로 중 하나다. 적어도 그렇게 약속은 돼 있다. 하지만, 실제로 ADHD 아동은 고등학교를 중퇴할 가능성이 3배나 높고(다른 정신건강 질환의 영향을 고려한 후에도 그렇다),[215] 저소득층 아동이 다니는 학교는 대부분 워낙 과밀하고 자원이 부족해서 사실상 필요한 지원을 제대로 받기가 어렵다.

한 메타 분석에 따르면, ADHD가 있는 학생은 그렇지 않은 학생보다 대학에 진학할 가능성이 6.5배나 낮게 나타났다.[216] 여기에 저소득층 청소년들이 빈곤으로 인해 겪는 외부적 압박과 미국과 같은 나라의 경우 터무니없이 비싼 대학 등록금 부담까지 더해지면 상황은 더욱 어려워질 수밖에 없다.

그리고 '여성' 사춘기를 지난 ADHD 청소년은 이런 어려움 외에도 장벽이 하나 더 있다. 여러 국가에서 진행된 연구에 따르면, 이들은 10대 임신 가능성이 더 높게 나타났다.[217] 물론 어느 나이건 아이를 가지면 대부분 큰 기쁨과 만족을 느끼지만, 주변에 전폭적인 지원 체계가 없는 이상, 이렇게 이른 나이에 아이를 가지면 엄청난 경제적 부담이 된다는 건 인정해야 한다.

ADHD인 사람은 직장에 들어가서도, 여러 가지 난관에 부딪힌다. 미국의 자료에 따르면, ADHD인 사람은 그렇지 않은 형제자매보다 취업할 가능성이 12% 낮고, 평균 소득이 34% 낮으며,[218] ADHD가 아닌 사람과 비교해 해고당할 가능성이 거의 4배, 일자리를 잃을 가능성이 2배 높게 나타났다.[219]

이러한 교육적, 경제적 불이익은 ADHD가 있는 비非백인에게는 훨씬 더 심각하다. 이들은 제도화된 인종차별, 그리고 세대에 걸쳐 내려온 다양한 차별의 장벽과 싸워야 하는 처지이기 때문이다. 게다가 앞서 언급한 것처럼, 인종적 편견으로 인해 유색인종 아동이 애초에 ADHD 진단과 치료를 받을 가능성이 더 낮다는 사실까지 고려하면 상황은 더 복잡해진다.

마지막으로, 여기에 더해 ADHD는 중독이나 도박, 충동적 소비 위험을 높일 뿐만 아니라 다음 일에 대한 계획 없이 직장을 그만둘 가능성을 높인다는 통계까지 고려하면,[220] ADHD인 사람들은 이미 오르기 힘든 경제적 계층 사다리에서 쉽게 밀려날 수밖에 없는 수많은 추가적 어려움을 안고 있는 게 분명해진다. 더구나 ADHD는 유전성이 매우 강하기 때문에, 이러한 빈곤과 불평등의 악순환은 세대를 거듭할수록 사회 깊숙이 고착될 수밖에 없다.

이러한 연구 결과들은 대부분 의료 기록을 기반으로 했기 때문에, 우리는 공식적으로 ADHD 진단을 받은 사람들이 마주한 장벽만을 살펴볼 수 있을 뿐이다. 진단도 받지 못한 사례가 얼마나 많은지를 생각하면, 이러한 모든 문제는 현재 우리가 알고 있는 수준보다 훨씬 더 심각할 수 있다. 마찬가지로, 이런 데이터상의 한계 탓에 안타깝게도, 사고나 부상의 경우처럼 진단과 치료가 가져다주는 여러 이점을 제시하기는 어렵다. 하지만, 우리가 알고 있는 사실은 있다. ADHD 여성의 경우 약물 치료를 받으면 고용 상태를 장기간 유지할 가능성이 18% 증가하고 남성은 4% 증가하며,[221] ADHD 아동의 경우는 학업 성적이 올라가고 고등학교를 졸업할 가능성이 3분의 2 가까이 높아지며,[222] 장기간 복용 시 10대 임신 위험이 39% 낮아진다는 점이다.[223]

나는 정치인은 아니지만, 이 정도만 해도 우리 정부와 의료계, 교육계가 더욱 적극적으로 나서서 지금껏 진단을 놓쳐온 사람들을 찾아내고, 이들에게 필요한 지원을 해줄 수 있도록 노력해야 하는 강력한 신호라고 생각한다. 이는 단순히 개인을 돕기 위한 차원이 아니라, 고착된 빈곤을 줄이고 사회 전체를 더욱 낫게 만들기 위한 희망이기도 하다. ADHD의 과소 진단과 치료 부족은 단순히 의료상의 문제가 아니다. 이건 인권의 문제다.

교도소 ADHD 문제

'ADHD를 진지하게 받아들이지 않아서 치러야 하는 대가'라는 퍼즐에서 우리가 아직 다루지 않은 거대한 조각 하나는, 사회구조가 ADHD인 사람들을 얼마나 많이 교도소로 내모는가 하는 점이다.

내가 처음, 교도소 수감자 중 몇 퍼센트나 ADHD 진단 기준을 충족하는지 보여주는 통계를 읽었을 때, 정말 눈을 비벼가며 여섯 번, 일곱 번 다시 읽었다. 그러고 나서 노트북을 덮고 잠자리에 들었다. '분명 내가 뭔가 잘못 이해한 거야. 너무 피곤해서 집중할 수가 없네'라고 생각했다. 하지만 다음 날 아침에도 그 숫자들은 흑백 활자로 선명하게 그대로 있었다.

일반 성인 인구 중 ADHD가 있는 사람은 약 2.8%지만, 교도소에서는 그 비율이 무려 25.5%에 달했다.[224] 다시 말해, ADHD 유병률이 수감자들은 일반 인구보다 약 9배나 높을 뿐만 아니라, 전체 수감자의 4분의 1이 ADHD일 수 있다는 뜻이다. 이 통계는 남성과 여성 모두에게 해당하며, 소년원 같은 청소년 수용 시설에서도 ADHD 비율은 17~25% 사이에 이른다.[225]

> 이 통계들은 임상 전문가들이 직접 교도소에 들어가, 대규모 수감자 집단을 대상으로 ADHD 선별검사를 진행해서 나온 결과다. 진단은 철저한 진단 면담을 통해 이뤄졌으며, 이 과정에서 외상 후 스트레스 장애나 외상성 뇌손상처럼 유사한 증상을 보일 수 있는 다른 질환들은 배제됐다. 내가 이걸 강조하는 이유는, 교도소에 있는 ADHD 환자 중 상당수가 자신이 ADHD가 있다는 사실도 모른 채, 아무 치료도 받지 못할 가능성이 높다는 점을 인식할 필요가 있기 때문이다.

이렇게 수감자들 사이에서 ADHD가 높은 비율로 나타난 데에는 사회경제적 지위, 구조적 불이익, 물질 남용 경향

같은 요인이 크게 작용한다. 게다가 많은 ADHD 환자가 겪는 어려움들, 가령 충동성, 자제력 부족, **새로움 추구 성향**, 행동의 잠재적 보상과 결과에 대한 판단력 부족 등이 더해져 수치가 증폭됐을 수도 있다. 이러한 ADHD 증상들은 또한 법적 조치 과정에서 자신을 효과적으로 방어하고 절차를 따르는 능력에도 심각한 손상을 줄 수 있다. 설상가상으로, 아이슬란드에서 진행된 대규모 연구에 따르면, 경찰 조사를 받던 청소년 중 ADHD가 있는 사람은 허위 자백을 할 가능성이 두 배나 높게 나타났다.[226]

이 교도소 문제에서도 비백인 ADHD 환자들은 훨씬 더 큰 위험을 안고 있다. 이는 미국의 아프리카계 미국인과 호주의 선주민처럼 특정 인종이 교도소 안에서 과도한 비율을 차지하는 현실을 고려하면 충분히 짐작할 수 있다.

이 장을 쓰기 위해 조사하는 동안 나는 여러 사회복지사와 이야기를 나누었는데, 이들이 한결같이 강조하는 부분은, 수감자들이 출소 후 사회로 복귀하는 과정 자체가 극도로 어렵다는 점이다. 예를 들면, 안정적인 주거지 구하기부터 일자리 찾기, 심지어 가석방 의무를 이행하기 위한 복잡한 행정절차까지 그 어떤 일도 쉽지 않다. 그리고 이런 일들은 조직력과 일관성이 약한 뇌를 가진 사람에게는 엄청나게 불리하다. 바로 그런 점 때문에, ADHD에 대한 진단과 적절한 치료는 이들의 삶을 제자리로 되돌리는 데 혁신적인 역할을 할 수 있다.

분명히 해둘 건, ADHD가 있는 사람 대다수는 체포되거나 유죄판결을 받은 적이 전혀 없으며, 교도소에 있는 사람 모두가 오로지 ADHD 때문에 들어왔다고 단정할 수는 없다는 점이다. 하지만, 이처럼 ADHD 비율이 엄청난 규모임을 고려하면, 많은 나라에서 모든 수감자를 대상으로 ADHD 선별검사를 해야 한다는 목소리가 점점 힘을 얻는 것도 충분히 이해가 간다. 실제로 영국은 2009년에 이미 이 방식을 공식적으로 채택한 적이 있다.[227] 비록 영국 ADHD 재단에서는 이게 얼마나 제대로 시행될지 의문을 제기했지만 말이다.[228]

사법기관과 수시로 접촉하는 사회복지사와 같은 사람들과 이야기를 나눠보니, 대부분 이런 전면적인 선별검사를 한다고 해서 얼마나 효과가 있을지 회의적인 반응을 보였다. 사실, 세계에서 가장 부유한 나라들조차 교정 시설에 지원하는 예산은 여전히 턱없이 부족하다. 또한, 몇몇 사례 관리자가 지적했듯이, 현행 제도는 위기 상황에 닥친 사람에게만 정신건강 지원을 해주는 편이다.

교도소는 재활의 장소로 알려져 있다. 그런데도 불안이나 우울증 같은 기본적인 정신질환조차 적극적으로 도움받는 경우가 극히 드물다. 상황이 이렇다 보니, ADHD 진단 자체는 삶을 완전히 바꿀 수 있을 만큼 중요하고, 이상적이고 정의로운 세상이라면 교정 시설에서도 얼마든지 치료받을 수 있어야 하지만, 이는 교정 제도가 안고 있는 수백, 수천 개에 이르는 구조적 문제 중 하나일 뿐이다. 따라서 어쩌면 당장 더 시급한 과제는 애초에, 미진단 상태의 ADHD가 있는 사람들을 불필요하게 교도소에 발을 들여놓지 않도록 만드는 일일 수 있다.

다시 말하지만, 이 문제에도 약물 치료가 효과가 있다는 사실을 우리는 알고 있다. 다수의 대규모 연구에 따르면, ADHD 성인의 범죄율은 약물 치료를 받은 기간 동안 30~40%까지 큰 폭으로 감소한 것으로 나타났다.[229] 이는 예방할 수 있는 범죄와 수감으로 인한 탈선을 막을 수 있는 사람이 **상당히 많았다**는 뜻이다.

하지만, 비록 정부가 범죄 예방이나 빈곤의 악순환을 끊는 일이나, 인간의 고통을 전반적으로 줄이는 일에는 딱히 관심이 없다고 하더라도, ADHD에는 관심을 가져야 할 수 있다. 이 질환은 우리 국가 경제에 막대한 손실을 초래하기 때문이다.

ADHD를 치료하지 않아서 발생하는 사회적 비용

내가 살고 있는 호주부터 살펴보자. 마침, 이 문제를 꽤 철저하게 분석한 자료가 있기 때문이다. 호주 ADHD 전문가 협회의 의뢰로 딜로이트 액세스 이코노믹스가 작성한 보고서에 따르면, ADHD로 인해 호주 경제가 매년 입는 손실은 최대 약 12조 5천억 원에 달하는 것으로 나타났다.[230]

이유는 다음과 같다. ADHD로 인한 직접 비용은 약 1조 1천억 원에 이르는데, 이는 응급실 방문 증가나 교육계가 부담해야 하는 추가 비용 등으로 발생한다. 하지만 여기서 가장 큰 비중을 차지하는 건 생산성 손실로, 무려 9천억 원에 달한다. ADHD가 있는 사람들은 신체적·정신적 질환으로 질병 휴가가 더 잦은 편이고, 일하는 중에도 증상으로 인해 업무 효율이 떨어지는 경우가 많다. 이런 식으로 발생한 경제적 손실은 빠르게 누적된다.

> 이 호주 보고서는 '웰빙 비용'으로 약 7조 원을 추가로 산정했다. 이는 기본적으로, 장애로 인해 잃어버린 건강한 삶의 햇수를 합산한 다음, 사회에서 익명의 삶에 부여하는 경제적 추정 가치(호주의 경우 약 1억 8천만 원)를 기준으로 환산한 금액이다. 나는 이 수치를 총비용에 포함하지 않기로 했다. 이유는 두 가지다. 하나는, 인간의 삶에 금전적 가치를 매긴다는 개념 자체가 좀 소름 끼치기 때문이고, 또 하나는 지금 우리가 다루려는 주제는 '행복'이나 '공익을 위한 사회 발전'과 같은 사소한 것들(?)이 아니기 때문이다. 우리는 어디까지나 차갑고 냉정한 '돈 이야기'를 하고 있다.

미국의 경우, ADHD로 인한 연간 경제적 비용을 다룬 다수의 연구에 대한 **체계적 문헌 검토**에 따르면, 2023년 기준으로 282~525조 원에 달하는 것으로 나타났다.[231]

이처럼 ADHD 과소 진단 문제는 국가 전체적으로 막대한 손실을 초래한다. 하지만, 무엇보다 최초 진단을 받기까지 심각한 접근성 문제가 있다는 점에 주목해야 한다. 이 글을 읽고 있는 사람 중에도 자신이 ADHD일지 모른다고 강하게 의심하면서도, 정식 임상 진단에 들어가는 수십, 혹은 수백만 원을 감당할 수 없어 포기한 사람도 분명히 많을 것이다.

심지어 보편적 의료 시스템을 자랑하는 호주에서도 성인

ADHD 환자를 진료하려는 정신과 전문의는 극히 드물고, 이마저도 대부분 민간 의료 시스템 내에서만 진료하며 민간 진료비를 받는다.

ADHD 회의론자들은 흔히 '인간의 정상적인 행동을 약으로 치료하려 한다'라든가 '사람들을 기계 부품처럼 만들려고 약물을 이용한다'라며 공포를 조장하지만, 많은 국가에서 약물 치료는 정부 보조금을 지원받는 유일한 ADHD 치료법이다. **아무도** 약물만이 유일한 ADHD 치료법이어야 한다고 주장하지 않는다. 하지만, 현실적으로 사람들에게 다른 선택지가 있을까? 호주에서는 운 좋게도 연간 10회까지 정부에서 심리 상담비를 일부 지원한다. 그런데 이 정도로는 진단 이후 수년에 걸쳐 삶을 근본적으로 바꿔나가야 하는 사람에게는 턱없이 부족할 수 있다.

지금까지 살펴본 통계를 통해 분명히 드러난 건, ADHD가 초래하는 어려움이 오늘날 우리 사회에서 매우 심각한 문제가 되고 있다는 사실이다. 이는 우리 사회 전체에 큰 부담일 뿐 아니라 이 문제를 평생 안고 살아가는 우리 같은 사람에게도 무거운 짐이다. 하지만 꼭 그렇게만 생각할 건 아니다. 조금 진부한 소리인지 모르지만, 우리 ADHD 뇌에는 경이롭고, 사회에 도움이 되는 멋진 면들이 분명히 있기 때문이다. 그럼에도 ADHD에 대한 인식과 진단, 지원에 제대로 투자하지 않음으로써 우리 사회는 실패를 자초하고 있는 셈이다. ADHD 성인들이 사회에 이바지할 수 있는 수많은 귀중한 자질과 잠재력을 불평등과 불이익의 악순환이라는 벽 뒤에 가둬버리기 때문이다.

  올 한 해 동안 나는 ADHD를 단순히 '장애'로 보는 관점을 넘어, 하나의 정체성이자 세상 속에서 존재하는 하나의 방식으로 받아들이는 개념에 깊이 공감하게 되었다. 이것이 바로 **신경다양성 운동**의 핵심이다.

  하지만 우리가 ADHD에 대한 '수용'과 '자기애'로 초점을 돌리기 전에, 한 가지 분명히 짚고 넘어갈 게 있다. 이런 관점은 전 세계적으로 ADHD가 있는 사람 대다수에게는 아직 먼 이야기라는 사실이다. 특히 경제적·인종적 특권이나, 지원 필요성이 낮은 수준이라는 유전적 행운을 타고나지 못한 사람들에게는 더욱더 그렇다. 만약 ADHD에 대한 수용과 신경다양성에 대한 인권 강화 운동이 전반적으로 의료계와 사법계를 향해 체계적이고 구체적인 변화를 더욱 강력하게 요구하지 않는다면, 지금 우리가 이뤄내고 있는 진보는 소수 특권층에게만 돌아가는 혜택이 되고 말 것이다.

신발 접착제 사건

이쯤 되면 ADHD를 보고 "오, 나비다!" 하며 웃어넘기는 '밈'을 내가 얼마나 싫어하는지 알 수 있을 거다. 하지만 인정해야겠다. 오늘 아침, 진짜 실수로 내 발을 접착제로 신발에 붙이고 말았다.

오늘은 사무실에 가야 하는 날인데 아니나 다를까, 또 늦었다. 아침 회의 전에 도착하려면 남은 기차는 딱 하나. 그게 14분 후에 오고 역까지는 걸어서 12분 거리. 이제 모든 준비를 마치고, 의상 콘셉트에 맞춰 골라놓은 금색 부츠만 신으면 끝. 그런데 웬걸, 신발 안쪽 안감이 살짝 떨어져 발에 걸리적거렸다.

시간이 초 단위로 째깍째깍 줄어드는 걸 의식하며, 나는 얼른 잡다한 나사들과 액자 걸이용 끈, 조립 가구 살 때 딸려

온 육각 렌치 같은 게 잔뜩 들어 있는 신발장 공구 상자에서 접착제를 찾아냈다. 그러고는 순간접착제가 얼마나 묽게 흘러내리는지 깜빡하고, 늘어진 안감에 쭉 짜서 뿌린 뒤, 손을 집어넣어 위로 꾹꾹 눌렀다. 다 됐다 싶어 손가락을 떼려는데, 인조 스웨이드 안감 한쪽이 딸려 나왔다. 하지만 더 생각할 틈도 없었다. 15초밖에 안 남음. 나는 그냥 발을 안으로 밀어 넣으며, 아직 마르지 않은 접착제가 스타킹에 스며들어 피부에 착 닿는데도 일부러 모른 척했다.

다른 쪽 부츠도 마저 신고 벌떡 일어서는데, 발등에서 살을 잡아당기는 듯한 불편한 느낌이 확 들었다. 젠장.

하지만 또다시 지각한다는 건 도저히 있을 수 없는 일. 나는 아예 그 생각은 하지 않기로 하고, 대신 '발에서 땀이 나면 혹시 접착제를 녹여줄지도 몰라' 하는 희망을 안고 출발했다. 이미 예정보다 늦은 상황. 역까지 마지막 500미터는 달려야 했는데, 오른발이 신발 안에서 앞뒤로 움직일 때마다 접착제 붙은 피부가 당겨져 약간씩 움찔거렸다. 드디어 막 닫히려는 기차 문으로 간신히 슬라이딩 성공. 그나마 다행인 건, 멜버른 철도망의 시간 관리 능력이 나보다 더 형편없었다는 사실.

기차 안에서 생각하니 이 모든 상황이 문득 너무나 웃겼다. 그래서 트위터에 올리기로 했다. 그 결과 사무실 문을 들어서는 순간, 동료 하나가 접착제 붙은 내 발의 안부를 물었다. 나는 기꺼이 자랑스럽게 부츠 뒤쪽 지퍼를 척 내린 뒤 발뒤꿈치를 바닥에 쿵쿵 두드리며, 신발이 얼마나 단단히 붙었는지 시범을 보였다.

이 황당한 소동은 완전 대박이었다. 모두가 깔깔대며 관심이 집중되자, 분위기에 취한 나는 회의실에서 나오는 상사를 보자마자 손짓하며 외쳤다. "이거 좀 보세요!" 그러면서 마지막으로 한 번 더 발뒤꿈치를 카펫에 있는 힘껏 내리쳤다. 그때 악몽 같은 일이 벌어졌다. 실제로 땀이 접착제의 구조적 강도를 떨어뜨리는 데 꽤 효과가 있다는 걸 몸으로 증명하고 말았다. 마지막 충격에 스타킹이 안감에서 완전히 떨어져 나가면서, 부츠가 방을 가로질러 날아가 창문에 쾅 부딪혔다.

분명히 말하자면, 상사는 내 트윗을 보지 못했다. 그러니 자기는 그냥 회의실에서 나왔을 뿐인데, 내가 늦게 도착해놓고 손짓하며 부르더니, 갑자기 아무 이유 없이 부츠를 걷어차고 맨발을 보여주는 상황인 거다.

사실 이건 아주 사소한 일이다. 시간에 쫓기고, 충동적으로 결정하고, 예기치 못한 결과에 부딪히며 좌충우돌하는 재미있는 일화에 불과하다. 처음에는, 이건 너무 대수롭지 않아서 한 해를 돌아보는 이 글에 굳이 넣어야 하나 싶었다. 하지만, 무척 당황한 듯 보이는 상사에게 사정을 설명하려다가 웃음이 빵 터진 순간, 불현듯 깨달았다. 나는 더 이상 나 자신을 방어하려고 웃고 있지 않았다. 예전 같으면, 먼저 스스로 비웃어서 웃음거리가 되지 않으려고 애썼을지 모르지만, 이번엔 아니었다. 이 일은 앞으로 며칠 동안 나를 괴롭힐 창피한 기억도 아닐 것이다. 그냥 웃긴 해프닝일 뿐이다.

가끔 ADHD는 진짜 웃긴다. 나도 얼마든지 그 농담을 즐길 권리가 있다.

16장 그럼,
내 뇌를 사랑해야 할까, 말아야 할까?

이제 한 해가 거의 끝나간다. 지난 몇 달 동안 정말이지 다양한 학술 논문과 인터뷰, 진단 편람은 물론 상반된 의견들까지 셀 수 없이 많이 살펴봤다. 그런데도 내 머릿속 어딘가에서는 여전히 풀리지 않은 작고 단단한 매듭 하나가 남아 있는 느낌을 지울 수 없었다. 정확히 무엇이 문제인지는 최근에 와서야 깨달았다.

지금 우리는 성인 ADHD에 대한 인식이 새롭게 확산하는 시대에 접어들었다. 하지만 그 속에서 점점 더 강하게 느껴지는 건, ADHD를 '의학적 장애'로 보는 시각과 '정체성'으로 받아들이는 관점 사이에 존재하는 묘한 긴장감이다. **ADHD는 앞으로 마주할 온갖 어려움에 대한 불길한 징조라기보다는, 성인이 돼서 ADHD라는 걸 알게 된 많은**

사람에게 희소식으로 들린다. 왜냐하면 오랫동안 품고 있는 줄도 몰랐던 질문들에 대한 해답이고, 마침내 우리 자신을 치유하고 용서할 수 있게 해주는 열쇠이기 때문이다.

ADHD가 있는 우리는 이제 우리만의 인터넷 커뮤니티와 공간을 갖게 됐다. 그리고 그 안에서 ADHD로 인한 어려움뿐만 아니라, 중립적이고 심지어 긍정적인 면들에 대해서도 다 함께 이야기를 나누고 있다. 우리는 비로소 우리 자신을 단순히 'ADHD가 있는 사람'이 아니라 'ADHD인 사람'으로 인식하기 시작했고, 우리 뇌의 차이를 우리를 이루는 정체성의 일부로 생각하는 법을 배우고 있다.

지금부터는 과학보다는 철학에 가까운 이야기가 될지 모르지만, 나에게 ADHD는 단순히 **손상** 이상의 의미를 지닌다.

좋은 점과 '회색'을 띠는 특성들

이런 생각은 코미디언이자 방송인인 엠 러시아노와 대화를 나누는 과정에서 더욱 깊어졌다. 우리가 만난 건, 그녀가 마흔이 넘어 ADHD **진단**을 받게 된 경험을 주제로 호주의 주요 정치인과 언론인을 상대로 중요한 연설을 한 지 불과 2주쯤 지났을 때였다.[232] 그 연설이 방송되는 동안, 주위에서 다섯 명이나 나에게 문자를 보내 TV를 틀어보라고 할 정도였다. 하지만, 그럴 필요도 없이 나는 이미 보고 있었다. 솔직히 말해, 그녀가 'ADHD인 사람'으로서, 특히 여성으로서 있는 그대로 자신을 드러내는 데 필요한 용기를 이야기하는 걸 들으며 조용히 눈물을 흘리고 있었다.

러시아노는 ADHD로 인해 겪는 어려움과 도전들에 대해서도 많이 이야기했지만, 내가 정말 간절히 직접 대화하고 싶었던 이유는, 이 질환이 자신의 성공에 어떻게 도움이 됐는지를 언급했기 때문이다.

"우리 같은 사람들이 하는 이야기를 들어보면 미묘한 측면에 대해서는 거의 언급하지 않더군요." 러시아노가 말했다. "이를테면, 좋은 점들이 분명히 있거든요. 그렇지만, 젠장, 무슨 일이든 난 **신경전형성**인 사람보다 열 배는 오래 걸려요."

그리고 러시아노가 말하는 '좋은 점들'은 ADHD 성인 다수가 나에게 들려준 이야기와도 일치한다. 또한 정확히 내가 나 스스로에 대해 깊이 자부심을 느끼는 부분이기도 하다. "나는 그냥 뭔가를 이해하려는 끊임없는 욕구가 있어요. 내 뇌는 항상 움직이고 있고, 늘 뭔가에 완전히 꽂히고 싶어 해요. 그러다 보면 뼛속 깊이 **과몰입** 상태로 빠져드는 걸 느낄 수 있죠." 러시아노가 말했다.

"그게 정작 ADHD 때문이라는 건 1년 반 전까지만 해도 몰랐어요. 그런데 그 사실을 알고 나니까 마치 새로운 사람과 사랑에 빠진 기분이더군요. 사랑의 비밀을 갖게 되고, 그 생각만 하게 되고, 잠도 안 자고, 샤워하는 거도 까먹고, 온통 그 얘기만 하게 됐으니까요. 어떤 때는 지금 하고 있는 일에 완전히 빠져서 화장실 가는 거도 미루면서 컴퓨터 앞에 앉아 있기도 했어요.

지금까지 내가 이뤄낸 멋진 성취들은 전부 과몰입의 황홀경 속에서 탄생한 결과물이에요."

그리고 **충동성**은 ADHD로 인한 위험이나 끔찍한 결과를 초래하는 주요 특성이긴 하지만, 아주 가끔은 이성적으로 생각하기 전에 무작정 뛰어드는 충동성이 오히려 좋은 결과를 가져오기도 한다. 러시아노는 사실 우연히 연예계에 발을 들이게 된 경우다. 스물네 살에, 대중 앞에서 노래를 불러본 경험이 전혀 없었는데도 충동적으로 호주 아이돌 오디션에 지원했고 결국 최종 결선까지 올랐다.

"난 완전히 모험가예요." 러시아노는 잠시 멈추더니 말을 이었다. "물론, 불안도 엄청 많은 사람이지만, 늘 이런 식으로 생각해왔죠. '그래, 노래는 한 번도 해본 적 없지만 까짓거 해보자.' '그래, 라디오는 한 번도 안 들었지만, 라디오 DJ 한번 해보는 거야.' 'TV 쇼? 좋아, 해보자.' '스탠드업 코미디도 하지 뭐.' 말하자면, 내 경력은 하나같이 내가 전혀 발 디딜 자격이 없는 무대에 그냥 한 발 내딛는 식으로 시작됐어요. 하지만, '할 수 없다'보다는 '할 수 있다'라는 가능성을 조금 더 믿었던 거죠. 그리고 그게 정말 짜릿하더라고요. 솔직히 위험부담이 크긴 한데 내 뇌는 '**도파민** 괴물'이라 오히려 그런 걸 더 추구하거든요."

나는 그동안 ADHD가 **자존감**에 끼치는 해로운 영향을 주로 이야기했지만, 문득 그렇게 말함으로써 절반만 이야기하고 있는 건 아닐까 하는 생각이 든다. 왜냐하면 우리 같은 많은 사람에게 그런 상처들은 결국 깊은 회복탄력성, 그리고 두려움을 무릅쓰고 나아가는 능력으로 이어졌기 때문이다. 물론 우리가 이런 방어막을 발전시켜야 했다는 사실 자체는 무척 불공평하다. 더 나은 세상이었다면 그럴 필요도 없었을 테니까. 그럼에도, 이건 정말 강력한 무기다.

"이건 자신감이 아니라 용기예요." 러시아노는 말했다. **"어릴 때부터 줄곧 내가 틀렸다는 말을 듣고 살다 보니 용기와 회복탄력성을 갖게 된 거죠. 나는 넘어진 후에도 다시 일어서는 법을 알아요.** 그래서 어느 순간부터 '그래 젠장, 해보지, 뭐' 같은 배짱과 회복력이 내 안에서 자라났다고 생각해요."

"사실 온갖 쉬운 일들을 해내지 못해서 혼란스러울 때가 많아요. 늘 죄책감이 들고요…. 아마 ADHD가 없었다면 정신적으로 덜 고통스러웠겠죠." 러시아노는 말했다.

ADHD에 대해 이처럼 '양가감정'을 이야기하는 건 어려울 수 있다. 사람들(종종 신경전형성인 사람들)은 흔히 ADHD를 '초능력'이라고 너무 쉽게 말해버린다. 그 의도는 좋지만, 평생을 힘겹게 살아온 사람에게 '당신은 초능력이 있어'라는 말은 '그런데 왜 불평하느냐'라는 말과 비슷하게 들릴 위험이 있다. 반대로, 고통스러운 이야기만 계속 듣게 되면 절망에 빠지기 쉽고, 결국 '당신 뇌는 망가져서 회복 불가능해'라는 말처럼 들릴 위험이 있다.

"사람들이 ADHD 이야기를 할 때 보면, 늘 극과 극이에요. 완전히 좋거나 완전히 나쁘거나." 러시아노는 말했다. "회색은 사람들 눈에는 재미없겠죠. 하지만, 사실 우리 같은 사람들 뇌는 바로 그 회색 속에서 살아가요."

나는 여러 면에서 이 말에 공감한다. 솔직히 이런 이야기를 꺼내는 게 늘 조심스러웠다. 내게 주어진 수많은 기회가 행운과 특권 덕분이라는 걸 잘 알고 있으니까. 그럼에도 나는 지금 이 일을 하는 데 내 ADHD도 분명히 도움이 됐다고 믿는다.

내가 저널리즘에 이토록 열광하는 이유는 날마다 새로운 주제에 뛰어들어 세부 사항과 뉘앙스, 역사까지 파고드느라 완전히 몰두할 수 있기 때문이다. 나는 문제를 해결하고, 정해진 틀에서 벗어나 생각하고, 마침내 작은 조각들이 하나로 딱 맞아떨어질 때 전율을 느낀다. 그런 다음 내 창의력을 마음껏 발휘해 기사를 쓰거나 영상을 만들어 다른 사람들과 공유한다.

ADHD와 창의성의 연관성에 대해서는 논란이 많다. 하지만 지금까지 찾아본 자료에 따르면, 우리의 혼란스러운 사고방식(좀 더 과학적으로는 '확산적 주의력')과 창의성의 핵심 요소 중 하나인 '확산적 사고'(즉, 하나의 아이디어에서 수십 개의 아이디어로 뻗어나가는 능력) 사이에는 적어도 어느 정도 관계가 있다고 한다.[233]

나는 가끔 이런 생각이 든다. 호주 저널리즘 업계에 알려지게 된 내 주특기는 '짧은 뉴스 해설용 틱톡 영상'인데, 어쩌면 이걸 내가 잘 만드는 이유 중 하나도, 평생 내 안의 혼란스러운 수많은 생각을 다른 사람들도 이해할 수 있는 간단한 문장으로 정리하려고 애써왔기 때문이 아닐까? 결국 나는 오래전부터 간결하게 소통하는 법을 스스로 배우며 살아온 것이다.

물론 인정한다. ADHD는 여러 가지 면에서 내가 하는 일을 훨씬 어렵게 만든다. 만약 선택권이 주어진다면 바꾸고 싶은 점도 정말 많다. 이건 확실히 장애가 맞다. 하지만 동시에, 바로 이 ADHD 덕분에 나는 내 뇌에 꼭 맞고, 내가 꽤 잘 해낼 수 있는 열정적인 일을 찾게 됐다.

그러니 적어도 나에게는 ADHD가 단지 장애라고만 말하기는 힘들다.

설계된 '장애'

가끔은 이런 생각도 든다. ADHD가 늘 그로 인한 '피해'나 '손상'으로만 정의되는 이유는, 어쩌면 그게 보편적인 진실을 반영해서가 아니라, 애초에 그 용어가 만들어진 방식 때문이 아닐까?

1800년대 중반, 초등교육이 보편화되면서, 갑자기 어른들은 아이들에게 특정한 행동 패턴이 있다는 걸 알아차리게 됐다. 그런 행동은 여러 가지 문제를 일으켰다. 문제는 '고쳐야' 한다. 그리고 뭔가를 고치려면 이름을 붙이고 정의해야 한다. 따라서 정상에서 벗어난 행동은 그로 인해 발생한 문제들을 기준으로 이름 붙이고 정의하게 됐다. 실제로 1902년, 조지 프레더릭 스틸 경이 훗날 'ADHD'로 불리게 될 이 질환의 증상을 처음 공식적으로 기술했을 때, 오로지 '도덕적 통제력의 병적인 결함'이라고만 언급했다.[234]

ADHD라는 이름과 정의는 세월이 흐르며 조금씩 바뀌었지만, '본질적으로 문제다'라는 핵심 개념은 그대로 유지됐다. ADHD와 더불어 나타나는 창의성, 삶에 대한 활기, 상상력 넘치는 사고방식 같은 특성은 굳이 정의에 추가할 필요가 없었다. 왜냐하면 좋은 점은 고칠 필요가 없으니까. 또한, 그런 요소들은 이후 실제로 연구할 필요도 없었다. 왜냐하면 의사와 과학자들은 사람들을 돕고 싶어 하기 때문이다. 이들의 목표는 사람들의 삶을 더 낫게 만드는 일이다. 그 방법은 '문제'를 해결하는 것이지, '장점'을 연구해 기록하는 일이 아니었다.

또한, 실제로 이 질환을 어떤 틀로 정의하고 있는지 의문을 품을 이유도 없었다. 왜냐하면 약 100년 동안 ADHD는 거의 어린아이들에게만 적용되는 진단이었기 때문이다. 아이들은 아직 자신이 어떤지도 모르는 상태이니, 당연히 벌떡 일어나 이렇게 말할 수는 없었을 거다. "저기요, 솔직히 내가 ADHD를 비판적으로 개념화하자면 선생님들이 쓰는 의학적 정의보다는 훨씬 더 광범위해요. 그래서 오히려 '독특한 정체성', 아니면 좀 더 적절한 단어가 있다면 **신경 유형** 같은 방식으로 논의하는 게 건설적이라고 생각해요. 왜냐하면, 물론 내 뇌가 작동하는 방식 때문에 진짜로 기능 저하와 손상을 경험하는 건 사실이지만, 아마도 그중 30% 정도만 선천적이거나 생물학적인 부분이고, 나머지는 모두 나와 다른 방식으로 인지 기능을 하는 사람들을 위해 설계된 사회 시스템 안에서 살아가면서 생긴 '증상'일 뿐이거든요… 아, 그리고 혹시 화장실에 가도 될까요? 진짜 너무 급해요."

지금에 와서야, 아니, 사실 불과 지난 몇 년 사이에 와서야 비로소 정신의학계가 ADHD를 평생 지속되는 질환으로 받아들이기 시작했다. 이로써 우리는 진정으로 커뮤니티를 형성할 수 있게 되었고, '장애'라는 말이 과연 가장 적절한 표현인지

> **저기요, 솔직히 내가 ADHD를** 비판적으로 개념화하자면 선생님들이 쓰는 의학적 정의보다는 훨씬 더 광범위해요. 그래서 오히려 '독특한 정체성', 아니면 좀 더 적절한 단어가 있다면 '신경 유형' 같은 방식으로 논의하는 게 건설적이라고 생각해요. 뭐니뭐니, 물론 내가 작동하는 방식 때문에 진짜로 기능 저하와 손상을 경험하는 건 사실이지만, 아무도 그중 30% 정도만 선천적이거나 생물학적인 부분이고, 나머지는 모두 나와 다른 방식으로 인지 기능을 하는 사람들을 위해 설계된 사회 시스템 탓에서 실하기보단 외려 '증상'을 발하거든요. **아, 그리고 혹시 화장실에 가도 될까요? 진짜 너무 급해요.**

질문을 던질 수 있는 위치에 왔다. 정확히 이 단어가 '틀렸다'라고 할 수는 없지만, 너무, 너무 좁은 정의인 건 분명하다.

의학적 정의를 넘어

앞에서 언급했던 말 기억하는가? 대다수에게 ADHD는 '치료'해야 할 대상이라기보다는, 평생에 걸쳐 위아래로 오르내릴 수 있는 '진단이 가능한 기준선'일 수도 있다고 말이다. 이런 생각을 하다 보면 자연스럽게 우리가 ADHD를 이해하는 전체 틀에 대해 의문이 생기기 시작한다.

16장 그럼, 내 뇌를 사랑해야 할까, 말아야 할까?

물론 약물 처방이나 교육 예산과 같은 현실적인 문제가 얽혀 있을 때는 당연히 명확한 기준선이 필요하다. 그리고 만약 ADHD가 오로지 의학적 장애뿐이라면, 증상이 기능이나 삶의 질에 명백하게 부정적인 영향을 미치는 지점에 선을 긋는 현재의 기준선에 나도 얼마든지 동의한다.

하지만 한 사람이 어떤 날에는 **신경발달** 장애를 지니고, 다음 날에는 이 장애가 없어질 수 있는 걸까? 만약 내가 대처 능력과 적응력이 좋아져서 증상이 더 이상 문제를 일으키지 않는다면? 의학적으로 말하면, 나는 이제 ADHD가 아니다. 그런데 이건 도무지 이해가 안 된다. **'나'라는 존재의 이 한 측면 전체가 오로지 '그게 얼마나 고통을 유발하느냐'로만 정의되는 건 옳지 않다고 생각한다.**

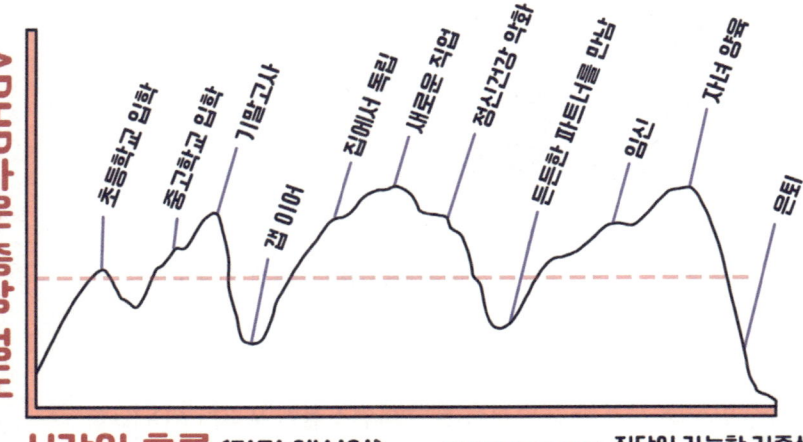

> 과학계 역시 ADHD가 상태에 따라 '왔다 갔다 할 수 있는 것'으로 정의할 수 있는가 하는 문제에 대해 계속 고민해왔다. 최근 연구 논문에서는 전체 진단 기준을 충족하지는 않지만, ADHD 증상이 여전히 많이 보이는 사람들, 즉 '준임상 ADHD'의 중요성과 의미에 대해 자주 논의하고 있다. DSM-5에서도 '부분 관해' 상태의 ADHD에 대해 언급하고 있다. 이는 기능 손상은 여전히 존재하지만, 5가지 기준보다 적은 수의 증상을 보이는 경우를 말한다. 지금까지 연구자들도 아직 이 개념을 어떻게 다뤄야 할지 합의에 이르지는 못한 듯하다. 하지만, 이 개념 역시 '문제'에만 초점이 맞춰져 있으므로, 내 근본적 의문을 해결해주지는 못한다.

예를 들어, 한번 생각해보자. 우리 사회에서 ADHD를 안고 살아가는 사람이 아니라, 프랑스어밖에 못하는 데 미국에 사는 사람이다. 그 사람은 의사소통에 어려움을 겪고, 교육을 받거나 직장을 구하기도 어렵고, 친구를 사귀거나 인간관계를 유지하기 힘들 수 있다. 그렇게 사회적으로 고립되면서 우울증이나 불안 같은 건강 문제가 생길 수도 있다. 이런 상황이라면 그 사람은 장애가 있는 것이나 다름없다. 하지만 프랑스어를 한다는 사실 자체는 본질적으로 장애가 아니다. 오히려 사실 프랑스어를 구사하는 게 엄청나게 도움 되는 경우도 수없이 많다. 그 사람이 설령 장애를 '치료하고' 싶다고 해서 프랑스어를 다시 '잊어버릴' 필요는 없다. 그저 살아가는 데 필요한 영어만 익히면 된다. 그리고 일단 그렇게 되면 그 사람은 '왕의 언어'를 충분히 구사함으로써 안정적인 직장

생활을 하고, 탄탄한 사회적 관계를 유지하게 된다. 그런데
그렇다고 그 사람이 더 이상 프랑스인이 아니라고 생각하는
사람은 아무도 없다. 그 사람은 그저 이제 특정 환경에서
불편이 훨씬 줄어든 프랑스인일 뿐이다.

물론 이 비유가 완벽하지는 않다. 왜냐하면 외국에 사는
사람의 경우와 달리, ADHD는 어떤 사회에서든 문제로
작용할 수밖에 없는 요소들이 분명히 있기 때문이다. 예를
들면, 충동적인 결정을 내려 치명적인 사고 위험이 커질
때처럼 말이다. 하지만 그렇다고 하더라도, 내가 겪는 어려움
대부분이 순전히 생물학적인 원인 때문이라고는 믿기 어렵다.

새로운 '정상'의 기준

그렇다면 만약 우리가 ADHD를 단지 '문제'로만 보지
말고, 일부 사람들이 타고나는 정신의 '개성' 같은 거라고
문화적으로 받아들인다면 어떨까?

이것이 바로 **신경다양성 운동**의 핵심이다. 우리의
교육계와 직장, 사회 시스템이 뇌가 다른 방식으로 작동하는
사람들을 포용하도록 훨씬 더 유연해지면 어떨까? 지금처럼
'정상'이라는 기준으로 단단히 벽을 쌓고 거기 못 미치는
사람들에게 억지로 벽을 넘어 들어오라고 요구하는 대신, 벽을
없애는 방향으로 나아간다면?

이런 관점은 분명 배울 점이 많고, 나 역시 크게 공감한다.
하지만 한편으로는 약간 불안한 마음이 드는 것도 사실이다.
왜냐하면 이런 논의가 너무나 빠르게 극에서 극으로 치닫다

보면, 그 사이에 있는 사람들을 소외시킬 수도 있기 때문이다.

나는 '중도', '경도', '고기능', '저기능' 같은 용어들이 ADHD를 설명하는 데 특별히 유용하거나 정확하다고 생각하지 않는다. 그렇지만 내 경우는 분명히 치료 한 번 받아보기 전에도 비교적 정상적인 삶을 살 수 있었던 정도의 ADHD다. 내가 겪어온 어려움들을 가볍게 치부할 생각은 없지만, 적어도 나는 ADHD라는 장애가 삶을 완전히 불가능하게 만들기보다는 훨씬 어렵게 만드는 쪽에 가까웠다. 그리고 사실 요즘, 나처럼 성인이 돼서 ADHD 진단을 받고 이 대화에 새롭게 합류하고 있는 사람들도 대부분 비교적 낮은 수준의 지원이 필요한 쪽에 속한다.

내가 우려하는 부분은, 우리가 모두 'ADHD는 장애가 아니다'라고 외치면, 우리 커뮤니티의 요구 사항들, 즉 치료 접근성 향상, 직장과 교육 환경에서의 합리적 배려, 정부 지원 확대 이런 걸 요구하는 목소리가 묻혀버리게 될까 하는 것이다. 그리고 안타깝게도, ADHD 약물은 여전히 논란이 뜨겁고 낙인도 심하다 보니, 'ADHD는 정상의 또 다른 형태일 뿐'이라는 말을, '그렇다면 진단이나 약물 치료도 필요 없다'라는 식으로 왜곡하는 사람들도 꽤 많다. 우리는 그런 일이 벌어지도록 내버려둘 수 없다.

나는 ADHD를 안고 살아가는 삶이 얼마나 고통스러운지 외면하지 않으면서도, 우리 뇌의 소중한 측면을 이야기하는 방법이 분명히 있다고 생각한다. 그리고 그건 틀림없이, ADHD가 내 삶에 입힌 상처들을 인정하면서, 동시에 나에게 놀라운 점을 안겨준 내 뇌를 사랑하는 일일 것이다.

'바다형 뇌' 같은 문화적 언어

올해 나는 내 주변의 신경전형성인 사람들에게 내 뇌가 어떻게 다른 방식으로 작동하는지를 설명하느라 많은 시간을 보냈다. 그 과정에서 그 차이를 쉽게 이해할 수 있도록 꽤 괜찮은 비유 하나를 만들어냈다.

바로, '육지형 뇌'와 '바다형 뇌'로 비교하는 방법이다.

신경전형성인 사람에게 뭔가를 해내는 건 육지를 걷는 일이랑 비슷하다. 태어날 때부터 기본적으로 걷는 법을 배웠고, 대부분의 시간을 상당히 똑바로 갈 수 있다. 물론 언덕도 있고 피해야 할 장애물이 있긴 하지만, 보통은 그런 방해물을 미리 볼 수 있고, 궁극적으로 속도를 올리는 건 에너지가 얼마나 있느냐에 달렸다. 달리기 시작하는 게 늘 쉬운 건 아니지만, 대개 스스로 통제할 수 있는 범위 내에 있다.

하지만 적어도 나한테 뭔가를 해내는 건 작은 배를 타고, 거대하고 유구한 바다를 항해하는 일에 가깝다. 항해법을 배운 적이 없다면 바람과 파도에 완전히 휘둘릴 수밖에 없다. 어떤 날은 바람이 등을 떠밀어 엄청난 속도로 나아가게 해주지만, 어떤 날은 물살이 너무 사납고 거칠어 사방으로 흔들리는 탓에 아무 데도 움직이지 못한다. 심지어 배에 돛이 있다는 사실도 모른 채 오랜 세월 노만 저으며 버티다가, 폭풍이 거칠어질 때마다 두들겨 맞고 지쳐 쓰러진다. 하지만 일단 항해법을 배우고 나면, 어디로 가고 있는지, 심지어 얼마나 일찍 도착할

수 있을지 조금씩 통제할 수 있게 된다. 바람과 파도를 역이용해 폭풍우를 쉽게 빠져나오기도 하고, 내가 원하는 곳으로 데려다줄 해류를 찾아낼 수도 있다. 가끔은 여전히 여정이 느리고 험난할 수 있지만, 항해법을 제대로 배우고, 항해를 도와줄 든든한 선원만 있다면, 어쩌면 육지 위를 걸어가는 사람들보다 먼저 목적지에 도착하게 될지도 모른다.

조금 더 생각해보자. 어쩌면 지금 우리가 'ADHD'를 둘러싼 문화적 혼란에 직면한 건, 한편으로는 원래 진단 용어에 불과한 이 약어에 너무 많은 의미를 부여하기 때문이 아닐까? 'ADHD'라는 말은 애초에 정체성이나 세상을 살아가는 방식을 표현하거나, 혹은 뇌의 특성을 포괄적으로 설명하기 위해 만들어진 용어가 아니다. 처음부터 어떤 사람에게 법적으로 처방 약물과 특정 지원 서비스를 제공할 것인가를 결정하려고 만든 진단명일 뿐이다.

따라서 이런 긴장을 풀려면, ADHD 뇌가 지닌 장애 이외의 특성까지도 모두 설명할 수 있는 또 다른 용어가 있어야 하지 않을까 싶다. 진단 용어가 아니라 문화적 언어로 말이다.

왜냐하면 적어도 내가 살아오면서 지켜본 바로는, 공식적인 ADHD 진단 기준을 충족하든 안 하든 '바다형 뇌'를 가지고 있는 사람이 정말 많기 때문이다. 그리고 우리가 아이들에게 자신이 어떤 지형에서 살아가고 있는지 설명해주고 그에 맞춰 교육 방식을 조정한다면, 교육계에도 큰 도움이 되리라고 생각한다. 심지어 직장에서 일하는 성인도 마찬가지다. 낙인도 없고 의학 용어가 아닌 언어로 우리만의 생산성 패턴을 설명할 수 있게 된다면, 정말 효과적일 거 같다.

문제는, 이 '바다형 뇌'라는 표현이 아이들에게 설명할 때는 잘 통할 수 있지만, 성인인 내가 듣기에는 너무 몽환적이고 뉴에이지 느낌이 난다는 거다. 그래서 개인적으로는, 자폐에 '자폐성'이라는 멋진 용어가 있는 것처럼, 우리도 끝에 '~성性'이 붙는 단어를 써서 정체성을 표현할 수 있으면 좋겠다.

그런데 다행히도 여기에 딱 들어맞는 단어가 이미 존재한다. 바로 '외양성外洋性, pelagic'이다. '드넓은 바다와 관련된', 혹은 '외양에서 사는'이라는 뜻이다.

한번 상상해보자. 증상의 정도나 유형이 다양한 사람들이 '외양성'이라는 이름으로 한데 모여, 이런 뇌를 가지고 살아가는 공통된 삶의 경험을 중심으로 공동체를 이룰 수 있다면 얼마나 멋질까? 그리고 우리처럼 '외양성'과 관련된 장애를 경험하는 사람들에 대해서는 지금처럼 법적·의학적 용어인 ADHD를 계속 쓰고 말이다(게다가, 그러면 ADHD가 있는 우리 같은 사람들은 이렇게 말할 수도 있을 거다. '아, 나 요즘 뱃멀미 중이야.' 솔직히, 이 표현 좀 귀엽지 않나?).

> 물론 이런 방식이 모든 사람에게 꼭 들어맞는지는 모르겠다. 하지만, 나는 내 뇌 유형을 설명할 수 있는 문화적 언어가 있다면, 내 정체성과 내 장애 사이에 복잡하게 얽힌 관계를 이해하고 받아들이는 데 정말 큰 도움이 될 거 같다. 만약 ADHD와 '외양성'이라는 두 개의 용어가 따로 존재하는 세상이라면, 맞다, 나는 단 일 초의 의심도 없이 내 ADHD를 에드워드 할로웰 박사와

> 존 레이티 박사는 자신들의 저서 『ADHD 2.0』에서 어느 정도 이와 비슷한 개념을 제시했다. 이들이 제안한 용어는 'VAST'였는데, 이는 '가변성 주의 자극 특성 Variable Attention Stimuli Trait'의 약자다. 하지만 이들은 이 용어를 '기술로 가득 찬 사회의 요구로 인해 발생하는 ADHD 유사 증상'으로 정의했다.[235] 이건 내가 말하고자 하는 방향과는 다소 거리가 있다. 게다가, 일부만 정확한 기존의 약어(ADHD)를 고작 조금 더 나은 약어(VAST)로 굳이 대체해야 하는 건지도 확신이 서지 않는다.

치료하고 싶다. 하지만 그렇다고 해서 내가 '외양성'이고 싶지 않다는 뜻은 아니다.

결국, 우리가 새롭게 성인 ADHD를 발견한 세대로서 소리 높여 요구해야 하는 건 바로 이런 게 아닐까?

1. 이 질환이 가져오는 고통과 어려움에 대한 이해와 인정
2. 우리가 겪는 불평등을 바로잡고 진단과 치료에 동등하게 접근하도록 보장하기 위한 구조적 변화
3. 사회가 고치려고 시도하는 대상은 장애 그 자체이지, 우리 정체성이 아님을 분명히 하는 문화적 전환

나는 내 뇌라는 바다를 사랑한다. 그리고 나처럼 자신의 '바다형 뇌'를 사랑하는 사람들을 많이 알고 있다. 우리는 그저 항해법을 배우기 위한 도움과 뱃멀미를 덜어주는 약간의 멀미약 정도를 원할 뿐이다.

맺음말 내 ADHD 뇌를 만나서 정말 반갑다

이제 12월이다. 앤서니와 나는 크리스마스트리를 꺼내서 장식하고, 에어컨을 켜고, 12월 31일 자정에 어디에 있을지 계획을 세우기 시작했다. 올해 초를 돌아보니, 그때 내가 얼마나 두려웠는지 이제야 알 거 같다. 삶을 송두리째 뒤흔드는 사실을 알고 난 후였지만, 그게 나 자신과 내 정체성, 내 인간관계, 내 미래에 어떤 의미가 있는지 전혀 이해하지 못하고 있었다.

  1년 전 진단받았을 때 나는 정말 기뻤다. 하지만 내가 기뻤던 이유는 이제 '정상'에 도달하기 위해 어느 방향으로 노를 저어야 할지 알려주는 지도를 건네받았다고 생각했기 때문이다. '정상'은 늘 나에게서 멀게만 느껴지던 신비한 땅이었다. 나는 올바른 약과 충분한 의지만 있으면 얼마든지 거기 도달할 수 있다고 믿었다. 하지만 진단받은 지 12개월이 흘렀는데도, 물론 약이 도움이 되긴 하지만… 나는 여전히 길을 잃은 상태였다. 그리고 바로 그 때문에 마음 한구석에서는 실패하고 있다는 생각을 여전히 떨쳐내지 못했다.

'좋아,' 나는 생각했다. '만약 내가 받아 든 지도가 별로 도움이 안 된다면, 올 한 해 이 책을 쓰기 위해 직접 내 뇌를 연구하고 깊이 생각하면서, 나만의 더 나은 지도를 만들어낼 수 있을 거야.'

하지만 그런 일은 일어나지 않았다. 왜냐하면 내 뇌에 대해 알면 알수록, 오히려 내 뇌의 목소리에 더욱 귀를 기울여야 한다는 걸 깨달았기 때문이다. 나는 작은 배에 올라 목숨 걸고 노를 저으며, 파도를 헤쳐나가려고 애쓰고 있었는데, 사실은 그 파도와 함께 움직이는 법을 배워야 했던 거다. 그래서 나는 이렇게 하기 시작했다.

* 더 나은 생활 습관으로 약물 치료를 보완했다. 아침을 더 건강하게 챙겨 먹고, 운동도 더 많이 하고, 때로는 밤에 잠도 푹 잤다.
* 다시 집안일 팔찌를 꺼내 사용했고, 피짓 토이도 몇 개 샀고, 냉장고를 다시 정리했고, 생리 주기가 내 뇌에 어떤 영향을 주는지도 주의 깊게 지켜봤다.
* 무엇보다 내가 실패했다고 믿었던 모든 순간에 대해 나 자신을 용서하는 데 충분한 시간과 에너지를 쏟았고,

사랑하는 사람들과 함께 서로 도와주는 방법을 솔직하게
이야기했으며, 더 이상 아주 작은 파도까지 일일이 맞서
싸우지 않기로 했다.
* 쉬어야 할 때는 쉬고, 집중력이 넘칠 때 그 에너지를
날카롭게 갈아 쓰며, 세상을 바라보는 나만의 독특한
시선을 내 무기로 활용하는 법을 배웠다.
* 어린 시절에 내가 왜 진단을 놓쳤는지, 그리고 나 같은
사람이 주변에 얼마나 많은지도 배웠다.
* ADHD인 사람들이 제대로 살아갈 수 있으려면 얼마나 더
많은 일이 필요한지 배웠고, 사회적으로 목소리를 내는
위치에 있는 우리 같은 사람들이 우연이나 환경, 차별
때문에 다른 길로 내몰려야 했던 'ADHD인들'을 옹호해야
할 책임이 있다는 것도 이해하기 시작했다.

그리고 그 과정에서 어느 순간, 내가 더 이상 수평선 너머의
육지를 애타게 찾고 있지 않다는 사실을 깨달았다.
물론 지금도 내 뇌를 가지고 완벽하게 살아가는 건 아니다.
병원 예약은 수시로 까먹고, 집안일은 아직도 미루고, 여전히
압도당하고 번아웃 되고, 답답해지는 순간들도 있다. 하지만
이제는 그런 순간에도 '에이, 짜증 나네' 하고 가볍게 넘기는
데 훨씬 능숙해졌다. 예전처럼 '더 잘해야지, 더 나아져야 해,
실패해선 안 돼'라고 나 자신을 몰아붙이지 않는다. 왜냐하면
이제는 실수할 때마다 더 이상 목적지에서 점점 더 멀어진다는
느낌이 들지 않기 때문이다.

어쩌면 언젠가는 ADHD 진단 기준을 완전히 충족하지 않는 날이 올지도 모른다. 하지만 나는 결코 신경전형성인 사람이 될 수 없다는 걸 이제는 안다. 나는 언제까지나 '외양성'일 거다. 그리고 끊임없이 파도를 거스르며 내 뇌를 억지로 바꾸려고 애쓰는 대신, 돛을 내리고, 내 뇌를 있는 그대로 받아들이고 사랑함으로써 훨씬 더 멀리 나아가게 될 것이다.

자, 이제 서로 인사도 끝났으니, 나와 내 뇌는 남은 인생을 본격적으로 함께 살아가야 할 거 같다. 세상은 넓고 온통 주의를 산만하게 하는 것들로 가득하다. 우리처럼 뇌와 자신이 한 팀이 되어 그것들을 알아 보고 뭔가 멋진 걸로 바꿔야 할 때다.

마지막으로, 이런 말로 끝내려니 좀 오글거리지만, 어쩌겠나. 나는 내 자신이 정말 자랑스럽다.

진짜 굉장한 한 해였다.

부록

DSM-5-TR의 ADHD 진단 기준

이 내용은 미국 정신의학협회에서 발간한 『정신질환의 진단 및 통계 편람』 최신 개정판(DSM-5-TR)에서 일부 발췌했다. 이 편람은 ADHD의 임상적 정의 중 가장 널리 사용되는 기준이며, 의료 전문가들이 진단 과정에서 참고할 수 있도록 일반적으로 ADHD 진단에 요구되는 특성, 증상, 기준들을 설명한다. 하지만, 이 편람은 그 자체로 진단 검사는 아니며, ADHD 진단은 고도로 훈련된 특정 의료 전문가만이 내릴 수 있다는 점을 기억해야 한다. ADHD는 복잡한 질환으로, 여러 가지 다른 생리적, 신체적 장애(정신보다는 신체와 관련된 장애)와 증상이 겹치며, 단순히 여기 제시된 기준을 충족한다고 해서 무조건 ADHD가 있다고 단정할 수는 없다.

주의력결핍 과잉행동장애
진단 기준

A. 기능이나 발달을 저해하는 지속적인 주의력결핍과 과잉행동 충동성이 다음 **1**과 **2**의 증상으로 동시에 혹은 선택적으로 나타난다.

1. 주의력결핍 다음 증상 중 6가지 이상이 최소 6개월 이상 지속되며, 발달 수준에 적합하지 않고 사회 활동이나 학업, 직업 기능에 직접적으로 부정적인 영향을 미친다.

※**주의** 이 증상들은 단순히 반항 행동, 무시, 적대감, 혹은 과제나 지시를 이해하지 못한 데서 비롯되는 경우가 아니어야 한다. 17세 이상 청소년과 성인의 경우 최소 5가지 증상이 있어야 한다.

a. 학업, 일, 기타 활동 중 세심한 주의를 기울이지 못하거나, 부주의한 실수를 자주 한다(예: 세부 사항을 놓치거나 결과물이 부실하다).

b. 과제나 놀이 활동 중 지속적으로 주의를 기울이는 데 어려움을 자주 겪는다(예: 강의, 대화, 긴 글 읽기 중에 집중을 유지하지 못한다).

c. 대놓고 이야기할 때도 듣고 있지 않는 것처럼 보일 때가 자주 있다(예: 명백한 방해 요소가 없는데도 정신이 딴 데 팔려 있는 것처럼 보인다).

d. 지시에 따르지 못하거나 학업, 집안일, 업무를 끝내지 못하는 경우가 자주 있다(예: 일을 시작하지만, 즉시 집중하지 못하고 쉽게 산만해진다).

e. 종종 과제나 활동을 조직적으로 수행하는 데 어려움을 겪는다(예: 순차적으로 정리하지 못한다, 자료나 물건을 정돈하기 힘들다, 결과물이 지저분하고 체계적이지 못하다, 시간 관리를 하지 못한다, 마감을 지키지 못한다).

f. 지속적으로 정신을 쏟아야 하는 일을 피하거나, 싫어하거나, 거부하는 경우가 자주 있다(예: 학교 과제나 숙제, 청소년과 성인의 경우는 보고서 쓰기, 서류 작성, 긴 문서 검토).

g. 과제나 활동에 필요한 물건을 자주 잃어버린다(예: 학용품, 연필, 책, 도구, 지갑, 열쇠, 서류, 안경, 휴대전화).

h. 외부 자극에 쉽게 산만해진다(17세 이상 청소년과 성인의 경우, 관련 없는 생각에 빠져드는 것도 포함될 수 있다).

i. 일상적인 일을 자주 잊어버린다(예: 집안일, 심부름, 청소년과 성인의 경우는 전화 회신, 청구서 납부, 약속 지키기).

2. 과잉행동 충동성 다음 증상 중 6가지 이상이 최소 6개월 이상 지속되며, 발달 수준에 적합하지 않고 사회 활동이나 학업, 직업 기능에 직접적으로 부정적인 영향을 미친다.

※**주의** 이 증상들은 단순히 반항 행동, 무시, 적대감, 혹은 과제나 지시를 이해하지 못한 데서 비롯되는 경우가 아니어야 한다. 17세 이상 청소년과 성인의 경우 최소 5가지 증상이 있어야 한다.

a. 종종 손발을 가만두지 않거나, 자리에 앉아서도 몸을 꼼지락거린다.

b. 가만히 앉아 있어야 하는 상황에서 자주 자리를 뜬다(예: 교실, 사무실, 기타 일터, 또는 자리에 있어야 하는 기타 상황에서 나가버린다).

c. 적절하지 않은 상황에서 자주 뛰어다니거나 기어오른다(단, 청소년이나 성인은 안절부절못하는 것으로 국한될 수 있다).

d. 조용히 놀거나 레저 활동을 하지 못하는 경우가 자주 있다.

e. '쉴 새 없이 움직이거나', 혹은 마치 '모터가 달린 것같이' 행동하는 경우가 자주 있다(예: 식사나 회의 중 장시간 가만히 있지 못하거나 불편해하고, 다른 사람들에게 안절부절못하거나 따라가지 못하는 것처럼 보일 수 있다).

f. 종종 지나치게 말을 많이 한다.

g. 질문이 끝나기도 전에 대답하는 경우가 자주 있다(예: 다른 사람의 말을 끊거나, 대화 중 차례를 기다리지 못한다).

h. 종종 자신의 차례를 기다리기 힘들어한다(예: 줄 서서 기다리기).
   i. 다른 사람 일에 간섭하거나 끼어드는 경우가 자주 있다(예: 대화, 게임, 활동에 불쑥 끼어들고, 다른 사람 물건을 허락 없이 사용하기 시작하고, 청소년과 성인의 경우 다른 사람 일을 방해하거나 가로챌 수 있다).

B. 몇 가지 주의력결핍 혹은 과잉행동 충동성 증상이 12세 이전에 나타나야 한다.
C. 몇 가지 주의력결핍 혹은 과잉행동 충동성 증상이 적어도 2가지 이상의 환경에서 드러나야 한다(예: 가정, 학교, 직장, 친구나 친척 관계, 기타 활동 등).
D. 증상이 사회 활동, 학업, 직업 기능을 방해하거나 질을 떨어뜨리는 명백한 증거가 있어야 한다.
E. 조현병이나 다른 정신병적 장애가 경과 중이거나, 다른 정신장애로 설명되는 경우가 아니어야 한다(예: 기분 장애, 불안장애, 해리장애, 성격장애, 물질 급성중독 혹은 금단).

다음 중 하나를 명시할 것

F90.2 혼합형 지난 6개월 동안 기준 A1(주의력결핍)과 기준 A2(과잉행동 충동성) 모두를 충족하는 경우다.

F90.0 주의력결핍 우세형 지난 6개월 동안 기준 A1(주의력결핍)은 충족하지만, 기준 A2(과잉행동 충동성)는 충족하지 않는 경우다.

F90.1 과잉행동 충동성 우세형 지난 6개월 동안 기준 A2(과잉행동 충동성)는 충족하지만, 기준 A1(주의력결핍)은 충족하지 않는 경우다.

다음의 경우인지 명시할 것

부분 관해 과거에는 전체 진단 기준을 충족했으나, 지난 6개월 동안에는 전체 진단 기준보다 적은 수의 증상을 보였으며, 증상이 여전히 사회 활동, 학업, 직업 기능에 지장을 주는 상태다.

현재의 심각도를 명시할 것

경도: 진단 기준 수를 초과하는 증상이 거의 없으며, 증상이 사회 활동이나 직업 기능에 가벼운 손상만을 초래한다.

중등도: '경도'와 '중도' 사이의 증상 또는 기능 손상이 나타난다.

중도: 진단 기준 수를 초과하는 증상이 많거나, 혹은 몇 가지 특히 심각한 증상이 나타나거나, 증상이 사회 활동이나 직업 기능에 심각한 손상을 초래한다.

용어집

ADHD 마비 paralysis 무언가를 하고 싶어도 할 수 없거나, 정보나 환경적 요인에 압도되어 꼼짝하지 못하는 상태를 설명하는 커뮤니티 중심의 비과학적 용어. '작업 마비'라고도 한다. **200, 207, 298, 331**

ADHD-C 주의력결핍 과잉행동장애의 혼합형('허리케인') **47, 59, 64, 92, 112, 129, 153, 154, 163, 164, 386**

ADHD-H 과잉행동 충동성 우세형 ADHD('수업 시간의 장난꾸러기') **59-60, 62-64, 163**

ADHD-I 주의력결핍 우세형 ADHD('꿈꾸는 몽상가') **39, 59, 62-64, 152, 154, 163, 164, 177**

DSM-5 『정신질환의 진단 및 통계 편람 5판』. 미국 정신의학협회에서 발간한 매뉴얼로, 전 세계 많은 지역의 정신건강 전문가들이 정신질환을 분류하고 진단하는 데 사용하는 기준서다. **46, 58-60, 65, 92, 94, 96, 98**

감정 조절 장애 emotional dysregulation 감정을 조절하거나 통제하는 데 어려움을 겪는 상태로, 감정 기복이 크고 변화가 급격하며, 감정이

자주 요동친다. 98, 100, 112, 320

거절 민감성 불쾌감rejection-sensitive dysphoria 커뮤니티 중심의 비과학적 용어로, ADHD가 있는 사람 대다수가 실패하거나 거절당했을 때 느끼는 극심한 정서적 고통을 가리킨다. 21, 99, 198-199, 203, 208, 319

과몰입hyper-fixation 어떤 관심사나 활동에 오래 깊이 몰두하는 상태를 일컫는 비공식 용어. 108, 317-318, 321, 336, 366, 380, 409

과잉행동hyperactivity 과도한 움직임을 가리킨다(예: 안절부절못함, 과도한 에너지 표출, 가만히 앉아 있지 못함, 말을 너무 많이 함 등). 16, 26, 39, 59-64, 89, 91-94, 101, 113-114, 145, 148, 150, 152-154, 158, 163-165, 175, 283, 285, 385, 434-436

과집중hyperfocus 흥미 있는 일에 완전히 빠져드는 상태를 뜻하는 비공식 용어. 63, 72, 108, 220, 267, 343, 366

관해remission 질환의 징후와 증상이 사라지거나, 진단 기준에 못 미칠 정도로 감소한 상태를 말한다. 47, 417, 436

노르아드레날린noradrenaline 신경전달물질이자 호르몬으로, 뇌에서 집중과 각성에 관여한다(일명 노르에피네프린, '에델의 커피 한 잔'에 해당함). 72, 74, 78, 80, 84, 110, 350, 354, 365

뉴런neuron 뇌와 신경계의 기본 단위로, 외부 세계에서 감각 정보를 받아들이고, 뇌에서 신체로 명령을 전달한다. 73-75, 372

대상 영속성object permanence 커뮤니티 중심의 비과학적 용어로, 어떤 대상이 눈에 보이지 않으면 그 존재를 기억하는 데 어려움을 겪는 성향을 가리킬 때 사용한다. 21, 99, 191, 196-197, 207

도파민dopamine 사람의 기분과 주의력, 동기, 움직임 등에 영향을 미치는 신경전달물질이며, 뇌의 중뇌-변연계 보상 시스템을 조절하기도 한다(일명 '에델의 비스킷'). 21, 44, 65, 72-78, 80, 83-84, 104, 107, 109-110, 264, 274, 338, 350, 353-354, 364, 372

도파민성dopaminergic 도파민을 포함하고 있거나, 도파민 관련 신경전달물질을 가리킨다. 74, 110

동반 질환comorbidity 다른 질환과 함께 나타나는 질환이나 장애로, 두 가지 질환은 전혀 관련이 없을 수도 있지만, 때로는 상관관계가 있을 수도 있다. **42, 110-111, 115, 135, 158-159, 200, 241-242, 244**

마스킹masking 사회적으로 인정받기 위해 자신의 증상이나 행동, 어려움을 숨기거나 억제하는 경우를 가리킨다. **132, 155, 194**

메타 분석meta-analysis 동일한 질문을 다룬 여러 1차 연구 자료를 종합해, 하나의 통합된 결론이나 추정치를 도출하는 연구 방법이다. **40, 65, 105, 173-174, 240, 244, 388, 390, 394**

멜라토닌melatonin 어둠에 반응해 수면을 유도하는 화학물질로, 일부 ADHD 환자들이 수면을 돕는 보충제로 쓰기도 한다. **105, 257-258**

물질 남용substance abuse 알코올이나 불법 약물 등 향정신성 물질을 해롭거나 위험한 방식으로 사용하는 행위. **94, 135, 159, 369-370, 391, 397**

미진단 상태undiagnosed 질환이나 장애 증상을 겪고 있지만, 아직 정식으로 의학적 진단을 받지 않았거나, 그 원인이 특정 질환 때문임을 모른 채 살아가는 상태. **38, 63, 157, 200, 390, 399**

번아웃burnout 장기간의 스트레스나 조절 실패로 인해 나타나는 정신적·신체적·감정적 탈진 상태를 가리킨다. **92, 128, 160, 229, 232, 251, 297**

보디 더블링body doubling ADHD인 사람이 과제를 시작하거나 끝내는 걸 도와주는 기법이다. 흔히 '책임 파트너'를 둔다고도 표현하며, 같은 공간에서 있든 인터넷으로 연결되든 친구나 파트너가 함께 있어 주거나 동시에 작업하는 방법이다. **270**

부작용side effect 약물이나 치료로 인해 의도치 않게 나타나는 효과. **36, 240, 250, 353, 356-357, 360-361, 374, 376, 388**

상관관계correlation 학계나 과학계에서, 두 가지 현상이 어떤 방식으로든 관련이 있거나 자주 함께 나타난다는 충분한 증거가 있지만, 한쪽이 반드시 다른 쪽을 유발할 필요는 없는 경우를 설명하는 용어. **55, 106, 108, 110-111, 175, 249, 320**

용어집 439

새로움 추구 성향novelty-seeking 새로운 자극이 주는 흥분을 추구하는 성향으로, ADHD인 사람들 사이에서 흔한 특성이다. **95, 398**

손상impairment 사람의 신체 구조나 기능, 또는 정신 기능에 나타난 심각한 차이다. **64, 100, 131, 156, 158, 197, 236, 297, 306, 348, 392, 394, 398, 408, 413-414, 417, 436**

습관 쌓기habit stacking 무의식적으로 하는 행동과 잊어버리기 쉬운 행동을 의도적으로 연결해 습관을 형성하는 기법이다. **279-282, 332**

시간맹time blindness 시간을 정확하게 인식하지 못하고 미래를 구체적으로 생각하지 못하는 상태를 설명하는 비공식 용어(예: '지연 할인'). **21, 100-102**

신경다양성neurodivergence 사회 안에서 뇌가 대다수와 다른 방식으로 발달하거나 기능하는 사람들 집단을 설명하는 용어. **10-12, 39, 58, 66, 113-115, 123, 127, 177, 183, 194, 202, 235, 237, 293-294, 307**

신경다양성 운동neurodiversity movement 신경다양성인 사람들을 지원하기 위한 인권 운동으로, 신경전형성이 아닌 사람들의 뇌를 단지 의학적으로 치료하는 데서 더 나아가, 낙인 제거와 사회적 수용, 평등한 치료를 지향한다. **403, 418**

신경발달neurodevelopmental 신경계 발달과 관계있거나 신경계 발달을 포함하는 것을 의미한다. 신경발달장애는 뇌 발달의 중요한 시기 동안 신경계 기능에 영향을 받은 질환을 집합적으로 가리킨다. **165, 226, 416**

신경 유형neurotype 뇌가 작동하는 다양한 방식을 가리키는 사회학적 용어이며, 임상적 용어로는 인정되지 않는다. '신경전형성neurotypical'과 '신경다양성neurodivergent'이 여기에 속한다. **414**

신경전달물질neurotransmitters 신경계통에서 뉴런과 뉴런 사이(또는 뉴런에서 근육으로) 메시지를 전달하기 위해 사용하는 분자다. **72-73, 84, 120**

신경전형성neurotypical 신경발달 또는 기능이 표준으로 간주되는 사람들을 가리키는 용어다. 즉, 신경다양성이 아닌 경우를 말한다. **10, 26, 61, 71, 76, 102, 121, 168, 178, 235-236, 292, 318, 391, 409**

실행기능executive function 뇌가 스스로 조직하고, 복잡한 일을 쉽게 처리하고자 사용하는 모든 고차원적인 자기 조절 능력이다(예: 충동 억제, 주의력 유지, 문제 해결, 작업이나 사고방식 전환 등). **77-78, 107, 166, 168, 192, 236-237, 239, 244, 257, 261, 264**

실행기능 장애executive dysfunction 실행기능을 스스로 조절하지 못하는 상태. **21, 77-78, 81-83, 114, 201, 238, 279, 298, 313**

안절부절못함(불안)restlessness 때로는 과잉행동을 의미하지만, 행동하고 싶은 강렬한 내적 충동과 행동할 수 없을 때 느끼는 좌절감까지도 포함한다. **61, 107, 111, 132, 135, 148, 158-159, 161, 168, 201, 240, 244, 298, 319, 330, 354, 359**

유병률prevalence 의학계에서, 특정 시점에 특정 인구 집단 내 어떤 질환이나 상태, 또는 위험 요인을 가지고 있는 사람의 총 숫자를 나타내는 수치. **40-41, 45, 61, 63, 165-166, 173-174, 397**

유전적hereditary 부모로부터 자녀에게 유전적으로 전달되거나 전달이 가능한 경우를 의미한다. **46-47, 54-57, 61, 110, 114-115, 311, 348, 395**

유형presentation ADHD의 세 가지 주요 특성을 설명하는 용어로, ADHD-H(과잉행동 충동성형), ADHD-I(주의력결핍형), ADHD-C (혼합형)가 있다. **, 38, 58-65, 92-93, 155, 163-164, 311, 387**

인지행동치료CBT 비합리적인 사고나 패턴, 행동을 교정하는 데 초점을 맞춘 심리요법의 한 형태. **240-241**

일주기 리듬circadian rhythm 수면과 각성을 포함해 24시간 주기를 따르는 인체의 신체·정신·행동 변화를 가리킨다. **105, 257-258**

자가 치료self-medicating 건강 문제의 증상을 완화하기 위해, 처방된 약이 아니라 알코올이나 기타 약물을 의식적 또는 무의식적으로 사용하는 행위. **93-94, 110, 206**

자기효능감 self-efficacy 개인이 어떤 과제를 성공적으로 해내는 데 필요한 조치와 행동을 스스로 할 수 있다고 믿는 신념이다. **135**

자존감 self-esteem 자신의 가치나 존재에 대해 갖고 있는 주관적인 감각이다. **22, 64, 110-111, 120, 134-137, 156, 159, 168, 199, 225, 309, 320, 392, 410**

자폐 autism 신경다양성의 또 다른 형태로, 일반적으로 ADHD와 동반하는 신경발달장애다. '자폐스펙트럼장애ASD'라고도 한다. ASD와 ADHD가 동시에 있을 때 'AuDHD'라는 용어를 쓰기도 한다. **10-12, 24, 42, 112-114, 225-226, 266, 423**

작업 기억 working memory 정보를 일시적으로 저장하는 제한된 기능을 수행하는 인지 체계로, 추론이나 의사 결정, 행동 조절에 중요한 역할을 한다. **78-79, 349**

장애 disability 장기적인 신체적·정신적·지적·감각적 차이를 지닌 사람이 주변 사회나 환경 요인이 접근하기 어렵게 만들어져 있는 탓에 완전하고 평등한 참여가 침해당하는 경우를 의미한다. **10-13, 25, 42-43, 59, 91**

전전두엽 prefrontal cortex 전두엽 앞쪽에 있는 뇌 부위. 주의 조절, 행동 통제, 감정 조절, 충동 억제 등에 핵심 역할을 한다. **129, 222, 288**

주의력결핍 inattention/inattentiveness 과제에 주의를 집중하거나, 집중을 유지하거나, 체계적으로 조직하는 데 어려움을 겪는 상태. **16, 39, 59, 61-65, 93, 95, 100, 113, 152-153, 163-164, 175, 177, 206, 311, 320, 385, 432, 435-436**

중뇌-변연계 경로 mesolimbic pathway 도파민성 신경 경로 중 하나. 뇌의 보상 시스템을 구성하는 모든 영역을 연결하는 역할을 한다. **74, 76-77, 84, 319**

증상 symptom 질병이나 장애가 있는 사람이 경험하는 신체적 또는 정신적 상태. **22, 42, 58, 73, 91, 120, 148, 154-159, 162-167, 175-176, 195, 210, 219, 237-241, 283, 296, 309, 347, 393, 413**

지연 할인 delay discounting 먼 미래에 결과나 보상을 받을수록 그 가치를 낮게 인식하는 현상이다. 이는 모든 사람이 경험하지만, ADHD가 있는 사람은 특히 더 심하다. **102-103**

진단 diagnosis 질병이나 상태, 부상을 그 징후와 증상에 기반해 공식적으로 분류하고 판단하는 일이다. **21, 38, 42, 56, 72, 128, 147, 175, 194, 219, 283, 308, 392, 408**

진단 기준 diagnostic criteria (또는 진단 요건) 질병이나 상태를 진단하고 이후 치료나 관리 방향을 정하기 위해 사용하는 일련의 징후, 증상, 검사 기준들의 집합이다. **40, 46-47, 56, 98, 150, 175, 201, 297, 312, 393, 417, 431-432, 436**

체계적 문헌 검토 systematic review 하나의 주제에 대한 기존의 과학 문헌을 분석해 권위 있게 요약한 것으로, 편견과 무작위 오류를 최소화하는 전략을 바탕으로 여러 1차 관련 연구 결과를 모아 분석하는 과정을 거친다. **401**

충동성 impulsivity/impulsiveness 행동의 결과를 충분히 생각하지 않고 즉흥적으로 결정하거나 행동하는 성향이다. **16, 42, 59-61, 64, 94, 206, 313, 385, 392, 398, 410**

충동 조절 impulse control 행동에 나서기 전에 행동이나 결정의 결과를 깊이 생각하는 능력이다. **104, 222, 320, 349**

편견 bias 과학과 연구 분야에서, 조사나 정보 수집 과정에 결과를 왜곡할 수 있는 체계적 오류가 있는 경우를 뜻한다. 종종 의식적이든 무의식적이든 인간의 실수로 발생한다. **150, 177**

합의 consensus 과학계에서 특정 연구 분야의 과학자 대다수가 받아들이는 일반적인 입장이나 견해를 말한다. **98**

감사의 말

내 첫 책을 쓰는 동안 기다려주고 지원해준 캐서린 나이트, 이사벨 예이츠, 애덤 라슈추크, 그리고 펭귄 랜덤하우스 오스트레일리아의 팀원 모두에게 감사드린다. 나를 믿고 내 이야기를 함께 나눌 기회를 줘서 감사하다. 처음부터 내가 할 수 있다고 믿어준 저스틴에게도 고마움을 전한다. 커티스 브라운 오스트레일리아의 케이틀런 쿠퍼 트렌트에게, 미로 같은 출판계에서 나를 이끌어주고 한 걸음 한 걸음 나아가도록 격려해줘서 감사드린다. 도대체 내가 왜 이 일을 하고 있는지 혼란스러울 때마다 그 이유를 상기시키고, 아무리 엉뚱한 아이디어라도 언제나 기꺼이 들어주는 믿음직한 조언자로 함께 해주셔서 정말 감사하다. 니컬라 영에게, 거친 원고를 정성껏 다듬어 빛나게 만들고, 무심코 남발했던 '그러니까

말인데'를 절반 이상을 잘라내 줘서 깊이 감사드린다. 당연히 없애야 할 표현이다. 날카롭게 교정을 봐준 브로닌 스위니에게도 고마움을 전한다. 그리고 무엇보다, 세상에서 정말 내가 가장 좋아하는 만화가 에비 힐리어에게 감사하다. 새벽 2시에 떠오른 괴상한 그림 아이디어를 진정한 작품으로 만들어줘서 그 고마움을 날마다 가슴에 새긴다. 아울러 탁월한 재치와 감각으로 이 책에 생명을 불어넣어 준 그림들을 보며 끊임없이 영감을 받는다.

   이 책을 위해 경험담을 써준 가족과 친구들에게 세상에서 가장 큰 감사를 전한다. 앤서니, 내 인생의 사랑이자 내가 아는 가장 멋진 남자. 곁에서 항상 할 수 있다고 말해주고, 글 쓰는 동안 날마다 도와주고, 이 책을 핑계로 모든 행사에 혼자 가게 했어도 이해해주고, 결코 끝낼 수 없을 것만 같던 순간에도 나를 단단히 붙잡아줘서 너무나 고맙다. 이 책의 주인은 나뿐 아니라 당신이기도 하다. 우리 엄마 조 벨 여사, 이 책을 한 장 한 장 다섯 번 넘게 읽어주며, 책이 제 모습을 찾도록 모든 장을 꼼꼼히 살펴보고, 무엇보다 덜어내야 할 부분을 솔직하게 말해주셔서 감사하다.

   우리 아빠 레이 보슬리 씨, 놀라운 창의력과 추진력으로 늘 나에게 영감을 주는 분. 내가 작가가 될 수 있다고 믿도록 도와주고, 이 책의 모든 장을 읽고 일일이 메모를 남겨주셔서 감사하다. 이제 우리 가족은 새벽 3시까지 깨어 있으면서 햇빛 한 번 못 보고 글 쓰는 작가가 둘이다. 아빠의 발자취를 따르게 되어 너무나 자랑스럽다. 페린 언니에게, 이 책을 쓰는 동안 너그럽고 다정하게 이해해줘서 너무나 고맙다. 크리스마스 선물을 대신 주문해준 일, 다시 한번 고마움을 전한다. 이루 말할 수 없이 감사하다. 세상에서 최고로 멋진 형부 로키 카바냐에게, 자신의 이야기를 공유할 수 있게 해주고, ADHD 이야기를 편히 나눌 수 있는 친구가 돼줘서 진심으로 감사하다. 진짜 이름이 올리비아가 아닌 친구에게, 내가 알기로 누구보다도 똑똑하고 훌륭한 친구다. 13년간 우정을 나눌 수 있어서 너무나 감사하다. 나의 좋은 모습과 망가진 모습을 모두 보면서도 변함없이 웃음과 기쁨을 안겨줘서 고맙다. 더구나 이 책에 개인 경험담을 싣도록 허락해줘서 진심으로 감사하다.

누구에겐가 자신의 이야기를 나누도록 허락하는 일은 엄청난 용기이자 배려다. 이를 직접 보여준 에밀리 존슨, 키즈와 디비나 블랭카잭슨, 케이사 커리와 케이트 오즈번에게 감사드린다. 여러분 덕분에 이 책이 탄생할 수 있었다. 날카로운 통찰과 절실히 필요했던 관점을 제시해주고, 이 책을 쓰는 동안 끊임없이 멈춰서 깊이 생각하도록 이끌어줘서 감사하다. 작가로서 너무나 큰 선물을 받았다. 엠 러시아노에게, 바쁜 시간을 내주고, 전국의 ADHD 성인들을 돕기 위해 애써줘서 정말 깊은 감사를 드린다. 당신의 연설은 이 담론을 사회적 관심사로 끌어올렸고, 수천 명의 ADHD 환자들에게 희망을 안겨주었다. 또한, 지난 한 해 동안 함께 대화를 나누었던 수많은 ADHD 성인에게도 고마움을 전한다. 여러분은 진정한 챔피언이다.

귀중한 시간을 할애해 인터뷰에 응해주신 훌륭하고 재능 있는 전문가분들께도 감사드린다. 데이비드 코그힐 교수, 로저 패터슨 박사, 스티븐 퍼런 교수, 스티븐 힌쇼 교수, 아리 터크먼 박사, 엘런 리트먼 박사, 폴 모건 박사, 앤서니 영 박사, 마크 실 교수, 마크 벨그로브 교수, 크리스텔 미델도르프 교수, 코리 레인 박사, 이 모든 분께, 이 인문학 전공자가 ADHD 논의의 바탕이 되는 과학과 의학을 이해할 수 있도록 친절하고 아낌없이 도와주셔서 너무나 감사드린다. 특별히 캐서린 존슨 교수님께, 언제나 기꺼이 대화에 응해주고, 모든 질문에 성심껏 답해주고, 바쁜 하루 중 오후 시간을 내어 ADHD 검사 시스템을 직접 체험하도록 해주셔서 진심으로 감사드린다. 교수님 덕분에 막막하고 두려웠던 ADHD의 세계가 한층 더 친근하게 느껴졌고, 내가 이 이야기를 쓸 수 있겠다는 믿음을 가질 수 있었다.

교도소 시설 안에서 ADHD가 있는 사람들을 지켜본 경험을 공유해준 사회복지사분들께도 감사드린다. 여러분의 통찰은 정말 귀중하고 나에게 큰 힘이 됐다. 또한, 이 분야에서 활동 중인 다양한 사람들과 연결해 인터뷰할 수 있도록 도와준 호주 지역사회 지원 협회의 직원 여러분께도 감사드린다. 이 책에서 다룬 가장 민감하고 개인적이며 어려운 주제에 대해 귀중한 조언과 지침을 제공해준 버터플라이 재단의 직원분들께도 감사드린다.

내가 만난 최고의 초등학교 선생님인 수전 비숍 선생님. 내가 ADHD인 줄 몰랐던 시절에도, 있는 그대로 날 받아들여 주고,

내 뇌의 작동 방식에 맞는 방법을 함께 찾아주고, 내 안에서
최고의 능력을 끌어내 주신 분. 왕따를 당하던 어린아이에게
자신을 사랑하고 소중히 여기는 법을 가르쳐주셔서 너무도
감사하다. 내게는 평생 간직해야 할 귀중한 선물이다. 내가
가장 좋아하는 교수님이자 학생 잡지의 책임 지도교수였던
코리나 헨테 교수님, 내 안에 있는 가능성을 먼저 알아보고,
글쓰기에 대한 열망을 떠올려주었으며, 언제나 더 나아지게
도전하도록 이끌어주신 일. 이런 밑바탕이 없었다면 나는
결코 이 일을 해낼 수 없었을 것이다. 그리고 내가 아는 가장
유쾌하고 긍정적인 축구 동호회 팀원들, 인내심을 갖고 나를
이끌어주고, 경기 도중 가끔 멍 때려도 이해해주고, 가장
지치고 힘든 순간에도 나를 집 밖으로 끌어내 제때 숨 돌릴 수
있도록 도와줘서 진심으로 고맙다.

《가디언 오스트레일리아》의 모든 기자, 편집자, 부편집자,
직원 여러분께 감사드린다. 용기 있고 강력한 저널리즘이란
어떤 것인지 보여주고, 내가 처음으로 ADHD 이야기를 세상과
나눌 수 있도록 공간을 마련해주고, 좋은 날뿐만 아니라
힘든 날에도 내 상태를 항상 따뜻하게 배려해줘서 감사하다.
그중에서도 특히, 내 이야기를 가장 먼저 믿고 들어준
마일스 마티뇨니, 알릭스 고먼, 탬신 로즈, 칼라 윌퀴스트,
멀리사 데이비에게 고마운 마음을 전한다. 내 매니저인
몰리 글라시와, 동료인 리사 그레이스와 버틴 후인. 날마다
책 작업이 힘들다고 투덜대도 들어주고, 제때 정신건강을
챙기라고 말해주고, 밤새 글을 쓰느라 눈 밑 다크서클이

짙어진 모습을 보고 단 한 번도 의심을 품지 않았던 사람들. 고맙다는 말로는 너무나 부족하다. 그리고 내 편집자이자 (이제는) 동료 작가인 개브리엘 잭슨. 내가 이 책을 써야 하는지 물었을 때 이런 말을 해주었다. "인생 최악의 해가 될 거고, 매 순간이 싫을 테지만, 가장 보람 있는 최고의 경험이 될 겁니다. 삶보다 이 일을 더 사랑하게 될걸요? 그러니 무조건 해야 해요." 결국 이 말은 하나도 틀리지 않았다.

마지막으로, 내가 어떤 사람인지 스스로 알아가는 데 큰 도움을 준 모든 소셜 미디어 ADHD 교육자분들께 깊은 감사를 전한다. 너무나 많은 분이 있어서 일일이 이름을 다 언급할 수는 없지만, 여러분이 그동안 쏟은 연구와 노력, 그리고 지극히 개인적인 경험을 이 거대하고 두려운 인터넷이라는 공간에 기꺼이 나눠준 덕분에 내 인생은 영원히 달라졌다. 모두 진심으로 감사드린다.

미주

1 Faraone, S. V., et al. (2021). 'The World Federation of ADHD International Consensus Statement: 208 evidence-based conclusions about the disorder'. ***Neuroscience & Biobehavioral Reviews***, 128, 789–818. doi.org/10.1016/j.neubiorev.2021.01.022

2 Sciutto, M. J., & Eisenberg, M. (2007). 'Evaluating the evidence for and against the overdiagnosis of ADHD'. ***Journal of Attention Disorders***, 11(2), 106–13. doi.org/10.1177/1087054707300094

3 Willcutt, E. G. (2012). 'The prevalence of ***DSM-IV*** attention-deficit/hyperactivity disorder: A meta-analytic review'. ***Neurotherapeutics***, 9(3), 490–9. doi.org/10.1007/s13311-012-0135-8

4 Thomas, R., et al. (2015). 'Prevalence of attention-deficit/hyperactivity disorder: A systematic review and meta-analysis'. ***Pediatrics***, 135(4), e994–1001. doi.org/10.1542/peds.2014-3482

5 Willcutt, 'The prevalence of attention-deficit/hyperactivity disorder'

6   Fayyad, J., et al. (2017). 'The descriptive epidemiology of ***DSM-IV*** adult ADHD in the World Health Organization world mental health surveys'. ***ADHD Attention Deficit and Hyperactivity Disorders***, 9, 47–65. doi.org/10.1007/s12402-016-0208-3

7   Australian Bureau of Statistics. (2021). ***Population: Census***. ABS. abs.gov.au/statistics/people/population/population-census/2021#key-statistics. Accessed 11 August 2025

8   Department of Health. (2021). Public Release Document, June 2021 DUSC Meeting. pbs.gov.au/industry/listing/participants/public-release-docs/2021-06/guanfacine-prd-2021-06-FINAL.PDF. Accessed 11 August 2025

9   Raman, S. R., et al. (2018). 'Trends in attention-deficit hyperactivity disorder medication use: A retrospective observational study using population-based databases'. ***Lancet Psychiatry***, 5(10), 824–35. doi.org/10.1016/S2215-0366(18)30293-1

10   Lee, S. M., et al. (2021). 'Nationwide rate of adult ADHD diagnosis and pharmacotherapy from 2015 to 2018'. ***International Journal of Environmental Research and Public Health***, 18(21), 11322. doi.org/10.3390/ijerph182111322

11   Hinshaw, S. P. & Scheffler, R. M. (2014). Chapter 5, 'What a difference a state makes: How educational policy determines diagnosis and treatment' in ***The ADHD Explosion: Myths, medication, money, and today's push for performance***. Oxford University Press, New York. 67–82.

12   Centers for Disease Control and Prevention. (2022). 'State-based Prevalence of ADHD Diagnosis and Treatment 2016–2019 and 2020–2023'. CDC. cdc.gov/adhd/data/state-based-prevalence-of-adhd-diagnosis-and-treatment-2016-2019.html. Accessed 11 August 2025

13   Polanczyk, G. V., et al. (2014). 'ADHD prevalence estimates across three decades: An updated systematic review and meta-regression analysis'. ***International Journal of Epidemiology***, 43(2), 434–42.

doi.org/10.1093/ije/dyt261

14 van Lieshout, M., et al. (2016). 'A 6-year follow-up of a large European cohort of children with attention-deficit/hyperactivity disorder-combined subtype: Outcomes in late adolescence and young adulthood'. *European Child & Adolescent Psychiatry*, 25, 1007–17. doi.org/10.1007/s00787-016-0820-y

Cheung, C. H., et al. (2016). 'Cognitive and neurophysiological markers of ADHD persistence and remission'. *British Journal of Psychiatry*, 208(6), 548–55. doi.org/10.1192/bjp.bp.114.145185

Sibley, M. H., et al. (2022). 'Variable patterns of remission from ADHD in the multimodal treatment study of ADHD'. *American Journal of Psychiatry*, 179(2), 142–51. doi.org/10.1176/appi.ajp.2021.21010032

15 Sibley, 'Variable patterns of remission from ADHD in the multimodal treatment study of ADHD'

16 Momany, A. M., et al. (2018). 'A meta-analysis of the association between birth weight and attention deficit hyperactivity disorder'. *Journal of Abnormal Child Psychology*, 46, 1409–26. doi.org/10.1007/s10802-017-0371-9

17 Lindström, K., et al. (2011). 'Preterm birth and attention-deficit/hyperactivity disorder in schoolchildren'. *Pediatrics*, 127(5), 858–65. doi.org/10.1542/peds.2010-1279

18 Nilsen, F. M., & Tulve, N. S. (2020). 'A systematic review and meta-analysis examining the interrelationships between chemical and non-chemical stressors and inherent characteristics in children with ADHD'. *Environmental Research*, 180, 108884. doi.org/10.1016/j.envres.2019.108884

19 Faraone, S. V., et al. (2021). 'The World Federation of ADHD International Consensus Statement: 208 evidence-based conclusions about the disorder'. *Neuroscience & Biobehavioral Reviews*, 128, 789–818 (795). doi.org/10.1016/j.neubiorev.2021.01.022

20 Starck, M., et al. (2016). 'Occurrence of ADHD in parents of ADHD children in a clinical sample'. *Neuropsychiatric Disease and Treatment*, 12,

581–8. doi.org/10.2147/NDT.S100238

Smalley, S. L., et al. (2000). 'Familial clustering of symptoms and disruptive behaviors in multiplex families with attention-deficit/hyperactivity disorder'. ***Journal of the American Academy of Child & Adolescent Psychiatry***, 39(9), 1135–43. doi.org/10.1097/00004583-200009000-00013

21 Uchida, M., et al. (2021). 'Assessing the magnitude of risk for ADHD in offspring of parents with ADHD: A systematic literature review and meta-analysis'. ***Journal of Attention Disorders***, 25(13), 1943–8. doi.org/10.1177/1087054720950815

22 Miller, M., et al. (2019). 'Sibling recurrence risk and cross-aggregation of attention-deficit/hyperactivity disorder and autism spectrum disorder'. ***JAMA Pediatrics***, 173(2), 147–52. doi.org/10.1001/jamapediatrics.2018.4076

23 Kooij, S. J., et al. (2010). 'European consensus statement on diagnosis and treatment of adult ADHD: The European Network Adult ADHD'. ***BMC Psychiatry***, 10, 67. doi.org/10.1186/1471-244X-10-67

24 Willcutt, E. G. (2012). 'The prevalence of ***DSM-IV*** attention-deficit/hyperactivity disorder: A meta-analytic review'. ***Neurotherapeutics***, 9(3), 490–9. doi.org/10.1007/s13311-012-0135-8

25 Gibbins, C., et al. (2010). 'ADHD-hyperactive/impulsive subtype in adults'. ***Mental Illness***, 2(1), 41–5. doi.org/10.4081/mi.2010.e9

26 Willcutt, E. G., et al. (2012). 'Validity of ***DSM-IV*** attention deficit/hyperactivity disorder symptom dimensions and subtypes'. ***Journal of Abnormal Psychology***, 121(4), 991–1010. doi.org/10.1037/a0027347

27 Willcutt, 'The prevalence of ***DSM-IV*** attention-deficit/hyperactivity disorder'

28 Willcutt,'Validity of attention deficit/hyperactivity disorder symptom dimensions and subtypes'

29 Willcutt, 'The prevalence of ***DSM-IV*** attention-deficit/hyperactivity disorder'

30 Hoogman, M., et al. (2017). 'Subcortical brain volume differences in participants with attention deficit hyperactivity disorder in children and adults: A cross-sectional mega-analysis'. ***Lancet Psychiatry***, 4(4), 310–19. doi.org/10.1016/S2215-0366(17)30049-4

31 Scheres, A., et al. (2007). 'Ventral striatal hyporesponsiveness during reward anticipation in attention-deficit/hyperactivity disorder'. ***Biological Psychiatry***, 61(5), 720–4. doi.org/10.1016/j.biopsych.2006.04.042

32 ibid., 722

33 Faraone, S. V., et al. (2021). 'The World Federation of ADHD International Consensus Statement: 208 evidence-based conclusions about the disorder'. ***Neuroscience & Biobehavioral Reviews***, 128, 789–818 (793). doi.org/10.1016/j.neubiorev.2021.01.022

34 American Psychiatric Association. (1980). Attention Deficit Disorder with Hyperactivity. In ***Diagnostic and Statistical Manual of Mental Disorders*** (3rd edition), 41–5; American Psychiatric Association. (1968). Hyperkinetic reaction of childhood (or adolescence). In ***Diagnostic and Statistical Manual of Mental Disorders*** (2nd edition), 50

35 Kooij, S. J., et al. (2010). 'European consensus statement on diagnosis and treatment of adult ADHD: The European Network Adult ADHD'. ***BMC Psychiatry***, 10, 67. doi.org/10.1186/1471-244X-10-67

36 Faraone, 'The World Federation of ADHD International Consensus Statement', 801

37 Ennitis, M., et al. (2021). 'Substance-specific variability of ADHD symptoms in riga psychiatry and addiction medicine centre treatment-seeking substance use disorder outpatient population'. ***European Psychiatry***, 64(S1), S89–90. doi.org/10.1192/j.eurpsy.2021.264

38 Kooij, 'European consensus statement on diagnosis and treatment of adult ADHD'

39 Beheshti, A., et al. (2020). 'Emotion dysregulation in adults with attention deficit hyperactivity disorder: A meta-analysis'. ***BMC Psychiatry***, 20(120), 1–11 (9). doi.org/10.1186/s12888-020-2442-7

40 Kooij, 'European consensus statement on diagnosis and treatment of adult ADHD', 6

41 Beheshti, 'Emotion dysregulation in adults with attention deficit hyperactivity disorder', 6

42 Retz, W., et al. (2012). 'Emotional dysregulation in adult ADHD: What is the empirical evidence?'. ***Expert Review of Neurotherapeutics***, 12(10), 1241–51. doi.org/10.1586/ern.12.109

Surman, C. B., et al. (2013). 'Understanding deficient emotional self-regulation in adults with attention deficit hyperactivity disorder: A controlled study'. ***ADHD Attention Deficit and Hyperactivity Disorders***, 5, 273–81. doi.org/10.1007/s12402-012-0100-8

Corbisiero, S., et al. (2013). 'Is emotional dysregulation part of the psychopathology of ADHD in adults?'. ***ADHD Attention Deficit and Hyperactivity Disorders***, 5, 83–92. doi.org/10.1007/s12402-012-0097-z

Beheshti, 'Emotion dysregulation in adults with attention deficit hyperactivity disorder'

43 Hirsch, O., et al. (2018). 'Emotional dysregulation is a primary symptom in adult attention-deficit/hyperactivity disorder (ADHD)'. ***Journal of Affective Disorders***, 232, 41–7. doi.org/10.1016/j.jad.2018.02.007

44 American Psychiatric Association. (2022). Attention-deficit/hyperactivity disorder: Diagnostic criteria. In ***Diagnostic and Statistical Manual of Mental Disorders*** (5th ed., text rev.), 69. doi.org/10.1176/appi.books.9780890425787

45 UNC Learning Centre. 'Russell A. Barkley: 2012 Burnett Lecture: Part 2 ADHD, Self-regulation and executive functioning theory'. YouTube, 2 November 2012. youtube.com/watch?v=QZpF2_IelWo. Accessed 11 August 2025

46 Zheng, Q., et al. (2022). 'Time perception deficits in children and adolescents with ADHD: A meta-analysis'. *Journal of Attention Disorders*, 26(2), 267–81. doi.org/10.1177/1087054720978557

47 Pollak, Y., et al. (2009). 'Testing possible mechanisms of deficient supra-second time estimation in adults with attention-deficit/hyperactivity disorder'. *Neuropsychology*, 23(5), 679–86. doi.org/10.1037/a0016281

Prevatt, F., et al. (2011). 'Time estimation abilities of college students with ADHD'. *Journal of Attention Disorders*, 15(7), 531–8. doi.org/10.1177/1087054710370673

48 Patros, C. H., et al. (2016). 'Choice-impulsivity in children and adolescents with attention-deficit/hyperactivity disorder (ADHD): A meta-analytic review'. *Clinical Psychology Review*, 43, 162–74. doi.org/10.1016/j.cpr.2015.11.001

Jackson, J. N., & MacKillop, J. (2016). 'Attention-deficit/hyperactivity disorder and monetary delay discounting: A meta-analysis of case-control studies'. *Biological Psychiatry: Cognitive neuroscience and neuroimaging*, 1(4), 316–25. doi.org/10.1016/j.bpsc.2016.01.007

49 American Psychiatric Association. (1980). Diagnostic criteria for Attention Deficit Disorder with Hyperactivity. In *Diagnostic and Statistical Manual of Mental Disorders* (3rd edition), 44

50 Yoon, S. Y. R., et al. (2013). 'Sleep and daytime function in adults with attention-deficit/hyperactivity disorder: Subtype differences'. *Sleep Medicine*, 14(7), 648–55. doi.org/10.1016/j.sleep.2013.03.003

51 Weiss, M. D., & McBride, N. M. (2018). 'ADHD: A 24-Hour Disorder'. *Psychiatric Times*, 35(10), 16–18. psychiatrictimes.com/view/adhd-24-hour-disorder. Accessed 11 August 2025

52 Sedky, K., et al. (2014). 'Attention deficit hyperactivity disorder and sleep disordered breathing in pediatric populations: A meta-analysis'. *Sleep Medicine Reviews*, 18(4), 349–56. doi.org/10.1016/j.smrv.2013.12.003

53 Roy, M., et al. (2018). 'Association between restless legs syndrome and adult ADHD in a German community-based sample'. *Journal of Attention Disorders*, 22(3), 300–8. doi.org/10.1177/1087054714561291

54 Coogan, A. N., & McGowan, N. M. (2017). 'A systematic review of circadian function, chronotype and chronotherapy in attention deficit hyperactivity disorder'. *ADHD Attention Deficit and Hyperactivity Disorders*, 9, 129–47. doi.org/10.1007/s12402-016-0214-5

55 Van der Heijden, K. B., et al. (2005). 'Idiopathic chronic sleep onset insomnia in attention-deficit/hyperactivity disorder: A circadian rhythm sleep disorder'. *Chronobiology International*, 22(3), 559–70. doi.org/10.1081/CBI-200062410

56 Van Veen, M. M., et al. (2010). 'Delayed circadian rhythm in adults with attention-deficit/hyperactivity disorder and chronic sleep-onset insomnia'. *Biological Psychiatry*, 67(11), 1091–6. doi.org/10.1016/j.biopsych.2009.12.032

57 Gruber, R., et al. (2012). 'Short sleep duration is associated with teacher-reported inattention and cognitive problems in healthy school-aged children'. *Nature and Science of Sleep*, 4, 33–40. doi.org/10.2147/NSS.S24607

58 Gamble, K. L., et al. (2013). 'Delayed sleep timing and symptoms in adults with attention-deficit/hyperactivity disorder: A controlled actigraphy study'. *Chronobiology International*, 30(4), 598–606. doi.org/10.3109/07420528.2012.754454

59 Barkley, R. A., & Brown, T. E. (2008). 'Unrecognized attention-deficit/hyperactivity disorder in adults presenting with other psychiatric disorders'. *CNS Spectrums*, 13(11), 977–84. doi.org/10.1017/S1092852900014036

60 Hvolby, A. (2015). 'Associations of sleep disturbance with ADHD: Implications for treatment'. *ADHD Attention Deficit and Hyperactivity Disorders*, 7, 1–18 (2). doi.org/10.1007/s12402-014-0151-0

61 ibid.

62 Almey, A., et al. (2015). 'Estrogen receptors in the central nervous system and their implication for dopamine-dependent cognition in females'. ***Hormones and Behavior***, 74, 125–38. doi.org/10.1016/j.yhbeh.2015.06.010

63 Littman, E., et al. (2021). 'ADHD in females across the lifespan and the role of estrogen'. ***The ADHD Report***, 29(5), 1–8. doi.org/10.1521/adhd.2021.29.5.1

64 Roberts, B., et al. (2018). 'Reproductive steroids and ADHD symptoms across the menstrual cycle'. ***Psychoneuroendocrinology***, 88, 105–14 (113). doi.org/10.1016/j.psyneuen.2017.11.015

65 Young, S., et al. (2020). 'Females with ADHD: An expert consensus statement taking a lifespan approach providing guidance for the identification and treatment of attention-deficit/hyperactivity disorder in girls and women'. ***BMC Psychiatry***, 20(1), 404. doi.org/10.1186/s12888-020-02707-9

66 Roberts, 'Reproductive steroids and ADHD symptoms across the menstrual cycle', 113

67 Hupfeld, K. E., et al. (2019). 'Living "in the zone": Hyperfocus in adult ADHD'. ***ADHD Attention Deficit and Hyperactivity Disorders***, 11, 191–208. doi.org/10.1007/s12402-018-0272-y

68 Lee, S. S., et al. (2011). 'Prospective association of childhood attention-deficit/hyperactivity disorder (ADHD) and substance use and abuse/dependence: A meta-analytic review'. ***Clinical Psychology Review***, 31(3), 328–41. doi.org/10.1016/j.cpr.2011.01.006

69 Groenman, A. P., et al. (2017). 'Childhood psychiatric disorders as risk factor for subsequent substance abuse: A meta-analysis'. ***Journal of the American Academy of Child & Adolescent Psychiatry***, 56(7), 556–69. doi.org/10.1016/j.jaac.2017.05.004

70 Chen, Q., et al. (2018). 'Common psychiatric and metabolic comorbidity of adult attention-deficit/hyperactivity disorder: A population-based cross-sectional study'. ***PLoS one***, 13(9), e0204516. doi.org/10.1371/journal.pone.0204516

71 Nazar, B. P., et al. (2016). 'The risk of eating disorders comorbid with attention-deficit/hyperactivity disorder: A systematic review and meta-analysis'. *International Journal of Eating Disorders*, 49(12), 1045–57. doi.org/10.1002/eat.22643

72 ibid., 1054

73 American Psychiatric Association. (2022). Attention-deficit/hyperactivity disorder: Differential diagnosis. In *Diagnostic and Statistical Manual of Mental Disorders* (5th ed., text rev.), 74. doi.org/10.1176/appi.books.9780890425787

74 American Psychiatric Association. (2022). Attention-deficit/hyperactivity disorder: Comorbidity. In *Diagnostic and Statistical Manual of Mental Disorders* (5th ed., text rev.), 75. doi.org/10.1176/appi.books.9780890425787

75 Jensen, C. M., & Steinhausen, H. C. (2015). 'Comorbid mental disorders in children and adolescents with attention-deficit/hyperactivity disorder in a large nationwide study'. *ADHD Attention Deficit and Hyperactivity Disorders*, 7, 27–38. doi.org/10.1007/s12402-014-0142-1

76 Antshel, K. M., et al. (2016). 'An update on the comorbidity of ADHD and ASD: A focus on clinical management'. *Expert Review of Neurotherapeutics*, 16(3), 279–93 (279). doi.org/10.1586/14737175.2016.1146591

77 Antshel, 'An update on the comorbidity of ADHD and ASD', 280

78 Ghirardi, L., et al. (2018). 'The familial co-aggregation of ASD and ADHD: A register-based cohort study'. *Molecular Psychiatry*, 23, 257–62. doi.org/10.1038/mp.2017.17

79 Kern, J. K., et al. (2015). 'Are ASD and ADHD a continuum? A comparison of pathophysiological similarities between the disorders'. *Journal of Attention Disorders*, 19(9), 805–27. doi.org/10.1177/1087054712459886

80 Instanes, J. T., et al. (2018). 'Adult ADHD and comorbid somatic disease: A systematic literature review'. *Journal of Attention Disorders*, 22(3), 203–28. doi.org/10.1177/1087054716669589

81 Chen, M. H., et al. (2018). 'Sexually transmitted infection among adolescents and young adults with attention-deficit/hyperactivity disorder: A nationwide longitudinal study'. *Journal of the American Academy of Child & Adolescent Psychiatry*, 57(1), 48–53. doi.org/10.1016/j.jaac.2017.09.438

82 Jellinek, M. S. 'Don't let ADHD crush children's self-esteem'. Clinical Psychiatry News, May 2012. cdn.mdedge.com/files/s3fs-public/issues/articles/70231_main_7.pdf. Accessed 11 August 2025

83 Psychogiou, L., et al. (2007). 'Mothers' expressed emotion toward their school-aged sons: Associations with child and maternal symptoms of psychopathology'. *European Child & Adolescent Psychiatry*, 16, 458–64. doi.org/10.1007/s00787-007-0619-y

84 Musser, E. D., et al. (2016). 'Attention-deficit/hyperactivity disorder developmental trajectories related to parental expressed emotion'. *Journal of Abnormal Psychology*, 125(2), 182–95. doi.org/10.1037/abn0000097

85 Hoza, B. (2007). 'Peer functioning in children with ADHD'. *Journal of Pediatric Psychology*, 32(6), 655–63. doi.org/10.1093/jpepsy/jsm024

86 Taylor, L. A., et al. (2010). 'Adding insult to injury: Bullying experiences of youth with attention deficit hyperactivity disorder'. *Children's Health Care*, 39(1), 59–72. doi.org/10.1080/02739610903455152

Becker, S. P., et al. (2017). 'Rates of peer victimization in young adolescents with ADHD and associations with internalizing symptoms and self-esteem'. *European Child & Adolescent Psychiatry*, 26, 201–14. doi.org/10.1007/s00787-016-0881-y

87 Strine, T. W., et al. (2006). 'Emotional and behavioral difficulties and impairments in everyday functioning among children with a history of attention-deficit/hyperactivity disorder'. *Preventing Chronic Disease*, 3(2), A52

88 Ros, R., & Graziano, P. A. (2018). 'Social functioning in children with or at risk for attention deficit/hyperactivity disorder: A meta-analytic review'. *Journal of Clinical Child & Adolescent Psychology*, 47(2), 213–35.

doi.org/10.1080/15374416.2016.1266644

89 Harpin, V., et al. (2016). 'Long-term outcomes of ADHD: A systematic review of self-esteem and social function'. *Journal of Attention Disorders*, 20(4), 295–305. doi.org/10.1177/1087054713486516

90 Shaw, M., et al. (2012). 'A systematic review and analysis of long-term outcomes in attention deficit hyperactivity disorder: Effects of treatment and non-treatment'. *BMC Medicine*, 10, 99. doi.org/10.1186/1741-7015-10-99

91 Newark, P. E., et al. (2016). 'Self-esteem, self-efficacy, and resources in adults with ADHD'. *Journal of Attention Disorders*, 20(3), 279–90. doi.org/10.1177/1087054712459561

92 Pawaskar, M., et al. (2020). 'Comparison of quality of life, productivity, functioning and self-esteem in adults diagnosed with ADHD and with symptomatic ADHD'. *Journal of Attention Disorders*, 24(1), 136–44. doi.org/10.1177/1087054719841129

93 Willcutt, E. G. (2012). 'The prevalence of *DSM-IV* attention-deficit/hyperactivity disorder: A meta-analytic review'. *Neurotherapeutics*, 9(3), 490–9 (492). doi.org/10.1007/s13311-012-0135-8

94 Quinn, P. O., & Madhoo, M. (2014). 'A review of attention-deficit/hyperactivity disorder in women and girls: Uncovering this hidden diagnosis'. *Primary Care Companion for CNS Disorders*, 16(3). doi.org/10.4088/PCC.13r01596

95 Price, A., et al. (2020). 'Regional analysis of UK primary care prescribing and adult service referrals for young people with attention-deficit hyperactivity disorder'. *BJPsych Open*, 6(1), e7. doi.org/10.1192/bjo.2019.94

96 Kooij, S. J., et al. (2010). 'European consensus statement on diagnosis and treatment of adult ADHD: The European Network Adult ADHD'. *BMC Psychiatry*, 10, 67. doi.org/10.1186/1471-244X-10-67

De Rossi, P., et al. (2022). 'Gender-related clinical characteristics in children and adolescents with ADHD'. *Journal of Clinical Medicine*, 11(2), 385.

doi.org/10.3390/jcm11020385

97 Wang, L., et al. (2017). 'Prevalence rates of youths diagnosed with and medicated for ADHD in a nationwide survey'. *Epidemiology and Psychiatric Sciences*, 26(6), 624–34. doi.org/10.1017/S2045796016000500

98 Jensen, C. M., & Steinhausen, H. C. (2015). 'Time trends in incidence rates of diagnosed attention-deficit/hyperactivity disorder across 16 years in a nationwide Danish registry study'. *Journal of Clinical Psychiatry*, 76(3), e334–41. doi.org/10.4088/JCP.14m09094

99 Lange, K. W., et al. (2010). 'The history of attention deficit hyperactivity disorder'. *ADHD Attention Deficit and Hyperactivity Disorders*, 2, 241–55. doi.org/10.1007/s12402-010-0045-8

100 ibid.

101 Willcutt, 'The prevalence of *DSM-IV* attention-deficit/hyperactivity disorder'

102 American Psychiatric Association. (1980). Attention Deficit Disorder with Hyperactivity. In *Diagnostic and Statistical Manual of Mental Disorders* (3rd edition), 41–5; American Psychiatric Association. (1968). Hyperkinetic reaction of childhood (or adolescence). In *Diagnostic and Statistical Manual of Mental Disorders* (2nd edition), 50

103 Young, S., et al. (2020). 'Females with ADHD: An expert consensus statement taking a lifespan approach providing guidance for the identification and treatment of attention-deficit/hyperactivity disorder in girls and women'. *BMC Psychiatry*, *20*(1), 404. doi.org/10.1186/s12888-020-02707-9

104 ibid.

105 ibid.

106 ibid.

107 Grevet, E. H., et al. (2006). 'Lack of gender effects on subtype outcomes in adults with attention–deficit/hyperactivity disorder: Support for the validity of subtypes'. *European Archives of Psychiatry and Clinical*

Neuroscience, 256, 311–19. doi.org/10.1007/s00406-006-0639-5

　　Solberg, B. S., et al. (2018). 'Gender differences in psychiatric comorbidity: A population-based study of 40,000 adults with attention deficit hyperactivity disorder'. *Acta Psychiatrica Scandinavica, 137*(3), 176–86. doi.org/10.1111/acps.12845

108　Grevet, 'Lack of gender effects on subtype outcomes in adults with attention–deficit/hyperactivity disorder'

109　Quinn, P., & Wigal, S. (2004). 'Perceptions of girls and ADHD: Results from a national survey'. *Medscape General Medicine, 6*(2), 2 https://pmc.ncbi.nlm.nih.gov/articles/PMC1395774

110　Sciutto, M. J., et al. (2004). 'Effects of child gender and symptom type on referrals for ADHD by elementary school teachers'. *Journal of Emotional and Behavioral Disorders, 12*(4), 247–53. doi.org/10.1177/10634266040120040501

　　Ohan, J. L., & Visser, T. A. (2009). 'Why is there a gender gap in children presenting for attention deficit/hyperactivity disorder services?'. *Journal of Clinical Child & Adolescent Psychology, 38*(5), 650–60. doi.org/10.1080/15374410903103627

111　Coles, E. K., et al. (2012). 'Exploring the gender gap in referrals for children with ADHD and other disruptive behavior disorders'. *Journal of Attention Disorders, 16*(2), 101–8. doi.org/10.1177/1087054710381481

　　Moldavsky, M., et al. (2013). 'Teachers' recognition of children with ADHD: Role of subtype and gender'. *Child and Adolescent Mental Health, 18*(1), 18–23. doi.org/10.1111/j.1475-3588.2012.00653.x

112　Mowlem, F., et al. (2019). 'Do different factors influence whether girls versus boys meet ADHD diagnostic criteria? Sex differences among children with high ADHD symptoms'. *Psychiatry Research, 272*, 765–73. doi.org/10.1016/j.psychres.2018.12.128

113　Morris, E. W., & Perry, B. L. (2017). 'Girls behaving badly? Race, gender, and subjective evaluation in the discipline of African American girls'. *Sociology of Education*, *90*(2), 127–48. doi.org/10.1177/0038040717694876

114 Hinshaw, S. P., et al. (2022). 'Annual Research Review: Attention-deficit/hyperactivity disorder in girls and women: Underrepresentation, longitudinal processes, and key directions'. *Journal of Child Psychology and Psychiatry*, *63*(4), 484–96. doi.org/10.1111/jcpp.13480

115 Willcutt, 'The prevalence of *DSM-IV* attention-deficit/hyperactivity disorder'

116 Rucklidge, J. J., & Kaplan, B. J. (1997). 'Psychological functioning of women identified in adulthood with attention-deficit/hyperactivity disorder'. *Journal of Attention Disorders*, *2*(3), 167–76. doi.org/10.1177/108705479700200303

117 ibid.

118 Biederman, J., et al. (2012). 'Predictors of persistence in girls with attention deficit hyperactivity disorder: Results from an 11-year controlled follow-up study'. *Acta Psychiatrica Scandinavica*, *125*(2), 147–56. doi.org/10.1111/j.1600-0447.2011.01797.x

119 Skoglund, C., et al. (2019). 'Association of attention-deficit/hyperactivity disorder with teenage birth among women and girls in Sweden'. *JAMA Network Open*, *2*(10), e1912463. doi.org/10.1001/jamanetworkopen.2019.12463

120 Quinn, P. O., & Madhoo, M. (2014). 'A review of attention-deficit/hyperactivity disorder in women and girls: Uncovering this hidden diagnosis'. *Primary Care Companion for CNS Disorders*, *16*(3). doi.org/10.4088/PCC.13r01596

121 Newark, P. E., et al. (2016). 'Self-esteem, self-efficacy, and resources in adults with ADHD'. *Journal of Attention Disorders*, *20*(3), 279–90. doi.org/10.1177/1087054712459561

122 Ayano, G., et al. (2020). 'Epidemiology of attention-deficit/

hyperactivity disorder (ADHD) in children and adolescents in Africa: A systematic review and meta-analysis'. ***Annals of General Psychiatry***, *19*, 21. doi.org/10.1186/s12991-020-00271-w

123 Cenat, J. M., et al. (2021). 'Prevalence and risk factors associated with attention-deficit/hyperactivity disorder among US Black individuals: A systematic review and meta-analysis'. ***JAMA Psychiatry***, *78*(1), 21–8. doi.org/10.1001/jamapsychiatry.2020.2788

124 Morgan, P. L., et al. (2014). 'Racial/ethnic disparities in ADHD diagnosis by kindergarten entry'. ***Journal of Child Psychology and Psychiatry***, *55*(8), 905–13. doi.org/10.1111/jcpp.12204

125 Coker, T. R., et al. (2016). 'Racial and ethnic disparities in ADHD diagnosis and treatment'. ***Pediatrics***, *138*(3), e20160407. doi.org/10.1542/peds.2016-0407

126 Morgan, 'Racial/ethnic disparities in ADHD diagnosis by kindergarten entry'

127 Coker, 'Racial and ethnic disparities in ADHD diagnosis and treatment'

128 Faraone, S. V., et al. (2021). 'The World Federation of ADHD International Consensus Statement: 208 evidence-based concluoions about the disorder'. ***Neuroscience & Biobehavioral Reviews***, *128*, 789–818 (800). doi.org/10.1016/j.neubiorev.2021.01.022

129 Young, S., et al. (2015). 'A meta-analysis of the prevalence of attention deficit hyperactivity disorder in incarcerated populations'. ***Psychological Medicine***, *45*(2), 247–58. doi.org/10.1017/S0033291714000762

130 Ruiz-Goikoetxea, M., et al. (2018). 'Risk of unintentional injuries in children and adolescents with ADHD and the impact of ADHD medications: A systematic review and meta-analysis'. ***Neuroscience & Biobehavioral Reviews***, *84*, 63–71. doi.org/10.1016/j.neubiorev.2017.11.007

131 Yeung, A., et al. (2022). 'TikTok and attention-deficit/hyperactivity disorder: A cross-sectional study of social media content quality'. ***Canadian***

Journal of Psychiatry, *67*(12), 899–906. doi.org/10.1177/07067437221082854

132 Dodson, W. W. 'Emotional Regulation'. *Attention*, October 2016, 8–11. chadd.org/wp-content/uploads/2016/10/ATTN_10_16_EmotionalRegulation.pdf. Accessed 11 August 2025

133 Beheshti, A., et al. (2020). 'Emotion dysregulation in adults with attention deficit hyperactivity disorder: A meta-analysis'. *BMC Psychiatry*, *20*(120), 1–11 (6). doi.org/10.1186/s12888-020-2442-7

134 Brown, T. E. (2009). 'ADD/ADHD and impaired executive function in clinical practice'. *Current Attention Disorders Reports, 1*, 37–41. doi.org/10.1007/s12618-009-0006-3

135 Faraone, S. V., et al. (2021). 'The World Federation of ADHD International Consensus Statement: 208 evidence-based conclusions about the disorder'. *Neuroscience & Biobehavioral Reviews*, *128*, 789–818. doi.org/10.1016/j.neubiorev.2021.01.022

136 Knouse, L. E., et al. (2017). 'Meta-analysis of cognitive–behavioral treatments for adult ADHD'. *Journal of Consulting and Clinical Psychology*, *85*(7), 737–50. doi.org/10.1037/ccp0000216

Young, Z., et al. (2020). 'The efficacy of cognitive behavioral therapy for adults with ADHD: A systematic review and meta-analysis of randomized controlled trials'. *Journal of Attention Disorders*, *24*(6), 875–88. doi.org/10.1177/1087054716664413

137 Vysniauske, R., et al. (2020). 'The effects of physical exercise on functional outcomes in the treatment of ADHD: A meta-analysis'. *Journal of Attention Disorders*, *24*(5), 644–54. doi.org/10.1177/1087054715627489

138 Mehren, A., et al. (2019). 'Acute effects of aerobic exercise on executive function and attention in adult patients with ADHD'. *Frontiers in Psychiatry*, *10*, 132. doi.org/10.3389/fpsyt.2019.00132

139 Vysniauske, 'The effects of physical exercise on functional outcomes in the treatment of ADHD'

140 Zang, Y. (2019). 'Impact of physical exercise on children with attention deficit hyperactivity disorders: Evidence through a meta-analysis'. *Medicine*, *98*(46), e17980. http://doi.org/10.1097/MD.0000000000017980

141 Rebar, A. L., et al. (2015). 'A meta-meta-analysis of the effect of physical activity on depression and anxiety in non-clinical adult populations'. *Health Psychology Review*, *9*(3), 366–78. doi.org/10.1080/17437199.2015.1022901

Morgan, A. J., et al. (2013). 'Exercise and mental health: An Exercise and Sports Science Australia commissioned review'. *Journal of Exercise Physiology Online*, *16*(4), 64–73. asep.org/asep/asep/JEPonlineAUGUST2013_Morgan.pdf

142 Flannery, S., & Ruggiero, S. 'What we know about ADHD and food: Does your child's diet play a role in their symptoms?'. Child Mind Institute, 6 March 2023. childmind.org/article/what-we-know-about-adhd-and-food. Accessed 11 August 2025

143 Li, L., et al. (2020). 'Attention-deficit/hyperactivity disorder symptoms and dietary habits in adulthood: A large population-based twin study in Sweden'. *American Journal of Medical Genetics Part B: Neuropsychiatric Genetics*, *183*(8), 475–85. doi.org/10.1002/ajmg.b.32825

144 Akmatov, M. K., et al. (2021). 'Psychiatric and nonpsychiatric comorbidities among children with ADHD: An exploratory analysis of nationwide claims data in Germany'. *Journal of Attention Disorders*, *25*(6), 874–84. doi.org/10.1177/1087054719865779

145 Galioto, R., & Spitznagel, M. B. (2016). 'The effects of breakfast and breakfast composition on cognition in adults'. *Advances in Nutrition*, *7*(3), 576S–89S. doi.org/10.3945/an.115.010231

146 Children and Adults with Attention-Deficit/Hyperactivity Disorder, 'Breakfast tips for busy minds', CHADD, chadd.org/adhd-weekly/breakfast-tips-for-busy-minds. Accessed 11 August 2025

147 Bloch, M. H., & Qawasmi, A. (2011). 'Omega-3 fatty acid supplementation for the treatment of children with attention-deficit/ hyperactivity disorder symptomatology: Systematic review and meta-analysis'. *Journal of the American Academy of Child & Adolescent Psychiatry*, *50*(10), 991–1000. doi.org/10.1016/j.jaac.2011.06.008

148 Lentjes, M. A. (2019). 'The balance between food and dietary supplements in the general population'. *Proceedings of the Nutrition Society*, *78*(1), 97–109. doi.org/10.1017/S0029665118002525

149 'Drug interactions between amphetamine and vitamin C'. Drugs.com. drugs.com/drug-interactions/amphetamine-with-vitamin-c-2543-0-238-3823.html. Accessed 11 August 2025

150 Australian Product Information: Vyvanse® (Lisdexamfetamine dimesilate), 9. TGA. ebs.tga.gov.au/ebs/picmi/picmirepository.nsf/pdf?OpenAgent=&id=CP-2013-PI-02051-1&d=20250909172310101&d=20251030172310101. Accessed 11 August 2025

Australian Product Information: Aspen Dexamfetamine (dexamfetamine sulfate) tablets, 5. TGA. ebs.tga.gov.au/ebs/picmi/picmirepository.nsf/pdf?OpenAgent=&id=CP-2023-PI-02524-1. Accessed 11 August 2025

151 Hvolby, A. (2015). 'Associations of sleep disturbance with ADHD: Implications for treatment'. *ADHD Attention Deficit and Hyperactivity Disorders*, *7*, 1–18 (2). doi.org/10.1007/s12402-014-0151-0

152 Yoon, S. Y. R., et al. (2013). 'Sleep and daytime function in adults with attention-deficit/hyperactivity disorder: Subtype differences'. *Sleep Medicine*, *14*(7), 648–55. doi.org/10.1016/j.sleep.2013.03.003

153 Coogan, A. N., & McGowan, N. M. (2017). 'A systematic review of circadian function, chronotype and chronotherapy in attention deficit hyperactivity disorder'. *ADHD Attention Deficit and Hyperactivity Disorders*, *9*, 129–47. doi.org/10.1007/s12402-016-0214-5

154 Van der Heijden, K. B., et al. (2007). 'Effect of melatonin on sleep, behavior, and cognition in ADHD and chronic sleep-onset insomnia'. ***Journal of the American Academy of Child & Adolescent Psychiatry***, *46*(2), 233–41. doi.org/10.1097/01.chi.0000246055.76167.0d

Weiss, M. D., et al. (2006). 'Sleep hygiene and melatonin treatment for children and adolescents with ADHD and initial insomnia'. ***Journal of the American Academy of Child & Adolescent Psychiatry***, *45*(5), 512–19. doi.org/10.1097/01 chi.0000205706.78818.ef

155 Rybak, Y. E., et al. (2006). 'An open trial of light therapy in adult attention-deficit/hyperactivity disorder'. ***Journal of Clinical Psychiatry***, *67*(10), 1527–35. doi.org/10.4088/JCP.v67n1006

Fargason, R. E., et al. (2017). 'Correcting delayed circadian phase with bright light therapy predicts improvement in ADHD symptoms: A pilot study'. ***Journal of Psychiatric Research***, *91*, 105–10. doi.org/10.1016/j.jpsychires.2017.03.004

156 ibid.

157 Beheshti, A., et al. (2020). 'Emotion dysregulation in adults with attention deficit hyperactivity disorder: A meta-analysis'. ***BMC Psychiatry***, *20*(120), 1–11 (6). doi.org/10.1186/s12888-020-2442-7

158 Marsh, L. E., et al. (2015). 'ADHD symptomatology, fear of intimacy, and sexual anxiety and behavior among college students in China and the United States'. ***Journal of Attention Disorders***, *19*(3), 211–21. doi.org/10.1177/1087054712453483

159 Wymbs, B. T., et al. (2017). 'ADHD symptoms as risk factors for intimate partner violence perpetration and victimization'. ***Journal of Interpersonal Violence***, *32*(5), 659–81. doi.org/10.1177/0886260515586371

160 Tuckman, A. (2019). ***ADHD After Dark: Better sex life, better relationship***. Routledge, New York

161 Tuckman, A. (2020). ***ADHD, Relationships, and Sex: Strategies to overcome the over/under-functioner dynamic***. PESI, Eau Claire.

pesi.com/item/adhd-relationships-sex-strategies-overcome-overunderfunctioner-dynamic-71783. Accessed 11 August 2025

162 ADHD Guideline Development Group. (2022). ***Australian evidence-based clinical practice guideline for Attention Deficit Hyperactivity***. Australian ADHD Professionals Association, Melbourne. adhdguideline.aadpa.com.au/wp-content/uploads/2022/10/ADHD-Clinical-Practice-Guide-041022.pdf. Accessed 11 August 2025

Kooij, S. J., et al. (2010). 'European consensus statement on diagnosis and treatment of adult ADHD: The European Network Adult ADHD'. ***BMC Psychiatry***, ***10***, 67 (3). doi.org/10.1186/1471-244X-10-67

163 Mueller, A. K., et al. (2012). 'Stigma in attention deficit hyperactivity disorder'. ***ADHD Attention Deficit and Hyperactivity Disorders***, ***4***, 101–14. doi.org/10.1007/s12402-012-0085-3

164 Tamminga, H. G. H., et al. (2016). 'Effects of methylphenidate on executive functioning in attention-deficit/hyperactivity disorder across the lifespan: A meta-regression analysis'. ***Psychological Medicine***, ***46***(9), 1791–807. doi.org/10.1017/S0033291716000350

165 Rubia, K., et al. (2014). 'Effects of stimulants on brain function in attention-deficit/hyperactivity disorder: A systematic review and meta-analysis'. ***Biological Psychiatry***, ***76***(8), 616–28. doi.org/10.1016/j.biopsych.2013.10.016

166 Cortese, S., et al. (2018). 'Comparative efficacy and tolerability of medications for attention-deficit hyperactivity disorder in children, adolescents, and adults: A systematic review and network meta-analysis'. ***Lancet Psychiatry***, ***5***(9), 727–38. doi.org/10.1016/S2215-0366(18)30269-4

167 Centers for Disease Control and Prevention. (2024). 'Treatment of ADHD'. CDC. cdc.gov/adhd/treatment/?CDC_AAref_Val=https://cdc.gov/ncbddd/adhd/treatment.html. Accessed 11 August 2025

Kolar, D., et al. (2008). 'Treatment of adults with attention-deficit/

hyperactivity disorder'. ***Neuropsychiatric Disease and Treatment***, *4*(2), 389–403. doi.org/10.2147/ndt.s6985

168 InformedHealth.org. (2006; updated 2024). ***Depression: How effective are antidepressants?*** Institute for Quality and Efficiency in Health Care (IQWiG), Cologne, Germany. ncbi.nlm.nih.gov/books/NBK361016. Accessed 11 August 2025

169 Cortese, 'Comparative efficacy and tolerability of medications for attention-deficit hyperactivity disorder in children, adolescents, and adults'

170 Barrickman, L. L., et al. (1995). 'Bupropion versus methylphenidate in the treatment of attention-deficit hyperactivity disorder'. ***Journal of the American Academy of Child & Adolescent Psychiatry***, *34*(5), 649–57. doi.org/10.1097/00004583-199505000-00017

Conners, C. K., et al. (1996). 'Bupropion hydrochloride in attention deficit disorder with hyperactivity'. ***Journal of the American Academy of Child & Adolescent Psychiatry***, *35*(10), 1314–21. doi.org/10.1097/00004583-199610000-00018

171 Bell, J. S., & Richards, G. C. (2021). 'Off-label medicine use: Ethics, practice and future directions'. ***Australian Journal of General Practice***, *50*(5), 329–31. doi.org/10.31128/AJGP-08-20-5591

172 Togno, J., & Eaton, S. (2015). 'Is there a role for prazosin in the treatment of post-traumatic stress disorder?'. ***Australian Family Physician***, *44*(9), 647–9. racgp.org.au/afp/2015/september/is-there-a-role-for-prazosin-in-the-treatment-of-post-traumatic-stress-disorder. Accessed 11 August 2025

173 Shapiro, D. 'Discontinuing ADHD Meds'. ***Attention***, February 2018, 6–9. chadd.org/attention-article/discontinuing-adhd-meds-when-the-only-way-to-move-forward-is-to-stop. Accessed 11 August 2025

174 Kidwell, K. M., et al. (2015). 'Stimulant medications and sleep for youth with ADHD: A meta-analysis'. ***Pediatrics***, *136*(6), 1144–53. doi.org/10.1542/peds.2015-1708

175 Holmskov, M., et al. (2017). 'Gastrointestinal adverse events during methylphenidate treatment of children and adolescents with attention deficit hyperactivity disorder: A systematic review with meta-analysis and Trial Sequential Analysis of randomised clinical trials'. *PLoS One*, *12*(6), e0178187. doi.org/10.1371/journal.pone.0178187

176 Dalsgaard, S., et al. (2014). 'Cardiovascular safety of stimulants in children with attention-deficit/hyperactivity disorder: A nationwide prospective cohort study'. *Journal of Child and Adolescent Psychopharmacology*, *24*(6), 302–10. doi.org/10.1089/cap.2014.0020

177 Man, K. K., et al. (2016). 'Methylphenidate and the risk of psychotic disorders and hallucinations in children and adolescents in a large health system'. *Translational Psychiatry*, *6*(11), e956. doi.org/10.1038/tp.2016.216

178 Hollis, C., et al. (2019). 'Methylphenidate and the risk of psychosis in adolescents and young adults: A population-based cohort study'. *Lancet Psychiatry*, *6*(8), 651–8. doi.org/10.1016/S2215-0366(19)30189-0

179 Kolar, 'Treatment of adults with attention-deficit/hyperactivity disorder'

180 Australian Product Information: Strattera (atomoxetine hydrochloride). medsinfo.com.au. medsinfo.com.au/api/documents/Strattera_PI?format=pdf. Accessed 11 August 2025

181 Ten, W., et al. (2020). 'Creativity in children with ADHD: Effects of medication and comparisons with normal peers'. *Psychiatry Research*, *284*, 112680. doi.org/10.1016/j.psychres.2019.112680

Farah, M. J., et al. (2009). 'When we enhance cognition with Adderall, do we sacrifice creativity? A preliminary study'. *Psychopharmacology*, *202*, 541–7. doi.org/10.1007/s00213-008-1369-3

182 National Institue on Drug Abuse. 'What is methamphetamine?'. NIDA, 9 June 2022. nida.nih.gov/research-topics/methamphetamine#what-is-methamphetamine. Accessed 11 August 2025

183 Kuczenski, R., & Segal, D. S. (2002). 'Exposure of adolescent rats to oral methylphenidate: Preferential effects on extracellular norepinephrine and absence of sensitization and cross-sensitization to methamphetamine'. ***Journal of Neuroscience***, ***22***(16), 7264–71. doi.org/10.1523/JNEUROSCI.22-16-07264.2002

184 McCabe, S. E., et al. (2017). 'Adolescents' prescription stimulant use and adult functional outcomes: A national prospective study. ***Journal of the American Academy of Child & Adolescent Psychiatry***, ***56***(3), 226–33.e4. doi.org/10.1016/j.jaac.2016.12.008

185 Faraone, S. V., et al. (2020). 'Systematic review: nonmedical use of prescription stimulants: Risk factors, outcomes, and risk reduction strategies'. ***Journal of the American Academy of Child & Adolescent Psychiatry***, ***59***(1), 100–12. doi.org/10.1016/j.jaac.2019.06.012

186 Chang, Z., et al. (2014). 'Stimulant ADHD medication and risk for substance abuse'. ***Journal of Child Psychology and Psychiatry***, ***55***(8), 878–85. doi.org/10.1111/jcpp.12164

187 Quinn, P. D., et al. (2017). 'ADHD medication and substance-related problems'. ***American Journal of Psychiatry***, ***174***(9), 877–85. doi.org/10.1176/appi.ajp.2017.16060686

188 Faraone, S. V., et al. (2008). 'Effect of stimulants on height and weight: A review of the literature'. ***Journal of the American Academy of Child & Adolescent Psychiatry***, ***47***(9), 994–1009. doi.org/10.1097/CHI.0b013e31817e0ea7

189 Fredriksen, M., et al. (2013). 'Long-term efficacy and safety of treatment with stimulants and atomoxetine in adult ADHD: A review of controlled and naturalistic studies'. ***European Neuropsychopharmacology***, ***23***(6), 508–27. doi.org/10.1016/j.euroneuro.2012.07.016

190 Wang, G. J., et al. (2009). 'Chronic treatment with methylphenidate increases dopamine transporter density in patients with attention deficit hyperactive disorder'. *Journal of Nuclear Medicine*, *50*(s2), 1283

191 Safer, D. J., & Allen, R. P. (1989). 'Absence of tolerance to the behavioral effects of methylphenidate in hyperactive and inattentive children'. *Journal of Pediatrics*, *115*(6), 1003–8. doi.org/10.1016/S0022-3476(89)80759-0

192 Swanson, J. M., et al. (2007). 'Secondary evaluations of MTA 36-month outcomes: Propensity score and growth mixture model analyses'. *Journal of the American Academy of Child & Adolescent Psychiatry*, *46*(8), 1003–14. doi.org/10.1097/CHI.0b013e3180686d63

193 Handelman, K., & Sumiya, F. (2022). 'Tolerance to stimulant medication for attention deficit hyperactivity disorder: Literature review and case report'. *Brain Sciences*, *12*(8), 959. doi.org/10.3390/brainsci12080959

194 Barkley, R. A., & Fischer, M. (2019). 'Hyperactive child syndrome and estimated life expectancy at young adult follow-up: The role of ADHD persistence and other potential predictors'. *Journal of Attention Disorders*, *23*(9), 907–23. doi.org/10.1177/1087054718816164

195 Vaa, T. (2014). 'ADHD and relative risk of accidents in road traffic: A meta-analysis'. *Accident Analysis & Prevention*, *62*, 415–25. doi.org/10.1016/j.aap.2013.10.003

196 Chang, Z., et al. (2014). 'Serious transport accidents in adults with attention-deficit/hyperactivity disorder and the effect of medication: A population-based study'. *JAMA Psychiatry*, *71*(3), 319–25. doi.org/10.1001/jamapsychiatry.2013.4174

197 Chang, Z., et al. (2017). 'Association between medication use for attention-deficit/hyperactivity disorder and risk of motor vehicle crashes'. *JAMA Psychiatry*, *74*(6), 597–603. doi.org/10.1001/jamapsychiatry.2017.0659

198 Ruiz-Goikoetxea, M., et al. (2018). 'Risk of unintentional injuries in children and adolescents with ADHD and the impact of ADHD medications: A systematic review and meta-analysis'. *Neuroscience & Biobehavioral Reviews*, *84*, 63–71. doi.org/10.1016/j.neubiorev.2017.11.007

199 Swensen, A., et al. (2004). 'Incidence and costs of accidents among attention-deficit/hyperactivity disorder patients'. *Journal of Adolescent Health*, *35*(4), 346.e1–346.e9. doi.org/10.1016/j.jadohealth.2003.12.003

200 Chen, V. C. H., et al. (2019). 'Attention-deficit/hyperactivity disorder and mortality risk in Taiwan'. *JAMA Network Open*, *2*(8), e198714. doi.org/10.1001/jamanetworkopen.2019.8714

201 Vaa, 'ADHD and relative risk of accidents in road traffic'

202 Dalsgaard, S., et al. (2015). 'Mortality in children, adolescents, and adults with attention deficit hyperactivity disorder: A nationwide cohort study'. *Lancet*, *385*(9983), 2190–6. doi.org/10.1016/S0140-6736(14)61684-6

203 Chen, 'Attention-deficit/hyperactivity disorder and mortality risk in Taiwan'

204 Septier, M., et al. (2019). 'Association between suicidal spectrum behaviors and attention-deficit/hyperactivity disorder: A systematic review and meta-analysis'. *Neuroscience & Biobehavioral Reviews, 103*, 109–18. doi.org/10.1016/j.neubiorev.2019.05.022

205 Ruiz-Goikoetxea, 'Risk of unintentional injuries in children and adolescents with ADHD and the impact of ADHD medications'

206 Ghirardi, L., et al. (2020). 'Use of medication for attention-deficit/hyperactivity disorder and risk of unintentional injuries in children and adolescents with co-occurring neurodevelopmental disorders'. *Journal of Child Psychology and Psychiatry*, *61*(2), 140–7. doi.org/10.1111/jcpp.13136

207 Chen, V. C. H., et al. (2020). 'Methylphenidate and the risk of burn injury among children with attention-deficit/hyperactivity disorder'. *Epidemiology and Psychiatric Sciences*, *29*, e146. doi.org/10.1017/S2045796020000608

208 Chen, V. C. H., et al. (2017). 'The association between methylphenidate treatment and the risk for fracture among young ADHD patients'. *PLoS ONE*, *12*(3), e0173762. doi.org/10.1371/journal.pone.0173762

209 Man, K. K., et al. (2015). 'Methylphenidate and the risk of trauma'. *Pediatrics*, *135*(1), 40–8. doi.org/10.1542/peds.2014-1738

210 Chang, Z., et al. (2016). 'Medication for attention-deficit/hyperactivity disorder and risk for depression: A nationwide longitudinal cohort study'. *Biological Psychiatry*, *80*(12), 916–22. doi.org/10.1016/j.biopsych.2016.02.018

211 Liang, S. H. Y., et al. (2018). 'Suicide risk reduction in youths with attention-deficit/hyperactivity disorder prescribed methylphenidate'. *Research in Developmental Disabilities*, *72*, 96–105. doi.org/10.1016/j.ridd.2017.10.023

212 Keilow, M., et al. (2020). 'Cumulative social disadvantage and risk of attention deficit hyperactivity disorder: Results from a nationwide cohort study'. *SSM-Population Health*, *10*, 100548. doi.org/10.1016/j.ssmph.2020.100548

Hauptman, M., et al. (2021). 'Individual-and community-level factors associated with detectable and elevated blood lead levels in US children: Results from a national clinical laboratory'. *JAMA Pediatrics*, *175*(12), 1252–60. doi.org/10.1001/jamapediatrics.2021.3518

213 Kim, E., et al. (2018). 'How does low socioeconomic status increase blood lead levels in Korean children?'. *International Journal of Environmental Research and Public Health*, *15*(7), 1488. doi.org/10.3390/ijerph15071488

214 American Psychiatric Association. (2022). Attention-deficit/hyperactivity disorder: Diagnostic criteria. In *Diagnostic and Statistical Manual of Mental Disorders* (5th ed., text rev.), 69. doi.org/10.1176/appi.books.9780890425787

215 Erskine, H. E., et al. (2016). 'Long-term outcomes of attention-deficit/hyperactivity disorder and conduct disorder: A systematic review and meta-analysis'. *Journal of the American Academy of Child & Adolescent Psychiatry*, *55*(10), 841–50. doi.org/10.1016/j.jaac.2016.06.016

216 ibid.

217 Østergaard, S. D., et al. (2017). 'Teenage parenthood and birth rates for individuals with and without attention-deficit/hyperactivity disorder: A nationwide cohort study'. ***Journal of the American Academy of Child & Adolescent Psychiatry***, ***56***(7), 578–84.e3. doi.org/10.1016/j.jaac.2017.05.003

218 Fletcher, J. M. (2014). 'The effects of childhood ADHD on adult labor market outcomes'. ***Health Economics***, ***23***(2), 159–81. doi.org/10.1002/hec.2907

219 Erskine, 'Long-term outcomes of attention-deficit/hyperactivity disorder and conduct disorder'

220 Bernardi, S., et al. (2012). 'The lifetime impact of attention deficit hyperactivity disorder: Results from the National Epidemiologic Survey on Alcohol and Related Conditions (NESARC)'. ***Psychological Medicine***, ***42***(4), 875–87. doi.org/10.1017/S003329171100153X

221 Li, L., et al. (2022). 'Association between pharmacological treatment of attention-deficit/hyperactivity disorder and long-term unemployment among working-age individuals in Sweden'. ***JAMA Network Open***, ***5***(4), e226815. doi.org/10.1001/jamanetworkopen.2022.6815

222 Jangmo, A., et al. (2019). 'Attention-deficit/hyperactivity disorder, school performance, and effect of medication'. ***Journal of the American Academy of Child & Adolescent Psychiatry***, ***58***(4), 423–32. doi.org/10.1016/j.jaac.2018.11.014

223 Hua, M. H., et al. (2021). 'Early pregnancy risk among adolescents with ADHD: A nationwide longitudinal study'. ***Journal of Attention Disorders***, ***25***(9), 1199–206. doi.org/10.1177/1087054719900232

224 Young, S., et al. (2015). 'A meta-analysis of the prevalence of attention deficit hyperactivity disorder in incarcerated populations'. ***Psychological Medicine***, ***45***(2), 247–58. doi.org/10.1017/S0033291714000762

225 Beaudry, G., et al. (2021). 'An updated systematic review and meta-regression analysis: Mental disorders among adolescents in juvenile detention and correctional facilities'. *Journal of the American Academy of Child & Adolescent Psychiatry*, *60*(1), 46–60. doi.org/10.1016/j.jaac.2020.01.015

226 Gudjonsson, G. H., et al. (2016). 'A national epidemiological study investigating risk factors for police interrogation and false confession among juveniles and young persons'. *Social Psychiatry and Psychiatric Epidemiology*, *51*, 359–67. doi.org/10.1007/s00127-015-1145-8

227 Hill, Amelia. 'All prisoners to be tested for ADHD'. *Guardian*, 27 December 2009. theguardian.com/uk/2009/dec/27/adhd-prisons-mental-health-crime. Accessed 11 August 2025

228 Campbell, Denis. 'One in four UK prisoners has attention deficit hyperactivity disorder, says report'. *Observer*, 19 June 2022. theguardian.com/society/2022/jun/18/uk-prisoners-attention-deficit-disorder-adhd-prison. Accessed 11 August 2025

229 Lichtenstein, P., et al. (2012). 'Medication for attention deficit–hyperactivity disorder and criminality'. *New England Journal of Medicine*, *367*(21), 2006–14. doi.org/10.1056/NEJMoa1203241

Mohr-Jensen, C., et al. (2019). 'Attention-deficit/hyperactivity disorder in childhood and adolescence and the risk of crime in young adulthood in a Danish nationwide study'. *Journal of the American Academy of Child & Adolescent Psychiatry*, *58*(4), 443–52. doi.org/10.1016/j.jaac.2018.11.016

230 Deloitte Access Economics. (2019). *The social and economic costs of ADHD in Australia: Report prepared for the Australian ADHD Professionals Association*. AADPA. aadpa.com.au/wp-content/uploads/2019/07/Economic-Cost-of-ADHD-To-Australia.pdf. Accessed 11 August 2025

231 Doshi, J. A., et al. (2012). 'Economic impact of childhood and adult attention-deficit/hyperactivity disorder in the United States'. *Journal of the American Academy of Child & Adolescent Psychiatry*, *51*(10), 990–1002.e2.

doi.org/10.1016/j.jaac.2012.07.008

232 ABC News (Australia). 'In full: Comedian Em Rusciano shines a light on ADHD at the National Press Club | ABC News'. YouTube, 24 August 2022, youtube.com/watch?v=4v88Wd20GiU. Accessed 11 August 2025

233 Hoogman, M., et al. (2020). 'Creativity and ADHD: A review of behavioral studies, the effect of psychostimulants and neural underpinnings'. ***Neuroscience & Biobehavioral Reviews***, ***119***, 66–85. doi.org/10.1016/j.neubiorev.2020.09.029

234 Lange, K. W., et al. (2010). 'The history of attention deficit hyperactivity disorder'. ***ADHD Attention Deficit and Hyperactivity Disorders***, ***2***, 241–55. doi.org/10.1007/s12402-010-0045-8

235 Hallowell, E. M. & Ratey, J. J. (2021). ***ADHD 2.0: New science and essential strategies for thriving with distraction – from childhood through adulthood***. Ballantine Books, New York

ADHD 뇌는 처음이라서

펴낸날 2026년 1월 2일   1판 1쇄

지은이 마틸다 보슬리
옮긴이 고수현
펴낸이 김동석
펴낸곳 신사책방
    제2019-000062호   2019년 7월 5일
    서울시 은평구 은평터널로7길 15 B01호
    010-7671-5175   0504-238-5175
    sinsabooks@gmail.com sinsabooks.com

ISBN 979-11-978954-3-2   03180

잘못 만든 책은 구입하신 곳에서 바꾸어 드립니다.